深圳律师实务丛书

刑民交叉案件法律实务问题研究

组　编　深圳市律师协会刑民交叉法律专业委员会
主　编　凌征虎　刘平凡
副主编　徐永申　孙　姣

RESEARCH ON LEGAL PRACTICE ISSUES OF CRIMINAL CIVIL CROSS DISCIPLINARY CASES

法律出版社
LAW PRESS · CHINA
北京

图书在版编目（CIP）数据

刑民交叉案件法律实务问题研究 / 深圳市律师协会刑民交叉法律专业委员会组编 ; 凌征虎，刘平凡主编 ; 徐永申，孙姣副主编. -- 北京 : 法律出版社, 2025.
（深圳律师实务丛书）. -- ISBN 978－7－5244－0364－7

Ⅰ. D925.204;D925.104

中国国家版本馆 CIP 数据核字第 2025U3S325 号

刑民交叉案件法律实务问题研究

XINGMIN JIAOCHA ANJIAN FALÜ SHIWU WENTI YANJIU

深圳市律师协会刑民交叉法律专业委员会 组 编
凌征虎 刘平凡 主 编
徐永申 孙 姣 副主编

策划编辑 朱轶佳
责任编辑 朱轶佳
装帧设计 鲍龙卉

出版发行 法律出版社
编辑统筹 司法实务出版分社
责任校对 王晓萍
责任印制 胡晓雅
经　　销 新华书店

开本 710 毫米×1000 毫米 1/16
印张 23.25 **字数** 370 千
版本 2025 年 8 月第 1 版
印次 2025 年 8 月第 1 次印刷
印刷 三河市龙大印装有限公司

地址：北京市丰台区莲花池西里 7 号（100073）
网址：www.lawpress.com.cn
投稿邮箱：info@lawpress.com.cn
举报盗版邮箱：jbwq@lawpress.com.cn

销售电话：010－83938349
客服电话：010－83938350
咨询电话：010－63939796

书号：ISBN 978－7－5244－0364－7 **定价**：89.00 元

凡购买本社图书，如有印装错误，我社负责退换。电话：010－83938349

深圳律师实务丛书
编 委 会

本书编委会

主　　编：凌征虎　刘平凡

副 主 编：徐永申　孙　姣

编写组成员（按姓氏笔画排序）：

马钊雄　马　超　王贤亮　王　滔　刘少龙　齐炳雨　李　悦

杨　进　张　芳　张　波　范鹏飞　罗　浠　俞治城　郭刘伟

唐薇薇　黄华玲　黄泳怡　梁佳丽　塔　娜　董玉琴　曾立丹

曾细斌　谢映伟　潘亚西

回归专业　潜心钻研
促进高质量发展

斗转星移，继往开来。深圳市律师协会自 2012 年启动“深圳律师实务丛书”（以下简称丛书）出版工作以来，至今已出版实务专著 48 部，内容涵盖诸多专业领域，全面展现了深圳律师业务的研究成果和实务经验，已成为深圳市律师协会推进行业专业化建设的品牌项目。

鼓励和引导律师著书立说是深圳市律师协会推动律师专业化的一项长期性的重点工作。丛书旨在充分发挥深圳市律师协会的业务指导作用，通过鼓励深圳律师和深圳市律师协会各专业委员会撰写实务专著，可以有效提升律师业务水平，增强律师业务能力，保证律师服务质量，以专业引领和成果共享助推深圳律师行业高质量发展。

本套丛书凝集着深圳律师的心血与经验，展现了深圳律师的专业水平。本套丛书在律师业务的众多领域，汇集了深圳律师的业务成果，总结了深圳律师的执业经验，体现了深圳律师的专业能力，彰显了深圳律师的职业精神。这一本本专著必将成为深圳律师专业化发展史上一颗颗璀璨的明珠，永远镶嵌在深圳律师专业化发展的史册上。

2023 年是全面贯彻落实党的二十大精神的开局之年，深圳律师要深学细悟笃行党的二十大精神，让党的二十大精神在深圳律师行业落地生花，要以习近平法治思想为指引，大兴专业研究之风，切实回归专业，潜心研究，深挖专业和实务问题，以高品质的法律服务保障行业的高质量发展。开展业务和实务研究不能脱离实际，必须密切关注经济社会发展和法治建设，聚焦其中的热点、难点、堵点问题，深入开展有针对性的研究，进而提出应用对策与实践指引，也期待深圳律师能输出更多的法律实务研究成果，并能形成专著与同行共享，这本身也是律师业务领域的一种先行示范。

希望本套丛书成为广大实习人员、执业律师期待、必备的好工具，也希望未来能够出版更多、更好的供律师们学习提高、掌握律师实务知识与技能的好专著！

张　斌

深圳市律师协会会长

2023 年 1 月 9 日

本书序一

《刑民交叉案件法律实务问题研究》付梓在即,这是一本集深圳市律师协会刑民交叉法律专业委员会各优秀律师之心血的书,也是全国为数不多的以律师协会刑民交叉法律专业委员会为代表编写的著作,在当下社会各界对刑民交叉案件的研究和学习进行得如火如荼的背景下,这本倾向于研究实务的著作可谓恰逢其时,在此由衷表示祝贺。

当前,刑民交叉面临的困境是,其被称为理论界的"伪命题",然而对身处法律服务一线的执业律师来说,却是实践中的大问题。刑民交叉存在的问题大致有:其并非严格意义上的法律概念、学术界尚未形成体系化理论框架、刑民交叉法律规范存在欠缺、刑民交叉理论研究存在瓶颈、程序研究多于实体研究、实体研究重点和方向模糊不清、实务界关注多于理论界,以及法律制度供给不足等。刑民交叉案件是多年来困扰理论界、实务界的难点问题,由于实体上认识不一和程序上的衔接问题,在实践中甚至出现了同一法院对同类案件作出不同的判决结果的情况。究其原因,司法机关办理刑民交叉案件时容易陷入实体法和程序法的双重困境。在实体问题上,难以准确界定此类案件的性质和范围,由于刑民交叉案件中刑事问题与民事问题产生混杂,办案人员可能难以判断某一案件应属于刑事案件还是民事案件,各办案部门也容易产生认识分歧,案件程序难以正常启动;在程序问题上,也存在刑事程序和民事程序的交织,办案程序在衔接上陷入困境,如本书提到的刑事涉案财物的认定问题及刑事执行中与民事执行交叉的问题等。刑民交叉案件处理不当,会对司法权威、司法公正和司法效率产生极大影响，尤其是刑民交叉程序处理不当，不仅影响诉讼效率，还会导致司法程序无法满足当事人的诉求。办案机关对刑事程序的重视程度高于民事程序，会导致对当事人民事权益的保护及刑事程序中民事程序的保护欠佳。

鉴于此背景，本书较为系统全面地梳理了刑民交叉理论与实务的相关问题。理论上通过刑民交叉的法理基础，阐释了刑民交叉案件的内涵和定性等基础理论；通过梳理刑民交叉的司法现状，系统呈现了刑民交叉案件的司法解释及各类规范性文件，阐述了各时期刑民交叉案件处理模式的不同，说明随着社会经济的不断发展，法律制度也在不断进步完善，同时通过对相关司法处理模式的反思与借鉴，为今后刑民交叉案件司法处理的发展完善提供了一定参考；通过综合列举刑民交叉各类司法处理原则，为刑民交叉案件司法处理确定了一定的方向和范围；在刑民交叉案件中的事实认定及相互影响方面，分析刑事案件和民事案件实体交叉及判决相互之间的影响，对这种影响模式进行比较和评述，为处理刑民交叉案件提供了参考思路；在刑民交叉常见问题的判断边界及处理思路方面，梳理了刑民交叉的相关实体外延问题，这类问题比较容易被忽略，但是对这些问题的深刻理解和把握对处理刑民交叉案件却是非常关键的；在典型刑民交叉案件的实体辨析方面，通过各类典型的刑民交叉案件，为处理刑民交叉案件中刑民界分的实体问题提供了思路；列举了刑民交叉各类实务典型案例，其中不乏刑民交叉再审相关案例，注重通过比较研究的形式，将部分刑民交叉案例中类案不同判决或处理模式的差异进行对比分析，以法律实务评析的形式对各类刑民交叉的程序问题和实体问题条分缕析；最后，在附录部分通过刑民交叉案件的处理思路实务问答，梳理常见的刑民交叉实务问题，以问答的形式，理论依据结合司法实践并附带法律依据娓娓道来，增加了本书的可读性和实务性。

本书作为一本刑民交叉理论结合实务研究的著作，分析了刑民交叉的实践困窘并进行理论廓清，尤其是为解决刑民交叉司法实践中的疑点问题提供了一定思路。但是，面对纷繁复杂的各类刑民交叉问题，还需要更多有志于该专业方向的学者加入研究学习队伍，期待以此能进一步推动司法的进步甚至立法的完善。目前，该方向的著作并不多见，大部分为法官、检察官等司法工作人员撰写的相关著作，而本书编写人员均为执业经验丰富的律师，从律师的角度来进行剖析，提供了另一种问题解决路径。本书填补了一定的市场空白,可以为司法工作者、法律学者、相关法律从业者提供一定的参考和借鉴,是一本难得的刑民交叉方面的实务著作。

是为序。

广东省律师协会会长

肖胜方

2025 年 6 月

本书序二

鼓励并引导律师著书立说，是深圳市律师协会推动律师专业化的一项长期性的工作。近年来，深圳市律师协会锚定推进深圳律师行业高质量发展的总目标，坚持“回归专业、服务大局”的理念，推出了一大批专业研究成果，更有众多深圳律师撰写的优秀法律实务著作相继面世，以深圳市律师协会刑民交叉法律专业委员会为代表的，由律师们编写的《刑民交叉案件法律实务问题研究》便是代表作之一。“文章千古事，得失寸心知”，本书编写团队汇集众多优秀刑民交叉律师，通过刑民交叉理论结合自身办案实践经验，集理论与实务于一体，凝聚着刑民交叉法律专业委员会的心血和经验智慧，展现了深圳律师的专业水平，彰显了深圳律师的职业精神。

埃德蒙·伯克指出，“法律必须服务于社会，而不是社会服务于法律”。社会生活处于不断变化之中，法律会创造和规定新的概念与规则，以解决不可避免的纠纷与矛盾，保护无辜者的合法权益免受损害，而市场也总会想出办法以降低法律风险和交易成本。在这种同步发展与复杂化的进程中，围绕着基本法律关系的权利义务日益复杂，形成多重法律关系，并使程序规则变得复杂。其中，刑法与民法作为两大基础部门法，在案件中牵涉的法律事实、法律责任、程序规则竞合交叉的情形，一般统称为“刑民交叉”，又称刑民交织、刑民关联、刑民互涉，不一而足。到目前为止，刑民交叉案件至少存在以下问题需要进一步规范和完善：

第一，如本书所述，我国目前对于刑民交叉缺乏一个统一的概念，不同的法学家对刑民交叉概念有不同的认定。刑民交叉案件是既涉及刑民实体法，又涉及刑事、民事诉讼法的错综复杂的一类案件。近年来，刑民交叉案件因其复杂性、极具争议性逐渐成为法学理论界和司法实务界共同关注的问题。但目前而言，对于刑民交叉案件的概念我国法学界并无统一认识。

第二，刑民交叉案件的处理模式成为司法机关亟待解决的一大司法难题。从定义上看，刑民交叉案件的处理模式，是指司法实践中，对不同案件所面临的刑事诉讼和民事诉讼程序上的不同，汇总分析出一套具有普遍性适用特征的一般性程序处理模式。从目前的司法实践来看，我国刑民交叉案件的处理模式主要包括“先刑后民”“刑民并行”“先民后刑”三种类型，本书从基本概念、法律渊源以及合理性与局限性角度出发，对三种处理模式展开了论述。

第三，刑民交叉案件处理模式所存在的困境，实质上就是如何在私权益与公权益之间取得平衡。在刑民交叉案件的处理程序中，私权益与公权益应得到平等的保护。而私权与公权是否得到了平等保护，最直接的体现就是司法实践。因此，刑民交叉案件处理程序的困境主要体现为司法实践上的困境。

本书整体构思协调，理论实务相结合。先以理论切入阐释了刑民交叉案件的法理基础，并分析了刑民交叉案件的司法现状及改进思路；再对刑民交叉实体外延问题进行解析，通过建立刑民交叉案件底层认知逻辑来界分刑民关系，厘清界限，再分析刑民案件之间的关联关系、相互影响；并通过典型的各类刑民交叉实务案例，结合法院的审判思路，将各类判例对比分析，以法律实务评析的形式总结阐释了办理刑民交叉案件的相关应对思路。最后，以附录形式收录了司法实务中常见的刑民交叉疑难问题并进行分析解答，增强了本书的实务参考价值。

鉴于涉及刑民交叉各类案件的广泛性和复杂性，关于刑民交叉案件的理论与实务还需要法律界及其他社会各界人士持续关注和研究探索，以期更进一步推动我国法治的进步。希望本书的付梓能为从事刑民交叉案件研究的人士提供一些思路借鉴。

是为序。

深圳市律师协会会长

张　斌

2025 年 6 月

目　录

第一章 刑民交叉案件的法理基础

第一节 刑民交叉问题的历史渊源

一、夏商到明清，呈现“诸法合体、刑民不分”的特征

中国法律起源于夏朝，古代中国法有一个鲜明特点——法由礼演变而来。礼，最初就是“盛玉以奉神人之器谓之若豐，推之而奉神人之酒醴亦谓之醴，又推之而奉神人之事通谓之礼。”[1]礼本是祭祀神灵和祖先的器具，后来供祭的酒也被称为礼，以后进行祭祀的各种活动都被称为礼。礼由原始状态逐步被氏族习惯演化而具有一定法的性质和作用，中国著名民法学家梅仲协认为，“依余所信，礼为世界最古老最完备之民事法规也”。[2] 在清末礼法之争中，洋务运动的中坚、清末变法的主要推动者张之洞在奏折中，谓：中国“古昔圣王，因化制礼，准礼制刑。凡刑之等差，一本乎伦之秩序、礼之节文而合乎天理人情之至也”。[3] 由礼演变到法，古代法律一直呈现“诸法合体”的形式。

自西周时期起，“明德慎罚”思想成为统治阶级法思想的核心内容，对后期中国法的影响甚巨。西周统治者鉴于殷纣王恣行暴虐、滥刑无辜、奢靡无

---

〔1〕 王国维：《观堂集林》，中华书局1959年版，第290页。

〔2〕 肖爽：《诸法合体到民刑分立的流变》，载《检察日报》2022年10月8日，第4版。

〔3〕 肖爽：《诸法合体到民刑分立的流变》，载《检察日报》2022年10月8日，第4版。

度终致身死国灭的教训，而提出法的原则。其中“慎罚”就是谨慎地实施刑罚。其具体原则包括：谨慎断狱；定罪量刑，区别故意与过失及行为人的态度；依法定罪，罪刑相当；不干预狱讼；因时制宜，宽严适当的刑事政策。

在春秋战国时期，魏国李悝在吸收各国立法经验的基础上，在变法过程中制定了《法经》，这是我国历史上第一部比较系统的封建成文法典。《法经》在篇目结构上共有六篇，即盗、贼、囚、捕、杂、具六法，在编纂体例上开创了编纂完整成文法典的新体系。《法经》的体系和原则，甚至一些条文，不但保留在秦、汉、魏、晋的法典中，还对后世立法产生了影响深远。《唐律疏议》是中国古代立法传统的集大成者，它承上启下，继承并发展了中国传统法律诸法合体、以刑为主的特质，将近现代意义层面的基本法如刑法、民法、行政法、婚姻法、经济法等融为一体，采取刑事立法的形式，几乎都围绕着罪和刑分别加以规定、解释。社会生活各领域违规，甚至一些在今天看来只是违反道德规范的行为，都被规定为犯罪，有的还是严重的犯罪。诸法合体的古代中国法典体例维持两千多年，直至20世纪初清末沈家本修律时才被打破。以沈家本为代表的修律大臣考察了西方法律制度后，依据以古罗马法为代表的大陆法系的法律特征分别制定刑律、民律、刑事诉讼法、民事诉讼法等部门法。参照西方法例来修改我国传统法律，开启了刑民分家、重建司法等一系列操作，传统的刑法方在多国法律的杂交中逐渐解体，民法、刑法才实现分立，在这个时刻，近千年来一直坚持的“以刑为主、诸法合一”的现象才被冲破。但我国古代“重刑轻民”“刑胜于民”的法律传统，从观念上仍然对我国当代的立法和司法起着潜在的制约作用。

从中国历史上的法律发展史来看，中国封建时期颁布的法律大多是一部法典，其中以刑法为主，还包括了民法等不同领域的法律，从而形成了“诸法合一、刑民不分”的立法体制。从社会经济发展的角度来看，中国封建社会长期处于小农经济形态，因而该时期的经济不会发展繁荣到可以为民法做经济基础，使民法独立出来。在发展进程中，从西汉时期董仲舒提出“以刑辅德”的治国思想开始，到清代提出德治观念——“以德化民，以刑弼教”，还有儒家思想主张“以德教化”等，都在一定程度上反映出“德主刑辅”的思想。但是封建社会的立法，一般都是统治者为了维护中央集权和皇权的需要，而统一制定的法律体系，为了控制国家主权，统治者往往会重用法律，尤其是刑法，通过惩罚犯罪，达到促进国家治理和国家统一的目的。

纵观我国法制史，从战国时期李悝创作的《法经》到清朝颁布的《大清律例》，法律的特征一直表现为“诸法合一”。从法的发展史来看，尽管古代民刑不分，但其实自法律诞生之日起，民事法与刑事法、民事责任与刑事责任就已经有了一定的区分；尽管在处罚方式上民事处罚方式与刑事处罚方式并用，但两者已酝酿着分离。这个过程是一个漫长的过程，这是由当时人们的生活状态、认知水平所决定的，不能用今天的标准来苛求古人。

二、清末到现当代，逐渐呈现“公私分野、刑民分立”的特征

《大清新刑律》是中国刑法近现代化的标志，是以西方的刑法，尤其是德日刑法为蓝本，抛弃了中国古代刑律中“诸法合体”的编纂形式，采用了总则加分则的立法形式。《大清民律草案》是中国近代民法法典的开端，在内容上，其确立了近代民法的权利平等、保障私有财产所有权、契约自由、过失责任等原则。于是，就产生了诸多刑民交叉、刑民分界的问题。

到当代社会，由于社会经济的发展，刑法和民法都逐步健全和完善，刑法更加注重保障公民权益，民法调整私权利的领域趋向社会性。然而刑事案件与民事案件常常相互交融，产生交叉，由此在司法实践中，越来越多的刑民交叉案件呈现出来。刑民交叉问题从最初的新生事物到现在被普遍关注和重视，是我国诉讼法制度不断完善，不同诉讼类型证据规则日益健全的成果。在司法实践中，需要我们用发展的视角去审视、辨别和处理。

当代刑民交叉问题的历史可以追溯到20世纪80年代，最早的处理原则是“刑事优先”。早在1985年，最高人民法院、最高人民检察院和公安部就联合发布了《关于及时查处在经济纠纷案件中发现的经济犯罪的通知》（以下简称《及时查处经济犯罪通知》）（已失效），确立了处理刑民交叉案件的“刑事优先”原则。随着时间的推移，司法实践中逐渐认识到刑民交叉问题的复杂性，并开始探索更为合理的处理方式。例如，2020年12月，最高人民法院针对1998年的《关于在审理经济纠纷案件中涉及经济犯罪嫌疑若干问题的规定》（以下简称《经济犯罪嫌疑规定》）进行了修改，主要就法人和其他社会组织对自然人实施的民刑交叉行为如何承担民事责任问题作出进一步明确。

当代社会，刑民交叉案件的处理更加注重协调和综合运用民事法律和刑事法律。司法机关在处理这类案件时，应当充分贯彻民法典的基本精神，

基于“刑民协同”的理念，通过民事法律和刑事法律的协调综合运用，推动案件的依法妥善处理。尤其是2021年1月1日《民法典》实施以来，民法典所蕴含的私法自治、契约自由、权利保障、平等保护等理念，对于司法实践中“刑民交叉”案件的正确处理产生了重要影响。从“刑民交叉”到“刑民协同”成为民、刑关系发展的趋势和潮流。

如今，随着经济的飞速崛起和社会关系的复杂多变，法律的调整对象日趋多元，“公私融合，刑民趋近”已经成为法治化进程的大方向。

第二节 “刑民交叉”的内涵及定性

一、“刑民交叉”的内涵

有人认为“刑民交叉”概念是“理论中的伪命题”，[1]因为从法律、法规、司法解释的梳理可以看出，不管是已经失效的还是现行有效的法律、法规、司法解释均未有过“刑民交叉”这个提法，法学教材上也很难见到对“刑民交叉”的定义。“刑民交叉”虽然不是法律概念，但在理论界、实务界、学界常常被提及，所以我们不得不对其加以重视和研究，不管其是不是伪命题，但不可否认它一定是现实中切实存在的棘手问题，更是实务中无法绕开的一个大问题。刑事、民事和行政交叉的问题在司法审判中屡见不鲜，而且成为司法审判中一大疑难问题。由于我国刑事、民事和行政诉讼分别适用不同的诉讼规则，并由不同的审判机构进行审理，这必然会产生一些相互关联的问题。我们可以称其为刑民交叉，也叫刑民关联，抑或刑民互涉或刑民行交叉等，这类案件往往需要将三大诉讼法的所有关系放在同一范畴来进行讨论，然后系统地厘清它们之间的关系，确定一些基本规则，这样更有利于指导司法实践，有助于推动诉讼法学的深化和发展。

现实中，民事纠纷与刑事犯罪交织的现象由来已久，处理民商事纠纷与刑事犯罪交叉在程序和实体上存在很多争议。从我国古代的“诸法合体、刑民不分”，到如今社会的“公私分野、刑民分立”，法律在不断演变进化，刑事

---

〔1〕 张明楷：《刑法学中的概念使用与创制》，载《法商研究》2021年第1期。

和民事之间的关系也发生了改变。那么,到底什么是刑民交叉案件呢?不同研究学者对刑民交叉案件作了不少定义。例如,“刑民交叉案件是指刑事犯罪与民事不法存在竞合的案件”;[1]“刑民交叉案件,是指司法实践中发生的因特定事实要素的关联而出现的刑事法律关系和民事法律关系相互交叉、彼此竞合甚至水乳交融的案件”;[2]“刑民交叉案件,又称刑民交织、刑民互涉案件,是指既涉及刑事法律关系,又涉及民事法律关系,且相互之间存在交叉、牵连、影响的案件”;[3]“所谓刑民交叉案件,是就同一不法行为在当前统一的市民法体系的时代背景下(法律秩序的统一性),在侵害不同(部门)法律后所受到的不同法律对之进行反射的结果(法谚‘权利之所在即救济之所在’)。其本身源于法律目的,实则系规范‘行为自由与权益保护’(《宪法》第51条)这一紧张关系”。[4]

可以看出,刑民交叉案件关涉在同一类案件中,案件可能同时涉及民事法律问题和刑事法律问题,并且案件的诉讼程序既可能有民事部分也可能有刑事部分。一般来说,刑民交叉案件涉及程序和实体两个维度。从诉讼法的角度来说,刑民交叉案件的处理主要是指案件的管辖问题。刑民交叉案件的实体问题涉及罪与非罪的区分,对于刑民交叉案件,既不能仅从实体法进行考察,也不能仅从程序法进行考察,而是应当坚持实体法和程序法的双重视角。

由此,单纯地从法律事实和法律关系方面都不能全面诠释刑民交叉案件的内涵,刑民交叉案件属于既不同于原刑事案件,也不同于原民事案件的一类新型特殊案件。

二、“刑民交叉”案件的定性

由于“刑民交叉”的内涵存在争议,故而对于“刑民交叉”案件的定性也是有争议的。我国现行有效的法律法规中对于“刑民交叉”案件的定性标准也并不统一,被广泛使用的“刑民交叉”,大致所针对的是案件处于刑事和民

---

[1] 陈兴良:《刑民交叉案件的刑法适用》,载《法律科学(西北政法大学学报)》2019年第2期。

[2] 杨兴培:《刑民交叉案件的类型分析和破解方法》,载《东方法学》2014年第4期。

[3] 何帆:《刑民交叉案件审理的基本思路》,中国法制出版社2007年版。

[4] 李晓智:《检视与重构:刑民交叉案件的裁判进路及其适用规则》,法律出版社2024年版,第25页。

事的临界点上，构成犯罪还是民事侵权、违约难以被决断的情形。[1]

也有学者认为，刑民交叉案件是指案件性质既涉及刑事法律关系，又涉及民事法律关系，相互之间存在交叉、牵连、影响；或者指根据同一法律事实所涉及的法律关系，一时难以确定是刑事法律关系还是民事法律关系的案件。[2]

结合司法实践，刑民交叉案件表现形式大致有三种：第一种既是刑案，也是民案，同时构成民事责任和刑事责任，主要为侵财犯罪和侵犯人身权犯罪，表现为刑事附带民事诉讼，如交通肇事、故意伤害、盗窃等有具体被害人的案件。第二种本质为民案，但表象疑似刑案，控告者意图通过刑事途径，使民事纠纷进入刑事诉讼程序，欲借助公权之力量介入使案件往刑事程序方向发展，如租赁车辆被承租人抵押给第三人的纠纷。第三种本质是刑案，表象为民案，但已超出民法调整范围，如部分合同诈骗案件、“套路贷”案件、虚拟币及区块链案件等。案件当事人最初选择的法律途径至关重要，有的当事人没有选择恰当途径，将本应当是刑事责任的问题归集于民事途径处理，可能导致犯罪分子没有得到有效打击。当然，这部分案件有时需要司法机关运用“穿透式”思维进行审查，穿透条文字义、表面合意、表面证据或诉讼请求，精准把握当事人的真实意思，准确认定真实法律关系，根据公平正义法治原则，作出体现实质公正的裁判结论，从而实现办案的法律效果、政治效果、社会效果的有机统一。

第三节　刑民交叉案件的类型

一、刑民交叉案件的交叉情形

在刑民交叉案件领域，合理分类是有效规制的重要途径。问题越是复杂，越需要找准分类标准，适时条分缕析，以利于透视问题本质。对刑民交叉案件进行分类，主要基于程序先后顺序以及事实重合度，是“先刑后民”，

---

〔1〕 参见周光权：《“刑民交叉”案件的判断逻辑》，载《中国刑事法杂志》2020年第3期。

〔2〕 参见刘高等：《民刑交叉中合同效力的认定及诉讼程序的构建——以最高人民法院相关司法解释为视角》，载《法学家》2015年第2期。

还是“先民后刑”，抑或“刑民并行”。

时任最高人民检察院法律政策研究室法律应用研究处处长的卢宇蓉认为：刑民交叉案件，包括法律主体、法律事实、法律关系、法律责任等要素。就法律主体而言，刑事案件中的被告人、被害人，可能与民事案件的当事人重合，可能是民事案件共同诉讼的一方当事人。就法律事实而言，刑民交叉案件包括具有同一法律事实的刑民交叉案件和存在关联法律事实的刑民交叉案件。前者如因不满刑事责任年龄不予刑事处罚但不免除监护人民事责任的案件；后者如主合同涉嫌犯罪，作为从合同的担保效力如何认定的案件。就法律关系而言，一个案件只有同时涉及刑事和民事法律关系，可以分成刑事案件与民事案件办理，才能构成刑民交叉案件。就法律责任而言，有关案件行为人由于同时违反刑事法律和民事法律，可能要分别承担刑事责任与民事责任，即产生责任聚合与承担问题，但是涉案行为人并非必然要承担双重责任，如有的案件可能存在刑事犯罪嫌疑，但应当认定为民事法律行为。[1]

刑民交叉案件在实践中存在以下交叉情形：一是行为主体交叉，犯罪行为人与民事行为人为同一主体。例如，某甲通过非法吸收公众存款的方式筹集资金，然后将筹集的资金转借贷给某房地产公司营利。某甲既是非法吸收公众存款犯罪行为主体，也是与房地产公司之间民间借贷关系的出借人。二是行为内容交叉，行为内容均为民事法律事实和刑事法律事实的组成部分。例如，某乙挂靠某房地产公司进行经营活动期间，伪造该房地产公司公章，以该公司名义对外担保借款用于个人经营活动。某乙伪造、使用房地产公司公章的行为既是其个人伪造公章犯罪的刑事法律事实，也是以房地产公司名义对外担保借款关系的民事法律事实的组成部分。三是行为对象交叉，犯罪行为对象与民事行为对象是同一对象。

这些类型展现了刑民交叉案件在司法实践中的多样性和复杂性，在处理此类案件时，需要综合考虑刑事和民事法律关系，确保公正和合理地裁决。

二、刑民交叉案件在司法实践中的类型划分

关于刑民交叉案件的类型，各学者提出了不同观点。《经济犯罪嫌疑规

[1] 刘卉、陈兴良等：《刑民交叉案件：争议难点与司法处理》，载山西省陵川县人民检察院官网，http://www.sxlingchuan.jcy.gov.cn/jcsw/201908/t20190820_2665628.shtml。

定》、最高人民法院《关于审理民间借贷案件适用法律若干问题的规定》(以下简称《民间借贷规定》)、《全国法院民商事审判工作会议纪要》(以下简称《九民会议纪要》)等,均将刑民交叉类型区分为“竞合型”和“牵连型”。根据上述规定,结合司法实践和学界观点,刑民交叉案件可倾向于划分为以下三种类型:

第一类是“竞合型”,指基于同一事实涉及刑事与民事法律关系,一时难以确定是刑事法律关系还是民事法律关系造成的刑民交叉案件,且二者在行为主体、相对人以及行为本身等方面完全一致,呈现一种纵向的包容重合关系的交叉。例如,民间借贷类案件中,由民间借贷纠纷向非法吸收公众存款罪、集资诈骗罪、职业放贷人非法经营罪转化的案件;由民事合同纠纷向合同诈骗罪转化的案件。

第二类是“牵连型”,指引起刑事、民事法律关系的事实并非源自同一事实,而仅是在某个或者某些构成要素上出现了交叉,这种事实交叉可能是行为主体、行为内容或者行为对象等方面的交叉。例如,行为人以法人、非法人组织或者他人名义订立合同的行为涉嫌刑事犯罪,或者刑事裁判认定其构成犯罪,合同相对人请求该法人、非法人组织或者他人承担民事责任的;一个故意伤害犯罪,既造成他人人身伤害后果,又导致被害人因治疗等事由产生财物损失,通常需要提起刑事附带民事诉讼一并实施救济。

第三类是“刑民并行”,指因不同法律事实而引起了刑事法律关系和民事法律关系,从而构成刑民案件交叉,在一定情况下,不能因为刑事犯罪比民事侵权更加严重,就认为刑事程序优先于民事程序,刑事诉讼和民事诉讼两种程序可并行不悖进行处理。[1] 根据《九民会议纪要》第130条的规定,如果民商事案件不是必须以相关刑事案件的审理结果为依据,则民商事案件应当继续审理。例如,主合同的债务人涉嫌刑事犯罪或者刑事裁判认定其构成犯罪,债权人请求担保人承担民事责任的;股权转让涉嫌合同诈骗而提起的撤销之诉纠纷,民事部分对于欺诈行为的认定并不以构成合同诈骗罪为依据,未构成合同诈骗罪的隐瞒债务、伪造财务凭证等行为,仍可能构成民事欺诈。根据上述规定,这些民事案件应继续审理。退一步讲,如果在民事审理过程中,发现部分事实的认定需要以刑事案件的审理结果为依据,

---

〔1〕 参见杨兴培:《刑民交叉案件的类型分析和破解方法》,载《东方法学》2014年第4期。

则可以适用《民事诉讼法》第153条的规定，裁定中止审理，待刑事案件终结之后再恢复民事案件的审理。这样既可以在民事判决中兼顾刑事案件的处理结果，也可以最大限度地保护权利人期间利益，防止期间经过给权利人造成无法挽回的损失。所以，对于此类案件适用“刑民并行”有法律基础。

但是，由于社会生活的复杂性，即使我们梳理出民刑交叉案件的诸多类型，也很难说这些类型具有普遍规律性。由于民法思维注重事实和法律关系，刑法思维则注重对于事实和犯罪行为的评价。因此，我们仅能通过总结寻求相对科学的分类方式。此外，在司法裁判过程中，裁判者需要不断在事实与规范之间来回权衡，将规范涵摄到事实之中。无论是民事审理还是刑事审理，均应遵循这一规则。

因此，以法律事实为标准进行类型划分能够获得民事和刑事司法的共识，《九民会议纪要》第12部分“关于民刑交叉案件的程序处理”以事实为依据区分刑民交叉案件，为我们提供了规范依据。[1]

第四节　刑民交叉案件的关联关系及理论演变

一、刑民关联关系产生背景

辩证唯物主义认为，有规律的物质运动构成了万事万物，而万事万物存在普遍联系。马克思认为，有意识的实在法是精神关系的内在规律的外在表现。

法律应当是与社会发展程度相适应的社会活动秩序的外在体现。社会活动之间存在普遍联系，法律之间存在普遍联系，社会活动与法律之间存在普遍联系，不同的社会活动和不同的法律可以在同一对象上发生联系。刑民交叉问题上，反映的就是社会活动之间在法律层面的相互联系，以及不同的社会活动和不同的法律在同一对象上的相互联系。[2]

从法律体系上讲，宪法、民法、刑法、行政法、经济法本身存在普遍的联

〔1〕 参见段守亮等：《第64期丨民刑交叉案件的实体处理：类型、原则及规则》，载微信公众号“中国上海司法智库”2020年12月22日，https://mp.weixin.qq.com/s/E1IkOO9Y2V_mPO8Pg7yzjA。

〔2〕 参见奚明强：《刑民交叉问题的关联性分析》，载《东方律师》2021年第12期。

系,其中有法律事实和法律关系的交织,也有实体和程序的相互关联。

法律事实指法律规定的引起法律关系产生、变更、消灭的客观事实,它是法律关系运动的原因和动力。法律事实分为法律事件和法律行为。法律事件是法律规范规定的,不以当事人的意志为转移而引起的法律关系形成、变更、消灭的客观事实,包括社会事件和自然事件两种。法律关系是受法律约束的社会关系,这种社会关系是以法律规范为基础形成的社会关系,是法律主体之间的社会关系。法律关系由法律关系主体、法律关系内容和法律关系客体三大要素构成,由是观之,法律事实是产生法律关系的前提和基础,是法律关系变化的条件所在。

二、关于对刑民交叉案件中事实和法律关系认定的理论演变

1998 年,《经济犯罪嫌疑规定》发布,第一次以“不同的法律事实”和“不同的法律关系”作为刑民交叉案件分开审理的依据,即只要是同一法律事实或同一法律关系,刑民交叉案件就要遵循“先刑后民”的审理原则。这一规定一出台便遭到学术界的质疑。第一,解决同类型问题时出现了“法律事实”和“法律关系”并列的两个标准,使裁判者的标准不一,进而引起司法实践的混乱。第二,理论上,刑事法律关系和民事法律关系是性质完全不同的两种法律关系,即使是由同一事实引起两种关系竞合,它们也属于不同的法律关系。刑事法律事实和民事法律事实也是不同的法律事实,只是因为自然事实的客观联系,它们可能重合或部分重合,但它们的要素和关注的侧重点是不同的,将其称为同一法律事实,会造成逻辑上的混乱。

在同一法律事实和同一法律关系下适用“先刑后民”原则遭到批判,以法律事实和法律关系是否相同为标准的类型化道路走不通后,2014 年发布的最高人民法院、最高人民检察院、公安部《关于办理非法集资刑事案件适用法律若干问题的意见》(以下简称《非法集资意见》)中,不再将“同一法律事实”和“同一法律关系”作为刑民关联案件审理程序的判断标准,而是将判断标准改为“同一事实”。此后的相关司法文件中有关刑民关联案件审理程序的判断标准,都是以“同一事实”表述出现的。

与“同一法律事实”和“同一法律关系”作为判断标准受到质疑一样,以“同一事实”作为判断标准同样受到质疑。

2019 年 7 月 3 日召开的全国法院民商事审判工作会议上,最高人民法

院刘贵祥专委的总结讲话明确支持“同一事实”的判断标准，并指出：“民事诉讼与刑事诉讼具有不同的职能与程序，分开审理是基本原则，因此要从行为主体、相对人以及行为本身三个方面认定是否属于‘同一事实’。”

最高人民法院刑二庭审判长于同志对“同一事实”更是作出详细的描述：“具体说，从行为实施主体的角度看，‘同一事实’指的是同一主体实施的行为，不同主体实施的行为不属于同一事实；从法律关系的角度看，刑事案件的受害人同时也是民事法律关系的相对人的，可以认定为‘同一事实’；从要件事实的角度看，只有民事案件争议的事实，同时也是构成刑事犯罪的要件事实的情况下，才属于‘同一事实’。”[1]概言之，“同一事实”是指行为主体、行为客体或对象以及行为表现三者均相同的情形，只要三者有其中之一不同的，就属于“不同事实”。

但实践中，对“同一事实”的认定也不能过于绝对，需结合具体情况具体分析。“同一事实”可包含“同一法律关系”和“不同法律关系”的情形。在同一事实同一法律关系的情况下，实体上有《民法典》第187条的明确规定，即“民事主体因同一行为应当承担民事责任、行政责任和刑事责任的，承担行政责任或者刑事责任不影响承担民事责任”；程序上有《民事诉讼法》第153条第1款第5项的明确规定和“先刑后民”的司法习惯，前案查明的事实可以导致后案民事法律行为的有效、无效以及可撤销。在同一事实不同法律关系的情形下，以本案法律关系不影响另案法律关系的有效为原则，以本案法律关系否定另案法律关系为例外，也可以产生另案民事法律行为的无效或可撤销。

有学者认为，与其在“同一事实”的判断上纠结不清，进而在决定是否适用“先刑后民”机制上举棋不定，不如立足于更好地保护当事人利益的立场，按照实事求是的原则来处理刑民交叉案件。具体来说，就是按照《民事诉讼法》第153条第1款第5项的规定，“本案必须以另一案的审理结果为依据，而另一案尚未审结的”，应该中止审理。根据刑民交叉案件中刑事、民事诉讼发生的时间顺序，以及二者之间的审理是否存在依存关系和关联关系，来

---

〔1〕 参见《深度研讨 ‖ 刑民交叉案件的办理》，载澎湃号“重庆二中法院”2019年8月21日，https://www.thepaper.cn/newsDetail_forward_4219662。

确定刑事诉讼和民事诉讼的受理和审理。[1] 本书认为这种观点符合实际，即便是“同一事实”，在发生刑民交叉的情况下，也不宜过于绝对化。例如，对于违反市场准入型的犯罪，典型的是非法经营行为，行为人的市场准入资格有问题，可能涉及非法经营犯罪，但因此产生的相关民事行为并不必然是非法或无效的。如果同时存在民事诉讼和刑事追诉，应适用“刑民并行”甚至“先民后刑”，这样有利于在打击犯罪的同时，及时维护民事相对人的合法权益。

例如，在行为人与被害人之间存在权益纠纷的情况下，行为人采用盗窃、抢劫、抢夺、敲诈等手段行使财产权，主观上如果只是为获取自己有权获取的财物，客观上获取财物的数额与其应当获取的数额相同或基本相同，其行为不具有非法占有的主观目的，不以相应财产犯罪论处。当然，如果行为人采取的手段行为情节严重，造成了严重社会危害，对相关手段行为可以相应犯罪论处。又如，遗弃罪是指行为人对于年老、年幼、患病或者其他没有独立生活能力的人，负有扶养义务而拒绝扶养的行为，其中“扶养义务”是认定是否构成犯罪的关键，而这就需要借助民法的规定。此外，民事行为效力、民事法律关系性质、财物的权属情况也影响到罪与非罪、此罪与彼罪，这都需要先行通过民商事法律加以判定。

对“同一事实”的认定在司法实务中也是难点问题。虽然“同一事实”不是认定“先刑后民”的绝对标准，但是在当前司法实务中，对于刑民交叉案件属于“同一事实”，一般情况下会按照“先刑后民”的原则处理，因此刑民交叉案件是否属于“同一事实”直接关系到民商事案件能否继续审理。这里“同一事实”有理由认为是客观事实而不是法律事实，因为同一客观事实在不同的证据规则适用下会呈现符合不同证据要求的不同法律事实，对应不同的法律关系。刑事诉讼的证据规则严于民事诉讼、调查力度也强于民事诉讼、对同一事实的还原程度相对较高，根据刑事诉讼所获取的证据能更有效地判断民事诉讼的法律关系。这是“同一事实”及“同一法律关系”情形下“先刑后民”的基础逻辑。

对于刑民交叉案件，究竟应该“先刑后民”，还是“刑民并行”，一直是司法实务中的焦点问题。法院对“同一事实”的认定存在较大自由裁量权，且

---

〔1〕 参见于同志：《重构刑民交叉案件的办理机制》，载《法律适用》2019 年第 16 期。

不同法院可能存在不同理解，因此如何认定“同一事实”在司法实务中存在争议。只有恰当地确定“同一事实”的审查要点，才能防止程序上的冲突和法律价值的紧张关系，做到既保护当事人的诉权，又合理利用司法资源，从而实现刑民交叉案件中相关争议的有效化解和相对平衡。

目前的主流观点认为：刑事、民事案件涉及“同一事实”的，属于刑民交叉案件，原则上应当纳入刑事诉讼程序一并处理。所谓“同一事实”，是指行为主体、行为客体或对象以及行为表现三者均相同的情形；如果其中之一发生变化，则属于不同事实，应当分别作为刑事案件与民事案件独立审理。

三、刑民交叉案件对“同一事实”的认定理论发展的三个阶段

“同一事实”可以分为“同一法律事实”和“同一自然事实”，根据其理论时间发展脉络，可分为如下三个阶段。

1. 1998—2014 年为“同一法律事实”和“同一法律关系”

1998 年《经济犯罪嫌疑规定》第 1 条规定：“同一公民、法人或其他经济组织因不同的法律事实，分别涉及经济纠纷和经济犯罪嫌疑的，经济纠纷案件和经济犯罪嫌疑案件应当分开审理。”第 10 条规定：“人民法院在审理经济纠纷案件中，发现与本案有牵连，但与本案不是同一法律关系的经济犯罪嫌疑线索、材料，应将犯罪嫌疑线索、材料移送有关公安机关或检察机关查处，经济纠纷案件继续审理。”

法院在区分刑民交叉案件处理方式时，所依据的标准为刑民案件是否为“同一法律事实”和“同一法律关系”。刑民分属不同法律事实或不同法律关系的，“刑民并行”；刑民属于“同一法律事实”或“同一法律关系”的，“先刑后民”。所以，在这一阶段，“同一事实”是指同一法律事实。所谓法律事实，是法律规定的，能够引起法律关系产生、变更和消灭的现象，包含法律事件和法律行为两类，故法院依据规定重点审查的对象应当是法律事实的主体、内容、形式是否具有同一性。

2. 2014—2019 年为“同一自然事实”

2014 年《非法集资意见》第 7 条“关于涉及民事案件的处理问题”第 1 款规定：“对于公安机关、人民检察院、人民法院正在侦查、起诉、审理的非法集资刑事案件，有关单位或者个人就同一事实向人民法院提起民事诉讼或者申请执行涉案财物的，人民法院应当不予受理，并将有关材料移送公安机关

或者检察机关。”2015 年最高人民法院《关于审理民间借贷案件适用法律若干问题的规定》第 6 条规定：“人民法院立案后，发现与民间借贷纠纷案件虽有关联但不是同一事实的涉嫌非法集资等犯罪的线索、材料的，人民法院应当继续审理民间借贷纠纷案件，并将涉嫌非法集资等犯罪的线索、材料移送公安或者检察机关。”此时，“同一事实”不再是“同一法律事实”，而成了“同一自然事实”。

2015 年，在梅某娇与李某玲、鸿凌公司等借款合同纠纷案〔1〕中，最高人民法院的判决说理认为，无论是 1998 年《经济犯罪嫌疑规定》还是 2014 年《非法集资意见》，在民刑交叉涉及同一事实时，均规定应当“先刑后民”；若案件涉及不同事实，则应当对不涉及犯罪事实的民事纠纷继续审理，对“同一事实”的认定，应是自然意义上的事实本身。该案例明确了“同一事实”应当理解为“同一自然事实”，即未经法律评价的客观事实。但从之后的司法实践来看，各地法院对“同一自然事实”的认定标准仍然存在诸多争议，个案的处理方式之间亦存在较大差异。

3.《九民会议纪要》对“同一事实”的最新认定确立了“刑民并行”的原则

2019 年 7 月，最高人民法院审判委员会刘贵祥专委在全国法院民商事审判工作会议上的讲话中提道：刑事案件与民商事案件涉及“同一事实”的，原则上应通过刑事诉讼方式解决。对于刑事案件、民商事案件是否属于“同一事实”，按照以下原则进行判断：鉴于民事诉讼与刑事诉讼具有不同的职能与程序，分开审理是基本原则，因此要从行为主体、相对人和行为本身三个方面认定是否属于“同一事实”。一是从行为实施主体的角度判断。“同一事实”指的是同一主体实施的行为，不同主体实施的行为不属于同一事实。要特别注意的是，法定代表人、负责人以及其他工作人员等对外以法人名义从事的职务行为，应当由法人承担相应的民事后果。法定代表人、负责人以及其他工作人员构成犯罪，但法人本身不构成犯罪的，鉴于犯罪行为的主体与民事行为的主体属于不同的主体，一般不宜认定为“同一事实”。二是从法律关系的角度进行认定。例如，刑事案件的受害人同时也是民事法律关系的相对人的，一般可以认定该事实为“同一事实”。在司法实践中，若

〔1〕 参见最高人民法院民事裁定书，(2015)民申字第 1778 号。

侵权行为人涉嫌刑事犯罪，被保险人、受益人或其他赔偿权利人请求保险人支付保险金，或者主合同的债务人涉嫌刑事犯罪，债权人请求担保人承担民事责任的，因涉及不同的法律关系，均不属于"同一事实"。三是从要件事实的角度认定。只有民事案件争议的事实，同时也是构成刑事犯罪的要件事实的情况下，才属于"同一事实"。比如，当事人因票据贴现发生民事纠纷，法院在审理过程中发现汇票的出票人因签发无资金保证的汇票构成票据诈骗罪，但鉴于背书转让行为并非票据诈骗犯罪的构成要件，因而民事案件与刑事案件不属于"同一事实"。[1]

根据《九民会议纪要》第 128 条第 1 款第 1 项的规定，通过列举刑事、民商事案件应当分别审理的情形，将"同一事实"与"同一当事人的不同事实"加以区分，有利于保障当事人通过民事诉讼途径维护权利。主合同的债务人涉嫌刑事犯罪或者刑事裁判认定其构成犯罪，债权人请求担保人承担民事责任的，刑事、民商事案件应当分别审理。根据《九民会议纪要》第 128 条第 1 款第 2 项的规定，行为人以法人、非法人组织或者他人名义订立合同的行为涉嫌刑事犯罪或者刑事裁判认定其构成犯罪，合同相对人请求该法人、非法人组织或者他人承担民事责任的，刑事、民商事案件应当分别审理。《九民会议纪要》第 128 条第 1 款第 3 项规定，法人或者非法人组织的法定代表人、负责人或者其他工作人员的职务行为涉嫌刑事犯罪或者刑事裁判认定其构成犯罪，受害人请求该法人或者非法人组织承担民事责任的，刑事、民商事案件应当分别审理。《九民会议纪要》第 128 条第 1 款第 4 项规定，侵权行为人涉嫌刑事犯罪或者刑事裁判认定其构成犯罪，被保险人、受益人或者其他赔偿权利人请求保险人支付保险金的，刑事、民商事案件应当分别审理。《九民会议纪要》第 128 条第 1 款第 5 项规定，受害人请求涉嫌刑事犯罪的行为人之外的其他主体承担民事责任的，刑事、民商事案件应当分别审理。

最高人民法院发布的《九民会议纪要》虽然未对"同一事实"认定标准进行明确界定，但在总结以往审判经验的基础上，列举了不得认定为"同一事实"的若干情形，对司法实务中刑民交叉案件的处理具有重要指导意义。

在司法实务中，刑民交叉案件事实认定、法律适用问题错综复杂。从总

---

〔1〕 参见《深度研讨 ‖ 刑民交叉案件的办理》，载澎湃号"重庆二中法院"2019 年 8 月 21 日，https://www.thepaper.cn/newsDetail_forward_4219662。

体上看,“先刑后民”原则虽然有利于借助刑事侦查手段查清案件事实,但可能导致当事人通过民事诉讼维护权益的路径被阻碍。因此,将“同一事实”标准作为是否适用“先刑后民”原则的依据对刑民交叉案件的处理至关重要。

四、人民法院案例库中对“同一事实”相关问题的认定参考

正如习近平总书记在多个场合所讲,一个案例胜过一打文件。[1] 司法案例既是过去的经验,也是现在的尺子,对于推进法律统一适用、促进公平正义具有重要意义。随着司法改革不断推进,案例在提炼裁判规则、统一法律适用中的重要作用日益凸显。下文选取兼具典型性和参考价值的案例,对“同一事实”相关认定思路进行分析,以期提供实务参考。

(一)曹妃甸某银行诉迁西某商贸公司等金融借款合同纠纷案(入库编号:2023-01-2-103-002)

本案裁判要旨指出:“民刑案件是否构成‘同一事实’,是选择刑事程序吸收民事程序还是‘刑民并行’程序的核心标准。如何认定刑事案件与民事案件交叉中涉及的事实是‘同一事实’,总体上看,应该是民事案件与刑事案件的主体相同,且案件基本事实存在竞合或者基本竞合的,可以认定民事案件与刑事案件构成‘同一事实’。如果民事案件当事人双方与刑事案件的主体不一致的,不能认定为‘同一事实’。刑事案件定罪量刑的事实与民事案件的基本事实无关的,即使主体相同,也不构成‘同一事实’。即如本案中行为人董某某,在正常订立贷款合同后采取欺诈手段拒不还贷,涉嫌职务侵占罪、伪造、变造、买卖国家机关公文、证件、印章罪的,因金融借款合同的逾期还款违约事实的认定,不受合同履行过程中犯罪的影响,人民法院对金融借款纠纷可继续审理。”

(二)某农商行诉某银行合同纠纷案(入库编号:2023-16-2-483-002)

本案裁判要旨指出:“法人或者非法人组织的法定代表人、负责人或者

---

〔1〕 参见国务院研究室编写组:《在三届全国人大一次会议〈政府工作报告〉辅导读本》,人民出版社2018年版,第339页。

其他工作人员的职务行为涉嫌刑事犯罪或者刑事裁判认定其构成犯罪，受害人请求该法人或者非法人组织承担民事责任的，因被诉当事人不是刑事案件被告人、起诉的基本事实为刑事被告人的行为是否构成表见代理，刑事案件也不完全是同一事实，对此人民法院应予受理。”

（三）封某某、胡某某诉邵某某、穆某某委托合同纠纷案（入库编号：2023－16－2－119－001）

本案裁判要旨指出：“《最高人民法院关于在审理经济纠纷案件中涉及经济犯罪嫌疑若干问题的规定》第1条[1]规定，同一公民、法人或其他经济组织因不同的法律事实，分别涉及经济纠纷和经济犯罪嫌疑的，经济纠纷案件和经济犯罪嫌疑案件应当分开审理。第10条规定，人民法院在审理经济纠纷案件中，发现与本案有牵连，但与本案不是同一法律关系的经济犯罪嫌疑线索、材料，应将犯罪嫌疑线索、材料移送有关公安机关或检察机关查处，经济纠纷案件继续审理。对于‘刑民交叉’案件，如果依据刑、民案件的相应证据规则、证明标准和归责原则，能够分别认定案件事实和案件责任人的刑事责任及民事责任，且刑、民案件所认定的事实和法律责任并不会出现相互冲突或者即使出现冲突，也并不违背法律规定和原理的，对刑民交叉案件原则上就应分开审理，刑民并行。如果刑、民案件法律事实之间存有依赖关系，一个案件的事实及责任认定须以另一案件的审理结果为依据，则应先刑后民或者先民后刑。”

（四）永登县某社安宁分社诉兰州某公司借款合同纠纷案（入库编号：2023－08－2－103－008）

本案裁判要旨指出：“同一当事人因不同法律事实分别产生民商事纠纷和涉嫌刑事犯罪，人民法院应分别审理。如果刑事案件的审理结果可能对相关民事法律行为的性质和效力以及各方当事人的过错责任产生影响，必须以相关刑事案件的审理结果为依据的，可以先行裁定中止审理，待相关刑事案件审结后再行恢复审理，并就民事案件所涉的法律行为的性质、效力以

---

[1] 本案中适用的是1998年发布的最高人民法院《关于在审理经济纠纷案件中涉及经济犯罪嫌疑若干问题的规定》，此规定2020年修正后本条规定有变化。

及当事人过错责任等方面,结合刑事案件的审理情况作出判断。”

(五)甘某诉李某某、刘某保证合同纠纷案(入库编号:2024-08-2-104-001)

本案裁判要旨指出:“1. 合同一方当事人刑事上构成诈骗罪,使另一方意思表示不真实;民事上构成欺诈,属于意思表示不真实一方享有撤销权的可撤销合同,并不必然导致相关联民事合同无效。被害人不行使撤销权,且不存在其他合同无效情形的,相关联民事合同有效,其请求保证人承担保证责任的,人民法院应予支持。2. 刑事与民事判决可以通过沟通和协调机制,借助网络信息科技有效解决执行过程中的重复受偿问题,即当被害人通过刑事判决责令退赔项所获得的款项,在民事判决执行中予以扣除,妥善解决刑事判决和民事判决的执行衔接。”

第二章 刑民交叉案件的司法现状及反思借鉴

第一节 刑民交叉案件的司法现状及相关法律法规

一、刑民交叉案件的司法处理模式历程概览

改革开放以来,特别是21世纪初我国加入世界贸易组织后,我国科学技术、经济、文化取得了飞速发展和提升。为顺应市场经济的发展,在私法领域我国先后制定了《民法通则》《公司法》《合伙企业法》《合同法》《物权法》[1]等重要法律,充分保护市场竞争,鼓励市场自由,巩固非公有制经济的发展。随着市场经济的发展以及市场主体类型的不断扩大,商事实践中的多种交易架构和模式日趋繁多和复杂。一方面,市场主体守法意识增强;另一方面,市场经济下的充分竞争导致信用缺位。[2] 市场主体为攫取高额利润或不法收益而实施违法犯罪活动、以身犯险的案例比比皆是,典型的如非法集资、职业放贷、逃废债、合同诈骗、侵犯商业秘密犯罪等,犯罪活动和民事合同、侵权等相互交织和伴随,导致刑民交叉甚至刑行民交叉等各类案件频

---

〔1〕 其中,《民法通则》《合同法》《物权法》均因《民法典》施行而废止。

〔2〕 参见王昌学:《论市场经济、社会信用与我国刑法》,载《甘肃政法学院学报》2003年第6期。

发，刑民交叉案件成为司法实践中的常见现象。〔1〕我国司法体制传统的司法配置方式是公安机关行使侦查权、检察机关行使检察权、法院行使审判权，法院内部分设民事审判庭和刑事审判庭，各自独立行使审判权。在刑民交叉案件频发的现实下，如何维护统一的法律秩序无疑给司法机关及人员的司法活动带来极大的挑战。

早在1985年，经济纠纷与犯罪活动的交叉互涉问题便引起了最高人民法院、最高人民检察院和公安部的高度注意。为妥善处理刑民交叉案件，最高人民法院、最高人民检察院和公安部共同联合发布了《关于及时查处在经济纠纷案件中发现的经济犯罪的通知》（已失效），该通知的发布正式确立了刑民交叉案件"先刑后民"的一般处理规则；1987年，为打击经济犯罪，纠正司法实践中对于经济纠纷存在犯罪活动不移送或移送不出去的情形，最高人民法院、最高人民检察院和公安部再次联合发布了《关于在审理经济纠纷案件中发现经济犯罪必须及时移送的通知》（以下简称《经济犯罪及时移送通知》）（已失效），进一步重申和强调了"先刑后民"及"经济犯罪与经济纠纷全案移送"的处理规则；到了1998年，最高人民法院总结过往审判经验并结合我国司法现实，以引起刑事案件和经济纠纷的事实是否具有同一性作为区分标准，发布了《经济犯罪嫌疑规定》（已于2020年修正），确立了刑民交叉案件"基于同一事实采用刑事优先原则，非基于同一事实采用刑民并立原则"的一般处理规则，〔2〕自此奠定了刑民交叉案件处理规则的一般框架。

为维护国家金融管理秩序，2014年，最高人民法院、最高人民检察院和公安部针对日益猖獗的非法吸收公众存款、非法集资等涉众型违法融资行为，又发布了《非法集资意见》，针对涉嫌非法吸收公众存款罪、集资诈骗罪等涉众型非法集资犯罪活动一律采取"先刑后民"的处理规则，体现了我国公权力对集资诈骗、非法吸收公众存款等违反金融管理秩序、侵害人民群众财产权益、波及社会面广的涉众型犯罪活动的强有力干预，是从效率优先兼顾公平出发，保护被害人通过刑事追赃、退赔等方式维权的最佳途径。〔3〕

---

〔1〕参见龙宗智：《刑民交叉案件中的事实认定与证据使用》，载《法学研究》2018年第6期。

〔2〕参见陈兴良：《刑民交叉案件的刑法适用》，载《法律科学（西北政法大学学报）》2019年第2期。

〔3〕参见朱炜、於梦杰：《刑民交叉法律事务的司法处理原则——以〈全国法院民商事审判工作会议纪要〉为主视角谈起》，载《中国律师》2021年第4期。

2019年,《九民会议纪要》旗帜鲜明地确立了刑民交叉案件"分别审理"("刑民并行")为主的处理规则,纠正了过往司法机关"一刀切"地按照"先刑后民"处理案件而导致矫枉过正的做法,无疑是我国司法机关总结过往刑民交叉案件审判实践经验后对当下刑民交叉案件的审理所作出的更具科学性和更符合我国经济高速发展现实的把握和判断,廓清了不同情形所对应的刑民交叉案件的不同处理规则,统一了裁判思路。这不仅更有助于保障公民私权,对切实维护司法公正、防止司法腐败、推进社会公平正义也有着极为重要的意义。[1]

二、刑民交叉案件相关司法解释及规范性文件

依照我国《宪法》和《立法法》,全国人民代表大会和全国人民代表大会常务委员会是我国的立法机关,有权制定和修改刑事、民事、国家机构的基本法律。最高人民法院、最高人民检察院在不违反立法目的、原则和原意的情况下,可以就审判、检察工作中具体应用法律问题对全国人民代表大会和全国人民代表大会常务委员会制定的法律作出解释。在法律适用过程中,最高人民法院、最高人民检察院作出的司法解释遍及方方面面且数量众多,与立法解释相比,对社会实践指导更直接,显得更加重要。[2] 最高人民法院、最高人民检察院作出的法律解释通常以批复、意见、解答、规定等形式呈现,最高人民法院、最高人民检察院的会议纪要虽然并非司法解释,但它实属我国司法治理的"另一抓手",其应用效果甚至强于司法解释。[3]

刑民交叉问题早已是司法实务中不容回避的大问题,为维护法秩序统一,各级法院、检察院在面临刑民交叉案件时必须统一裁判思路。为妥善解决刑民交叉案件,我国部分省市级法院也早已开始了对刑民交叉案件的探索和实践,为统一裁判路径而制定的规范性文件涉及民间借贷、信用卡诈骗、抵押物执行、商业秘密、破产、金融犯罪等领域。各级法院、检察院等机构制定的主要规范性文件如表2-1和表2-2所示。

---

〔1〕 参见陈兴良、胡建生等:《关于"先刑后民"司法原则的反思》,载《北京市政法管理干部学院学报》2004年第2期。

〔2〕 参见陈春龙:《中国司法解释的地位与功能》,载《中国法学》2003年第1期。

〔3〕 参见安晨曦:《最高法院会议纪要的运作:释法逻辑与规制策略》,载《湖北社会科学》2021年第7期。

表 2－1　最高人民法院、最高人民检察院、国务院等颁布和制定的规范性文件

文件名称	现行效力	具体条文
《及时查处经济犯罪通知》(1985 年 8 月 19 日发布)	已于 2013 年废止	(全文)各级人民法院在审理经济纠纷案件中,如发现有经济犯罪,应按照 1979 年 12 月 15 日最高人民法院、最高人民检察院、公安部《关于执行刑事诉讼法规定的案件管辖范围的通知》,将经济犯罪的有关材料分别移送给有管辖权的公安机关或检察机关侦查、起诉,公安机关或检察机关均应及时予以受理。
《纠纷案件及时移送通知》(1987 年 3 月 11 日发布)	已于 2013 年废止	二、各级人民法院在审理经济纠纷案件中,如果发现有经济犯罪事实的,即应及时移送。 三、人民法院在审理经济纠纷案件中,发现经济犯罪时,一般应将经济犯罪与经济纠纷全案移送,依照刑事诉讼法第五十三条和第五十四条的规定办理。如果经济纠纷与经济犯罪必须分案审理的,或者是经济纠纷案经审结后又发现有经济犯罪的,可只移送经济犯罪部分。 对于经公安、检察机关侦查,犯罪事实搞清楚后,仍需分案审理的,经济纠纷部分应退回人民法院继续审理。
最高人民法院《关于审理存单纠纷案件的若干规定》(1997 年 12 月 11 日发布)	2020 年修正	**第三条**　存单纠纷案件的受理与中止 存单纠纷案件当事人向人民法院提起诉讼,人民法院应当依照《中华人民共和国民事诉讼法》第一百一十九条[1]的规定予以审查,符合规定的,均应受理。 人民法院在受理存单纠纷案件后,如发现犯罪线索,应将犯罪线索及时书面告知公安或检察机关。如案件当事人因伪造、变造、虚开存单或涉嫌诈骗,有关国家机关已立案侦查,存单纠纷案件确须待刑事案件结案后才能审理的,人民法院应当中止审理。对于追究有关当事人的刑事责任不影响对存单纠纷案件审理的,人民法院应对存单纠纷案件有关当事人是否承担民事责任以及承担民事责任的大小依法及时进行认定和处理。

续表

文件名称	现行效力	具体条文
《经济犯罪嫌疑规定》（1998年4月21日发布）	2020年修正	**第一条**　同一自然人、法人或非法人组织因不同的法律事实，分别涉及经济纠纷和经济犯罪嫌疑的，经济纠纷案件和经济犯罪嫌疑案件应当分开审理。 **第十条**　人民法院在审理经济纠纷案件中，发现与本案有牵连，但与本案不是同一法律关系的经济犯罪嫌疑线索、材料，应将犯罪嫌疑线索、材料移送有关公安机关或检察机关查处，经济纠纷案件继续审理。 **第十一条**　人民法院作为经济纠纷受理的案件，经审理认为不属经济纠纷案件而有经济犯罪嫌疑的，应当裁定驳回起诉，将有关材料移送公安机关或检察机关。 **第十二条**　人民法院已立案审理的经济纠纷案件，公安机关或检察机关认为有经济犯罪嫌疑，并说明理由附有关材料函告受理该案的人民法院的，有关人民法院应当认真审查。经过审查，认为确有经济犯罪嫌疑的，应当将案件移送公安机关或检察机关，并书面通知当事人，退还案件受理费；如认为确属经济纠纷案件的，应当依法继续审理，并将结果函告有关公安机关或检察机关。
《办理非法集资意见》（2014年3月25日发布）	现行有效	**七、关于涉及民事案件的处理问题** 对于公安机关、人民检察院、人民法院正在侦查、起诉、审理的非法集资刑事案件，有关单位或者个人就同一事实向人民法院提起民事诉讼或者申请执行涉案财物的，人民法院应当不予受理，并将有关材料移送公安机关或者检察机关。 人民法院在审理民事案件或者执行过程中，发现有非法集资犯罪嫌疑的，应当裁定驳回起诉或者中止执行，并及时将有关材料移送公安机关或者检察机关。 公安机关、人民检察院、人民法院在侦查、起诉、审理非法集资刑事案件中，发现与人民法院正在审理的民事案件属同一事实，或者被申请执行的财物属于涉案财物的，应当及时通报相关人民法院。人民法院经审查认为确属涉嫌犯罪的，依照前款规定处理。

续表

文件名称	现行效力	具体条文
《民间借贷规定》(2015 年 8 月 6 日发布)	2020 年第二次修正	**第五条** 人民法院立案后,发现民间借贷行为本身涉嫌非法集资等犯罪的,应当裁定驳回起诉,并将涉嫌非法集资等犯罪的线索、材料移送公安或者检察机关。 公安或者检察机关不予立案,或者立案侦查后撤销案件,或者检察机关作出不起诉决定,或者经人民法院生效判决认定不构成非法集资等犯罪,当事人又以同一事实向人民法院提起诉讼的,人民法院应予受理。 **第六条** 人民法院立案后,发现与民间借贷纠纷案件虽有关联但不是同一事实的涉嫌非法集资等犯罪的线索、材料的,人民法院应当继续审理民间借贷纠纷案件,并将涉嫌非法集资等犯罪的线索、材料移送公安或者检察机关。 **第七条** 民间借贷纠纷的基本案件事实必须以刑事案件的审理结果为依据,而该刑事案件尚未审结的,人民法院应当裁定中止诉讼。
最高人民法院《关于当前商事审判工作中的若干具体问题》(2015 年 12 月 24 日发布)	现行有效	十、关于商事审判与刑事、行政诉讼等交叉的正当法律程序问题 商事案件中的有关事实有时会涉及刑事犯罪问题,或者涉及行政管理或行政诉讼问题。同时,刑事诉讼、行政诉讼或行政管理中有时也会牵连商事案件的审判。处理这类案件就涉及到民刑交叉、民行交叉的正当法律程序问题。在处理时应当注意以下问题。 第一,要注意区分商事案件法律事实与刑事诉讼所涉法律事实是否相同。如果商事案件法律事实与刑事案件法律事实不同,那么原则上商事案件应当与刑事案件分别审理。在这方面,1998 年最高人民法院《关于在审理经济纠纷案件中涉及经济犯罪嫌疑若干问题的规定》第一条即作了明确规定。审理商事案件的法院不能以涉嫌刑事犯罪为由当然中止对案件的审理。但是,如果法院在商事审判中发现犯罪线索的,应将掌握的犯罪线索材料移送给公安、检察等机关。此时的移送是犯罪线索材料的移送,而不是全案移送。移送后商事案件也不能中止审理。对此,民间借贷司法解释第六条进一步强调了民事、商事案件继续审理的原则。 第二,要注意区分商事案件与刑事诉讼涉及相同法律事实下的不同处理。1. 商事案件与刑事诉讼涉及的法律事实完全相同时的处理。如果商事案件与刑事诉讼所涉事实完全相同,而且案件事实在根本上也属

续表

文件名称	现行效力	具体条文
		于刑事案件，那么在立案阶段就应不予受理商事案件。受理后在商事审判中发现的，应当裁定驳回起诉。在这方面，2014 年最高人民法院、最高人民检察院、公安部颁布的《关于办理非法集资刑事案件适用法律若干问题的意见》规定，法院审理民事案件中发现有非法集资犯罪嫌疑的，应当裁定驳回起诉，并将有关材料移送公安、检察等机关。这就说明，法院发现非法集资犯罪时，已经启动的普通借款纠纷诉讼不能继续进行。另一方面，如果商事案件与刑事诉讼所涉事实完全相同，并且同时存在民事责任和刑事责任的，商事审判应当尊重已经启动的刑事附带民事诉讼程序。未启动附带民事诉讼程序的，商事案件可以与刑事案件分别审理。2. 商事案件与刑事诉讼涉及的法律事实存在部分关联时的处理。商事案件与刑事诉讼涉及的法律事实部分相关时，判断商事案件是否继续审理的标准应当是《民事诉讼法》第一百五十条[2]第一款第（五）项“本案必须以另一案的审理结果为依据”的规定。据此，如果审理商事案件必须以另一刑事案件审理结果为依据，那么在刑事案件尚未审结时，应当中止商事案件审理。反之，如果商事案件审理无需以刑事案件审理结果为依据，则商事案件不得中止审理。实践中要切实防止以涉及刑事案件为由对商事案件一律中止或拖延审理的作法。 　　第三，要妥善处理商事案件和行政诉讼等交叉的问题。1. 要遵循基础法律关系先行处理的思路。商事审判在调查案件事实、认定合同效力等方面与行政管理、行政诉讼相互牵连的，应当先解决基础法律关系问题。如果商事审判必须以具体行政行为内容或者行政诉讼查明的事实来认定法律行为要件事实，在具体行政行为作出前或行政诉讼裁判作出前，商事案件应中止审理。具体行政行为作出后或行政诉讼裁判作出后，商事案件应及时恢复审理。尤其要注意，法律、行政法规明确规定应由行政机关专门处理或先行处理的纠纷，在行政机关处理前，对当事人提起的民事诉讼应裁定不予受理。如果行政行为、行政诉讼必须以商事审判结果为依据，商事审判应及时作出裁判。在一些复杂案件的审判中，必要时可以研究探索商事审判或行政审判等对部分问题依法先行裁判或处理。2. 要正确理解行政机关批准、登记行为与合同效力的关系。法律、行政法规明确规定行政机关批准或登记后合同

续表

文件名称	现行效力	具体条文
		才生效的,在行政机关批准或登记前,应认定合同未生效。3.要准确识别行政行为合法性与民事证据合法性问题。行政机关实施行政行为中作出的批准文件、权利凭证等行政文书,商事审判中可将其作为证据并按照民事诉讼证据的规定进行审查,但商事审判无权对作出行政文书的行政行为进行合法性审查。商事审判中法院发现行政机关明显超越职权作出行政文书或者有相反证据足以推翻行政文书记载内容的,应否定其作为证据的合法性,不予采信。
中共中央、国务院《关于完善产权保护制度依法保护产权的意见》(2016年11月4日发布)	现行有效	**五、严格规范涉案财产处置的法律程序** 进一步细化涉嫌违法的企业和人员财产处置规则,依法慎重决定是否采取相关强制措施。确需采取查封、扣押、冻结等措施的,要严格按照法定程序进行,除依法需责令关闭企业的情形外,在条件允许情况下可以为企业预留必要的流动资金和往来账户,最大限度降低对企业正常生产经营活动的不利影响。采取查封、扣押、冻结措施和处置涉案财物时,要依法严格区分个人财产和企业法人财产。对股东、企业经营管理者等自然人违法,在处置其个人财产时不任意牵连企业法人财产;对企业违法,在处置企业法人财产时不任意牵连股东、企业经营管理者个人合法财产。严格区分违法所得和合法财产,区分涉案人员个人财产和家庭成员财产,在处置违法所得时不牵连合法财产。完善涉案财物保管、鉴定、估价、拍卖、变卖制度,做到公开公正和规范高效,充分尊重和依法保护当事人及其近亲属、股东、债权人等相关方的合法权益。 **六、审慎把握处理产权和经济纠纷的司法政策** 充分考虑非公有制经济特点,严格区分经济纠纷与经济犯罪的界限、企业正当融资与非法集资的界限、民营企业参与国有企业兼并重组中涉及的经济纠纷与恶意侵占国有资产的界限,准确把握经济违法行为入刑标准,准确认定经济纠纷和经济犯罪的性质,防范刑事执法介入经济纠纷,防止选择性司法。对于法律界限不明、罪与非罪不清的,司法机关应严格遵循罪刑法定、疑罪从无、严禁有罪推定的原则,防止把经济纠纷当作犯罪处理。严禁党政干部干预司法活动、介入司法纠纷、插手具体案件处理。对民营企业在生产、经营、融资活动中的经济行为,除法律、行政法规明确禁止外,不以违法犯罪对待。对涉及犯罪的民营企业投资人,在当事人服刑期间依法保障其行使财产权利等民事权利。

续表

文件名称	现行效力	具体条文
最高人民法院《关于充分发挥审判职能作用切实加强产权司法保护的意见》(2016 年 11 月 28 日发布)	现行有效	**6**. 严格区分经济纠纷与刑事犯罪,坚决防止把经济纠纷当作犯罪处理。充分考虑非公有制经济特点,严格把握刑事犯罪的认定标准,严格区分正当融资与非法集资、合同纠纷与合同诈骗、民营企业参与国有企业兼并重组中涉及的经济纠纷与恶意侵占国有资产等的界限,坚决防止把经济纠纷认定为刑事犯罪,坚决防止利用刑事手段干预经济纠纷。对于各类经济纠纷,特别是民营企业与国有企业之间的纠纷,不论实际损失多大,都要始终坚持依法办案,排除各种干扰,确保公正审判。 **7**. 依法慎用强制措施和查封、扣押、冻结措施,最大限度降低对企业正常生产经营活动的不利影响。对涉案企业和人员,应当综合考虑行为性质、危害程度以及配合诉讼的态度等情况,依法慎重决定是否适用强制措施和查封、扣押、冻结措施。在刑事审判中,对已被逮捕的被告人,符合取保候审、监视居住条件的,应当变更强制措施。在刑事、民事、行政审判中,确需采取查封、扣押、冻结措施的,除依法需责令关闭的企业外,在条件允许的情况下可以为企业预留必要的流动资金和往来账户。不得查封、扣押、冻结与案件无关的财产。 **8**. 严格规范涉案财产的处置,依法维护涉案企业和人员的合法权益。严格区分违法所得和合法财产,对于经过审理不能确认为违法所得的,不得判决追缴或者责令退赔。严格区分个人财产和企业法人财产,处理股东、企业经营管理者等自然人犯罪不得任意牵连企业法人财产,处理企业犯罪不得任意牵连股东、企业经营管理者个人合法财产。严格区分涉案人员个人财产和家庭成员财产,处理涉案人员犯罪不得牵连其家庭成员合法财产。按照公开公正和规范高效的要求,严格执行、不断完善涉案财物保管、鉴定、估价、拍卖、变卖制度。 **9**. 依法公正审理行政协议案件,促进法治政府和政务诚信建设。对因招商引资、政府与社会资本合作等活动引发的纠纷,要认真审查协议不能履行的原因和违约责任,切实维护行政相对人的合法权益。对政府违反承诺,特别是仅因政府换届、领导人员更替等原因违约毁约的,要坚决依法支持行政相对人的合理诉求。对确因国家利益、公共利益或者其他法定事由改变政府承诺的,要依法判令补偿财产损失。

续表

文件名称	现行效力	具体条文
		10. 依法公正审理财产征收征用案件,维护被征收征用者的合法权益。准确把握立法精神,合理把握征收征用适用的公共利益范围,坚决防止公共利益扩大化。遵循及时合理补偿原则,对土地征收和房屋拆迁补偿标准明显偏低的,要综合运用多种方式进行公平合理补偿,充分保护被征收征用者的合法权益。 **11**. 依法制裁知识产权违法犯罪,加大知识产权保护力度。按照"司法主导、严格保护、分类施策、比例协调"的知识产权司法保护基本政策,加大保护力度,推进知识产权强国建设。积极参与相关法律修订工作,推动完善知识产权侵权损害赔偿制度。适时发布司法解释和指导性案例,通过排除侵权证据妨碍、合理分配当事人的举证责任等途径,依法推进惩罚性赔偿制度的适用。依法审理商标侵权,加强品牌商誉保护。依法审理反不正当竞争纠纷案件,破除行业垄断和市场分割。依法惩治知识产权犯罪,加大对链条式、产业化知识产权犯罪惩治力度。
最高人民检察院《关于充分履行检察职能加强产权司法保护的意见》(2017年1月6日发布)	现行有效	二、准确把握法律政策界限,规范改进司法行为,注重产权司法保护实效 **3**. 严格把握产权案件罪与非罪的界限标准。各级检察机关办理有关产权刑事案件,要严格区分经济纠纷与经济犯罪的界限,企业正当融资与非法集资的界限,民营企业参与国有企业兼并重组中涉及的产权纠纷与恶意侵占国有资产的界限,执行和利用国家政策谋发展中的偏差与钻改革空子实施犯罪的界限。坚持主客观相一致原则,避免客观归罪。对民营企业生产、经营、融资等经济行为,除法律、行政法规明确禁止外,不以违法犯罪对待。对于正在办理的涉产权刑事案件,法律和司法解释规定不明确、法律界限不明、罪与非罪界限不清的,不作为犯罪处理。 **4**. 依法妥善处理历史形成的产权案件。以发展眼光客观看待和依法妥善处理改革开放以来各类企业,特别是民营企业经营发展过程中存在的不规范问题。办案中坚持罪刑法定、法不溯及既往、从旧兼从轻、疑罪从无原则,对于确属事实不清、证据不足、适用法律错误的错案冤案,坚决予以纠正。对于没有犯罪事实或者具有《刑事诉讼法》第十五条[3]规定的情形之一的,或者犯罪情节轻微不需要判处刑罚的,或者经过补充侦查仍达不到起诉证据标准的,依法不起诉。对于构成犯罪但认罪认罚的,依法从宽处理。对于社会反

续表

文件名称	现行效力	具体条文
		映强烈、当事人长期申诉的历史形成的产权案件,要抓紧组织力量进行甄别,对确属错案冤案的,坚决依法纠正并赔偿当事人的损失。 **5**.规范自身司法行为,改进办案方式方法,最大程度减少对产权主体合法权益和正常经济活动的损害及影响。严禁以刑事手段插手经济纠纷。严禁使用当事人的交通通讯工具、办公设备,或者以办案为名到发案单位吃、拿、卡、要、报。严禁干预涉案企业正常生产经营活动。慎重选择办案时机和方式,慎重使用搜查、查封、扣押、冻结、拘留、逮捕等强制性措施。对于涉嫌犯罪的各类产权主体主动配合调查,认罪态度好,犯罪情节较轻,且没有社会危险性的,一律不采取拘留、逮捕、指定居所监视居住等强制措施;对于不涉案的款物、账户,包括企业生产经营资料、涉案人员近亲属的合法财产等,一律不查封、扣押、冻结。对于涉及企业和投资、生产、经营者、科技创新人员犯罪的举报,经查证失实的,及时澄清事实。 三、依法履行刑事检察职能,加大惩治侵犯产权犯罪力度 **6**.加强审查批捕、起诉工作,确保依法、准确、及时、有效打击侵犯产权犯罪。依法惩治破坏市场经济秩序、侵犯各类产权主体财产权的犯罪,突出打击非法吸收公众存款、集资诈骗、组织领导传销等涉众型经济犯罪,以商业贿赂、金融诈骗、虚假诉讼、强迫交易等不法手段破坏公平市场营商环境的犯罪,以及通过内幕交易、利用未公开信息交易、操纵证券期货市场等手段,严重损害公众投资者特别是中小投资者权益的犯罪。依法惩治侵犯知识产权和制售假冒伪劣商品犯罪,突出打击链条式、产业化侵犯知识产权犯罪,以及具有反复侵权、恶意侵权、网络侵权、有组织侵权等恶劣情节的犯罪,加大对涉外知识产权犯罪打击力度。对利用公权力严重侵害私有产权,勾结黑恶势力在特定经济领域形成非法控制,受害者人数众多,引发群体性事件等严重侵犯产权的犯罪案件,要实行挂牌督办,第一时间介入侦查,引导侦查机关全面收集固定证据,确保办案效率和质量。 **7**.正确适用法律和刑事政策,提升审查批捕、起诉工作质量。准确理解和适用法律,贯彻宽严相济刑事政策,严把事实关、证据关、程序关和法律适用关。细化涉产权犯罪案件审查逮捕质量标准,严格审查是否

续表

文件名称	现行效力	具体条文
		具备社会危险性条件，对构成犯罪但无社会危险性的一般不批准逮捕。建立涉产权犯罪案件审查逮捕质量分析评查制度，对逮捕后撤案、不起诉、判无罪和公安机关提请复议复核、当事人提出申诉的案件实时监控、及时分析，有针对性地改进工作。严格依法把握起诉条件，从经济安全、公共利益、市场秩序等方面准确认定社会危害性，综合考虑政策调整、经营不善、市场风险等市场主体意志以外的因素，对符合不起诉条件的，依法适用不起诉。保障涉案当事人及其委托人的诉讼权利，尊重犯罪嫌疑人、被告人的诉讼地位和人格尊严，保障律师依法履行职责。进一步推进刑事速裁程序、认罪认罚从宽制度的试点工作，对于轻微案件简化诉讼程序，加快诉讼进程，切实维护各类产权主体的合法权益。 **8**. 针对薄弱环节和突出问题，延伸审查批捕、起诉工作产权保护效果。结合审查批捕、起诉工作，加强对侵犯产权犯罪活动的分析研判，提高产权司法保护的精准度。积极参与社会治安防控体系建设，采取检察建议等形式，帮助各类产权主体强化产权保护意识，促进国有企业健全内部监督制度和内控机制、规范国有资产流转程序和交易行为，促进集体经济组织建立健全集体资产管理制度和财务管理监督制度，促进民营企业提高依法规范经营和维护自身合法权益的意识和能力，从源头上预防和治理侵犯产权犯罪。
最高人民检察院、公安部《关于公安机关办理经济犯罪案件的若干规定》(2017年11月24日发布)	现行有效	**第二十条**　涉嫌经济犯罪的案件与人民法院正在审理或者作出生效裁判文书的民事案件，属于同一法律事实或者有牵连关系，符合下列条件之一的，应当立案： （一）人民法院在审理民事案件或者执行过程中，发现有经济犯罪嫌疑，裁定不予受理、驳回起诉、中止诉讼、判决驳回诉讼请求或者中止执行生效裁判文书，并将有关材料移送公安机关的； （二）人民检察院依法通知公安机关立案的； （三）公安机关认为有证据证明有犯罪事实，需要追究刑事责任，经省级以上公安机关负责人批准的。 有前款第二项、第三项情形的，公安机关立案后，应当严格依照法律规定的条件和程序采取强制措施和侦查措施，并将立案决定书等法律文书及相关案件材料复印件抄送正在审理或者作出生效裁判文书的人民法院并说明立案理由，同时通报与办理民事案件的人

续表

文件名称	现行效力	具体条文
		民法院同级的人民检察院,必要时可以报告上级公安机关。 在侦查过程中,不得妨碍人民法院民事诉讼活动的正常进行。 **第二十一条** 公安机关在侦查过程中、人民检察院在审查起诉过程中,发现具有下列情形之一的,应当将立案决定书、起诉意见书等法律文书及相关案件材料复印件抄送正在审理或者作出生效裁判文书的人民法院,由人民法院依法处理: (一)侦查、审查起诉的经济犯罪案件与人民法院正在审理或者作出生效裁判文书的民事案件属于同一法律事实或者有牵连关系的; (二)涉案财物已被有关当事人申请执行的。 有前款规定情形的,公安机关、人民检察院应当同时将有关情况通报与办理民事案件的人民法院同级的人民检察院。 公安机关将相关法律文书及案件材料复印件抄送人民法院后一个月以内未收到回复的,必要时,可以报告上级公安机关。 立案侦查、审查起诉的经济犯罪案件与仲裁机构作出仲裁裁决的民事案件属于同一法律事实或者有牵连关系,且人民法院已经受理与该仲裁裁决相关申请的,依照本条第一款至第三款的规定办理。 **第二十二条** 涉嫌经济犯罪的案件与人民法院正在审理或者作出生效裁判文书以及仲裁机构作出裁决的民事案件有关联但不属同一法律事实的,公安机关可以立案侦查,但是不得以刑事立案为由要求人民法院移送案件、裁定驳回起诉、中止诉讼、判决驳回诉讼请求、中止执行或者撤销判决、裁定,或者要求人民法院撤销仲裁裁决。 **第二十三条** 人民法院在办理民事案件过程中,认为该案件不属于民事纠纷而有经济犯罪嫌疑需要追究刑事责任,并将涉嫌经济犯罪的线索、材料移送公安机关的,接受案件的公安机关应当立即审查,并在十日以内决定是否立案。公安机关不立案的,应当及时告知人民法院。 **第二十四条** 人民法院在办理民事案件过程中,发现与民事纠纷虽然不是同一事实但是有关联的经济犯罪线索、材料,并将涉嫌经济犯罪的线索、材料移送公安机关的,接受案件的公安机关应当立即审查,并在

续表

文件名称	现行效力	具体条文
		十日以内决定是否立案。公安机关不立案的，应当及时告知人民法院。 **第二十五条**　在侦查过程中，公安机关发现具有下列情形之一的，应当及时撤销案件： （一）对犯罪嫌疑人解除强制措施之日起十二个月以内，仍然不能移送审查起诉或者依法作其他处理的； （二）对犯罪嫌疑人未采取强制措施，自立案之日起二年以内，仍然不能移送审查起诉或者依法作其他处理的； （三）人民检察院通知撤销案件的； （四）其他符合法律规定的撤销案件情形的。 有前款第一项、第二项情形，但是有证据证明有犯罪事实需要进一步侦查的，经省级以上公安机关负责人批准，可以不撤销案件，继续侦查。 撤销案件后，公安机关应当立即停止侦查活动，并解除相关的侦查措施和强制措施。 撤销案件后，又发现新的事实或者证据，依法需要追究刑事责任的，公安机关应当重新立案侦查。 **第二十六条**　公安机关接报案件后，报案人、控告人、举报人、被害人及其法定代理人、近亲属查询立案情况的，应当在三日以内告知立案情况并记录在案。对已经立案的，应当告知立案时间、涉嫌罪名、办案单位等情况。 **第二十七条**　对报案、控告、举报、移送的经济犯罪案件，公安机关作出不予立案决定、撤销案件决定或者逾期未作出是否立案决定有异议的，报案人、控告人、举报人可以申请人民检察院进行立案监督，移送案件的行政执法机关可以建议人民检察院进行立案监督。 人民检察院认为需要公安机关说明不予立案、撤销案件或者逾期未作出是否立案决定的理由的，应当要求公安机关在七日以内说明理由。公安机关应当书面说明理由，连同有关证据材料回复人民检察院。人民检察院认为不予立案或者撤销案件的理由不能成立的，应当通知公安机关立案。人民检察院要求公安机关说明逾期未作出是否立案决定的理由后，公安机关在七日以内既不说明理由又不作出是否立案的决定的，人民检察院应当发出纠正违法通知书予以纠正，经审查案件有关证据材料，认为符合立案条件的，应当通知公安机关立案。

续表

文件名称	现行效力	具体条文
最高人民法院《关于依法妥善审理民间借贷案件的通知》(2018 年 8 月 1 日发布)	现行有效	二、严格区分民间借贷行为与诈骗等犯罪行为。人民法院在审理民间借贷纠纷案件中,要切实提高对"套路贷"诈骗等犯罪行为的警觉,加强对民间借贷行为与诈骗等犯罪行为的甄别,发现涉嫌违法犯罪线索、材料的,要及时按照《最高人民法院关于在审理经济纠纷案件中涉及经济犯罪嫌疑若干问题的规定》和《最高人民法院关于审理民间借贷案件适用法律若干问题的规定》依法处理。民间借贷行为本身涉及违法犯罪的,应当裁定驳回起诉,并将涉嫌犯罪的线索、材料移送公安机关或检察机关,切实防范犯罪分子将非法行为合法化,利用民事判决堂而皇之侵占被害人财产。刑事判决认定出借人构成"套路贷"诈骗等犯罪的,人民法院对已按普通民间借贷纠纷作出的生效判决,应当及时通过审判监督程序予以纠正。
《九民会议纪要》(2019 年 11 月 8 日发布)	现行有效	**128.**【分别审理】同一当事人因不同事实分别发生民商事纠纷和涉嫌刑事犯罪,民商事案件与刑事案件应当分别审理,主要有下列情形: (1)主合同的债务人涉嫌刑事犯罪或者刑事裁判认定其构成犯罪,债权人请求担保人承担民事责任的; (2)行为人以法人、非法人组织或者他人名义订立合同的行为涉嫌刑事犯罪或者刑事裁判认定其构成犯罪,合同相对人请求该法人、非法人组织或者他人承担民事责任的; (3)法人或者非法人组织的法定代表人、负责人或者其他工作人员的职务行为涉嫌刑事犯罪或者刑事裁判认定其构成犯罪,受害人请求该法人或者非法人组织承担民事责任的; (4)侵权行为人涉嫌刑事犯罪或者刑事裁判认定其构成犯罪,被保险人、受益人或者其他赔偿权利人请求保险人支付保险金的; (5)受害人请求涉嫌刑事犯罪的行为人之外的其他主体承担民事责任的。 审判实践中出现的问题是,在上述情形下,有的人民法院仍然以民商事案件涉嫌刑事犯罪为由不予受理,已经受理的,裁定驳回起诉。对此,应予纠正。 **129.**【涉众型经济犯罪与民商事案件的程序处理】2014 年颁布实施的《最高人民法院最高人民检察院公安部关于办理非法集资刑事案件适用法律若干问题的意见》和 2019 年 1 月颁布实施的《最高人民法院最高人民检察院公安部关于办理非法集资刑事案件若干问

续表

文件名称	现行效力	具体条文
		题的意见》规定的涉嫌集资诈骗、非法吸收公众存款等涉众型经济犯罪，所涉人数众多、当事人分布地域广、标的额特别巨大、影响范围广，严重影响社会稳定，对于受害人就同一事实提起的以犯罪嫌疑人或者刑事被告人为被告的民事诉讼，人民法院应当裁定不予受理，并将有关材料移送侦查机关、检察机关或者正在审理该刑事案件的人民法院。受害人的民事权利保护应当通过刑事追赃、退赔的方式解决。正在审理民商事案件的人民法院发现有上述涉众型经济犯罪线索的，应当及时将犯罪线索和有关材料移送侦查机关。侦查机关作出立案决定前，人民法院应当中止审理；作出立案决定后，应当裁定驳回起诉；侦查机关未及时立案的，人民法院必要时可以将案件报请党委政法委协调处理。除上述情形人民法院不予受理外，要防止通过刑事手段干预民商事审判，搞地方保护，影响营商环境。 当事人因租赁、买卖、金融借款等与上述涉众型经济犯罪无关的民事纠纷，请求上述主体承担民事责任的，人民法院应予受理。 **130.**【民刑交叉案件中民商事案件中止审理的条件】人民法院在审理民商事案件时，如果民商事案件必须以相关刑事案件的审理结果为依据，而刑事案件尚未审结的，应当根据《民事诉讼法》第 150 条[4]第 5 项的规定裁定中止诉讼。待刑事案件审结后，再恢复民商事案件的审理。如果民商事案件不是必须以相关的刑事案件的审理结果为依据，则民商事案件应当继续审理。
最高人民法院《关于审理侵犯商业秘密民事案件适用法律若干问题的规定》(2020 年 9 月 10 日发布)	现行有效	**第二十二条** 人民法院审理侵犯商业秘密民事案件时，对在侵犯商业秘密犯罪刑事诉讼程序中形成的证据，应当按照法定程序，全面、客观地审查。 由公安机关、检察机关或者人民法院保存的与被诉侵权行为具有关联性的证据，侵犯商业秘密民事案件的当事人及其诉讼代理人因客观原因不能自行收集，申请调查收集的，人民法院应当准许，但可能影响正在进行的刑事诉讼程序的除外。 **第二十三条** 当事人主张依据生效刑事裁判认定的实际损失或者违法所得确定涉及同一侵犯商业秘密行为的民事案件赔偿数额的，人民法院应予支持。 **第二十五条** 当事人以涉及同一被诉侵犯商业秘密行为的刑事案件尚未审结为由，请求中止审理侵犯

续表

文件名称	现行效力	具体条文
		商业秘密民事案件,人民法院在听取当事人意见后认为必须以该刑事案件的审理结果为依据的,应予支持。

[1]参见2023年《民事诉讼法》第122条。

[2]参见2023年修正的《民事诉讼法》第153条。

[3]参见2023年修正的《刑事诉讼法》第16条。

[4]参见2023年《民事诉讼法》第153条。

表2-2　全国部分地方司法机关就刑民交叉案件作出的规范性文件

文件名称	现行效力	具体条文
陕西省高级人民法院民二庭《关于公司纠纷、企业改制、不良资产处置及刑民交叉等民商事疑难问题的处理意见》(2007年12月6日发布)	现行有效	**五、刑民交叉案件的处理** 在民商事案件的审理中涉及与刑事案件交叉时,一般都认为应当先刑事后民事。但从实践来看,既存在民事案件的审理需依据刑事案件审理结果的情形,也存在刑事案件的审理必须依据民事判决结果的情形,对于民刑交叉案件并非一定要民事案件等待刑事案件的审理结果。只有在依据民事诉讼法第一百三十六条[1]第一款第(五)项关于"本案必须以另一案的审理结果为依据,而另一案尚未审结"的规定,民事案件的审理必须以刑事案件的审理结果为依据的情形下,民事案件才应中止审理。先刑后民并非审理民刑交叉案件的基本原则,而只是审理民刑交叉案件的一种处理方式。为保护当事人的民事诉权和实体权益,在涉及刑事案件的民商事案件审理过程中不应随便中止审理,应当慎用驳回起诉。在先刑后民的情形下,也应注意解决因刑事案件久拖不决,民商事纠纷案件当事人的合法权益无法得到保护的问题。 ……
上海市高级人民法院《关于审理民事纠纷案件中涉及刑事犯罪若干程序问题的处理意见》(2007年12月18日发布)	现行有效	**一、正在审理的民事案件,人民法院发现案件的全部或部分事实涉嫌刑事犯罪** 1.根据最高人民法院《关于审理经济合同纠纷案件中涉及经济犯罪嫌疑若干问题的规定》第十条的规定,法院应将犯罪嫌疑线索、材料移送有关公安机关或检察机关查处。但根据民事法律规范判断,当事人之间构成民事法律关系,且不影响民事案件审理的,民事案件可继续审理。 2.审理中发现涉嫌犯罪,且该刑事犯罪嫌疑案件确认的事实将直接影响民事纠纷案件的性质、效力、责

续表

文件名称	现行效力	具体条文
		任承担的,依照《中华人民共和国民事诉讼法》第一百三十六条第一款第(五)项的规定,法院应裁定中止审理,将犯罪线索移送有关公安机关或检察机关,等待刑事程序终结后再恢复审理。 3. 审理中发现涉嫌犯罪,且不构成民事责任承担的,例如发现案外人涉嫌盗用、私刻单位公章从事诈骗的行为,作为民事被告的单位没有过错,不应当承担民事责任的,即合同当事人之间不存在民事法律关系的,法院应全案移送。 全案移送的案件,根据最高人民法院《关于在审理经济纠纷案件中涉及经济犯罪嫌疑若干问题的规定》,应采用以下移送方式处理: 1)人民法院认为案件有犯罪嫌疑但不属于民事纠纷的,根据最高人民法院《关于在审理经济纠纷案件中涉及经济犯罪嫌疑若干问题的规定》第十一条的规定,应当裁定驳回起诉,并将有关材料移送公安机关或检察机关。 2)在审理过程中,公安机关或检察机关认为有经济犯罪嫌疑,并说明理由附有关材料函告法院,法院经审查认为确有犯罪嫌疑的,根据最高人民法院《关于在审理经济纠纷案件中涉及经济犯罪嫌疑若干问题的规定》第十二条的规定,应当将案件移送公安机关或检察机关,并书面通知当事人,退还案件受理费。 对已全案移送公安机关或检察机关的案件,在上述机关侦查期间,当事人又以相同事由向法院起诉的,法院应当裁定不予受理或驳回起诉。 二、正在审理的民事案件,人民法院发现案件所涉及的部分或全部事实已经生效刑事判决确认 1. 刑事责任的承担主体与民事责任的承担主体完全竞合,且刑事判决对财产处理已涵盖了民事责任范畴(例如行为人的行为涉及刑事犯罪,同时也构成民事责任,在刑事判决中已作出返还被害人合法财产或责令退赔被害人经济损失的判决),被害人又对此提起民事诉讼的,根据沪高法(2006)245 号《上海法院关于刑事判决中财产刑及财产部分执行的若干意见(试行)》的有关规定,刑事判决中财产部分的执行,由有管辖权的人民法院执行机构负责。 由于刑事部分的裁决具有执行上的法律效力,且刑事判决中的返还责任主体与民事案件的责任主体完全竞合,不涉及其他责任主体,故在刑事诉讼已作出的

续表

文件名称	现行效力	具体条文
		财产处理与民事诉讼请求赔偿范围一致的情况下，被害人在已获公力救济的情况下，再行就同一事实提起民事诉讼，法院应裁定不予受理或裁定驳回起诉。 2. 刑事责任的承担主体与民事责任的承担主体虽然竞合，但刑事判决对涉及的财产部分未作处理，或只作部分处理，受害人通过民事诉讼寻求救济，要求刑事责任主体返还财产或对追赃不足部分承担赔偿责任的，根据最高人民法院《关于审理经济合同纠纷案件中涉及经济犯罪嫌疑若干问题的规定》第八条的规定，有管辖权的法院应当继续审理。 3. 刑事判决对财产部分虽作出追赃或退赔处理，但刑事责任主体与民事责任主体不相竞合，被害人提起民事诉讼的，应该根据民事法律规范进行判断。如果当事人之间构成民事法律关系，除了刑事责任主体承担责任外，单位或其他人仍应承担民事责任，民事案件应当继续审理。例如行为人采用欺诈手段与被害人订立合同，个人构成诈骗罪，但单位如果对合同的相对人即被害人构成表见代理，或者单位有过错的，单位应承担合同责任或过错赔偿责任。合同相对人提起民事诉讼，虽属同一法律事实，但因引发不同的责任，民事案件应当继续审理。
上海市高级人民法院民五庭、上海市公安局经济犯罪侦查总队《信用卡案件刑民交叉问题座谈会纪要》（2011年3月23日发布）	现行有效	**8**. 对人民法院已经受理的信用卡民事纠纷案件，尚未处理完毕的，当事人以同一事实再行向公安机关报案的，公安机关原则上不予立案；对公安机关已经刑事立案的案件，尚未处理完毕的，当事人以同一事实再提起民事诉讼的，人民法院原则上亦不予受理。
浙江省高级人民法院民事审判第二庭《关于在审理企业破产案件中处理涉集资类犯罪刑民交叉若干问题的讨论纪要》（2013年7月5日发布）	现行有效	（全文涉及） **十一**、涉嫌集资类犯罪的担保人企业和涉嫌其他经济犯罪的企业刑民交叉问题的处理，可以参照本《纪要》的相关内容。

续表

文件名称	现行效力	具体条文
四川省高级人民法院《关于审理破产案件若干问题的解答》(2019 年 3 月 20 日发布)	现行有效	**四、债权申报与审查** …… 13. 在破产案件中,债务人或相关人员因涉嫌非法集资类刑事犯罪,相关刑事案件的被害人能否在破产程序中主张权利? 答:破产程序中涉及非法集资类犯罪问题时,首先应把刑事案件的涉案财产与破产财产进行区分。对于应返还给刑事案件被害人的特定财产,不属于破产财产,应通过在刑事程序中退赔等方式返还给受害人;对于已无法区分或者无区分必要的财产,则应当纳入破产财产在破产程序中一并处理。鉴于非法集资与民间借贷,均是以借款合同为基础而形成的法律关系,只是前者因人数、情节、影响达到了需要刑事法律调整的范围而受到刑法的否定性评价,为公平保护刑事被害人的权利,应允许刑事被害人在破产程序中以申报债权的方式行使权利。在债权数额认定上,相较于因与债务人正常交易而产生债权的债权人,刑事案件被害人作为非法金融活动的参与者,其往往本身也具有一定的过错,其享有的权利依法不能优于合法的普通民事债权人,对其债权通常按民间借贷规则进行调整。
广东省高级人民法院《关于审理企业破产案件若干问题的指引》(2019 年 11 月 29 日发布)	现行效力	**第一百二十条** 【破产程序与刑事诉讼程序的协调】债务人涉嫌犯罪,申请人申请该企业法人破产,符合企业破产法第二条规定的,人民法院应当受理。犯罪行为所涉财产可以暂缓处置,待刑事诉讼终结后再行恢复;其他权益、财产处理继续进行。 破产案件受理后,有关主体以债务人涉嫌虚假破产罪为由,申请终结或中止破产程序的,人民法院不予支持。经审查,发现债务人不存在企业破产法第二条规定情形的,驳回破产申请。 **第一百二十一条** 【刑事裁判财产罚的处理】破产案件受理后,针对债务人财产生效刑事裁判的执行应当中止。 生效刑事判决对债务人处以罚金、没收财产的,执行法院可以持判决书向管理人申报债权。 **第一百二十二条** 【被害人救济与破产程序的协调】生效刑事判决认定债务人返还受害人赃款、赃物,破产案件受理前,赃款在刑事程序中已经特定化、赃物与破产财产区分的,受害人可以向管理人主张取回。 破产案件受理时,刑事程序并未以查封、扣押等措施将赃款特定化,赃物无法与破产财产区分的,受害人

续表

文件名称	现行效力	具体条文
		可以赃款、赃物的价值向管理人申报债权并主张优先受偿。破产案件受理时赃物与破产财产可以区分，因管理人或相关人员执行职务导致无法区分，受害人主张债务人赔偿赃款、赃物的价值并作为共益债务处理的，人民法院应予支持。

[1] 参见 2023 年修正的《民事诉讼法》第 153 条。

表 2－1 和表 2－2 中列举的相关规范性文件，表明了我国司法机关为应对复杂的社会关系在刑民交叉领域作出的积极探索和实践，无疑对刑民交叉案件的妥善处理有极为重要的积极意义。可以发现，最高人民法院对民刑交叉案件的态度倾向变化是，从最早的倾向一律“先刑后民”，到“刑民并行”，再到有条件、有区分的“先刑后民”的态度转变，尤其是《九民会议纪要》出台以后，有更倾向于纠正司法实践中长期的“先刑后民”审判思路，对“先刑后民”的审理程序有比较慎重的态度。当然，这只是总体趋势，具体到个案，还要综合考量具体的案件相关因素来决定采取何种程序。

需注意的是，无论是最高人民法院、最高人民检察院还是地方各级法院，并没有真正完全厘清刑民交叉的概念、类型，判断和识别刑民交叉案件的标准既有“同一事实”，也有“同一法律关系”，一定程度上折射出司法解释在对刑民交叉案件进行类型化处置中的困惑，标准的模糊也造成了司法实践和理论逻辑上的混乱。[1]

第二节　我国刑民交叉案件的司法处理模式现状

“刑民交叉”并非一个严格的法律概念，迄今为止，我国还没有任何一部法律对“刑民交叉”进行过明确界定和规范解释。但不可否认的是，刑民交叉案件的处理离不开对刑民交叉案件的识别及定性，因为司法人员，特别是审判人员在审理刑民交叉案件时，需要对其拟采取的“先民后刑”或“先刑后

〔1〕 参见魏东、钟凯：《论刑民交叉及其关涉问题》，载《四川警察学院学报》2009 年第 4 期。

民”或“刑民并行”的处理规则进行说理和论证,在说理过程中不可避免地需要对刑民交叉案件所涉及的事实、法律关系、定性进行提炼、归纳、阐释、论证和作出价值取舍。

自1985年《及时查处经济犯罪通知》(已失效)确立“先刑后民”的一般处理规则以来,在改革开放初期,对于打击市场经济犯罪、维护市场经济秩序、彰显司法公正无疑产生了重要影响;随着改革开放的不断深入,学界和实务界越来越多地注意到“先刑后民”的单一处理规则与我国经济发展现状日益不相适应,“先刑后民”的处理方式模糊了刑民界限[1],弊端逐渐凸显[2]。刑事案件立案后常常久拖不决,导致市场主体的民事权利无法得到救济,不仅严重影响了市场主体参与市场活动的积极性,而且阻碍了市场经济发展和改革开放的进程。因此,学界和实务界开始对单一“先刑后民”处理规则进行批判、反思和调整,最高人民法院在2019年发布的《九民会议纪要》中确立了“先刑后民”“先民后刑”“刑民并行”等不同处理规则,以更好地化解矛盾、解决纠纷。北京大学法学院教授陈兴良反对“先刑后民”,他认为,“先刑后民”体现了公权力优先的价值观念,与现代法治理念不符,存在容易侵犯当事人权益、为地方保护主义大开方便之门等弊端。[3]

一、“先刑后民”

最高人民法院在1979年2月2日公布的《人民法院审判民事案件程序制度的规定(试行)》(已失效)第6部分第6条规定,“民事案件通过调查审查,发现有需要追究刑事责任的,可按刑事附带民事或先刑事后民事处理”,同时认为涉刑案件都应当按照“先刑后民”或刑事附带民事来处理。受限于当时的经济环境、法制水平、司法理论和实务经验,此规定并没有意识到刑民交叉类案件的复杂性。

1985年发布的《及时查处经济犯罪通知》(已失效)明确了司法机关在处理刑民交叉类案件时,应当以“刑事优先”,也就是“先刑后民”原则。而该通知中也载明了确立“先刑后民”原则的目的——“为了保证及时、合法、准

---

[1] 参见杨兴培:《刑民交叉案件中“先刑观念”的反思与批评》,载《法治研究》2014年第9期。

[2] 参见田奉民:《涉“刑民交叉”案件应如何处理》,载《法制博览》2021年第19期。

[3] 参见陈兴良、胡建生等:《关于“先刑后民”司法原则的反思》,载《北京市政法管理干部学院学报》2004年第2期。

确地打击这些犯罪活动”。这说明早期司法机关是从以打击犯罪为主的角度来处理刑民交叉类案件的程序先后的问题。然而,该通知中仅规定“将经济犯罪的有关材料分别移送给有管辖权的公安机关或检察机关”,对于经济类民事纠纷是否应当一同移送未作规定。

1987 年最高人民法院、最高人民检察院、公安部发布的《经济犯罪及时移送通知》(已失效)除再次明确“先刑后民”原则外,还要求法院一般应将经济纠纷与经济犯罪全案移送。同时,司法机关已经发现了刑民交叉类案件实体认定方面存在的一些问题。例如,有些刑行民交叉类案件实质上就是民事纠纷,并不涉及刑事犯罪,但是其中一方当事人通过私人关系,企图利用司法机关的执法权力来达到个人目的,把民事纠纷变成刑事犯罪;还有一类案件源于地方保护主义,司法机关以民事纠纷涉及刑事犯罪为由主动介入经济纠纷。因此,对于相关案件是否属于经济犯罪这一问题,《经济犯罪及时移送通知》(已失效)给出的解决方式是由各级法院、公安机关和检察机关尽量协商,协商不成的报请同级常委、政法委员会协调。这也可以证明早期司法机关对于刑民交叉案件如何定性尚未得出结论,都只是简单笼统地规定涉及经济犯罪就应当先行移送,未对各类情况加以区分,“先刑后民”原则的观念在后续很多案件中得以贯彻。

随着各部门对刑民交叉类案件理论方面研究的推进,最高人民法院于 1998 年发布了《经济犯罪嫌疑规定》(已于 2020 年修正)。最高人民法院在梳理、总结经济类刑民交叉案件的审理问题和经验时,对司法实践经验进行总结,对审理经济类刑民交叉案件之前确立的“先刑后民”原则予以保留,只对其适用情形作了进一步明确,即属于不同法律事实、不同法律关系的刑事部分和民事部分,应当分开审理。《经济犯罪嫌疑规定》对刑民交叉案件提出了“同一法律事实”和“同一法律关系”的认定标准;在经济类刑民交叉案件的程序适用顺序问题上,确立了具体情况具体分析的处理规则。该规定是我国处理刑民交叉案件有关问题的重要司法解释,具有里程碑意义。

2014 年《非法集资意见》的颁布和实施,反映了我国司法实践对涉众型集资犯罪活动统一采取“先刑后民”的一般处理规则,即对民事案件不予受理,一律通过刑事程序追赃、退赔等方式维护被害人权益。

结合司法实践,在刑民交叉案件的审理程序中,“先刑后民”是一种较为常用的模式。例如,《民法典》第 1125 条规定,继承人故意杀害被继承人的,为争夺遗产而杀害其他继承人的，遗弃被继承人，或者虐待被继承人情节严重的，丧失继承权。在法院审理遗产继承纠纷案件中，如果一方继承人主张另一方继承人杀害或虐待被继承人而丧失继承权，并提供了证据材料的，则负责审理遗产继承纠纷的法官应当先裁定中止民事诉讼，另一方继承人是否实施上述犯罪行为的刑事诉讼程序结束后，再继续审理民事案件。又如，《保险法》第 45 条规定，因被保险人故意犯罪或者抗拒依法采取的刑事强制措施导致其伤残或者死亡的，保险人不承担给付保险金的责任。在被保险人请求支付保险金的民事诉讼中，保险人以《保险法》第 45 条规定为抗辩事由，应以刑事判决为前提条件。再如，《民法典》第 1215 条规定，盗窃、抢劫或者抢夺的机动车发生交通事故造成损害的，由盗窃、抢劫或者抢夺人承担赔偿责任。保险人在机动车强制保险责任限额范围内垫付抢救费用的，有权向交通事故责任人追偿。如果保险人行使追偿权而提起民事诉讼，要在盗窃、抢劫、抢夺的行为人的刑事案件确定后，法院才能继续审理该追偿权民事纠纷案件。另外，司法实践中，当事人一方以伪造的"借条"或"借条"是在暴力威胁下出具提起民事诉讼，另一方当事人就虚假诉讼罪、敲诈勒索罪向公安机关报案，且公安机关已立案侦查的，民事诉讼应当中止。因为如果"犯罪事实"成立，债权债务关系即不存在，刑事诉讼的结果直接影响民事责任的承担与否，此为"先刑后民"。

二、"先民后刑"

刑法上对所有权、用益物权、他项物权、股权、专利、商业秘密等相关权利的权属进行界定时，离不开对民事、知识产权等相关法律法规的适用。对于法律关系复杂、权属未定的"刑民交叉"案件，刑事案件的审理需要以民事案件的审理结果为前提；[1] 此外，司法实践中，公益诉讼也在积极探索"先民后刑"的处理模式。[2] 在刑事诉讼中，犯罪事实的认定，需以民事诉讼中的基本事实为前提条件，待民事诉讼正确认定基本事实、厘清法律关系和判定民事责任之后，再进一步认定刑事案件中的犯罪事实，对是否构罪、构成何

---

〔1〕 参见江必新、胡云腾、王轶：《刑行民交叉疑难问题研究》，载《中国法律评论》2021 年第 6 期。

〔2〕 参见《湖州法院五年环境资源审判十大典型案例发布》，载微信公众号"湖州市中级人民法院"2022 年 6 月 5 日，https://mp.weixin.qq.com/s/NQxQoHnD_tBrWHePUnMo_Q。

罪作出裁判。“先民后刑”也是刑民交叉案件的重要处理规则之一。将民事确权程序作为刑事案件的前提，有助于促进部门法之间的协调，能够最大限度地保证法秩序的统一性。

“先民后刑”原则在立法和司法解释中均没有规定。司法实践中有观点认为，在刑法和民法界限交叉模糊的区域，应坚持刑法的谦抑性原则，从严解释刑法，从宽解释民法，尽量用民法调整涉案行为。[1] 有学者认为：“在民事诉讼案件审理中遇有刑事问题作为本案审理的前提或依据时，本案民事诉讼应当中止，等待作为另一案的刑事案件作出裁判。然而，刑事诉讼法中却没有类似规定。也就是说，如果刑事诉讼中遇有民事争议，并且需要以民事争议的解决或认定为前提或依据时，刑事诉讼却没有规定本案刑事诉讼应予中止。”[2] 司法实践中，刑事审判庭面对案件涉及民事争议的情况，一般会把民事争议问题作为单纯的事实问题加以认定，而不从民事法律规范上进行评价，更不会适用民事法律来处理。刑事审判权的优越地位，使司法实践中少有出现“先民后刑”模式。尽管如此，学界对“先民后刑”模式的探讨从未停息。“当刑民交叉案件引发的刑事诉讼需要以民事诉讼的结果为前提时，则应当‘先民后刑’。”[3]

司法实践中，有的法院在判决书中也提出相同观点：“有些民事案件的审理确实需要以刑事案件的结果为前提，而有些刑事案件却必须以民事案件为依据，也有些民事案件与刑事案件的审理可以各自独立，互不关涉。”[4] 有的学者更是直截了当地指出，在财产归属存在争议的涉财产权刑民交叉案件中，可以考虑优先适用民事程序确定财产的归属，再根据民事程序认定的结果来确定行为人的犯罪数额，从而既避免刑民认定冲突，又防止因程序回流等原因而造成司法资源浪费，“先民后刑”模式显然是更适合的。[5]

本书认为，“先民后刑”模式虽然在立法或司法解释层面没有得到明确规定，但是根据《民事诉讼法》第 153 条第 1 款第 5 项关于“本案必须以另一

---

〔1〕 参见张建、肖晚祥：《刑民交叉案件中的关系分析及处理原则》，载《法治论丛（上海政法学院学报）》2009 年第 2 期。

〔2〕 张卫平：《刑民交叉诉讼关系处理的规则与法理》，载《法学研究》2018 年第 3 期。

〔3〕 于同志：《完善刑民交叉案件办理机制的思考》，载《中国审判》2019 年第 17 期。

〔4〕 重庆市彭水苗族土家族自治县人民法院民事判决书，（2018）渝 0243 民初 1193 号。

〔5〕 参见夏伟：《刑民交叉的理论构造》，法律出版社 2020 年版，第 201 页。

案的审理结果为依据,而另一案尚未审结的"的规定,如果刑事诉讼必须以民事诉讼的审理结果为依据,那么刑事诉讼应当中止审理。这相当于确立了"先民后刑"的法理基础。例如,在涉及财产权属犯罪案件中,当追究行为人刑事责任时,如果财产权属发生争议,在民事争议得到裁判之前,难以判定是否构成财产犯罪。在针对财产权属争议已提起民事诉讼的情况下,财产犯罪是否成立,需等待民事诉讼的审理结果出来后,再进行审理并确定。又如,在涉及侵占罪的案件中,如果犯罪嫌疑人经民事诉讼确认其对财产享有所有权,则侵占罪不成立。

此外,从刑法的谦抑性原则来看,当刑事犯罪嫌疑和民事纠纷同时存在时,只要通过民法能调整和保护,刑法就不能轻易介入。正如有的学者所言,当刑法与民法存在冲突的时候,应当优先适用民法的规定,或者尽可能朝着符合民法规定方向去解释刑法。

三、"刑民并行"

1998 年《经济犯罪嫌疑规定》(已于 2020 年修正)实施后,司法机关审理案件时开始注重区分刑民交叉案件中刑事案件与民事案件是否具有牵连性、是否基于同一事实。如若并非同一事实,则采取"刑民并行"的规则处理案件;在民事案件的审理不以刑事案件的审理结果为依据时,一般也会采取"刑民并行"的规则处理。

2019 年发布的《九民会议纪要》对刑民交叉案件的处理方式进行了较大的调整,开始着重强调民事救济程序对保护有关当事人合法权益及提高审判效率的重要性。同一当事人因不同事实分别发生民商事纠纷和涉嫌刑事犯罪,如果民商事案件不是必须以相关刑事案件的审理结果为依据,则民商事案件与刑事案件应当分别审理。一般而言,"刑民并行"是指民事案件的基本事实无须以刑事案件审理查明的结果为依据,可以同时审理。《九民会议纪要》确立了以"刑民并行"为原则,以"先刑后民"或"先民后刑"为补充的审理模式。

"刑民并行"模式有如下特征:首先,刑事案件与民事案件的基本事实有交叉,如果基本事实没有关联,就不存在刑民交叉案件的审理顺序问题;其次,刑事案件与民事案件的基本事实虽然有关联,但无须以对方对基本事实的认定为前提,前诉认定的基本事实为已证事实,后诉需要认定的基本事实为待证事实，待证事实不以已证事实为依据，那么，民事案件的审理无须等待刑事案件的审理结果就可以一直审理下去，为"刑民并行"；最后，"刑民并行"模式中的刑事案件与民事案件的基本事实虽有交叉，但在审理顺序上没有先后之分，谁先审理、谁后审理抑或同时审理，都不会影响刑民交叉案件各自的裁判结果。

例如，股权转让涉嫌欺诈而提起的撤销之诉纠纷，民事部分对于欺诈行为的认定并不以构成合同诈骗罪为依据，未构成合同诈骗罪的隐瞒债务、伪造财务凭证等行为，仍可能构成民事欺诈，所以根据上述规定，民事案件应继续审理。退一步讲，在民事审理过程中，发现部分事实的认定需要以刑事案件的审理结果为依据的，还可以适用《民事诉讼法》第 153 条的规定，裁定中止审理，待刑事案件终结之后再行恢复审理。这样既可以在民事判决中兼顾刑事案件的处理结果，也可以最大限度地保护权利人期间利益，防止期间经过给权利人造成无法挽回的损失。所以，对于此类案件适用"刑民并行"有法律基础。

刑法与民法属于两个独立的部门法，各部门法在我国法律体系中处于平等地位，它们之间并没有价值、效力方面的差别。刑事诉讼和民事诉讼是两种性质不同的程序，解决的是不同的问题。刑事诉讼解决被告人罪责问题，侧重点在于国家和社会利益的维护，而民事诉讼解决平等主体之间的私权纠纷，出发点在于民事主体私权利的保护，不能因为刑事犯罪比民事侵权更加严重，就认为刑事程序优先于民事程序。

刑事案件对案件事实的证明遵循严格确定原则，而民事案件对案件事实的证明采用高度盖然性原则，刑事案件认定的事实并不能简单等同于民事案件认定的事实，刑事案件的侦查、审理也不能解决合同效力认定的问题，关于合同效力，最终仍需要通过民事案件的审理进行认定。实务当中也有相关判例予以支持。例如，在张某峰与兴鹏公司、丛某借款合同纠纷案〔1〕中，最高人民法院认为，即便涉案人员已构成合同诈骗罪，涉案的合同仍然属于可撤销合同，在合同被撤销前，合同效力仍然存在；又如，在周某梅诉金同成公司、中科智公司等借款合同纠纷案〔2〕中，厦门市中级人民法院

〔1〕 参见最高人民法院民事判决书，(2014)民抗字第 82 号。

〔2〕 参见福建省厦门市中级人民法院民事裁定书，(2014)厦民申字第 78 号。

认为,合同诈骗所涉合同的效力通常属于可撤销合同,并非无效合同,合同诈骗被告人刑事责任的承担,不影响所涉合同的债权人通过民事诉讼寻求救济。

关于"刑民并行"的适用,《九民会议纪要》基本明确了处理原则,比较详细地列举了五种适用"刑民并行"审理模式的情形。同时,民事诉讼程序与刑事诉讼程序承担着不同的职能,法院审理刑民交叉案件时,以分开审理为原则。因此,"刑民并行"模式应作为一种普遍性程序选择,而"先刑后民"或"先民后刑"则作为补充选择。

四、三种处理路径综合选择

虽然已有上述三类司法处理途径,但实践中部分司法机关还是"一刀切"地对刑民交叉类案件适用"先刑后民"原则予以处理。本书认为,发生这种情况的原因可能是采取"先刑后民"从保守的角度出发是稳妥的,毕竟要求司法机关在未经审判前,就对有关纠纷的罪与非罪、刑事案件是否能够作为民事案件裁判依据等问题进行判断,存在一定难度和风险;但将"先刑后民"绝对化,会导致被害人的合法权益长期无法得到救济,也会导致司法资源的过度浪费。虽然最高人民法院早已注意到这种情况,也根据不同案件类型发布了各类司法解释,但因刑民交叉类案件涉及的案件种类和法律关系庞杂,无法一一予以明确。

本质上,刑事诉讼和民事诉讼只是适用法律不同,并不存在保护权利的优先和劣后。无论是"先刑后民"还是"先民后刑"都不应当绝对化和扩大化。有些民事案件的审理确实需要以刑事案件的审理结果为前提,例如,民事案件当事人以刑事犯罪事实作为支持其诉讼请求所依据的事实,民事案件涉及的责任人或责任方式需要经过刑事程序来确定等;而有些刑事案件却必须以民事案件为依据,如在审理涉嫌重婚犯罪刑事案件时,登记结婚一方向法院提起民事诉讼请求确认婚姻无效,此时,需先通过对民事纠纷案件的审理认定婚姻效力后,才能进行刑事案件的审理,判定犯罪嫌疑人是否构成犯罪。值得注意的是,运用民事诉讼规则分析相关证据进而认定相关事实,如果能够依据相关事实和法律进行审理,并非一定要等待刑事案件的处理结果。

在司法实务中,刑民交叉案件的孰先孰后必须在具体案件中寻求最优

次序,并在先判作出前,通盘考虑整体诉讼的稳定性,遵循两个操作原则:

第一,必要性原则。以“刑民并行”为原则,倡导“先民后刑”,充分采用非诉手段解决民事争端,从权利请求方面的必要性、民事部分须经刑事诉讼程序确定的必要性与证据方面的必要性等方面严格限缩“先刑后民”的例外适用。[1]

第二,被害人权益优先保护原则。在刑事诉讼中,被害人处于相对弱势地位,在诉讼程序的选择上不仅要考虑被害人追求刑事正义的意愿,更要注重其民事正义的急切需求,加强刑事诉讼领域财产保全、担保制度建设与应用,杜绝因刑民处置规则的设置而让违法犯罪人从中获利、被害人从中受损。[2]

如何有效协调和处理刑民交叉类案件在司法实务层面程序适用的问题,还需要司法部门继续推进刑民交叉类案件相关的理论和实务研究,并形成一定的法律或规范性司法文件加以落实。

第三节　民法与刑法之“楚河汉界”

刑法与民法虽然按法律调整社会关系的不同被划分至不同的法律部门,但二者之间的界限并非如人们通常所认为的那样有一条明显的分界线。刑法主要规定犯罪和刑罚,用于打击犯罪行为,保护社会公共利益和个人权益;而民法则调整平等主体之间的财产关系和人身关系,维护民事主体的合法权益。然而,在实际的法律实践中,刑事不法与民事不法的界限往往并不清晰,许多行为可能同时触犯刑法和民法,形成刑民交叉案件。现实中,刑事不法与民事不法的界限并未如刑法和民法那样存在一条明显的“楚河汉界”。民法典作为万法之母,其他法律大多是从不同角度对民事法律关系进行保护、充实和发展,刑事、行政法律也不例外。这意味着在刑法和民法的交叉领域,民法的原则和规定往往对刑法的适用产生重要影响,二者相互补充、相互制约,共同维护社会秩序和公平正义。

---

〔1〕 参见纪格非:《论刑民交叉案件的审理顺序》,载《法学家》2018 年第 6 期。

〔2〕 参见汪明亮:《刑民交叉案件的处理规则与原则》,载《法律适用》2019 年第 16 期。

一、《民法典》和刑法体系的协调问题

随着《民法典》的正式实施，刑法作为民法等部门法的保障法，在《民法典》实施后，是否有必要与《民法典》等相关的内容和体系进一步衔接，与时俱进地积极修改相关内容，成为目前刑法学界关注的重点。在《民法典》颁布的背景下，刑事司法工作者不仅要娴熟地掌握刑事法律知识，而且要深度了解民事法律知识，尤其是要掌握民事法律关系的分析方法。只有这样，才能适应《民法典》实施以后的刑事司法活动的需求，法律工作者也同样如此。

《民法典》与刑法的体系协调所涉及的深层次问题是：如何理解法秩序统一性问题。众所周知，在法秩序是否统一的问题上一直存在较大的争议。持违法相对论的学者认为，法秩序不应当相统一，因而刑法的违法性判断不应依赖于民法的违法性判断。而持违法统一性的学者则认为，刑法的违法性判断需要依赖民法的违法性判断。目前，越来越多的学者认为，民法所确立的法秩序与刑法所确立的法秩序应当进行缓和化的理解（缓和的违法一元论）。其包含了两个层面的内容：其一，民法中的违法行为在刑法上不必然受到处罚；其二，民法上合法的行为在刑法中也应当是合法的。因此，即便在《民法典》中属于违法的行为，在《刑法》中也并非均予以必要的回应并增设相关的条文。[1]

由此，在"缓和的违法一元论"的观点支配下，刑法并非都需要对民法中所有的违法行为予以回应。

二、社会治理不应过度依赖刑法

以刑为中心的刑治模式对我国犯罪治理产生了深远影响。一般认为，我国古代的法律传统具有重刑轻民的特点。中国古代法以刑为中心、民刑不分和重刑轻民的特点，最终促成了犯罪治理的刑治模式。"诸法合体、民刑不分"和"重刑轻民"的法律传统，凸显了以刑为中心的刑治色彩。中华人民共和国成立以后，我国犯罪治理仍然延续了以刑为主的刑治模式。新中国成立初期，刑法既是惩治犯罪的工具，也是社会治理的重要手段。现行刑法颁布至今，随着风险社会和立法活性化时代的到来，我国犯罪治理呈现出

---

〔1〕 参见姚万勤：《新时代民法典与刑法的协调与衔接》，载《检察日报》2020年6月13日，第3版。

较强的刑事化色彩。

我国当前存在泛刑法主义和重刑主义，这种在社会治理中过于倚重刑法的做法值得反思。泛刑法主义是指无限扩张刑法的范围，以刑事处罚代替民事制裁或行政处罚。在此情况下，刑法直接演变为民法、行政法的制裁规定，挤压甚至侵占了民事制裁和行政处罚的作用空间，造成刑法扩张而民法萎缩的现象。刑法对社会和经济生活的干预范围过广、程度过深其实违反了刑法的谦抑原则。重刑主义是指在立法上刑罚设置较重，并在司法中对犯罪判处较重的现象，因此重刑主义可以分为立法上的重刑主义和司法上的重刑主义。即便《民法典》制定实施以后，社会治理的刑法依赖症依然存在，把社会问题的治理简单等同于刑法治理的做法依然存在。在地方治理中，一些性质上原本属于民事纠纷或行政违法，且可以通过民事程序或行政管理来解决的问题，由于种种原因，都被上升到刑事层面。

当前，伴随我国社会转型产生了利益分化、社会分层、道德滑坡、信仰危机与行为失范等一系列问题，风险刑法理论、犯罪预防早期化、刑法修正体系化等问题已引起学者们的极大关注与激烈争鸣。实证研究发现，改革开放以来，刑罚权在社会治理进程中已呈现日益扩张与加重趋势，形成“社会治理刑罚化”这一命题。[1] 刑法不是治疗社会问题的万能药，若社会治理过度依赖刑法，就会患上“刑法依赖症”。这种依赖症是近年来一些地方社会治理中出现的非理性现象，具有高度的法治风险与社会危害。一方面，它将打破国家权力与公民权利的均衡结构。相较于民法，刑法应呈现威严的面孔，但随着刑事责任适用范围的不断扩张，刑法的威慑力和一般预防效果将大打折扣，刑法的严肃性、严厉性受到侵蚀。另一方面，社会治理过度依赖刑法必然导致大量轻微不法行为入刑，犯罪人数每年不断扩张。其最致命的后果是削弱了犯罪行为的非难性与可谴责性，消解了刑法的社会认同，使公众对整个刑事司法系统的信心逐渐衰退。

现代刑事法治逻辑要求社会治理既要主动及时回应社会关切，对于危害严重、影响恶劣的犯罪行为，刑法该出手时要果断出手，充分发挥法益保护机能，也要克服过度依赖刑法的问题，坚守刑法的后置法和保障法地位及

---

〔1〕 参见徐伟：《“社会治理刑罚化”的批判：逻辑、经验与实践》，载《华中科技大学学报（社会科学版）》2017 年第 3 期。

最后手段性,保持应有的谦抑性,避免把社会问题依法治理简单理解为依刑法治理。

近年来,我国刑事法律频繁修改,刑事罪名增加,立法、执法和司法都存在明显刑法化现象。以个案推动刑事立法的现象并不少见,2008 年造成四死一伤的四川孙某铭案[1]推动了《刑法修正案(八)》的醉驾入刑;2018 年重庆万州公交车坠桥事故[2]催生了《刑法修正案(十一)》的妨害安全驾驶罪的立法。刑法的主动作为和频频出击,使许多本应由民事法律和行政法律调整的行为被纳入了刑事规制的范围,立法中抽象危险犯、预备行为实行化和帮助行为正犯化的规定越来越多,刑法与民法、行政法等前置法的界限越来越模糊。[3]

基于上述现象,刑法学界也开始对风险刑法理论和过度刑法依赖症的情况进行反思和批判,正如陈兴良教授所指出的,“风险社会的风险不等同于风险刑法的风险或者危险”。[4] 张明楷教授亦主张,“就许多风险或者危险而言,采取其他措施预防可能比单纯的法律禁止更为有效,强调以刑法控制风险的做法,反而会增加更多的风险”。[5]

在现代法治国家,并非对所有不法行为均要施以刑罚,如果使用其他手段也能达到保护法益之目的,则务必放弃刑罚。作为保障法和事后法的刑法,其根本目的在于通过确认前刑法规范的效力而实现对法益的保护。刑法的功能不仅在于打击犯罪,还在于约束国家刑罚权的恣意行使。犯罪表面上是对刑法规范的违反,实际上蕴含着深层的社会复杂性,刑法从来都不

---

〔1〕 案情概要:2008 年 12 月 14 日,四川省成都某技术公司员工孙某铭醉酒后无证驾驶机动车,发生交通事故后,仍置不特定多数人的生命、财产安全于不顾,继续高速驾车逃逸,后又冲过绝对禁止超越的道路中心黄色双实线,以超过限定时速一倍以上的车速撞向正常、相向行驶的多辆车辆,造成 4 人死亡,1 人重伤的严重后果,构成以危险方法危害公共安全罪被判无期徒刑。此案唤醒全社会对酒后驾车等恶性交通违法行为的重视,又引发全社会重拳打击酒后驾车的共鸣,在该案二审期间,我国公安部就在全国范围内开展了为期两个月的严厉整治“酒后驾驶行为”专项行动。2011 年 5 月 1 日,我国正式施行的《刑法修正案(八)》,也将醉驾认定为危险驾驶罪入刑。

〔2〕 案情概要:2018 年 10 月 28 日,重庆市万州区长江二桥发生重大交通事故,一辆 22 路公交车在行驶中突然越过中心实线撞上一辆正常行驶的红色小轿车后坠江。车内黑匣子监控视频显示,公交车坠江系乘客刘某与司机激烈争执互殴致车辆失控。

〔3〕 参见蔡福华:《刑民关联案件的法理展开》,法律出版社 2022 年版,第 377 页。

〔4〕 陈兴良:《风险刑法理论的法教义学批判》,载《中外法学》2014 年第 1 期。

〔5〕 张明楷:《“风险社会”若干刑法理论问题反思》,载《法商研究》2011 年第 5 期。

应当被视为社会问题解决的主要手段,因为犯罪的原因往往在刑法管辖权之外。

总体而言,我国刑罚较重,在刑法谦抑理念的指导下,我国的刑法结构还需调整,有必要逐渐降低刑事惩罚的严厉性。当然,在这方面我们已有一些进展,如《刑法修正案(八)》和《刑法修正案(九)》先后废除了 20 多个死刑,这是刑法迈出的重要一步。但是,从刑事立法上看,犯罪圈还是在不断扩大。对此,需要在立法上认真研究。刑法谦抑并不意味着刑事立法的停滞,也不是不再增设新的犯罪,而是要谨慎立法,防止刑法的越位。《民法典》颁布实施后,其在社会治理中的作用会越来越大,这对我国发展具有重大推动作用。对此,刑法应当予以积极的回应,无论是刑事立法还是刑事司法,都应当秉持限缩与谦抑的理念,避免刑法的过度扩张。

随着社会的发展与进步,刑法需要走出现代化之路。刑法现代化应当是国家和社会逐步摆脱社会治理对刑法的依赖,而不以刑事治理为中心。我国刑法现代化之路,需要思考如何在法治框架内妥善处理危害社会行为及其制裁体系问题,需要战略性思考和解决如何有效避免现代社会治理对刑法的过度依赖。

三、刑法与民法的冲突与选择

事实上,刑法中的多数罪名,特别是刑法分则中的侵犯公民人身权利、民主权利罪和侵犯财产罪,均同时受刑法和民法的双重调整,属于本源意义上的刑民交叉案件。实践中所谓的刑民交叉案件,大致可以分为两类:一是观念上的刑民交叉案件,如消费者“天价维权”案件被认定敲诈勒索以及某些民事欺诈被认定诈骗案件等。这类案件往往属于单纯的民事纠纷,但由于司法人员对其中的法律关系缺乏清晰的界定,主观认识存在模糊不清,从而导致案件在刑民适用的边界上存在争议,但就案件事实本身而言,并不存在受刑事法律和民事法律双重调整的问题。二是事实上的刑民交叉案件,即原属于民事法律调整的案件,由于其不法程度严重,进入了刑事评价领域,受到刑事法律和民事法律的双重调整,从而形成刑民交叉。

刑民交叉案件究竟是刑事不法,还是民事不法?无论是司法制度的构建、刑事政策的选择,还是具体问题的解决,都回避不了刑民关系交叉缠绕带来的一系列问题。在法律体系中,法律之间的逻辑关系不尽相同。一个部门法是以法律调整的社会关系为标准进行划分的，刑法可以分解为各个部门法的制裁规范，因而违反民法的犯罪可以归入民法，违反婚姻法的犯罪可以归入婚姻法，或者侵害林木的犯罪可以归入森林法。但如此下去，刑法会被分解而丧失独立存在的意义。目前，世界各国通行做法是，承认刑法是独立的部门法。除了刑法与附属刑法，有的国家还有大量散布在各个部门法中的刑事规范。刑法在法律体系中具有不完整性与不周延性，只有在民法及其他部门法的配合下，刑法才能真正发挥其作用。由此可见，刑法是民法、行政法等其他部门法的后置法，彼此之间属于前置法与后置法的关系。

现实中，司法工作人员在遇到刑民交叉案件时，对于如何正确区分民事违法与刑事犯罪之间的界限，还存在认知上的差距。《民法典》的颁布与实施给刑事司法人员带来一定挑战，要求他们不仅要娴熟地掌握刑事法律知识，而且要深度了解民事法律知识，尤其是要掌握民事法律关系的分析方法。刑法作为后置法，会与前置法有一定冲突，但这种冲突是相对的。刑法具有自身的独立品格，所以在某些规定上，刑法和民法典的内容可能不同。以遗忘物与遗失物的问题为典型，侵占遗失物在民法上属于不当得利，应该归还本人。德国和日本的刑法典中都直接采用民法中遗失物的概念，而我国刑法中的侵占罪没有采用遗失物概念，而是自创了遗忘物的概念。究其原因，从立法者的本意看，此规定是想限缩此行为构成犯罪的范围，即遗忘物的定罪范围要比遗失物小。因为丧失控制的财物都叫遗失物，而遗忘物指被害人明确知道自己遗忘在某处的物品，所以遗忘物的范围较小。如果侵占遗忘物，拒不返还或者数额较大，构成侵占罪；但如果侵占一般的遗失物，此行为属于不当得利，应由民法调整而不构成刑法中的侵占罪。[1]

我国著名民法学家王利明教授站在民法的立场上提出“民法要扩张，刑法要谦抑”的命题。如果能够通过民法有效解决社会纠纷，就应当尽可能通过民事责任的方式来解决，而无须动用刑法。只有在民法无法很好地解决纠纷且相关行为可能危及公共安全和公共秩序时，才有必要动用刑法。所以，民法应当扩张，刑法应当谦抑。[2] 这样能最大限度地保护公民的合法权

---

〔1〕 参见《陈兴良：〈民法典〉对刑法的影响与刑法对〈民法典〉的回应》，载司法文明协同创新中心网，http://www.cicjc.com.cn/info/1040/2335.ht。

〔2〕 参见王利明：《民法要扩张 刑法要谦抑》，载《中国大学教学》2019 年第 11 期。

益，尤其是公民的人身权和财产权，并确保将以刑法为代表的公权力限制在合理范围之内，同时有效发挥刑法的预防犯罪、惩治犯罪、维持社会秩序的功能。

刑法作为后置法，具有补充性，只有在民法不能解决纠纷的情况下才能介入。换言之，刑法介入纠纷解决是有条件和边界的。民法、行政法为调整社会秩序、社会关系以及解决纠纷提供了一般规则，涉及面更广，在社会治理中发挥主要作用。相比之下，刑法是一种后盾，当行政法、民法等前置法不足以调整某社会关系时，刑法就会通过认定犯罪的方式介入纠纷解决。

《民法典》作为社会生活的"百科全书"、民事权利的"宣言书"和市场经济的"基本法"，不仅规定了纷繁复杂的民事权利和民事义务，具有保障公民私权利的私法属性，还规范和约束国家机关立法、执法和司法等公权力的行使，具有鲜明的公法溢出价值。[1] 因此，在民法典时代，不应盲目地扩张刑法的适用，而应当在现有民事法律规范制度供给的基础上，尽可能通过民事法律调整社会关系，最终实现社会治理的良法善治。

四、从"刑民交叉"到"刑民协同"

在民法典时代，民法在社会治理中应当发挥先锋作用，实现社会治理的民法、行政法和刑法共治。司法活动是一个融合多学科的系统工程，关系到社会治理模式和成效。刑事司法不仅是刑法学科的研究对象，还应当有民法、行政法、经济法等其他部门法及经济学、社会学等其他学科的参与，需要司法人员跳出片面、孤立和静止的法律思维，摒弃简单主义、机械主义和教条主义的办案思路。只有通过聚合的思维方法，打破部门法之间的森严壁垒，加强学科之间的良性互动，促进多学科的合作、交融，才能杜绝"刑不知民、刑民不分"的现象，实现民法典时代"刑民行协同共治"的社会治理。

《民法典》的实施，特别是民法典所蕴含的私法自治、契约自由、权利保障、平等保护等理念，对于司法实践中刑民交叉案件的正确处理将产生重要影响。从"刑民交叉"到"刑民协同"，应当成为刑民关系发展的趋势和潮流。司法机关处理刑民交叉案件，应当充分贯彻民法典的基本精神，基于"刑民

---

〔1〕 参见孔祥俊：《挖掘民法典的公法价值 推进国家治理体系和治理能力现代化》，载《光明日报》2020年11月13日，第11版。

行协同共治”的理念，通过民事法律和刑事法律及行政法的协调综合运用，推动刑民交叉案件的依法妥善处理。

第一，推进治理方向的协同。民法、刑法作为国家重要的基本法律，是推进国家治理体系和治理能力现代化的重要依托，需要在治理方向、思路和重点上协同并进。要纠正“先刑后民”和过于依赖刑法进行社会治理的思路，刑法应当保持谦抑性，慎重介入民事法律关系，以更好发挥民法在调整社会关系方面的积极作用，在民事法律能够有效调整的领域和范围内，刑法不应当提前介入。此外，对于民法难以有效调整和充分规制的案件，刑法要及时补位。例如，对于“套路贷”类型的案件，需要司法机关全面厘清所涉法律关系，及时刺破其“民事纠纷”的外在假象，揭示其犯罪实质，并予以严厉打击和制裁。〔1〕

第二，推进违法评价的协同。基于法秩序统一性原理，对某一民事案件事实的不法评价，应当成为刑事违法评价的前提和基础。对民事经济领域发生的纠纷而言，司法机关在不能认定行为人的行为构成违约或侵权等民事不法、行为人不承担民事责任的前提下，追究行为人刑事责任就缺少前置法的依据，否则，将会导致民、刑关系冲突和整体法秩序的不协调。这不仅造成刑法对经济社会生态的过度干预，有碍自由与秩序的价值平衡，还损害法治权威和司法公信力。司法机关意图运用刑事手段介入民事经济领域发生的各种纠纷时，要首先对案件涉及的民事法律关系进行梳理分析。只有在民事法律关系已经厘清，行为人存在违约或侵权等民事不法并需承担民事责任，且其行为社会危害性达到一定严重程度，已超出民事法律规制范围时，对该行为进行刑事评价才具有正当性。

第三，推进裁判思路的协同。民事裁判与刑事裁判思路存在很大差异，需要尊重其各自领域评价的独立性，但出于法秩序统一性和司法定分止争的考虑，在处理民刑交叉案件中的一些共性问题，如故意、过失、因果关系、正当化事由等认定方面，司法的认定标准和裁判思路亦要有所兼顾，一旦出现民、刑判定差别，必须予以充分的说理论证。例如，轻微暴力行为导致特殊体质被害人重伤或死亡案件，属于刑民交叉案件，受民事法律和刑事法律

〔1〕 参见杨志国：《民法典时代：从“民刑交叉”到“民刑协同”》，载百家号“最高人民检察院”2020年12月3日，https://baijiahao.baidu.com/s? id=1685023669661525839&wfr=spider&for=pc。

的双重调整，行为人既面临着刑事追究，也需要承担民事侵权责任。其中，在行为人轻微暴力行为与被害人重伤、死亡严重后果之间是否存在因果关系问题上，民事领域基于相当因果关系理论，一般均认定二者之间存在事实和法律上的因果关系；但在刑事领域，虽然亦倾向认定二者之间存在因果关系，但理论上存在不少争议，有学者主张否定二者因果关系的存在。这样就势必导致同一案件事实，在刑事审理环节否定因果关系，而在民事审理环节又肯定因果关系的矛盾，不仅司法裁判中因果关系认定的客观性备受质疑，而且很难实现让当事人服判息诉的效果。正如有观点所说："如果在刑事认定中否定因果关系，而在民事责任的界定中又承认事实上的因果关系，则势必造成刑、民法律关系的无谓冲突，故不足取。"[1]因此，民事裁判和刑事裁判中，针对一些"共性"问题，需要推进协同裁判思路。

第四节　刑民交叉案件司法处理的反思

一、刑民交叉规范文件的适用性和可操作性有待提高

刑民交叉案件的出现是社会关系复杂化的客观反映。科技和经济的高速发展推动社会关系日益多元化、复杂化，单一部门法根本无法对市场主体所实施的某一经济行为进行完整评价。在市场经济中，市场主体所实施的落入民事、商事、行政管理甚至刑事等部门法调整范围的经济行为并不鲜见，刑民交叉成为一个越来越突出的问题，也是司法实践中的一个特别疑难问题，且逐渐呈现高发趋势。[2]

中华人民共和国成立以来，我国经济和法治建设取得了巨大的成就。法律对个人及市场的保护遍及方方面面。随着市场经济的快速发展，市场及市场主体完成了"从身份到契约的转变"，私权平等、公平自由竞争的理念深入人心，市场上不可预知的风险不断增加和强化。在司法资源宝贵、诉讼

〔1〕余剑、张金玉：《轻微暴力致人死亡案件法律适用之研讨》，载《人民法院报》2012年4月11日，第6版。

〔2〕参见陈兴良：《刑民交叉案件的刑法适用》，载《法律科学（西北政法大学学报）》2019年第2期。

成本高昂、证明责任较重、成效甚微的现实中，权益受损主体几乎都会千方百计主动寻求动用刑事司法手段来救济，因而由此产生大量的人为制造刑民交叉案件。[1]

有学者认为，我国民法和刑法还没有形成严密的、良好的衔接是造成实体性刑民交叉案件的一个重要原因。[2] 我国的立法特点决定了民事主体实施的法律行为同时受到民法和刑法的不同保护；反之，亦受到民法和刑法的双重约束。[3] 换言之，我国立法从一开始就不排斥刑民交叉现象的出现，对刑民交叉案件的发生及增长是预知的，在后来的法律适用中逐渐对两程序的衔接转换、处理规则等进一步统一和规范化。

法律是调控社会关系的有效工具之一，是维护市场公平、自由和安全的最有力的一道防线。目前，我国的改革已进入深水区，法律必须对改革中愈加复杂的经济行为进行规制、回应和评价。我国并没有一个囊括各个部门法的可以直接调整民商事、犯罪活动的“总法”，因此各部门法必须协同，共同调整和规范市场经济行为、维护统一的法秩序，这已成为一个不争的客观事实和基本要求。

我国关于刑民交叉案件的法律制度并不健全，理论研究亦缺乏深入性、系统性。我国司法界对刑民交叉案件的关注点过多放在程序和处理规则上，而较少注意实体研究和处理，加之长期以来，“先刑后民”的处理模式导致刑法过度挤压私法自治，一定程度上抑制了经济自由和市场活力。就司法机关的体制而言，我国法院长期实行民事审判、刑事审判分立的设置办法，导致各审判领域对于部分刑民交叉案件的法律适用存在分歧。[4] 故而，对于我国司法机关来说，妥善处理好刑民交叉案件无疑面临着巨大压力。

目前，虽然有关刑民交叉问题的法律、司法解释与规范性文件较多，但这些文件在司法实践中的适用性和可操作性仍存在不足。在实践中，一些

---

〔1〕 参见江必新、胡云腾、王轶：《刑行民交叉疑难问题研究》，载《中国法律评论》2021 年第 6 期。

〔2〕 参见李晓明、张鑫：《刑民交叉案件分类及其对未来研究的影响》，载《河北法学》2016 年第 2 期。

〔3〕 参见《民法典》第 187 条。

〔4〕 参见《〈最高人民法院统一法律适用工作实施办法〉理解与适用》，载最高人民法院官网 2021 年 11 月 30 日，https://www.court.gov.cn/fabu/xiangqing/334151.html。

文件对于刑民交叉案件的定性、管辖、审理程序等问题缺乏明确的规定，导致司法机关在处理具体案件时存在较大的自由裁量权，容易引发争议和不满。此外，随着社会的快速发展和法律关系的日益复杂，一些旧的规范性文件已经难以适应新的司法实践需求，需要进行修改和完善。

为了提高刑民交叉规范性文件的适用性和可操作性，建议司法机关和相关立法部门加强对这些文件的研究和评估，及时修改和完善不适应司法实践需求的规范性文件。同时，应加强司法解释工作，通过发布具有指导意义的司法解释，为司法机关处理刑民交叉案件提供更为明确、具体的指导。此外，还可以借鉴国内外先进的司法经验和做法，不断完善刑民交叉案件的司法处理机制，以更好地维护社会公平正义和当事人的合法权益。

二、对司法机关处理模式的反思

本书认为，我国司法机关仍然需要重点考量以下几个方面，以便能够更好地解决现实中复杂的刑民交叉问题：

第一，从有利于解决纠纷出发，慎重选择程序，避免浪费社会资源，节约当事人诉讼成本和国家的司法资源。采取了“先刑后民”程序的，司法机关应当充分保护当事人在民事程序中的期间利益及诉讼权利；通过刑事程序权益依然得不到赔偿的，应当允许当事人另行提起民事诉讼主张赔偿。

第二，尊重刑法的谦抑性，保护私权，防止重刑主义被滥用。在遵守罪刑法定原则的前提下，充分发挥民事程序保障当事人权利的作用，当民事程序能妥善处理双方争议时，应坚持“刑法的二次性评价原则，优先适用民法”，〔1〕刑事程序应当自觉让位和退后，尽量不干涉经济活动。例如，最高人民法院在其公布的刑民交叉六大典型案例之叶某宇、毛某林等涉嫌骗取贷款罪案〔2〕中所持的观点为：“在本案可通过民事途径妥善处理的情况下，刑

〔1〕 参见张建、肖晚祥：《刑民交叉案件中的关系分析及处理原则》，载《法治论丛（上海政法学院学报）》2009 年第 2 期。

〔2〕 参见《刑民交叉案件六大典型案例，由第十九期“案例大讲坛”发布》，载百家号“澎湃在线”2019 年 7 月 12 日，https://m.thepaper.cn/baijiahao_3903915。

事手段就不应轻易介入。"[1]

第三,实体上正确界定民事合同、民事侵权、无因管理或不当得利与刑事犯罪的关系。合同的效力问题应当依照民法典及相关民事法律法规的规定认定,而不能简单以涉及犯罪为由认定民事合同无效;司法机关在认定是否构成犯罪时,不能一律以属于经济纠纷为由不予立案。合同违约大部分属于民事违约,可以在民事程序中得到解决,但一旦构成"刑事违约",则应当受到刑法的评价,[2]如《刑法》规定的侵占罪、贷款诈骗罪等犯罪。

第四,正确处理刑事程序与民事程序的衔接问题,建立科学的证据的互认和审查规则。民事证据规则和刑事证据规则的证明标准不同,刑事证据转化为民事证据时,要求证据不仅需要具备真实性、合法性及关联性,还应具有可以被推定的认可性,应当从各证据与案件事实的关联程度、各证据之间的联系等方面进行综合审查判断。民事诉讼的相关情况和结果,可以作为证据进入刑事诉讼,但对刑事诉讼没有直接的、必然的拘束力。

第五,法院内部应建立起各审判领域的跨部门沟通联络机制,更好地解决刑民交叉领域法律适用的分歧。

综上所述,司法机关及司法人员妥善处理刑民交叉案件,不仅需要熟稔刑民交叉的规则,还要熟悉商事交易模式,能甄别虚假诉讼、职业放贷、"套路贷"、诈骗、传销等披着正常交易外衣的犯罪活动,掌握司法政策,同时平衡私权和公权,慎重选择程序,兼顾公平和效率。绝不可一刀切地"先刑后民"或"中止审理",也不能滥用刑法谦抑性原则,违背罪刑法定原则,从而对犯罪行为姑息纵容。刑民交叉案件所呈现的频发态势无疑是新时代对我国立法和司法机关及人员提出的新要求、新挑战。

---

〔1〕 典型意义:本案是一起因股东对贷款责任承担而产生纠纷的案件,刑事立案不应成为担保人规避担保责任的手段。叶某宇作为涉案贷款实质上的用款人之一及担保人,对于贷款用途、公司经营情况等具有准确的认知,其将名下房产用于抵押担保系出于真实、自愿,并非受他人欺骗所致,理应承担其相应的担保责任。故在本案可通过民事途径妥善处理的情况下,刑事手段就不应轻易介入。

〔2〕 参见陈兴良:《刑民交叉案件的刑法适用》,载《法律科学(西北政法大学学报)》2019 年第 2 期。

第五节　刑民交叉审理模式之域外经验考察

一、英美法系国家：平行诉讼模式

通过《复杂诉讼指南》（*Manual for Complex Litigation*）[1]这本书的内容可知，美国法官在审理刑事与民事相互交叉的案件时，如果该案件中刑事法律关系和民事法律关系产生竞合，司法工作人员通常最先适用刑事诉讼这一程序，但是并没有必要在刑事诉讼程序结束之前将民事诉讼这一程序中止，因为在刑事诉讼程序结束之前，适用民事诉讼活动所需的证据还是可以单独向法院提出的。因此，在美国，法官适用的刑事诉讼程序与民事诉讼程序各自独立，彼此之间互不相连、互不影响，不存在像我国一样的刑事附带民事诉讼的制度。因此，对刑民交叉问题进行研究时，英美法系国家一般坚持刑事诉讼程序与民事诉讼程序相互独立，彼此不产生影响。我国法律规定：当审理判决刑民交叉案件时，法官必须将正在审理的民事诉讼活动中止，并等待同一案件中刑事诉讼活动程序的终结，只有当刑事诉讼的判断结果作为民事诉讼的先决条件时，才会中止民事诉讼程序。在英美法系国家的相关法律中并无类似规定。[2]

在美国、英国等普通法系国家，刑民交叉案件的处理通常采用平行诉讼模式，刑事诉讼和民事诉讼完全分离，刑事诉讼和民事诉讼可以同时独立进行，互不影响。这种做法强调程序的独立性，确保每个程序都能独立进行。

英美法系国家实行刑事诉讼与民事诉讼绝对分离的平行诉讼模式，刑法和民法在体系和功能上相互独立，既互不排斥也互不替代，认为民事侵权赔偿之诉与刑事诉讼虽然都是由犯罪嫌疑人的同一犯罪行为引起的，但是这两种诉讼之间却是彼此独立的，民事侵权赔偿之诉不依附于刑事诉讼，且民事诉讼主要保护公民的私权利，刑事诉讼保护的则主要是国家或者社会

---

〔1〕参见《复杂诉讼指南》，郭翔、王奕、尹彦译，中国政法大学出版社2005年版。

〔2〕参见孙师琳：《刑民交叉案件的实体认定与程序处理原则》，江西财经大学2020年硕士学位论文，第10页。

的公权力,而英美法系国家认为附带民事诉讼程序造成了公权力在一定程度上对私权利的侵犯。[1]

作为英美法系国家的代表,英国和美国更倾向于“先民后刑”模式,这些国家注重程序的正当性和公民的诉讼权利,确保民事案件优先处理,以保护当事人的合法权益。这种模式在保护公民权益方面更为有效,但也可能影响刑事案件的处理。英国和美国的立法现状主要表现为:审理案件的适用程序不包括刑事附带民事诉讼这一制度,在英美法律体系中,民事赔偿之诉原则上由民事诉讼程序进行处理,因此民事诉讼相对而言具有较独立的地位,不受其他诉讼活动的影响。在英美法系国家,刑事诉讼与民事诉讼严格分离,由犯罪行为引起的民事赔偿问题由民事诉讼程序来解决,民事诉讼与刑事诉讼不存在依附关系。刑事案件的被害人因犯罪嫌疑人的犯罪行为而受到损害只能在刑事案件审结后,才可依照民事程序,提起因犯罪行为而追偿损失的赔偿之诉,此时被害人提出的民事赔偿诉讼模式主要采取平行模式,为了得到经济上的赔偿,只能向司法机关提出民事诉讼,向犯罪人追究并使之偿还损失。典型案例如美国的世纪审判——辛普森杀妻案。在英美法系的刑民诉讼分离模式下,刑事案件关注辛普森是否犯有谋杀罪,而民事案件则关注辛普森是否应对受害者的家庭承担民事赔偿责任,二者互不干涉。刑事部分由刑事法庭负责审理,而民事部分则由民事法庭另行审理,各自遵循不同的程序和法律规定。

二、大陆法系国家:附带诉讼模式

在大陆法系国家,当涉案当事人实施的行为造成的损害是既侵犯了民事法律规定的他人或者集体的合法利益,又触犯了刑法的法律规定构成刑事犯罪时,大陆法系国家需要用刑事、民事两种法律规范对行为人进行调整。这种情况之下的诉讼模式主要表现为在刑事诉讼中附带民事诉讼,简称为附带式。在这种模式下,当事人可以在刑事诉讼中同时提出民事赔偿请求,由同一审判组织或相关审判组织进行审理和裁判。这种附带诉讼的方式有助于提高诉讼效率,避免刑事程序和民事程序之间的重复和冲突,同时也方便当事人一次性解决纠纷。在大陆法系国家,诉讼模式的产生主要

---

〔1〕 参见徐艳阳:《刑民交叉问题研究》,中国政法大学2009年博士学位论文,第116页。

有两个方面的依据：第一，依据程序便利理论。它是指采用附带式诉讼模式的优势之处就是可以减少司法资源的浪费，减少提起诉讼的当事人再次起诉的次数，同时也可以避免案件事实相同或者相类似的案子，在同一法院不同审判庭会被作出相互矛盾的审理结果。第二，依据实体关联性。它是指当犯罪嫌疑人的某一犯罪行为形成了财产上的请求权时，允许受害人在刑事诉讼中提出补偿的请求。此时案件中的被害人能够迅速获得财产补偿，由此可以避免法院司法工作人员承担双重工作负担，同时也可避免产生同一案件在不同审判庭审理裁判出现相互矛盾结果。[1]

在大陆法系国家中，刑事诉讼中附带民事诉讼又被分为法国审理模式和德国审理模式。在法国，附带式诉讼表现为：刑民交叉案件中合法权益遭到损害的受害人可以不受限制地选择向法院提出民事诉讼，但是需要依据相关法律作出的规定，提起诉讼的对象可以是民事法院，也可以是刑事法院。如果当事人选择通过刑事诉讼程序的途径解决涉案的民事诉讼，则民事诉讼属于附带于公诉的民事诉讼；当受害人选择通过民事途径解决民事诉讼时，虽然该民事诉讼过程与上述途径进行的诉讼会存在不同之处，但此时的审判结果在某种程度上依旧不能违背刑事法院对公诉案件的审判结果。在德国，最初立法规定只有拥有自由裁量权的检察机关才可以向法院提起诉讼，但是在后来的法律制定中，立法者为了保护受害人的合法权益，赋予其自诉权，即被害人可以提出加害人承担刑事惩罚和民事赔偿的主张，因此自诉权具有一般补充的性质。除此之外，德国的刑事诉讼法还确立了从属告诉制度，该制度在相关规定上与我国的附带民事诉讼制度相类似。因此，德国立法提供了多种救济途径，用以解决被害人的民事赔偿，被害人可以自由选择适用。

虽然德国与法国的规定存在不同之处，但进行比较并分析，仍然可以发现它们的相同之处。第一，刑民交叉案件中的受害人可以自行决定是否独立地向民事法庭提出民事诉讼，也可以选择通过附带民事诉讼的方式由法院对刑民交叉案件进行审判。第二，德国与法国附带民事诉讼的方式仍然具有独立的特点。只要是在案件中受到损害的直接受害人，不管受损程度如何，都有权提起民事赔偿诉讼；同时其适用客体的范围也具有广泛性。

---

〔1〕 参见［德］克劳思·罗科信：《刑事诉讼法》，吴丽琪译，法律出版社2003年版，第590页。

三、刑民交叉案件处理域外经验之借鉴与反思

从域外国家审理刑民交叉案件模式的规定来看,它们各有优缺点。平行模式的缺点在于对同一案件先后投入刑事司法资源和民事司法资源,这在司法资源匮乏的国家是不可取的;另外,此模式不能使受害人的损失及时得到补偿。附带诉讼模式的缺点在于程序的不确定性。但这两种模式的优点是,在贯彻刑事优先的同时考虑到了民事部分的公平处理。

在刑民交叉案件中,对刑事优先基于公平正义的理念作了一些适当的限制,主要有:(1)刑事诉讼是重要的,民事诉讼不可以过分延缓刑事诉讼,否则转交民庭;(2)刑事诉讼的证据规格更高,诉讼程序也更严谨,应与民事诉讼区别开来,刑事诉讼并不直接对民事诉讼产生约束力,应当改变原来附带民事诉讼中若刑事法律与民事法律冲突一律适用前者的做法,刑事案件之重要不等于滥用刑事法律;(3)刑事附带民事诉讼,若无法得到公正的民事审判,则分离民事诉讼而刑事诉讼继续;(4)刑事诉讼是全面保障当事人权利的,附带民事诉讼同样有精神损害赔偿。[1]

适度的刑事优先在有效打击犯罪、保证社会公共利益的同时,也兼顾了对当事人民事权利的保护,体现出实体刑法的谦抑性和程序法对权力的约束与控制,彰显了现代法治公平正义的精神,是设立我国刑民交叉案件处理模式时值得借鉴的经验。结合域外审理刑民交叉案件的模式经验,我国可从以下几方面进行反思借鉴:

1. 通过立法细化审理模式。作为"一案的审理是否必须以另一案件的审理结果为依据"这一刑民交叉案件处理模式的基本原则,有必要在法律层面对其进一步细化。通过立法修改,规定严谨的程序和时间,可优先考虑以司法解释的方式对刑民交叉案件的适用证明标准和相关程序问题予以明确规定,不能只适用刑事诉讼程序的规定,而应兼顾刑事诉讼与民事诉讼,并适时地引用民事法律有关规定,由此设立区别于刑事诉讼的特别诉讼程序。民事诉讼不应盲目与刑事诉讼保持一致,可以在对刑事部分作出无罪判决的同时,对民事部分作出赔偿损失的民事判决。[2] 例如,意大利刑事附带民

---

〔1〕 参见杨亚民、蔡桂生:《刑事优先原则的现代转型探析》,载《人民检察》2006 年第 5 期。

〔2〕 参见谢佑平主编:《刑事诉讼法学》,复旦大学出版社 2002 年版,第 458 页。

事诉讼的法律规定，民事部分并不完全依附于刑事部分，刑事部分对民事部分只有指导作用。为了及时保护被害人的合法权益和民事证据的有效性，若犯罪嫌疑人在逃，被害人独立提起民事诉讼，通过公告送达应诉通知等法律文书，对民事诉讼请求进行缺席审理和判决，可避免因刑事诉讼迟迟不能启动而对被害人造成更大伤害。当然，同时也应明确被告的反诉权。另外，应当在实定法上允许刑事案件被害人提出精神损害赔偿，以实现对刑事被害人包括精神创伤在内的全面保护。

2. 赋予受害人自主选择权。我国《刑事诉讼法》第 101 条规定，被害人由于被告人的犯罪行为而遭受物质损失的，在刑事诉讼过程中，有权提起附带民事诉讼。被害人死亡或者丧失行为能力的，被害人的法定代理人、近亲属有权提起附带民事诉讼。附带民事诉讼制度作为一种司法救济制度，维护司法公正，切实保护当事人的合法权益应是第一宗旨。但实践中附带民事诉讼的"附带"地位，使其作为一种司法救济制度的应有作用未得到充分发挥，特别是对于被害人的权益保护不到位。有学者认为，通过保障受害人提起刑事附带民事诉讼或单独提起民事诉讼的选择权，可以逐渐使附带民事诉讼问题转化为民事诉讼方式来加以解决。[1] 允许受害人行使选择权，选择提起附带民事诉讼或者独立的民事诉讼，对于保护被害人的损害赔偿权有重要意义。一方面，为提高诉讼效率，降低被害人的诉讼成本，允许被害人选择刑事附带民事诉讼程序获得救济。当民事诉讼过分延缓刑事诉讼时，可将民事部分转交民庭或由原告另行提起。在此情况下，审判组织可以变更，但要注重原来刑事诉讼的指导价值。另一方面，赋予被害人选择诉讼程序的权利。被害人在公诉程序以外单独提起民事诉讼，刑事诉讼与民事诉讼独立进行，各自适用不同的证据制度，避免由证据制度冲突带来的判决矛盾。在我国，允许被害人就犯罪行为引起的损害提出民事赔偿请求，可以分为两种情况处理：一是被害人选择附带民事诉讼方式的，应当在刑事案件立案之后，法院一审判决之前提出，当事人可以就民事赔偿问题先于刑事判决单独达成调解协议，达不成调解协议的，民事判决须与刑事判决同时作出，或后于刑事判决作出。另外，对于刑事附带民事诉讼的受害人的诉讼请

---

〔1〕 参见肖建华：《刑事附带民事诉讼制度的内在冲突与协调》，载《法学研究》2001 年第 6 期。

求,仅限于赔偿损失,而不包括返还财产。[1] 二是被害人选择独立提起民事诉讼的,既可以在刑事追诉程序启动之前,也可以在刑事诉讼程序进行过程中,或者是刑事审判之后,向民事法庭提出诉求,法院按照民事诉讼的立案条件进行审查,决定受理的,可以根据被害人提供的证据材料按照民事证据规则依法判决,无须等待刑事案件的审理进程,也无须等到刑事案件审理终结以后;当然,法院认为出现为审理民事案件所必要的情况时,可以先中止民事程序,待与此案有关的刑事诉讼审结后再继续进行。在现行立法框架下,可确定另行单独提起民事诉讼的情形包括:(1)一审法院只审理了刑事部分,对民事赔偿请求未作处理的;(2)被害人在一审程序中未提出附带民事诉讼,而在二审程序中提出民事损害赔偿请求的;(3)刑事判决生效后被害人提出民事损害赔偿请求的;(4)对刑事附带民事诉讼判决中民事赔偿的数额不能弥补全部损失的;(5)刑事部分因证据不足被判无罪,被害人请求民事赔偿的;(6)因精神损害而提起精神损害赔偿的。[2]

3.通过立法建立解决刑民冲突的机制。应当确保处理刑民交叉案件时民事诉讼的独立地位,否则,应在刑事附带民事诉讼中赋予当事人程序选择权,规定由犯罪行为引起的民事赔偿,既可以在刑事诉讼中附带提出,也可以在刑事案件审结后,另行提起民事诉讼,以供当事人选择。同时,改变目前刑事绝对优先的传统模式,对下列情形应当允许另行处理:(1)刑事自诉案件自诉人不追究刑事责任的;(2)当事人的赔偿请求不单独针对被告人,还有其他负纯粹民事责任的人;(3)因犯罪行为遭受重大经济损失,民事权益急需救济的;(4)其他与犯罪有关,但无须以刑事案件审结为依据的;(5)赔偿没有弥补实际损失的。

---

〔1〕 参见陈绍斌:《被害人由于犯罪行为遭受损害之司法救济》,载《重庆审判》2001 年第 2 期。转引自吴喜梅:《刑民交叉案件处理模式研究》,载《现代交际》2011 年第 10 期。

〔2〕 参见吴喜梅:《刑民交叉案件处理模式研究》,载《现代交际》2011 年第 10 期。

第六节　刑民交叉案件公安机关与法院衔接处理困境及对策

一、刑民交叉案件公安机关与法院衔接法律依据及现实困境

《经济犯罪嫌疑规定》第1条规定："同一自然人、法人或非法人组织因不同的法律事实，分别涉及经济纠纷和经济犯罪嫌疑的，经济纠纷案件和经济犯罪嫌疑案件应当分开审理。"第11条规定："人民法院作为经济纠纷受理的案件，经审理认为不属经济纠纷案件而有经济犯罪嫌疑的，应当裁定驳回起诉，将有关材料移送公安机关或检察机关。"第12条规定："人民法院已立案审理的经济纠纷案件，公安机关或检察机关认为有经济犯罪嫌疑，并说明理由附有关材料函告受理该案的人民法院的，有关人民法院应当认真审查。经过审查，认为确有经济犯罪嫌疑的，应当将案件移送公安机关或检察机关，并书面通知当事人，退还案件受理费；如认为确属经济纠纷案件的，应当依法继续审理，并将结果函告有关公安机关或检察机关。"《民间借贷规定》第5条规定："人民法院立案后，发现民间借贷行为本身涉嫌非法集资等犯罪的，应当裁定驳回起诉，并将涉嫌非法集资等犯罪的线索、材料移送公安或者检察机关。公安或者检察机关不予立案，或者立案侦查后撤销案件，或者检察机关作出不起诉决定，或者经人民法院生效判决认定不构成非法集资等犯罪，当事人又以同一事实向人民法院提起诉讼的，人民法院应予受理。"第6条规定："人民法院立案后，发现与民间借贷纠纷案件虽有关联但不是同一事实的涉嫌非法集资等犯罪的线索、材料的，人民法院应当继续审理民间借贷纠纷案件，并将涉嫌非法集资等犯罪的线索、材料移送公安或者检察机关。"

上述规定为刑民交叉案件公安机关与法院衔接的主要法律依据，然而在司法实务的执行落实中存在诸多难点：首先，公安机关与法院可能存在对上述规定的条文表述理解把握不同。应在何种程度下认定民事案件下存有刑事犯罪嫌疑？即便能够认定，该案件是全案移送还是部分裁定驳回起诉、部分继续审理，或者完全裁定驳回起诉，裁定移送公安机关又是否接受？在

实务中部分法院无法与公安机关达成一致，或者根本没有与公安机关进行沟通，就直接裁定驳回起诉，将导致当事人案件陷入处理困境。其次，民事法官界定案件是否涉嫌刑事犯罪存在专业壁垒。近年来，金融领域多发的“套路贷”“非法吸收公众存款”“集资诈骗”等涉众型犯罪，受害者以民间纠纷为由诉至法院，审理案件的民事法官可能因常年处理民事纠纷，审判思维多限于民事案件的审判范畴，很难从单个案件中分析出该案件可能存在犯罪嫌疑。此种情形下，民事法官基本不会以涉嫌刑事犯罪为由将案件移送给公安机关。最后，案件移送后，公安机关和法院衔接过程中可能存在意见分歧。在民事案件审理过程中，法官发现该案件存在刑事犯罪嫌疑的，通常情况下，法院会裁定驳回起诉，并将整起案件移送公安或检察部门处理。在案件流转过程中，案件性质未得到确定，最终的定性结论依赖公安机关的侦查结果。以合同诈骗为例，在审判过程中，由于法院没有侦查权，其对疑似合同诈骗案件的审查严格意义上说是一种形式审查。法院对案件持合理怀疑，但没有确实证据证明正在审理的民事案件具有刑事犯罪性质时，会将整起案件移送至公安机关。假如法院裁定驳回起诉后，公安机关没有认真做好侦查或懈怠办案，或者公安机关侦查后认为不属于刑事案件或以没有证据为由退回法院，也会导致案件陷入困境。在这种情况下，法院基于没有明确法律规定可以将案件进行再次移送，只能将本应进行刑事侦查的案件民事化。最终相关涉嫌刑事犯罪的案件被民事化处理结案，没有得到依法依规的处理，导致司法公信力受损。

由此可见，公安机关和法院的有效衔接是民刑交叉案件审理的一大挑战。这是由于民刑交叉案件本身具有复杂性，这类案件通常同时涉及民事法律关系和刑事法律关系，需要综合运用民法、刑法等多个部门法进行判断。这种复杂性使案件的审理程序和处理结果不同于普通的民事或刑事案件，增加了审理的难度。同时，还使公安机关与法院在处理案件的衔接过程中因多种综合因素而陷入处理困境。

二、刑民交叉案件公安机关与法院衔接困难的原因

公安机关与法院衔接不畅多发生于民事诉讼过程中发现刑事犯罪的情形，然而这一情形不存在于刑事诉讼中，仅有民事诉讼领域对此有相关规定。目前，关于衔接的相关司法解释通常是审判机关审理该类型案件的主

要依据，司法解释的扩大适用所带来的问题是解释空间过大，导致不同的审判机关在处理具体的刑民交叉案件中有着不一样的理解。在中国裁判文书网检索关键词“刑民交叉”可以发现，即便在最高人民法院裁判的案件中，对待刑民交叉案件的审理态度也有所差别，有的甚至截然对立。由此在相关刑民交叉案件衔接中存在的困境可见一斑。刑民交叉案件公安机关与法院衔接不畅的原因主要有以下几个方面：

第一，现有法律制度不完善。目前，我国关于刑民衔接的法律法规尚不完善，导致在实际操作中缺乏明确的指导和规范。例如，对于何种情况下应将案件移送司法机关、移送的具体程序等，都没有明确的规定，这使得司法机关在操作中无所适从。当前，法律规范难以满足刑民交叉案件的司法适用需求，加之在法院向公安机关移送案件的程序上仅有《刑事诉讼法》第7条以规则的形式予以规定，关于公安机关与法院衔接规范这一领域缺乏统一、全面且行之有效的法律依据。在司法实务中，常出现法院认为某案件涉及刑事问题，达到了移送标准并移送给公安机关，但公安机关却不予认可，这就是法律在公安机关与法院衔接移送标准的规定上不统一、不明确所导致的。

第二，移送程序无明确规定。在公安机关与法院对于某一案件的衔接制度上，缺乏具体可行的移送程序的规定，导致司法实践中的指导有限。法院对公安机关内部机制缺乏了解，加之公安机关内部审查环节与案件管辖范围尚未形成统一规定，可能导致移送至公安机关的案件无人负责，若内部工作人员相互推诿，最终将造成案件的审理被延误。

第三，公安机关的立案程序和管辖标准不统一。各地公安机关的立案程序不统一，导致在立案环节经常出现冲突。刑民交叉案件既涉及刑事责任又涉及民事责任，法院和公安机关对其均有管辖权，相关复杂案件容易出现管辖权的积极冲突和消极冲突。如果公安机关不接受移送或消极处理，法院没有程序上的明确规定来反制公安机关的做法，无疑将导致公安机关与法院在刑民交叉案件处理中无法有效衔接。

第四，沟通协作机制不完善。法院与公安机关在刑民交叉案件的处理上缺乏有效的沟通协作机制，导致案件移送、立案等环节出现问题。

第五，相关案件本身较为复杂。刑民交叉案件往往涉及多个法律关系，刑事责任与民事责任交织，甚至民事、行政和刑事相互交叉，给司法实践带来诸多挑战，增加了案件处理的难度，也导致衔接困难。

第六，案件移送缺乏有效监督。法院将案件移送至公安机关后，双方就该案件缺乏沟通与联系。若公安机关懈于侦查，法院亦无从得知。若公安机关以证据不足为由将案件退回法院，法院只能接收并按照民事案件审理流程处理案件。相关移送进程缺乏有效监督，可能导致案件无法根据实际性质得到妥善处理。

三、刑民交叉案件公安机关与法院衔接难的有效对策

目前，相关刑民交叉案件适用的法律依据存在盲点或不足，可能造成公安机关与法院在案件衔接上出现问题。根据《经济犯罪嫌疑规定》《民间借贷规定》，不难发现针对“经济纠纷案件和经济犯罪嫌疑案件”“不属于经济纠纷案件而又有经济犯罪嫌疑的”“同一事实”“不同事实”等内容，实务中都可能存在认识界限不清，各部门无法准确理解和把握的问题。正是由于存在上述法律适用方面的诸多难点，且没有具体的法律规范加以解释，在司法实务中可能出现公安机关、检察院、法院工作人员从自身利益考量，懈怠、推诿，罔顾当事人利益的不良现象。关于如何细化完善公安机关和法院的衔接机制，本书提出以下几方面建议：

第一，完善法律规范，约束公安机关与法院衔接。《刑事诉讼法》第 7 条规定：“人民法院、人民检察院和公安机关进行刑事诉讼，应当分工负责，互相配合，互相制约，以保证准确有效地执行法律。”该规定只是一个原则性的规定，而法院与公安机关是两个独立的部门，在办理刑民交叉案件时，公安机关与法院的衔接存在问题，其原因在于法律对二者的权利义务没有明晰，造成刑民交叉案件中存在诸多困境。应通过完善法律规范，明确两部门之间的配合举措，避免权限不清造成彼此推诿，规范二者的协作流程，让衔接程序于法有据、有法可依。此外，还应明确责任划分，把司法责任落实到位。

第二，通过科技赋能完善公安机关与法院的衔接机制。在当前人工智能、大数据和云计算等技术融合的驱动下，公安机关工作呈现新的发展趋势。“智慧警务”[1]应运而生，公安机关智能化办案能力大幅度提高。“智

〔1〕 参见《江苏常州公安构建智慧警务新生态体系 推动基层“汗水警务”向“智慧警务”转变》，载公安部官网 2024 年 10 月 17 日，https://www.mps.gov.cn/n2255079/n4876594/n4974590/n5374167/c9811113/content.html。

慧警务”以实施大数据战略为路径，以大数据、云计算、人工智能、移动互联网、物联网等技术为支撑，构建“智慧警务”新理念、新模式。由于法院缺乏侦查权，其无法提取到刑民交叉案件中疑似刑事犯罪嫌疑的相关证据，公安机关应当打破信息壁垒，强化案件共享和分析研判，推进与法院之间相关信息共享机制的建议。公安机关与法院可搭建电子信息沟通平台，这不仅能有效衔接二者在处理刑民交叉案件时的各自分工，提升办案效率，还能为研讨刑民交叉疑难案件提供交流平台。利用科技赋能公安机关与法院衔接机制，使法院可以借鉴公安机关力量弥补自身不足，公安也可以利用自身优势强化与法院的沟通。公安机关和法院实现真正的“分工负责，互相配合，互相制约”，由此构建起高效的侦查、判案合作机制，完善公安机关与法院在案件处理过程中的有效衔接。

第三，推动监督及司法责任机制，保障公安机关与法院有效衔接。在搭建公安机关与法院的衔接机制后，怎样能够进行良性的、可持续的衔接，避免二者在刑民交叉案件中互相推诿，需要建立监督机制。在坚持司法权力分工负责、互相配合、互相制约机制之下搭建的公安机关与法院衔接机制，实则是为了节省刑民交叉案件这一特殊类型案件的司法资源，提高司法效率与司法办案质量。必要的监督有利于公安机关与法院处理刑民交叉案件的有效衔接，可以通过司法监督、社会监督等方式，在涉及法院对涉嫌犯罪案件移送与否，公安机关接收与否以及是否立案侦查时，通过有效监督力量促使有关机关依法执行。同时，有制度必有责任，针对违法违规的行为要依法追究失职渎职人员的司法责任。

第四，建立公安机关与法院的长效沟通机制。法院对于办案过程中出现的事实和证据问题需要公安机关提供技术支持的，公安机关应积极配合。在刑民交叉案件中，为了避免司法判决错误，法院对案件性质存疑且倾向于将案件移送至公安机关时，可以先与公安机关沟通，确认成立刑事案件后再移送。同样地，公安机关接收法院移送来的案件后，对案件性质的定性也没有把握的，可以与法院相关人员对案件共同开展研讨评判。针对处理此类疑难案件的交流协作，公安机关与法院之间可以建立专门联络部门，加强公安机关和法院交流协作机制建设。

第五，强化案件移送程序设置，保障公安机关与法院有效衔接。在刑民交叉案件中，当法院发现某民事案件可能涉嫌刑事犯罪，把案件全部或者部分移送给公安机关侦查时,法院可以在案件移送书中详细说明案件涉嫌刑事犯罪的具体信息,待公安机关接收案件后,无论其是否认定移送案件涉嫌刑事犯罪,以及是否将其予以立案侦查,都必须作出理由说明并向法院进行反馈。必要时,公安机关可以邀请法院工作人员对案件进行研判。

第三章 刑民交叉案件处理原理及原则

第一节 法秩序统一性原理

最高人民法院前法官胡云腾认为,处理刑民行交叉问题需要达成七个共识:第一,坚持以查清案件事实为基础共识。民事法官与刑事法官在处理问题时看法不一致往往与案件事实未查清、未穿透有关。第二,坚持以有利于实现个案公正处理为根本共识。处理刑民行交叉案件不要陷入具体的法律观点之争,应当考虑案件的公正处理,尤其应当考虑实体权利受到侵害一方的利益保护,真正做到案结事了。第三,坚持以正确适用政策、法律为基本共识,应当选择最有利于解决纠纷、最容易被当事人接受的法律。第四,坚持以节约诉讼资源和当事人诉讼成本为效率共识。第五,坚持鼓励交易与维护交易安全为价值共识。《民法典》积极鼓励交易的价值取向是可以理解的,但在适用时也要注意维护交易安全。第六,处理刑民行交叉案件,应当引入道德伦理评价,惩恶扬善。行为主体主观上善意实施的行为,可以不适用刑法;主观上恶意实施的行为,同等情况下就可以选择适用刑法。第七,处理刑民行交叉案件,应当坚持法秩序的统一性,避免选择性司法、机会主义司法,防止社会公众看不懂。[1]

---

〔1〕 参见《胡云腾会长在"刑、民、行交叉"类案法律适用统一高峰论坛上的主旨演讲》,载微信公众号"湖北高院"2023 年 8 月 16 日,https://mp.weixin.qq.com/s/IZKij3dgySgnTsyMLwYTSg。

在处理刑民交叉案件时，法秩序统一性原理具有重要地位。该原理要求不同部门法之间的法律秩序应当保持一致，避免相互冲突，以确保法律的安定性和可预测性。在处理刑民交叉案件时，需要遵循这一原理，以维护法律的统一和权威。

一、法秩序统一性原理的内涵

法秩序统一性原理是指在法律体系中存在的刑法、民法或者其他法律等各部门法之间所形成的法秩序不能产生矛盾；更准确的表述为，在法律体系中各法律领域之间的司法解释或者其他解释不应相互矛盾、冲突。若某一行为在某一法律领域中被规定为合法，那么在其他法律领域就不能将该行为规定为违反法律而对其禁止，或者不能在其他法律领域的规定中出现这样的事态，即与之前已经被法律认定为合法的行为相反。[1] 简言之，如果一个行为人的行为完全符合民法、商法的规定，那么行为人就不可能构成刑事犯罪，否则就会出现法秩序的混乱。

法秩序统一性原理可以说是处理刑民交叉案件的第一原理。法秩序统一性原理主要具有以下表现形式：(1)民法上的合法行为，刑法上不具有刑事违法性；(2)民法上的违法行为，刑法上不一定具有刑事违法性；(3)民法上不予保护的权利，刑法上也不予保护；(4)同一概念，在民法与刑法中不应出现相悖的理解，对一般违法性的认识应在各部门法中得到统一。

法律秩序统一性即对内涵的澄清和对规则的重新构建，在保证行为指引统一的前提下，对法的秩序进行统一，在立法和对已有法律法规进行解释时不能存在各法律领域之间具有相互矛盾的规定。否则，法律体系内部出现明显不可调和的矛盾，就会导致法律体系本身的难以统一，从而无法规范社会中行为人的不法行为或者犯罪行为。

法秩序统一性原理被视为处理不同法域关系的公理，但对于如何理解法秩序统一性的内涵，理论上却存在不同的见解。德国学者恩吉施首次系统地阐释了法秩序统一性原理。他认为，只有将法秩序统一视为前提，法律体系才不会发生混乱。法秩序统一性原理要求排除规范矛盾，防止同样的

---

〔1〕 参见王骏：《违法性判断必须一元吗？——以刑民实体关系为视角》，载《法学家》2013 年第 5 期。

行为既被禁止又被允许,从而向公民提供一致的行为指引。因此,不同法规范在违法性的判断上具有统一性。但法秩序统一性原理并不反对同一概念在不同法域中具有不同解释和不同法律效果,因为这些并不涉及行为规范的问题。[1] 德国理论一般认为,刑事不法的判断包括两个步骤:第一步是证立不法之前提条件(构成要件该当性阶层)的判断;第二步是阻却不法之前提条件(违法性阶层)的判断。[2] 法秩序统一性原理与不法的个别判断关系也分别体现在这两个步骤中:在构成要件该当性阶层,确定特定行为违反了个别法规范,而在违法性阶层,则进一步将检验扩展到整体法秩序。因此,法官在适用某个刑法条文时,同时也是在适用整体法秩序。

二、法秩序统一性原理的理论基础及司法应用

法秩序统一性原理的核心在于行为规范的统一性,即法规范之间不能发出相互矛盾的行为指引,这是由法作为行为规范的本质、法的安定性、平等原则与法的阶层构造所决定的。

法秩序统一性原理需要区分法律行为的合法性和违法性,法秩序统一性即对合法性的统一,而不是违法性的统一。同一行为在不同法律领域的评价不同,对犯罪要件的实质性和刑事违法性须分别进行判断,统一不同法领域的合法性,避免内部冲突,提升整体的合法性。在进行区分时,可以根据场域对法律行为的有效性和合法性加以辨别。从法律概念的相对性来理解法秩序的统一性,从刑法的从属性出发,利用法律概念的相对性实现和理解法秩序的统一。基于目的考量和体系分析,不要求对相关概念遵守前置法的界定,而是要求根据具体罪名的构成要件以及刑事违法的实质性进行判断,针对不同类型的刑事违法性给予针对性的回应。针对个案中的具体犯罪构成的要件,能够开放性地展开解读,同时应坚持实质性、变动性、区分性的原则,判断刑事的违法性。结合具体法益,针对罪名的构成要件,对刑事违法性的实质内涵进行判断。对传统物权和新型权益的违法性进行区分,对空白刑法问题进行补充和界定,刑事法律需要及时对内容进行修订,

---

[1] 参见马春晓:《法秩序统一性原理与行政犯的不法判断》,载《华东政法大学学报》2022 年第 2 期。

[2] 参见马春晓:《区分行政违法与犯罪的新视角:基于构成要件之质的区别说》,载《中国刑事法杂志》2020 年第 1 期。

使之符合当前形势,如《刑法修正案(十一)》将骗取贷款罪入罪门槛进行调整,删除了“或者其他严重情节”部分,将该罪改为结果犯。除遵循以上原则对刑民界限问题进行分析之外,还要对形式要素进行判断,即行为人的客观行为是否具有不法性。如果该行为符合法律规定,就不需要再对行为人实施该行为的主观目的进行分析;如果客观行为具有不法性,就需要司法工作人员通过分析行为人实施的行为来判定涉案行为人主观上是否存在非法目的。

由于现实中并不存在一个具备全能视角的抽象立法者能通盘考虑所有法律规范的协调性,不同法域的规范极有可能产生冲突。从实际立场出发,我们应该采取应然意义上的法秩序统一性概念,理由是民法与刑法有着本质差异,前者是对损害进行调整,而后者是规范的报应。前者强调意思自治,而后者恪守罪刑法定。关于法秩序统一性原理,绝对不能偏离的规则是:在民商法上合法的行为,不可能成为刑法上的犯罪。反过来说,唯有民商法所反对的行为,才有可能成为犯罪行为。当然,由于刑法的构成要件设计上存在缩小处罚范围的政策考量,民商法上的违法行为中只有极小部分最终被作为犯罪处理。在刑法与民法规范的保护目的相一致的场合,刑法应当绝对从属于民法,这是法秩序统一性的当然要求。

在具体处理刑民交叉案件时,法秩序统一性原理要求关注前置法,不能将前置法上的合法行为认定为犯罪。虽然刑法上的判断需要顾及前置法的取向,但不代表刑法从属于前置法,更不意味着前置法上的违法性和刑事违法性之间仅存在量的区别。违反前置法有构成犯罪的嫌疑,但成立刑事违法性还需要行为符合具体犯罪的构成要件且不存在违法阻却事由。以一起非法倒卖土地使用权案为例,甲房地产公司通过拍卖获得土地 100 亩,支付地价 2 亿元,后因为公司资金不足,无法继续开发房地产项目。于是,甲房地产公司的股东王某将其股权全部转让给了乙公司股东李某,获利 4000 万元,公安机关以非法转让、倒卖土地使用权罪立案。王某是否构成非法转让、倒卖土地使用权罪呢?根据《公司法》的规定,土地使用权可以作为股权出资;股东的股权可以依法转让。所以王某的行为符合《公司法》的规定,既然该行为不违反公司法,就不可能违反刑法,不可能构成犯罪,这就是利用法秩序统一性原理进行出罪辩护。

司法实践中,还出现过这样的案例:某个合同纠纷案件被当地法院认定为民事案件,但是胜诉的一方当事人在其他地方法院被认定为合同诈骗的被告人，最终被判处刑罚。这种做法明显破坏了法秩序统一性原理。法秩序统一性原理在刑法适用中的体现是，犯罪认定中排除了前置法中被认定为合法的行为。

三、学术争鸣及思路统一

有学者认为，对于法秩序统一性原理，可以从存在论和目的论两个不同的层面来理解。法秩序统一性原理的存在论认为，法秩序的统一性要求规范内容必须统一，法规范之间的判断不能出现矛盾，否则，同一行为在法律秩序中将同时被禁止和被允许，或者被禁止和被命令，或者被命令和不被命令，或者以不可协调的方式同时被命令，即某一行为方式同时是合法的和违法的。简言之，存在论意义上的法秩序统一性原理就是严格的违法一元论，虽然具有逻辑的可能性，但是缺乏现实的合理性。与之相对，法秩序统一性原理的目的论则认为，各法律领域的目的都在为法秩序的整体目的服务，即在对行为进行基本的价值评价时，必须符合全体法秩序之目的；但与此同时，各法律领域存在其固有的独特目的，并基于该目的产生了不同的法律规范，法秩序的统一性并不要求不同部门法的法律评价严格一致。这种观点比较接近现在学界所主张的相对独立性说和相对从属性说，可以作为相对独立性说和相对从属性说的共同理论基础。〔1〕

早在1935年，德国刑法学者恩吉施就提出了“法律秩序的统一”这个概念，认为法秩序统一意味着法律体系内部矛盾的消除。〔2〕 现如今，“法律秩序的统一”被公认为是刑法解释学的当然前提。〔3〕 中央财经大学简爱博士指出：“存在实然与应然意义上的法秩序统一性，从实然意义上的法秩序统一出发，各法领域之间原本就是协调一致的。所谓的规范冲突仅是一种表象，只要为可能产生冲突的规范确定支配、从属关系，那么处于从属地位法律的违法判断遵从处于支配地位法律的违法判断也就能够完全避免规范冲突，因此各法领域之间及各法领域内部是一种静态的平衡。从应然意义上的法秩序统一出发，各法领域之间并不总是逻辑自洽和价值融贯的，而是原

〔1〕 参见王充：《刑民交叉三论》，载《华东政法大学学报》2021年第6期。
〔2〕 参见［德］卡尔·恩吉施：《法律思维导论》，郑永流译，法律出版社2004年版，第91页。
〔3〕 参见王昭武：《法秩序统一性视野下违法判断的相对性》，载《中外法学》2015年第1期。

本就存在冲突。既然冲突是‘先天性’的且难以消除,那么就不应期望彻底消除规范冲突,恰当的做法应是在各法领域间寻求动态平衡,竭力减小这种冲突对法秩序造成的冲击,从而最大限度地实现法秩序的统一。”[1]

南京大学法学院副教授马春晓博士认为:法秩序统一性原理的核心在于行为规范的统一性,即法规范之间不能发出相互矛盾的行为指引,这是由法作为行为规范的本质、法的安定性、平等原则与法的阶层构造所决定的。以裁判规范为中心,试图在缓和理解法秩序统一性原理的基础上,一体性地解决违法性判断、法律评价效果与法规范之间关系的做法,虽具有独到的问题意识,但也存在单一概念不稳定,单一理论负荷过重、穿透力有限等问题。跨越理论立场和话语体系,不同学说在“法秩序统一性并不排斥违法判断相对性”和“在构成要件阶层区分一般违法和刑事犯罪”两点上具有高度一致性,这成为界分行政违法与刑事犯罪的基本共识。法秩序统一既是合法性的统一,也是违法性的统一。在行政犯的不法判断中,合法性的统一对应着消极的行政从属性,无行政违法则无刑事犯罪;违法性的统一对应着积极的行政从属性,但行政违法只是刑事犯罪成立的必要条件,是否构成刑事犯罪,还需要对构成要件进行实质、独立的判断。[2]

中国民航大学法学院陈文涛博士认为:以法学的科学性追求、法秩序的层级构造理论、法的安定性作为支撑的法秩序统一性原理的基本内涵是,在保证行为指引统一的前提下,允许不同法域根据自身目的进行相对判断。在现有理论中,法秩序统一性原理在违法一元论的框架下可以实现,但应当将违法一元论理解为合法的统一,将合法的统一界定为行为指引的统一,并对构成要件进行实质解释。在犯罪认定中,法秩序统一性原理可以通过以下一般规则实现:其他法域存在允许性规定的场合,刑法绝对地从属于其他法域;其他法域存在禁止性规定的场合,刑法相对地从属于其他法域;而在其他法域不存在行为指引的场合,刑法可以根据自身目的展开独立判断。[3]

司法人员应当以具体法益为指导,根据刑法具体罪名的犯罪构成要件,

[1] 简爱:《从“分野”到“融合”刑事违法判断的相对独立性》,载《中外法学》2019年第2期。

[2] 参见马春晓:《法秩序统一性原理与行政犯的不法判断》,载《华东政法大学学报》2022年第2期。

[3] 参见陈文涛:《犯罪认定中的法秩序统一性原理:内涵澄清与规则构建》,载《华东政法大学学报》2022年第2期。

对刑事违法性进行实质性判断。讨论不同类型行为刑事违法性判断规则时，应当注意区分不同类型问题的争议焦点，予以针对性回应。在法秩序统一性指导下，立足动态法益保护，对个案中的具体犯罪构成要件作出开放性的解读。[1]

法秩序统一性原理作为一项被普遍接受的处理法域关系的原则，要求在法律适用中贯彻体系化的思考方式，使属于整体法秩序的所有规范实现彼此的协调。但如果不去探究法秩序统一性原理之所以被坚持的理由，就难以明确其内涵。通过对其支撑理论的考查可知，法秩序统一性原理本身就存在一定的内在张力，即一方面要求各法域行为指引的统一，另一方面又允许各法域根据自身目的进行相对判断；但相对判断与行为指引的统一是存在位阶关系的，只能在保证行为指引统一的前提下实现相对判断。[2]

就现有理论而言，尽管学界观点存在分歧，但基本赞同法秩序统一性原理是处理不同部门法之间的矛盾时应遵守的基本规则，具有不可动摇的地位，法秩序统一性是处理刑民交叉问题的首要原则。

第二节　刑民整体协调裁判原则

一、刑民整体协调裁判思维缺失的负面影响

刑民整体协调裁判原则旨在要求司法机关办理刑民交叉案件时，无论是事实认定还是法律归责，均应当将刑事与民事两个部分作为整体评判考量。对有关联的案件需要进行协调，包括事实认定和法律归责，将刑事和民事两部分进行考量，彼此进行照应解决形式与实质认定之间存在的冲突和背离问题。[3]

由于刑法与民法的性质、调整对象等的不同，且在司法实践中司法工作

---

〔1〕参见陈禹橦：《刑事违法性判断必须遵循法秩序统一性原理》，载《检察日报》2023 年 2 月 8 日，第 3 版。

〔2〕参见陈文涛：《犯罪认定中的法秩序统一性原理：内涵澄清与规则构建》，载《华东政法大学学报》2022 年第 2 期。

〔3〕参见黄祥青：《刑民交叉案件的范围、类型及处理原则》，载《法律适用》2020 年第 1 期。

人员受不同法域的限制而缺失整体协调观念，因此在处理司法实践中的案件时，司法工作人员往往从各自精通的领域出发，没有考虑整体思维。刑事、民事法律事实很容易发生形式与实质认定相冲突，如行为人以经济活动的名义进行侵权，民事诉讼如果就经济活动进行审理，就容易形成背离问题。从刑事判断来看，担保和贷款合同为犯罪工具和手段，但从民事诉讼来看，担保合同仍具有法律效力，因而存在冲突现象。

民法是形式上的思维，强调法律关系，因此在民法中注重法律关系的分析方法，在民事诉讼法中也是根据证据形式来认定事实，但刑法与之不同，它具有实质判断的性质。在部分新类型、疑难复杂犯罪案件中，离开了刑事诉讼对于案件事实的完整查证，相关民事诉讼便很难查清案件事实与法律责任。例如以高利息为诱饵诈骗被害人钱款的案件，法律从业者在刑事判决过程中会查证诈骗犯是冒充工作人员实施诈骗，还是利用审核漏洞进行诈骗，因为细节差异会导致过错程度不同。但由于对骗术和过失过程认知不足，基本仅依据双方的陈述和证据来认定。民事判决基于债务和债权判断法律责任大小，这种认定在完整性和准确性上存在不足。

从法律责任归责角度来看，实践中大量存在的问题是刑事和民事在衔接上脱节，[1]如在刑事附带民事判决中，故意杀人的死亡赔偿金不予以支持，而民事判决则全额支持被害人获得赔偿金。诸如此类情形，或许单就刑事或民事处理来看，均可谓言之有理、持之有据；但就整个案件的裁判结果来说，不仅凸显刑事、民事法律责任的直观冲突，有损司法的严肃性和权威性，而且造成司法过度保护或苛责被告的明显不公，更背离司法的公正性和目的性。因此，无论是“一因多果”还是“多因一果”类案件，均涉及法律责任的适当分配。这可以是刑事、民事法律责任之间的有效互动，如被告人积极赔偿取得被害人谅解而可适度减轻刑事责任，也可以是民事责任在各责任主体之间的合理分担，如民事责任可能表现为连带责任、按份责任或补充责任等不同形态。但归根结底，刑事、民事法律责任既要从个体上体现原因主次与责任轻重的匹配性，也要从整体上体现法律责任与损害结果的均衡性。唯有整体协调，刑事、民事法律责任才能相得益彰、落地生根。

---

〔1〕 参见王伟伟：《论名誉权保护的刑民协调必要性——以行为人主观状态为中心》，载《北方法学》2022 年第 4 期。

从实际情况来看，由于缺失整体协调裁判观念，在事实认定方面，刑事、民事法律事实很容易产生以下三个方面的问题：

第一，形式与实质认定明显冲突背离。当行为人以合法经济活动之名行侵财犯罪之实时，若民事诉讼仅就作为犯罪手段的所谓“经济活动纠纷”进行审理，则极易产生案情表象与事实真相的严重不符。例如行为人诱骗他人担保实施贷款诈骗的情况，尽管行为对象分别为银行和担保人，行为表现是骗取担保和诈骗贷款两种不同内容的欺诈，但两个行为之间呈现犯罪手段与目的的关系，共同造成银行钱款被非法占有的危害结果，前后构成一个完整的犯罪行为过程。若人为地将银行与保证人之间的所谓“担保行为”从贷款诈骗的基本事实中分离出来，单纯作为一般的民事案件进行审理与裁判，可能产生事实偏差或归责失当。

第二，事实认定止于表浅或失于片面。在部分新类型、疑难复杂犯罪案件中，离开了刑事诉讼对于案件事实的完整查证，相关民事诉讼便很难查清案件事实与法律责任。例如以高息揽存为诱饵盗划被害人银行账户内钱款的案件，在刑事判决过程中，通常会详细查证诈骗犯是否冒充银行工作人员利用客户接待室实施骗术、银行柜台工作人员是否存在审核把关不严的过错等作案细节。细节不同，银行与存款人各自的过错程度往往会有不同。但在民事诉讼中，被害人大多只讲述自己亲眼所见的钱款存入银行却莫名遭遇损害的简单过程，对于诈骗犯如何施展骗术或者银行工作人员如何出现过失等案件详情，他们要么一概不知，要么刻意回避，生怕言语之间暴露自身的轻率或疏失。显而易见，仅依据原、被告双方的陈述和举证，民事判决对于二者之间的债权债务纠纷及其法律责任大小，很难作出完整、准确的认定。

第三，对于同一事实各自依据所持法律作出不同认定。由于刑事与民事证明标准的不同，对于同一事实可能很自然地出现两种裁判结论。例如，在部分经济犯罪案件中，刑事判决可能因为证据充实性而扣减部分犯罪数额；而在被害人另行起诉被告人所在单位代位承担赔偿责任的民事诉讼中，相关损失数额则有可能获得支持或认可。

综上所述，刑事法律事实和民事法律事实可由多种原因形成认定上的脱节。但比较而言，刑事认定通常更能接近事实本真或实质正义。树立整体协调裁判观念，确定相关民事认定应以刑事判决为依据或相衔接的一般原则,上述相关问题即可迎刃而解。

二、刑民整体协调裁判的机制构建

在司法裁判过程中,司法人员具备刑民整体协调裁判思维对于处理刑民交叉案件非常重要,司法改革应推动刑民整体协调裁判机制构建。刑民整体协调裁判的机制构建主要包括治理方向的协同和违法评价的协同,可从以下几个方面展开:

第一,治理方向的协同强调在司法实践中要纠正"先刑后民"的固有思维,并避免过度依赖刑法进行社会治理。在这一方面,刑法应当慎重介入民事法律关系,以便更好地发挥民法在调整社会关系方面的积极作用。在民事法律能够有效调整的领域和范围内,刑法不应当提前介入。同时,对于民法难以有效调整和充分规制的案件,刑法要及时补位,以确保社会秩序的稳定和社会的公正。

第二,违法评价的协同基于犯罪的"二次违法"性质和法秩序统一性原理。对某些案件事实的民事(或行政)不法评价应当成为刑事违法评价的前提和基础,如果司法机关不能认定行为人的行为构成违约或侵权等民事不法,行为人不承担民事责任,那么追究行为人刑事责任就缺少前置法的依据。否则,将导致刑民关系冲突和整体法秩序的不协调,损害法治权威和司法公信力。

第三,司法工作人员应努力做到"一专多能",避免裁判思维局限性。由于我国司法审判受大陆法系影响相对较深,目前各级法院一般都设有刑事审判庭、民商事审判庭、行政审判庭等不同审判庭,法官亦相对"术业有专攻"。不可否认的是,不同审判背景的法官在裁判思维上存在一定差异,不过目前,最高人民法院各巡回法庭普遍实施随机分案和合议庭随机组成制度,原来在法院本部专门从事某一领域审判的法官在巡回法庭则可能要参与乃至主审其他领域案件,此时审判思维的差异性就体现得更为明显。这要求法官要积极了解其他审判领域的思维方式、思维习惯等,打破惯性思维,努力做到"一专多能",以便更好地处理刑民交叉案件。

第四,在构建刑民整体协调裁判机制时,还需要考虑刑事程序和民事程序的操作顺序以及二者之间的既判力问题。司法实践中,也需要根据案件实际情况进行灵活处理,更多时候应采取"刑民并行"的方式处理,"先刑后民”仅作为补充。同时,对于先行作出的刑事判决或民事判决,其对民事部分或刑事部分处理的效力也需要进行明确和协调,以确保裁判的一致性和公正性。

第三节　坚守刑法谦抑精神原则

一、坚守刑法谦抑精神是保障人权的重要原则

刑法的谦抑性原则强调在有必要压抑某些犯罪行为和保护合法权益时,如果选择适用较轻的刑罚就足以评价犯罪行为,就没有必要再选择适用更重的刑罚评价;或者当适用其他法律法规可以制止某些违法行为并保护合法权益时,就不需要将行为人的行为界定为刑事犯罪。警惕刑罚被滥用,其主旨在于少用甚至不用刑罚来实现最大的社会效益,并达到预防和减少犯罪的目的,倡导树立谦抑、审慎、善意办案理念,与宽严相济刑事政策一脉相承、相得益彰。

刑法作为最后的救济手段,通过适用刑罚手段得以实现,而刑罚是一种强制手段,以剥夺人的生命、自由、财产等为严厉的制裁手段且具有不可逆转性,一旦适用就不可能恢复之前的状态。德国法学家耶林指出:“刑罚如双刃之剑,用之不得其当,则国家和个人两受其害。”[1]刑罚不是唯一和决定性的手段,其只能威慑并不能完全消灭犯罪。刑罚以权威者的命令为准则,对刑事被告人的人格进行再塑造再教育。被判处刑罚的被告人在服刑期间因长期处于模式化管理中,其返回社会后被边缘化继而可能再犯罪,与此同时,服刑期间也可能造成交叉感染,同一监所服刑人员可能会互相交流犯罪技巧,甚至出现技巧“升华”等现象,因此应当避免过分强调适用《刑法》。

对立法者而言,刑法的谦抑性要求其遏制动辄入罪的冲动,避免刑法对社会生活的过多干预,把刑罚限制在维护社会秩序所必需的最小范围内。而对司法者而言,应更新司法理念,在具体案件办理过程中保持审慎态度,秉持谦抑、宽和理念,将“情理法”融于一体,才能更好地实现个案正义的最

---

〔1〕 徐业恒:《检察日报:用刑法谦抑性彰显司法人文理性》,载人民网 2018 年 7 月 30 日,http://opinion.people.com.cn/n1/2018/0730/c1003-30177452.html。

大化,彰显司法的人文和理性魅力,更好地实现习近平总书记所指出的:努力让人民群众在每一个司法案件中都感受到公平正义。

在新的时代背景下,刑法谦抑性作为刑法理念的重要组成部分,应被赋予新的内涵。从实现路径来看,除了对制度的重新建构,还需要形成形而上学的精神结构,以社会的存在作为基础进行建构,维护社会治安的稳定,构建和完善体现谦抑精神的法律制度,做到非罪化、非刑罚化、轻刑化,尊重和保护人权。

二、刑法现代化更需要弘扬谦抑精神

刑法谦抑精神是现代刑法的重要理念,它要求司法机关在适用刑罚时保持谨慎和克制,确保刑罚的公正性、合理性和适度性。在日益重视法治建设与人权保护的当下,强调刑法谦抑性原则具有重要的法律意义、法治意义、人权意义和时代意义。

现代刑法通过控制刑法的调控范围、调控程度以及行刑人性化来弘扬刑法谦抑精神,具体来说:

第一,在刑事立法阶段,现代刑法遵循刑法的谦抑精神,将刑法作为社会控制手段的最后一种选择。只有当其他社会统治手段不充分时,才会动用刑法。这要求刑事立法者在制定刑事法律时,必须谨慎地确定哪些行为应被规定为犯罪,哪些行为应受刑罚。同时,刑法的谦抑精神也要求立法者不断审视和调整刑法的适用范围,确保其与时俱进,符合社会发展的需求。

第二,在刑事司法阶段,现代刑法同样体现了刑法的谦抑精神。例如,检察院推行的无罪推定原则、不起诉制度,以及法院在定罪时的疑罪从无和量刑中的“就低不就高”原则,都是对刑法谦抑精神的践行。这些原则和制度确保了司法机关在适用刑法时,能够保持谨慎和克制,避免对公民权利的过度侵犯。

第三,在刑事执法阶段,刑法的谦抑精神主要体现在减刑、假释、立功的适用上,以及保护罪犯的人权方面。现代刑法强调对罪犯的改造和回归社会的目的,而非单纯的惩罚。因此,在执法过程中,应充分考虑罪犯的实际情况和改造需求,给予其适当的减刑、假释等机会,同时保障其合法权益不受侵犯。

三、刑民交叉案件处理中应坚守刑法谦抑性

在刑民交叉案件处理中，应坚守刑法谦抑性，避免滥用刑事。这意味着在涉及民事纠纷与刑事犯罪的交叉案件中，应谨慎动用刑法手段，避免将民事纠纷轻易上升为刑事案件，从而保护公民的合法权益，维护法律的公正性和权威性。具体应做到以下三个方面。

第一，刑法谦抑性要求在处理刑民交叉案件时，应优先考虑民事纠纷的解决。当同一事实或法律关系同时涉及民事和刑事问题时，应遵循"先民后刑"或"刑民并行"的原则，而非一味强调"先刑后民"。这有助于防止利用刑事手段干预经济纠纷，保护市场主体的合法权益，构建高水平社会主义市场经济体制。

第二，刑法谦抑性体现在对刑罚的谨慎适用上。刑罚是最严厉的法律制裁措施，其适用应受到严格限制。在刑民交叉案件中，如果民事手段足以解决纠纷，就不应轻易动用刑法。这有助于避免刑罚的滥用，保护公民的人权和尊严。

第三，严格把握适用刑法的范围，从宽对刑法作出解释。即在刑法的适用和解释中，既要坚持法律的严格性以保障人权，又要体现司法的人道化和灵活性。严格把握适用刑法的范围包含：(1)禁止类推解释，刑法条文未明确规定的行为，不得通过类推方式扩大罪名范围；(2)限制扩张解释，对法律术语的解释不得超出国民的预测可能性；(3)坚守程序正义，司法机关必须严格遵循刑事诉讼程序，避免以"打击犯罪"为名突破程序限制；(4)坚守刑罚必要性原则，刑法作为社会治理的最后手段，仅在其他法律无法有效规制时方可介入。从宽对刑法作出解释，如在严格适用刑法的基础上对法律条文和量刑的解释需体现有利于被告人的立场，包括：(1)存疑时有利于被告，当法律条文存在模糊性时，应选择对被告人更有利的解释；(2)量刑情节需要根据被告人的情节充分从宽考量，对自首、立功、退赃退赔等法定或酌定从轻情节应充分重视；(3)对社会危险性评估不应限缩太紧，对初犯、偶犯、未成年人等群体，若其再犯可能性低，可适用缓刑或免予刑事处罚。

第四节　受损权益充分合理救济原则

一、确保当事人权益应得到充分合理救济

受损权益充分合理救济原则要求对当事人被损害的合法权益给予充分保护。虽然刑事诉讼已经对被告人的犯罪行为作出刑罚判决，但不能据此阻碍对当事人民事权利的救济，不仅要明确救济途径，本着充分便利当事人的原则设计救济程序，在给予被害人遭受实际损害的民事权利救济途径时，还要考虑是否具有可操作性及可实现性。

在处理刑民交叉案件时，应坚守受损权益充分合理救济原则。在刑民交叉案件中，无论是刑事手段还是民事手段，都应确保受损的权益能够得到充分且合理的救济。该原则是公平合理原则的延展，要求给予受害者充分公正的救济，在遵循实体正义的基础上对损失进行补偿，以保证受损人的权益得到充分合理的保护。

具体来说，当同一事实或法律关系同时涉及刑事和民事问题时，应综合考虑各种因素，包括受损权益的性质、程度以及救济的可行性和效果等，以确定最合适的救济方式。如果民事手段足以保护受损权益，就应优先采用民事手段进行救济；如果民事手段保护不力或无效，再考虑刑事手段的介入。这一原则旨在避免过度依赖刑事手段，防止对公民权益的过度侵犯，同时确保受损权益能够得到及时、有效的救济。

此外，在处理刑民交叉案件时，还应注重刑民法律关系的协调与衔接，确保不同法律手段之间的互补性和协调性，以实现受损权益的最大化救济。这要求司法机关在办案过程中，要充分考虑刑民交叉案件的复杂性和特殊性，灵活运用法律手段，确保案件处理的公正性和合理性。

二、受损权益充分合理救济的司法应用

根据《民法典》第 187 条的规定，民事主体因同一行为应当承担民事责任、行政责任和刑事责任的，承担行政责任或者刑事责任不影响承担民事责任；民事主体的财产不足以支付的，优先用于承担民事责任。该原则彰显了

保护当事人私权利优先于保护国家、政府等公权力的理念,是充分救济原则的直接体现。

《刑事诉讼法》及相关司法解释对刑事附带民事诉讼的审理范围规定如下:被害人因人身权利受到犯罪侵犯或者财物被犯罪分子毁坏而遭受物质损失的,有权提起刑事附带民事诉讼。这里的物质损失要求严格按照"直接损失"掌握赔偿范围且具备以下条件:首先,直接损失具备合法属性,且与犯罪行为具备因果关系,即被害人的财产利益损失,必须是侵权行为造成的,具有直接的因果关系。其次,财物损失必须是已然或必然会发生的,未来无法确定或可期待性利益被排除在外。例如,在"一因多果"型刑民交叉案件中,若相关刑事判决已经责令追缴、退赔,受害人就间接损失再次提起民事诉讼的,法院应当不予受理。其原因在于:第一,最高人民法院《关于刑事附带民事诉讼范围问题的规定》(已失效)关于"犯罪分子非法占有、处置被害人财产而使其遭受物质损失的……经过追缴或者退赔仍不能弥补损失,被害人向人民法院民事审判庭另行提起民事诉讼的,人民法院可以受理"的规定不可再作为此类案件的处理依据。法院应当适用最高人民法院《关于适用〈中华人民共和国刑事诉讼法〉的解释》(以下简称《刑事诉讼法解释》)第176条的规定,即"被告人非法占有、处置被害人财产的,应当依法予以追缴或者责令退赔。被害人提起附带民事诉讼的,人民法院不予受理"。因此,被害人不可以对被告人提起附带民事诉讼,也不可以单独提起民事诉讼。第二,此种处理方式也是对合理救济原则的充分诠释。一方面,从侵权赔偿的角度而言,应遵循填平原则,避免重复保护与过度救济;另一方面,从法律解释论上说,一般认为犯罪给被害人造成的财产利益损害是多方面的,但基于现实考量,相关法律只支持被告人获得直接损失赔偿。因此,对于利用经济合同等方式实施的侵财犯罪,一般情况下,不宜将违约金等合同项下的可期待利益纳入附带民事诉讼的受案范围。

司法实践中,权利救济原则主要包括以下几种:(1)有侵害必有救济原则,强调当个人的权利或利益受到侵害时,必须有相应的救济措施来纠正这种侵害,以恢复被侵害者的合法权益。这意味着法律应提供途径和手段,使其能够获得相应的救济,以保护其权益不受进一步损害。(2)及时救济原则,要求救济措施应当及时实施,以防止侵害行为的继续或扩大,减少被侵害者的损失。及时救济不仅有助于减轻受害人的损失,还能有效维护社会秩序和法律的权威。(3)充分救济原则，强调救济措施应当充分有效，能够真正解决问题，确保被侵害者的权益得到充分保障。包括物质损失的赔偿、精神损害的抚慰以及恢复受害人被侵犯的权利等，此外还要考虑刑民交叉案件中涉及案外人的合法权益的救济保障。(4)正义与经济性协调原则，在实施救济时，需要权衡正义与经济性的关系，既要确保被侵害者的权益得到维护，又要考虑救济措施的经济成本和社会效益。(5)司法最终救济原则，这一原则确立了司法机构在权利救济中的最终裁决地位，当其他救济途径无法解决问题时，司法途径应当作为最终的救济手段。

受损权益充分合理救济原则在司法实践中主要体现为以下三个层面的应用机制：

第一，刑民交叉案件中的权益平衡机制。在处理刑民交叉案件时，司法机关坚持刑事追责与民事救济并重原则。具体表现为：(1)刑事判决不阻断民事救济渠道，对被告人判处刑罚的同时仍要求其承担民事责任；(2)民事救济优先考量可操作性与可实现性，仅在民事救济不力时启动刑事补充追责程序。例如，法院通过提前介入民事调解、司法救助端口前移等方式，实质性化解重大刑案矛盾纠纷。

第二，司法救助的兜底保障机制。针对无法通过诉讼获得赔偿的被害人，建立相应的救助体系。包含：(1)构建司法救助资金动态管理机制，建立资金使用全程监管体系，救助效果监督和回访；(2)创新救助加调解模式，将救助程序嵌入刑事审判环节；(3)建立多部门协同救助机制，多部门联合救助，执法和司法衔接，对生活陷入急迫困难的被害人实施医疗、就业等综合救助。

第三，国家赔偿制度的公权监督机制。通过国家赔偿审判强化公权力制约，对违法行使职权行为导致的权益损害实施特殊救济。司法机关确立当赔则赔标准，将赔偿范围从直接经济损失扩展到间接利益损失，并建立赔偿决定执行跟踪机制，该机制与刑事被害人救助制度共同构成公力救济的双轨体系。

第五节 实质解决争议原则

一、实质解决争议是法治社会的应有之义

实质解决争议原则强调,在解决争议时应从现实情况的实质出发,而不拘泥于形式上的条件和要求,实质性地解决争议问题,这就需要制定全面的解释和标准,综合各类研究成果,结合实践经验,实质解决诉讼不同阶段的问题,准确回应和判断争议焦点。在实践中,应综合考虑实际情况和具体问题,确保争议得到全面性和实质性的解决。

在刑民交叉案件中,刑事法律关系和民事法律关系相互交织,导致案件处理变得复杂且容易引发争议。为了实质解决这些争议,司法机关需要首先通过"穿透式"审查,深入剖析案件背后的实质法律关系。包括判断行为是否违反了民事法律规定的义务,进而评判该行为是否符合刑法规定的犯罪构成要件,以及民事法律义务的违反是否达到了需要动用刑法进行处罚的程度。

实质解决争议原则的具体内涵要求如下:一是从现实情况的实质出发,在解决争议时,不仅要依据法律条文和程序,还要考虑案件的具体背景、当事人的实际情况和利益诉求。这意味着在处理争议时,不能仅停留在形式上的合法性审查,而是要深入探究问题的本质和根源。二是要避免程序空转,即避免只进行形式上的操作而未能实质性地解决问题。通过合理的裁判方式,确保争议在法律框架内得到实质性的解决。三是在制定解释和标准时,应当全面考虑各种因素,确保解释和标准能够真正反映实际情况,从而在解决争议时提供有力的依据。四是在解决争议时,应当综合各方面的研究成果和实践经验,确保决策的科学性和合理性。

2006 年中共中央办公厅、国务院办公厅发布的《关于预防和化解行政争议健全行政争议解决机制的意见》明确了协调化解争议的重要性,第 3 条规定:"不断完善预防和化解行政争议的调处机制。预防和化解行政争议工作量大,任务艰巨,涉及部门多,政府法制机构要在为本级政府和本部门当好参谋、助手和法律顾问的基础上,加强与信访、司法行政等部门和法院的沟

通，抓紧研究和完善多方面的协调制度，加强和改进行政复议工作，切实把预防和化解行政争议、健全行政争议解决机制作为一项重要任务来抓。”虽然是行政的相关规定，但也看出实质解决争议以及预防和化解争议已成为各部门比较重视的一项工作机制。2017 年发布的最高人民法院发布的《关于进一步保护和规范当事人依法行使行政诉权的若干意见》第 1 条规定："各级人民法院要高度重视诉权保护，坚持以宪法和法律为依据，以满足人民群众需求为导向，以实质化解行政争议为目标，对于依法应当受理的行政案件，一律登记立案，做到有案必立、有诉必理，切实维护和保障公民、法人和其他组织依法提起行政诉讼的权利。”

刑民交叉案件往往涉及刑事和民事两种诉讼程序和对应的法律责任，实践中有“先刑后民”“先民后刑”“刑民并行”三种处理方式。这些方式边界模糊、判定标准不一、程序衔接不合理，使当事人的程序性权利难以得到保障，进而给争议的解决带来不利影响。因此，当事人对其程序性权利的救济，能够有效清除实质解决争议过程中的程序障碍，更好地推动争议实质解决的进程。

在刑民交叉案件中，可以从实体和程序两方面做到实质性解决刑民交叉问题。在实体上，要深入解决争议背后的实质性问题。刑法的独立性也要求在确认实质法律关系后，应依据罪刑法定原则，将民事违法性上升为刑事违法性，并对接到具体的犯罪构成上。在这一过程中，需要准确区分刑事法律关系和民事法律关系，既要防止将民事性质的案件错误认定为刑事犯罪，也要避免将刑事犯罪错误认定为民事行为。在程序处理上，刑民交叉案件可以遵循“先刑后民”“先民后刑”“刑民并行”等规则。这些规则的选择应基于案件的具体情况和争议焦点，以确保争议能够得到及时、有效的解决。

此外，为了实质解决刑民交叉案件中的争议，司法机关还可以综合运用多种法律手段进行救济。这包括调解、和解、行政复议、附带民事诉讼等方式，以确保受损权益能够得到充分且合理的救济。运用这些手段可以促使双方当事人达成和解协议，或者通过司法裁判明确双方的权利义务关系，从而实现争议的实质性解决。

二、实质解决争议原则的司法应用

刑民交叉案件实质解决争议原则的司法应用，核心在于通过穿透式法律审查和综合程序协调，实现法律关系认定与责任划分的精准性。实质解决争议原则要求司法机关以法律关系实质为核心，结合案件类型灵活运用程序规则，同时坚守刑法谦抑性，最终实现权利救济与秩序维护的统一，结合司法实践及理论共识，具体体现在以下层面：

第一，穿透式法律关系审查机制。以实质法律关系锚定，通过“穿透式”审查剥离案件表象，重点分析民事法律义务违反与刑事犯罪构成的关联性，判断民事违法性是否达到需动用刑罚的严重程度。例如，合同诈骗与合同纠纷的界限需结合行为人主观故意、客观行为后果等综合认定。以法律评价的整体性，避免割裂民事与刑事法律评价，需同步审查民事权利义务关系与刑事犯罪构成要件，防止民事违约行为被不当升格为刑事犯罪。

第二，案件类型化处理与程序协调。需要区分案件类型，根据刑民交叉案件是否基于同一事实或存在关联事实，采取“刑民并行”或“先刑后民”的程序规则。例如，涉众型经济犯罪（如私募基金暴雷案）因涉及社会稳定，通常优先刑事程序；而合同纠纷与诈骗界限模糊的案件，则需通过民事程序先行固定关键事实。此外，还需要灵活衔接相关程序，打破“先刑后民”的绝对化倾向，对于民事法律关系可独立认定且不依赖刑事结论的案件（如担保合同效力争议），允许民事程序先行推进，避免因刑事侦查拖延导致民事权益受损。

第三，责任承担与利益衡平。需要划分赔偿范围与主体，民事赔偿需兼顾侵权责任填平原则与违约责任保护预期利益的双重需求。例如，在非法集资案件中，既要追缴犯罪所得保护本金，亦需通过民事程序明确担保人的过错责任范围。还要兼顾刑法谦抑原则的应用，严格限缩刑事介入范围，对可通过民事途径救济的争议（如合同履行瑕疵），优先适用民事裁判规则，避免以刑事手段干预市场行为。

第四，司法能力的综合提升。加强法官裁判能力建设，强化对刑民交叉案件中证据标准差异，如民事优势证据与刑事排除合理怀疑、法律适用逻辑的融合分析能力，确保裁判结果符合实质正义。重视社会效果考量，在涉民营企业案件中，需平衡打击犯罪与保护营商环境的双重目标，避免因程序选择不当导致企业正常经营受阻。

第六节 禁止权利滥用原则

一、刑民交叉案件处理中应阻止权利滥用

禁止权利滥用原则强调，一切民事权利的行使，均不得超过其正当界限，否则即构成权利的滥用，应当承担责任。在刑民交叉案件中，权利滥用主要表现为当事人或相关主体利用法律程序的复杂性，通过不当手段追求不当利益，从而损害对方当事人的合法权益或司法公正。这种行为可能涉及对刑事法律程序和民事法律程序的混淆或滥用，以达到逃避法律责任、拖延诉讼进程或获取不当利益的目的。

《民法典》第132条规定："民事主体不得滥用民事权利损害国家利益、社会公共利益或者他人合法权益。"《宪法》第51条规定："中华人民共和国公民在行使自由和权利的时候，不得损害国家的、社会的、集体的利益和其他公民的合法的自由和权利。"这是《民法典》规定的禁止权利滥用原则在立法上的依据。

在涉及刑民交叉案件办理过程中，司法办案机关应认真严谨对案件事实进行认定，防止随意以"先刑后民"为由干预民事纠纷诉讼，或者审理经济纠纷案件中，对涉嫌经济犯罪的有关线索、材料不作移送阻碍侦查、立案，或者审理民事纠纷中，任意以民事纠纷涉嫌经济犯罪为由驳回起诉，或者对属于"刑民并行"的案件相互推诿，不予受理、立案。在司法实务中，通常存在以下三方面的权利滥用行为：

第一，司法机关滥用"先刑后民"或"以刑阻民"。从具体司法实践来看，"先刑后民"往往导致在刑事追究迟迟不能发动、公权无法行使时，私权也无法请求救济。如果"先刑后民"处理方式被滥用，结果往往是本来属于"刑民并行"的案件，但由于存在一定程度的牵连而被司法机关按照"先刑后民"原则中止审理，案件被无期限地搁置，当事人的合法权益得不到应有的保障。例如，在沈阳公司与长芦公司买卖合同纠纷案[1]中，对于是否需中止审理

---

〔1〕 参见最高人民法院民事判决书，(2015)民二终字第335号。

等待刑事案件结果的问题，二审法院认为："在审判实践中，无论是先刑后民、还是先民后刑都不应当绝对化和扩大化，有些民事案件的审理确实需要以刑事案件的结果为前提，而有些刑事案件却必须以民事案件为依据，也有些民事案件与刑事案件的审理可以各自独立，互不关涉。在民商事案件审理中，重要的是运用民事审判规则分析相关证据进而认定相关事实，如果能够依据相关事实和法律进行审理的，并非一定要等待刑事案件的处理结果。因此，在审理刑民交叉案件时，应当坚持具体案件具体分析的实事求是的态度予以判定。"

第二，当事人涉嫌滥用"以刑促民"。例如，在侵犯商业秘密类案中，采取刑事报案还是民事诉讼需要结合具体的案件背景及取证难易程度等因素综合考量，如在民事诉讼陷入僵局或被动时，有的当事人会借助办案机关更高压的侦查程序、更强大的侦查能力收集和固定证据，实现"以刑促民"的目的。又如，对环境资源犯罪的企业、个人进行追诉，除利用刑罚惩治污染环境、破坏生态的犯罪行为外，也旨在"以刑促民"，通过刑事途径倒逼涉案企业、个人积极承担环境修复责任，如拒绝承担，其"认罪认罚"的态度将会受到司法机关的质疑。然而，刑事手段虽然可以称得上商战的核武器，其破坏性之大无须多说，一旦采取刑事手段其后果是不可控的，如果超过一定限度，可影响的范围也是无法预料的，不排除最后自身也受到牵连，甚至锒铛入狱，相关的例子不胜枚举。

第三，当事人涉嫌滥用"以刑阻民"。例如，在对民间借贷案件进行审理中，借款人涉嫌合同诈骗犯罪被公安机关立案侦查并悬赏通缉，担保人为规避其担保责任向公安机关报案称其所作担保系被胁迫、欺诈，以担保事实涉嫌犯罪、公安机关刑事立案为由，主张驳回出借人起诉。在借款人在逃、担保人报案被骗才担保的抗辩下，一审、二审法院均以经济纠纷涉嫌经济犯罪为由裁定驳回了出借人起诉，之后再审申请亦被驳回。这种情况就属于典型的权利滥用，甚至涉嫌违法。

二、避免权利滥用的实现路径

刑民交叉案件禁止权利滥用的实现途径主要包括明确案件定性、合理适用程序处理规则以及加强司法监督。

第一，明确案件定性是禁止权利滥用的基础。在刑民交叉案件中，司法机关需要准确判断案件是单纯的刑事法律关系，还是单纯的民事法律关系，抑或同时涉及二者。只有明确了案件的性质，才能确定适用的法律程序和当事人的权利义务，从而避免当事人利用法律程序的复杂性进行权利滥用。

第二，合理适用程序处理规则也是关键。在刑民交叉案件中，主要有“先刑后民”“先民后刑”“刑民并行”三种程序处理规则。司法机关应根据案件的具体情况，选择最合适的程序处理规则。例如，如果刑事案件与民事案件系同一事实，适用“先刑后民”规则；如果刑事案件与民事案件不是同一事实，无论该事实是否存在关联，都适用“刑民并行”规则。这样可以确保案件得到及时、公正的处理，防止因程序不当而导致的权利滥用。

第三，加强司法监督是保障。司法机关应加强对刑民交叉案件的监督和管理，确保当事人依法行使权利，防止滥用程序拖延诉讼进程或损害对方当事人合法权益。同时，对于滥用权利的行为，司法机关应依法予以制裁，以维护司法公正和当事人的合法权益。

第四章 刑民交叉案件中的事实认定及相互影响

第一节 真实竞合与假性竞合

一、真实竞合与假性竞合的概念及区分

在刑民交叉案件中，真实竞合与假性竞合大量存在，真实竞合与假性竞合也是相对而言的。关于真实竞合与假性竞合的问题，理论界和实务界向来分歧颇大。竞合问题不仅理论很深，而且概念的涵盖面很大，包含刑民竞合、想象竞合、法条竞合等，而关于真实竞合与假性竞合，是就限缩概念而言，主要偏向于刑法中的竞合。竞合不仅在刑法中存在，在民法中也是不少见的，比如当出现既违约又侵权的时候，我们有“一项损害只有一个请求权”的原则，这也是对竞合问题的处理。

真实竞合的刑民交叉案件是指同一法律事实可能同时涉及刑事法律关系和民事法律关系的案件。这类案件涉及认定罪与非罪、此罪与彼罪的问题，往往表现为行为不能完全用民法或者其他前置性法律规定来调整，需要通过刑法来处理案件事实。在真实竞合的情况下，到底是认定为犯罪还是认定为民事法律关系，这是一个较为疑难的法理问题。大量的司法实践案例表明，这类案件主要是经济性犯罪和金融财产类犯罪，通常有以下几种类型：一是金融类案件，通常是由民事纠纷向金融诈骗类犯罪转化的案件；二

是市场交易类案件，是由合同纠纷转化为诈骗犯罪的案件；三是侵权类案件，是由民事侵权转变成刑事犯罪的案件。因为法律本身具有滞后性，生活又是复杂的，大多数情况下纯粹地按照刑法分则犯罪是不大可能的，此罪与彼罪总有牵连。例如，入室盗窃犯罪就同时也触犯了非法侵入住宅罪，故意犯罪的事前、事后也不可避免有其他行为存在。因此，竞合是一个不能回避的难点，且关系到定罪量刑，是数罪并罚还是从一重罪，必须慎重处之。司法实践中，刑法作为保障法所具有的在保护法益方面的广泛性，使其能够调整的社会关系范围亦具有广泛性的特点。而民法作为调整民事领域的法律，以财产关系和人身关系为调整对象，涵盖了经济生活、家庭生活等基础性领域。因此，刑法与民法的竞合就成为司法实践中十分常见的一种现象。[1]

假性竞合则是指案件在形式上表现为刑民交叉，但实际上并不构成真正的刑民竞合。因为刑事和民事部分所依据的法律事实或行为并不相同，或者虽然相同但各自的评价和处理规则并不冲突，所以可以分别进行审理和处理。在虚假诉讼的案例中，如果虚假诉讼行为虽然触犯了刑法，但民事部分的处理并不依赖于刑事办案结果，而是应当及时按民事标准来研判线索，那么就可能构成刑民交叉的假性竞合。例如，在某银行诉某商贸公司案中，行为人在签订贷款合同后，采取欺诈手段拒不还贷，涉嫌职务侵占罪，伪造、变造、买卖国家机关公文、证件、印章罪。然而，尽管其行为触犯了刑法，但法院在审理过程中认为，金融借款合同的逾期还款违约事实并不受合同履行过程中的犯罪行为影响，金融借款合同的违约责任属于独立的民事法律关系，不受犯罪行为直接影响，体现了民商事法律关系的相对独立性。因此，法院对金融借款纠纷继续进行了审理，并未因刑事犯罪的存在而中止或终止民事案件的审理。

在刑民交叉案件中，还存在另一种假性竞合的案件类型，从形式上看，似乎存在民事法律关系，但实质上是以民事法律关系掩盖犯罪，因此应当排除民事法律关系而构成犯罪。例如，在某投资公司民间借贷纠纷案中，甲向法院起诉称，乙向其借款并由某投资公司提供担保。但法院经审理查明，某

〔1〕 参见童德华、李文主编：《刑法现代化：刑民交叉问题研究》，中国法制出版社 2022 年出版，第 52 页。

投资公司、乙因涉嫌非法吸收公众存款罪已被公安机关立案侦查。此案中，虽然甲和乙之间存在民间借贷关系，但乙的借款行为涉嫌非法吸收公众存款罪。在此情况下，民间借贷关系实质上是以非法集资犯罪为掩护的，因此应排除民事法律关系的干扰，将案件作为刑事案件处理。

二、真实竞合与假性竞合的识别及处理

在真实竞合的刑民交叉案件中，同一事实同时触犯了刑事与民事两种法律规范，刑事法律关系和民事法律关系在行为主体、相对人以及行为本身等方面完全一致，呈现一种纵向的包容重合关系。在这种情形下，处理方式通常需要根据法律规定的优先顺序或者结合案件的具体情况来选择应当适用的法律规范。在某些情况下，可能会采取"只刑不民"的处理方式，即当案件明显涉及刑事犯罪时，法院会裁定驳回原告的民事起诉，并将全案移送公安机关进行刑事侦查。另外，也可能会遵循"先刑后民"或"先民后刑"的处理原则，这主要取决于刑事案件的判决结果是否会对民事法律关系的成立或效力产生影响，或者民事案件的审理结果是否会对刑事案件的定罪量刑产生重要影响。

例如，前述章节引用的非法转让、倒卖土地使用权案件，公司股东采取转让股权的方式转让土地使用权的，是否构成非法转让、倒卖土地使用权罪，这是司法实践中长期存在争议的一个问题。从形式上看，由于股权的转让，公司股东发生变更，土地利益随之发生变化。因此，土地使用权似乎发生了转移。这种转让公司股权的行为，在公司法上是完全合法的，如果在刑法上被认定为犯罪，必然造成各部门法之间的矛盾和冲突，这里涉及本书第三章所述的法秩序统一性原理。在法秩序统一性原理的指引下，处理刑民关系时，要看某一行为在民事上是否合法，如果民事上是合法的，则可以排除犯罪的成立。但是，对于真实竞合的案件，司法实践中，其罪与非罪还要综合考量多种因素加以判定。

而关于法律事实假性竞合类刑民交叉案件的处理，从形式上看好像同时存在民事法律关系和刑事法律关系，但是究其根本就会发现，其中一种情况是通过民事法律关系掩盖犯罪事实，本质应该是刑事法律关系。最为典型的是"套路贷"案件，就"套路贷"的实质来说，即以民间借贷的名义骗取他人财物，因而"套路贷"的主罪是诈骗罪，以非法占有他人财物为目的，其手

段行为同时可能涉及其他罪名。2019 年 2 月 28 日，最高人民法院、最高人民检察院、公安部、司法部发布《关于办理“套路贷”刑事案件若干问题的意见》（以下简称《套路贷意见》）。《套路贷意见》明确揭示了“套路贷”的特征：(1)制造民间借贷假象；(2)制造资金走账流水等虚假给付事实；(3)故意制造违约或者肆意认定违约；(4)恶意垒高借款金额；(5)软硬兼施“索债”。根据《套路贷意见》规定，对于“套路贷”案件一般以诈骗罪定罪处罚；对于在实施“套路贷”过程中多种手段并用，构成诈骗、敲诈勒索、非法拘禁、虚假诉讼、寻衅滋事、强迫交易、抢劫、绑架等多种犯罪的，应当根据具体案件事实，区分不同情况，依照刑法及有关司法解释的规定数罪并罚或者择一重处。对这一类案件，必须揭开表面竞合的假性面纱，通过“穿透核查”，还原其违法犯罪的实质。一般来说，我们对事物的追求都倾向于实质，事物的实质才是我们看待该事物的最终目的。假性竞合的刑民交叉案件呈现的特征就是，形式上涉案当事人的行为不是其真实的目的。因此，对于这类案件当然应去探索追求其实质，需要“刑事实质”刺破“民事外观”。在司法实践中，很多犯罪分子都会以“合法民事手段”来掩饰其犯罪行为，尤其是在经济领域的犯罪。那么，“刑事实质”该如何刺破“民事外观”呢？其一，从案件行为人实施的犯罪行为的本质特征出发，对其作出明确的认定。例如，“套路贷”类刑民交叉案件是以民间借贷行为为假象，通过各种“套路”诱骗被害人，恶意诈取他人财产的案件。其二，从主观与客观两个方面进行分析，涉案行为人实施的行为与法律规定的犯罪行为之间是否具有本质上相符合的特征。其三，通过刑事实质刺破民商事外观，通俗地讲就是用实质上具有真实性的证据把案件中不具有真实性的证据推翻的证明过程。[1]

本书认为，凡是类似“套路贷”的假性竞合案件，必然首先构成诈骗罪，至于其他伴随的犯罪则可有可无、可多可少。在“套路贷”案件中，从表面上看，案件呈现的是借贷关系，实际上行为人往往利用民间借贷来掩盖诈骗犯罪的实质。对“套路贷”案件的处理，必须揭开民间借贷的假性面纱，还其诈骗罪的实质。要坚持形式判断与实质判断相统一，用刑事实质刺破民事外观。这就需要实务中的司法工作人员综合考量案件所涉及的各种事实，进

〔1〕 参见吴加明：《敲诈勒索还是行使商标权：刑事实质何以刺破民商事外观》，载《上海法学研究》集刊 2019 年第 5 卷。

行综合性评价。

总之,在处理刑民交叉案件时,需要仔细鉴别案件事实,区分真实竞合与假性竞合的情况,并根据法律规定和案件具体情况,选择适当的处理方式。对于假性竞合的案件类型,应当排除民事法律关系的干扰,将行为人的行为认定为犯罪行为,并依法追究其刑事责任。

第二节　生效裁判的既判力、预决力及免证事实

一、既判力、预决力及免证事实的内涵

努力让人民群众在每一个司法案件中都感受到公平正义,是习近平法治思想关于公正司法的原则性、基础性要求。司法是公平正义的最后一道防线,处于社会治理的末端。因此,司法的权威性、稳定性、普适性显得尤为重要,这是其核心所在,而这些特性体现在生效裁判的既判力中。

既判力是一项十分古老的诉讼原则,它起源于罗马法,意指法院对任何一个案件不得作两次以上的审判。按照罗马时代的法学理论,法院的判决一旦生效,就产生了一种已决的法律效力,即“既判力”。从理论基础上看,既判力强调的是法院所作的业已确定的判决对后来的诉讼的法律约束力,这种效力因判决的确定而自然地产生。某一判决一旦具有既判力,就意味着针对同一当事人的同一行为,不得再次起诉和裁判,从而产生所谓的“一事不再理”的效果。一方面,这有助于维护国家司法权的威信,通过防止法院就同一事实作出前后矛盾的判决,以维护法的安定性;另一方面,这也避免了就同一事实进行多次重复的起诉和审判活动,有利于诉讼经济原则的实现。

“既判力作为裁判效力理论的基本概念,以确定当事人实体权利义务为主要内容的裁判主文,对后续诉讼的约束力。”〔1〕我国生效裁判的既判力,即已生效裁判在实体上对当事人和法院都具有的拘束力或通用性,当事人可以免证,法院可以直接认定。在此情况下,当事人只要提出前案裁判文书,

〔1〕 参见龙宗智:《刑民交叉案件中的事实认定与证据使用》,载《法学研究》2018年第6期。

即完成对其主张的举证,且这种举证不可被推翻。而已认定事实的预决力,系指对于已认定事实,法院在涉及该事实的后诉中一般应作一致的认定。但是,在当事人一方举证反驳,且反驳证据构成优势证明,能推翻前诉事实的情况下,法院对已认定事实可以作出不相一致的认定。

司法实践中,无论是在先生效裁判的既判力还是其已认定事实的预决力,在对后诉的影响上其实是一致的。二者的适用既可以节约诉讼成本、提高诉讼效率,又可以避免矛盾裁判的产生,进而维护司法权威。

生效裁判中的事实认定,是裁判主文确定实体权利义务的基础和根据,但其并非既判力的载体本身。不过,裁判主文不能脱离事实基础。因此,主文的约束力必然会推及事实认定的约束力,但其效力程度、条件与机理有别于既判力。而且,既判力主要界定同类诉讼生效裁判的预决效力,因此一般遵循既判力相对性原则,即既判力的产生以前后两诉是"同一诉讼主体、同一诉讼标的、同一诉讼原因"为前提。而"三同一"通常仅存在于前后两诉为同类型诉讼的情况下,刑事公诉案件以国家为原告,通常与后续民事诉讼的诉讼主体有区别。因此,如果不作适度变通,如改变应用条件、扩大应用范围,在诉讼性质不同且诉讼条件与规则不同的情况下,既判力规则将难以适用。[1]

二、判决既判力与已确认事实的预决力的区分

司法实践中,把本质上属于事实问题的预决力看成一个法律问题,使已认定的事实产生既判力的遮断效果的案例亦不鲜见,而其将生效裁判既判力与其已认定事实预决力加以混同的背后,显然是未将二者的不同之处加以区分。

判决既判力与已确认事实的预决力是两个本质不同的概念和制度。其区别是:第一,既判力及于作为判决对象的诉讼标的,其在形式上系于判决主文,既判力的客观范围与诉讼标的范围相同;预决力及于前诉法院裁判所确认的事实,已确认事实既可能体现在判决主文中,也可能出现在判决理由中。不能将已确认的事实泛泛地理解为具有既判力的事实,否则将扩大既判力的客观范围,进而丧失既判力存在的正当基础。第二,对于案件所涉事

---

〔1〕 参见翁晓斌:《我国民事判决既判力的范围研究》,载《现代法学》2004 年第 6 期。

项是否具有既判力,法院应依职权主动进行调查,无须当事人主张;但对已确认事实的预决力则应由当事人主张援用。第三,既判力具有两方面的作用:一是既判力的消极作用,即禁止重复起诉,也就是"一事不再理";二是既判力的积极作用,即禁止矛盾判决,法院应以确定的判决就诉讼标的的判断作为后诉判决的基础,不能作出与之不同的判决。而已确认事实的预决力根本不具有既判力"一事不再理"的消极作用,其仅仅要求法院在认定事实上的一致性,这和既判力的积极作用相似。第四,既判力强调前诉与后诉在诉讼请求上具有同一性,其适用将导致后诉的完全禁止,具有遮断效力;而预决力则强调前诉与后诉事实的同一性,其适用并不禁止后诉的提起,也不禁止当事人在后诉主张前诉已确认的事实,只是禁止当事人对已经确定的事实再行争议。第五,既判力是一个法律问题,对于具有既判力的事项,法院必须作出同一认定,法官没有自由裁量的余地,非经再审,既判力不允许推翻;而已确认事实的预决力是事实问题,不属于法律问题,对已确认事实,后诉法院既可以作出同一认定,也可以作出不同认定,当事人也可以举证推翻。

三、民事裁判对刑事诉讼的既判力和预决力

我国民事诉讼法并未规定生效裁判包括民事生效裁判在刑事诉讼中的效力问题。根据最高人民法院《关于适用〈中华人民共和国民事诉讼法〉的解释》(以下简称《民事诉讼法解释》)第93条的规定,已为法院发生法律效力的裁判所确认的事实,当事人无须举证证明,但是当事人有相反证据足以推翻的除外。由此,我国民事诉讼采用的生效裁判事实认定预决效力机制,可称为"免证事实"机制。

理解免证事实机制,应注意以下几点:一是将生效裁判的预决效力问题,作为涉及当事人举证责任的免证事实,纳入证据法范围内进行处理。虽然学界有从既判力、预决效力、争点效[1]等不同角度解读此种规定的学理(包括解读作为该司法解释规定渊源的最高人民法院《关于民事诉讼证据的

[1] "争点效"是指在前诉中被双方当事人作为主要争点予以争执,而且法院对该争点进行了审理并作出判断,当同一争点作为主要的先决问题出现在其他后诉请求的审理中时,前诉法院对于该争点作出的判断将产生通用力。

若干规定》第10条),[1]但从法解释学的角度看,虽然该规定的基础可能涉及既判力、争点效等学理,但其本身仍属证据法上的证明和免证问题。二是发生预决效力的裁判,未区分民事与刑事,因此未特别强调定罪判决的证明作用。三是将生效裁判认定的事实作为免证事实,但其证明效力较之同为免证事实的推定事实更为强大。因为根据《民事诉讼法解释》第93条第1款第3项、第4项,法律推定与事实推定的事实亦属免证事实,但就推定事实,"当事人有相反证据足以反驳的除外",而对于生效裁判所确认的事实,则是"当事人有相反证据足以推翻的除外"。这就为否定生效裁判所确认的事实设定了更严格的条件。四是主张生效裁判发生免证效力的事实是其"确认的"事实,因此不限于"要件事实"或"至关重要的事实",但显然不包括未确认的事实。五是生效裁判确认事实的适用范围,未明确设定诉讼主体的约束条件。因此,无论两诉主体是否同一,只要两诉针对同一法律事实,均可能发生已生效裁判事实认定的免证效力。

从以上五点分析可知,《民事诉讼法解释》第93条确立的生效裁判事实认定的预决效力规则具有两个特点:一是国外同类机制一般仅强调定罪裁判事实认定的预决效力,且对事实范围及是否对抗案外第三人有严格限制;与之相较,《民事诉讼法解释》第93条确立的机制属于更为强调生效裁判事实认定的预决效力,从而更为注重维护司法统一性的一种类型。二是将生效裁判认定事实作为可推翻的免证事实。这虽然总体符合生效裁判事实认定机制的一般原理,且适用面广,但又比较笼统粗略,未能区别情况限定适用条件,针对不同问题形成合理而可适用的具体规则。

因此,民事裁判的事实认定在刑事诉讼中具有证据作用,但不具备预决效力。因为民事判决认定的事实可以作为刑事证据使用,但需满足一定条件。在刑事诉讼中,生效民事判决确认的事实属于书证,具有证明力,但刑事证明标准更高,需要"排除合理怀疑"。刑事法庭会结合全案证据对民事判决认定的事实进行审查,考虑其来源、形成过程和关联性等。如果来源合法、证据充分且关联性强,且经法定程序查证属实,可以作为定案依据;但如果存在疑点或与其他证据矛盾,法庭将综合决定是否采信。各国的刑事诉

[1] 参见王亚新、陈晓彤:《前诉裁判对后诉的影响——〈民诉法解释〉第93条和第247条解析》,载《华东政法大学学报》2015年第6期。

讼制度一般也不承认民事判决的事实认定对刑事诉讼有预决效力。否定此种预决效力的主要原因是，民事判决认定事实采用的证明标准较低。例如，澳大利亚法律改革委员会的报告指出，民事判决不能被采纳用来证明其所依据的事实，是因为与刑事定罪判决相比，其证明力显然较低。“它是在当事人选择的证据基础上判定的，他们不像公诉人那样有义务提供所有已知的相关证据。此外，其证明标准仅仅是依据的概率权衡，因此在原告提起的成功诉讼与不成功诉讼之间，其证明没有什么太大区别。”[1]

我国刑事诉讼中，民事生效裁判可以作为刑事案件书证被纳入证据体系。虽然法律不承认民事裁判事实认定的预决效力，但就同一事实所作的民事裁判可以作为书证，即公文书之一种，由当事人提供或由法庭依职权调取，从而作为刑事诉讼证据被纳入刑事案件证据体系，交由刑事法庭判断。

民事生效裁判作为书证，民事裁判的事实认定对刑事案件并不产生预决效力。然而，经过举证、质证、辩论即法庭审理过程并经民事法庭作出裁断的事实，就其中民事部分，如产权关系、合同关系及侵权行为等法律事实的认定，由于经过正当法律程序并由司法确认，对于刑事案件的事实判断，具有可采纳、可引用的效力。这意味着：其一，民事裁判的事实认定不具有预决效力，只具有一种可采纳、可引用的证据作用。其采纳和引用应当经过刑事案件的审理，即举证、质证和辩论，然后由法院作出判断。其二，刑事诉讼认可并采纳民事裁判的事实认定，应当在裁判文书中说明理由，即简略论证该事实认定的可采性。如果控辩一方将民事裁判作为举证内容及立论依据提出，而法院认为该民事裁判事实认定不当或与本案无关，亦应说明理由。

四、刑事诉讼中事实认定对民事诉讼的影响

在刑民交叉案件中，刑事判决对民事诉讼的影响涉及法律关系的确定、民事赔偿责任的认定以及诉讼程序的安排等方面。一是法律关系的确定，刑事判决对涉及的法律关系具有确定作用，可以为民事诉讼提供法律依据。例如，刑事判决认定犯罪嫌疑人构成犯罪事实，有助于民事诉讼中确定双方当事人之间的权利义务关系。二是民事赔偿责任的认定，刑事判决对民事

---

〔1〕《澳大利亚联邦证据法》，王进喜译，中国法制出版社2013年版，第213页。

赔偿责任具有一定的约束力。刑事判决确定犯罪嫌疑人的刑事责任后,可作为民事诉讼中赔偿责任认定的重要依据。三是诉讼程序的安排,在刑事诉讼中,被害人可提起附带民事诉讼,要求犯罪嫌疑人承担赔偿责任。刑事判决对附带民事诉讼的审理和判决具有一定的指导作用。四是可以证明恶意或过错。例如,在买卖合同或借款合同纠纷中,公司员工冒用公司名义对外签署协议,相对方要求公司承担合同责任。公司为了免于承担表见代理责任,通过刑事判决获取相对方存在重大过错的证据,以证明相对方非善意,表见代理不成立,从而实现合同效力不归属于公司。

刑事判决对民事诉讼具有一定的法定约束力,可以为民事诉讼提供法律依据和指导。然而,在实际操作中,刑事判决对民事诉讼的影响力受到多种因素的制约,如刑事判决的确定性、民事诉讼的复杂性和当事人意愿等。在司法实践中,生效刑事判决具有对部分事实的查明能力,虽应肯定刑事裁判的权威证明效力,但由于各方面的原因,如果否定民事诉讼的独立性,一味依赖刑事机制纠错,将严重妨碍民事诉讼的私权保护。因此,亦应设置民事诉讼中对刑事裁判事实认定的推翻机制。

下文通过一个典型案例予以说明:顾某某系涉争房屋所有权人,其曾于2008年3月5日将房屋出租给邢某某,租期为2008年4月1日至2017年3月29日,后邢某某又将房屋转租他人。2009年2月16日,顾某某与钱某某签订《房屋买卖合同》,将涉争房屋出售给了钱某某,且钱某某于同月24日取得涉争房屋的权属证书。于是,邢某某起诉顾某某与钱某某,提出确认房屋买卖合同无效等多项诉请,但一审法院判决驳回了邢某某的全部诉讼请求。一审判决后,钱某某不服,认为一审法院故意歪曲事实,故而提出上诉,请求二审法院纠正或删除相关事实认定。二审法院认为:上诉人不服原审裁判提出上诉的,必须是该裁判对上诉人存在不利益,这种不利益因一审法院作出的裁判没有满足当事人的请求或使当事人陷于负有义务等不利处境而产生,应根据原告在一审起诉时的请求与一审判决主文来对照上诉利益的有无,本案中原审法院已判决驳回了邢某某的诉讼请求,故钱某某不存在上诉利益。且从钱某某的上诉状来看,亦不具备形式要件,即其上诉不具备合法要件,故二审法院裁定予以驳回。[1] 这也就是实践中可能存在判决中

---

〔1〕 参见上海市第一中级人民法院民事裁定书,(2013)沪一中民二(民)终字第3095号。

事实认定即使存在错误或瑕疵，但是判决已生效的情况，并不能将其中认定的事实一概采信。

在早年的司法实践中，对刑事判决确认事实赋予绝对的预决力，不加区分地直接采用，是刑民交叉案件的主流。但近年来，已有越来越多的案例在反思刑事判决在民事诉讼中的采信问题。其中，最高人民法院在一份针对合同纠纷的典型案例判决书中的理论阐述值得借鉴："生效刑事判决的判决理由对相关当事人民事责任承担的影响。原则上，生效判决的既判力应当得到维护。但由于刑事诉讼和民事诉讼活动二者所依据的实体法基础、保护法益、诉讼目的、诉讼参加人等方面均存在明显差别，且刑事案件的审理重点是解决的罪与非罪的问题，而民事案件的审理要解决的是相关当事人之间的法律关系性质、行为效力及民事责任承担。为实现案件公正审理的纠纷解决目标，在审理刑民交叉的民事案件时应当充分注意到上述差别并在此基础上准确适用法律。"〔1〕

综上，本书认为，刑事诉讼事实认定与民事诉讼事实认定之间的关系表现为以下几方面：第一，刑事诉讼与民事诉讼因保护法益、诉讼目的、审理重点等的巨大差异，采纳刑事判决时要充分重视差异；第二，刑事判决对民事诉讼仅有预决力，没有既判力；第三，民事诉讼当事人未参与刑事诉讼活动，直接采信刑事判决会造成程序不正当；第四，民事诉讼中一方举证反驳且构成优势证据，法院可作出与刑事判决不一致的事实认定。

五、应当正确认识生效裁判既判力的客观范围

根据我国目前的通说和现行法律规定，法院生效裁判所确认的事实的证据效力虽源于其既判力，可产生相对免证效力，但不同性质案件的裁判所认定的事实，因其赖以确定存在所要求的证明标准不同，在他案诉讼中并不当然具有免证效力，仍须甄别作为证据的生效裁判所认定的事实与他案诉讼待证事实间是否存在法律上的因果关系和逻辑上的可推定性，进而全面审查认定该案事实。

既判力应仅限于生效裁判文书的裁判结果，对于生效裁判文书裁判理由部分所认定的事实，则不宜从既判力的角度去理解，而应从生效裁判的事

〔1〕 最高人民法院民事判决书，(2011)民提字第68号。

实证明力的角度进行分析。此意即凡法院在先生效裁判认定的事实,具有免除后诉当事人举证责任的效力。但在后诉当事人具有相反证据足以推翻的情况下,后诉法院完全可以径行对有关事实进行独立确认,而不必等待生效裁判必须被撤销或变更后再行认定。

例如,最高人民法院在黄某军、富星公司合资、合作开发房地产合同纠纷案的裁判要旨部分这样阐述:“根据《民事诉讼法解释》第93条规定,已为人民法院发生法律效力的裁判所确认的事实,当事人无需举证证明。人民法院的生效裁判具有既判力,但该效力仅限于生效裁判的判项,对于‘本院认为’部分的认定,如有证据可以推翻的,在后裁判不受在先裁判的影响,人民法院可以根据当事人举证情况做出独立认定”。[1]

既判力原则上只及于与诉讼标的有关的理由,而不及于与诉讼标的无关的其他理由。裁判所认定的案件事实以及所依据的法律,不能认为有既判力。也就是说,法院对当事人之间法律关系性质的认定所遵循的原则是以事实为依据,以法律为准绳,不受当事人在对法律关系的性质及内容已经产生争议的情况下在诉讼程序中所作的陈述或表态的影响,也不因生效判决书的认定而无须证明,即法律关系的认定是法院依职权审查确定的,不属于“预决力”。作为案件代理人切不可轻易将已生效的前诉判决作为后诉的“铁证”,不能以为有前诉的判决即可一劳永逸地解决所有的诉讼问题;应在扎实做好案件基础分析的基础上,区分判决“既判力”和“预决力”的不同影响从而制定诉讼策略。

六、不可随意扩张生效裁判的既判力

如前所述,既判力应仅限于生效裁判文书的裁判结果,而裁判结果是通过严谨的诉讼程序和认定事实、证据,加以科学的逻辑推导,得出的具有唯一性结论。正如开篇所述,司法是公平正义的最后一道防线,处于社会治理的末端,而生效裁判文书的既判力正是其有力体现。裁判文书一旦生效,就对法院、当事人产生法律约束力,也是执行工作的法律依据。加之我国是中国特色社会主义法律体系,成文法典国家,受大陆法系影响,与英美判例法系存在差异,个案的裁判结果是独立的,因此生效裁判文书的既判力不能随

---

〔1〕 参见最高人民法院民事判决书,(2019)最高法民再384号。

意扩张。这不仅体现在刑法上，民法上也有明确体现。

刑法上未经法院审判，任何人不得确定有罪，一个人是否犯了罪，要有确实的证据来证明。但是在案件侦查阶段，仅有公安或者检察机关取得的证据，还不能判断其有罪。在检察机关向法院提起公诉前，将实施犯罪的人称为犯罪嫌疑人，起诉到法院以后称为被告人。犯罪嫌疑人、被告人不是罪犯，只是涉嫌犯罪。因为还要通过法院对案件整个过程进行全面的审理，包括对证据的认定，被告人还可以获得辩护，并作最后的陈述等，法院要经过慎重的合议庭合议，根据已经查明的案件事实、证据和有关法律的规定，最后作出判决。对于案件事实清楚、证据确实充分，依据法律认定被告人有罪的，应当作出有罪判决；依据法律认定被告人是无罪的，应当作出无罪判决；证据不足，不能认定被告人有罪的，应当作出证据不足、指控的犯罪不能成立的无罪判决。因此，一个案件最终有罪与否，是经过一个严谨的论证过程得出的结论，该结论是独特的、唯一的。因此，就一般情况而言，既判力具有个性鲜明特征，不宜扩张。

七、生效裁判已认定事实的预决力非绝对免证事实

预决力指前案判决认定的事实对后案待证事实的证明力。在一般情况下，无论英美法系还是大陆法系均赋予在先审理案件判决认定事实以预决力，大陆法系称为“一事不再理”，英美法系则称为“禁止双重危险”。这是基于公共利益的考虑。为防止当事人或控辩双方滥用诉讼制度，法律禁止当事人或控辩双方和法院再行起诉和重复审判，这便是既判力的消极效果，即一事不再理原则。预决力的内容包括“一致性”和“确定性”。一致性是指在同一事实点上后案所作的认定应与前案判决一致。确定性是指后案审理中，对于前案已经认定的事实，亦得到确定性的认定，主张该事实的一方当事人免予举证。但也不排除不能作为免证事实的情况。[1]

预决力是既判事实的效力，是前案判决认定的事实对后案待证事实的证明力。如果前案确定的事实与某一当前诉讼案件的待证事实有关联，则当然为有效证据，当事人无须举证证明其真实性和合法性，有学者将其称为

---

〔1〕 参见罗辅秦：《论既决事实》，载《娄底师专学报》2000 年第 1 期。

一种免证效力。[1] 既判事实的预决效力来源于生效裁判的效力。与既判事实的预决力直接相关的是生效判决的既判力，“（预决事实的）理论基础和依据来源于民事诉讼中的既判力理论”。[2]

生效裁判已认定事实的预决力，也有人称为既判力事实。生效判决所确定的事实，其确定性建立在司法判决的权威性基础之上，因而在通常情况下该事实不容当事人否定，正因如此，很多时候它也就成了免证事实。但免证事实只能是相对而言的，因为生效裁判认定的事实当然是法律事实，证据材料在法庭上通过证据的“三性”（客观情况下的真实性、与案件之间的关联性、取得形式的合法性）审查后，才会被筛选确定为可用证据。因此，生效裁判认定的事实在一定程度上是能作为免证事实使用的。如果当事人要推翻生效判决，必须先推翻生效判决所具有的法律效力，这对当事人来说无疑是非常难的。因为推翻生效判决必须通过再审程序，而再审程序的启动有严格的条件限制。证据法理论通常把既判力事实纳入既定的事实范畴。一旦既判力确定的事实构成诉讼的对象，法官就可以不用证据而直接确定事实，并可以直接驳回当事人的异议申请。在这里，只要法官对既判力事实进行直接认定，无须或不采纳当事人的证据证明，既判力事实就具有司法认知的功能，既判力事实就是无须证据证明的事实。

事实上，由于在先裁判已确认事实的证明力较强，当事人如无充分证据证明，实际很难推翻。但不可否认的是，如果届时当事人确有强有力的反证，在他案诉讼中进行举证予以推翻，亦属现行法律所准许。也就是产生相对预决力的效果，不会对当事人合法权益产生不可改变的影响，更不会对当事人合法权益产生确定、必然的损害。这也正是法院不支持对裁判结果无异议的当事人仅以不服裁判理由所认定的事实而提起上诉或申请再审的深层次原因所在。

八、认定生效裁判预决力需要注意的问题

预决力不是简单的“有无”，还包括“程度”“范围”等一系列深层次问

---

〔1〕 参见洪浩：《民事诉讼中预决事实的免证效力范围研究》，载《江汉论坛》2005 年第 5 期。

〔2〕 解庆利、王波峰、段晓博：《论刑事既判事实的预决力》，载《北京化工大学学报（社会科学版）》2008 年第 2 期。

题,并与证明责任、证明标准、自由心证等证据法的主要命题密切相关,需要注意以下几个方面:

第一,实体程序并重。新诉讼价值理念下,程序的地位不断提升,犯罪嫌疑人、被告人人权保障和正当法律程序成为诉讼文明的标志。在有些情况下,程序公正优先于实体公正,如非法证据排除规则、举证时限制度等的实施。在这种情况下,就不能武断地认为既判事实可以作为后案的证据,也不能认为在既判事实的认定过程中因违反程序未采纳的证据在后案中当然无效。因此,在正当程序理念支配下,不同法院对同一事实作出不同的认定或同一法院在不同案件中对同一事实作出不同的认定均是可能的。

第二,从客观真实到法律真实。我国证据法理论对证明标准的要求经历了客观真实说到法律真实说的嬗变。客观真实说要求判决认定的事实与客观真实完全吻合,既判事实的真实性不容置疑,对于其后发生的关联案件具有绝对的证据效力。基于举证责任分配理论和证明标准理论,当代诉讼法学者普遍认为对案件事实的认定难以达到客观真实状态,与客观真实不完全一致甚至相反是诉讼中的常态。因此,法律真实说应运而生。法律真实的哲学基础在于认识论的辩证法,其正当性基础派生于"正当程序原则"。在法律真实主义理念下,前案判决事实可能与客观真实不完全吻合,后案也就不应盲目跟从。

第三,我国三大诉讼法有不同的证明标准体系。预决力的强弱与证明标准紧密联系,也就是说,证明标准越高,既判事实与客观真实的距离越近,对后案的预决力就越强。刑事诉讼中实行案件事实清楚、证据确实充分的证明标准,一般概括为"排除合理怀疑"。民事诉讼和行政诉讼中的证明标准相对较低。民事诉讼证明标准可以参考国外通行的"优势证明"标准确定,而行政诉讼证明标准应介于刑事诉讼和民事诉讼之间或者接近刑事诉讼的证明标准。因此,刑事既判事实比民事、行政既判事实更接近客观真实,其预决力比较强。在司法实践中,已为法院发生法律效力的刑事裁判所确定的事实并非对所有民事案件都有预决力,这体现了刑事、民事判决中既判事实预决力的差异。我国刑事诉讼立法并没有涉及刑事既判事实的预决力问题,其法律依据只能在民事诉讼和行政诉讼立法中寻找。例如,最高人民法院《关于民事诉讼证据的若干规定》第10条规定:"下列事实,当事人无须举证证明:(一)自然规律以及定理、定律;(二)众所周知的事实;(三)根据法律规定推定的事实;(四)根据已知的事实和日常生活经验法则推定出的另一事实;(五)已为仲裁机构的生效裁决所确认的事实;(六)已为人民法院发生法律效力的裁判所确认的基本事实;(七)已为有效公证文书所证明的事实。前款第二项至第五项事实,当事人有相反证据足以反驳的除外;第六项、第七项事实,当事人有相反证据足以推翻的除外。”又如,最高人民法院《关于行政诉讼证据若干问题的规定》第70条规定:“生效的人民法院裁判文书或者仲裁机构裁决文书确认的事实,可以作为定案依据。但是如果发现裁判文书或者裁决文书认定的事实有重大问题的,应当中止诉讼,通过法定程序予以纠正后恢复诉讼。”

第三节　诉讼中不必提出证据证明的事实

一、免证事实的范围

无论是刑事案件还是民事案件,在处理过程中对基本事实的认定是最终合理判罚的基础,法庭审理的重要目的之一就是要解决案件事实认定的问题,查清涉案基本事实。当然,案件事实本身是一个已经发生的状态,在很多情况下不复存在,如何还原,就是当事人双方或者控辩双方的主要课题。在司法实务中,刑事案件控方负责指控被告人构成犯罪并对其指控承担举证责任,在民事案件中起诉人一般情况下对其诉求和主张的基本事实承担举证责任。当然,在特殊案件中会出现举证责任倒置的情形,如环境污染、高空坠物等侵权案件中要求加害方承担证明自己没有实施加害行为的举证责任,工伤案件中职工或者其近亲属认为是工伤,用人单位不认为是工伤的,由用人单位承担举证责任等情况。但是,基于刑事案件和民事案件不同的证明标准,对于案件事实认定要求不尽相同。例如,民事案件中以当事人自认作为基础的案件事实可以直接单独地构成定案的依据,但刑事案件中仅有被告人的有罪供述,没有其他证据印证的,一般不能仅凭口供认定被告人有罪和处以刑罚。其中隐含的刑事案件证明标准要求“案件事实清楚,证据确实、充分”,需要排除一切合理怀疑,而民事案件证明标准则是“确信待证事实的存在具有高度的可能性的,应当认定事实存在”。

基于刑事案件和民事案件类型不同，证明标准存在差异，庭审中不必提出证明的事实也存在差异。基于此差异，民事相关法律法规中明确规定了关于免证的情形；刑事法律法规中并没有明文规定，而是需要法官基于相关其他意见、裁判精神和经验去综合裁量。

结合司法实践，在法庭审理中，不必提出证据证明的事实主要包括法律规定的推定事实、为一般人共同知晓的常识性事实、法院生效裁判所确认且未依审判监督程序重新审理的事实、法律法规的内容以及自然规律和定理。具体如下：

第一，法律规定的推定事实。这类事实是基于法律的明确规定，无须额外证据即可认定。例如，某些法律条文可能规定了特定情况下的事实推定，如失踪满一定年限可推定死亡等。

第二，为一般人共同知晓的常识性事实。这类事实是普遍被社会大众所了解或接受的事实，无须通过证据来证明。例如，太阳每天东升西落等常识性事实。

第三，法院生效裁判所确认且未依审判监督程序重新审理的事实。这类事实已经经过法院的审理并作出判决，且该判决已经生效，因此无须再次提供证据来证明。但需要注意的是，如果该判决被审判监督程序撤销或改判，则相关事实可能需要重新证明。

第四，法律法规的内容。法律法规本身作为规范社会行为的准则，其内容和适用等属于审判人员履行职务所应当知晓的事实，因此无须提供证据来证明。

第五，自然规律和定理。这类事实是基于自然界的客观规律或科学定理，无须通过证据来证明，如物理定律、化学定理等。

二、刑事诉讼中不必提出证据证明的事实

我国的《刑事诉讼法》及相关司法解释均没有明确规定不需要证据证明案件事实的情形，但2019年最高人民检察院发布的《人民检察院刑事诉讼规则》从公诉机关举证的角度对不必提出证据证明的案件事实进行了规定。《人民检察院刑事诉讼规则》第401条规定，在法庭审理中，下列事实不必提出证据进行证明：（1）为一般人共同知晓的常识性事实；（2）法院生效裁判所确认并且未依审判监督程序重新审理的事实；（3）法律、法规的内容以及适

用等属于审判人员履行职务所应当知晓的事实;(4)在法庭审理中不存在异议的程序事实;(5)法律规定的推定事实;(6)自然规律或者定律。

同时,据不完全统计,一些地方司法机构为准确打击犯罪,尊重和保障人权,确保刑事案件质量,提高刑事诉讼效率,根据《刑事诉讼法》、《公安机关办理刑事案件程序规定》、《人民检察院刑事诉讼规则》、最高人民法院《关于适用〈中华人民共和国刑事诉讼法〉的解释》的有关规定,结合各省份刑事诉讼工作实际,就刑事证据的审查、采信问题分别以联合制定意见的形式对免证事实作出特别的规定。例如,江苏省高级人民法院、江苏省人民检察院、江苏省公安厅、江苏省司法厅在2008年共同研究制定的《关于刑事案件证据若干问题的意见》第3条列举了无须举证证明的事实,具体包括:(1)众所周知的事实;(2)自然规律及定理;(3)国内法律及其有效解释;(4)法律、司法解释规定的推定事实;(5)法院刑事生效裁判所确认的并且未依审判监督程序重新审理的事实,但确有证据推翻的除外。广东省高级人民法院、广东省人民检察院、广东省公安厅在2010年共同制定并印发了《关于刑事证据若干问题的指导意见》,其中第2条列举了无须举证证明的事实,具体包括:(1)众所周知的事实;(2)自然规律及定理;(3)国内法律及其立法、司法解释;(4)法律规定的推定事实。虽然相关表述细节有所差异,但其实质一致。

上述相关规定,在司法实践中可以参考借鉴。

三、民事诉讼中不必提出证据证明的事实

关于我国民事司法领域对民事案件法庭审理中不必提出证据证明的事实,早在2001年12月6日由最高人民法院审判委员会第1201次会议通过的最高人民法院《关于民事诉讼证据的若干规定》第9条中就有列举,具体包括:(1)众所周知的事实;(2)自然规律及定理;(3)根据法律规定或者已知事实和日常生活经验法则,能推定出的另一事实;(4)已为法院发生法律效力的裁判所确认的事实;(5)已为仲裁机构的生效裁决所确认的事实;(6)已为有效公证文书所证明的事实。上述第1、3、4、5、6项,当事人有相反证据足以推翻的除外。对该规定的修改决定又于2019年10月14日由最高人民法院审判委员会第1777次会议审议通过,自2020年5月1日起正式施行。最高人民法院《关于民事诉讼证据的若干规定》第10条对免证事实的

列举做了细微调整，对部分条款表述进行了合并，但是本质上没有变更。其具体包括：(1)自然规律以及定理、定律；(2)众所周知的事实；(3)根据法律规定推定的事实；(4)根据已知的事实和日常生活经验法则推定出的另一事实；(5)已为仲裁机构的生效裁决所确认的事实；(6)已为法院发生法律效力的裁判所确认的基本事实；(7)已为有效公证文书所证明的事实。前款第2项至第5项事实，当事人有相反证据足以反驳的除外；第6项、第7项事实，当事人有相反证据足以推翻的除外。

刑事案件和民事案件法庭审理中的免证事实不尽相同。例如，在民事案件中，根据已知的事实和日常生活经验法则推定出的另一事实、已为有效公证文书所证明的事实等均可以作为免证事实；但刑事案件的处理关乎被告人的生命、自由等最基本的人权，因而不同于民事案件采用了更高的证明标准，需要依据法律规定的推定事实才可以作为免证事实。

司法程序是解决纠纷的特定方式，无论是控辩双方还是原、被告，都需要在这个程序中投入大量的时间和精力。为了保证司法裁决的公平正义，就需要保证诉讼程序的正义，其中庭审中最重要的一环就是举证、质证。如果对于众所周知的事实、自然规律及定理、法律规定的推定事实还需要一方去举证证明，势必会造成各方人力、物力、财力及司法资源的浪费。对于特定的事实予以免证，既可以避免对相关事实认证过于宽松而带来的事实认定错误的风险，又能极大地提高司法效率。

第四节　刑民交叉案件中刑民证据的互认

一、刑民交叉案件不同审理模式下的证据互认

在刑民交叉案件中，证据互认问题尤为复杂且关键。刑事诉讼法和民事诉讼法在证据分类上略有不同，但实质上涵盖了相同的证据种类。在进行证据互认时，证据可以以其原本面目出现，不存在证据形式转化的问题。例如，刑事证据中的被害人陈述，犯罪嫌疑人、被告人供述和辩解对应的是民事证据中的当事人陈述；刑事证据中的侦查试验在民事中没有对应项，但可以作为鉴定意见的一种在民事诉讼中予以吸收；刑事诉讼中的辨认笔录

在种类上可以与民事证据中的当事人陈述、证人证言相对应。在证据互认方面,民事诉讼通常尊重刑事审判的结论,对支撑基础事实的证据一般仅进行形式审查;而刑事部分的审理则需对民事判决及证据进行实质审查。这种互认规则旨在提高诉讼效率,减少当事人的诉累,同时保障诉讼的公正性。

刑民交叉案件在审理模式上存在"先刑后民""先民后刑""刑民并行"等不同类型,本节主要讨论"先刑后民""先民后刑"两种审理模式下的证据互认规则。

在"先刑后民"审理模式中,刑事案件认定的事实对于民事案件的审理具有一定的拘束性,如不一致,会导致法律逻辑矛盾,也与民众的一般认知不符,所以要考虑刑事、民事判决结果的一致性、协调性以及社会效果。在后续的民事案件审理中,对于基本法律事实的认定就倒向了刑事事实,而在证据的审查方面,当事人只需就其基本诉求提供对应的证据。《刑事诉讼法解释》第 188 条规定:"附带民事诉讼当事人对自己提出的主张,有责任提供证据。"《民事诉讼法》第 67 条第 1 款规定:"当事人对自己提出的主张,有责任提供证据。"但实际上,在刑事附带民事案件中,因证明案件事实的证据已被公安机关、检察机关收集,证明案件基础事实部分的举证责任在公诉机关一方,附带民事诉讼原告人往往是仅就提出的赔偿数额提供证据,法院对刑事部分的证据审查得出的结论,同时也确认了民事部分的事实。

随着社会的发展和私权观念的强化,"先刑后民"的观念也发生了动摇。近年来不断有学者对"先刑后民"模式的合理性提出疑问,认为并非所有刑民交叉案件都应走"先刑后民"之路,呼吁"刑民并行"或者"先民后刑"模式,避免当事人被剥夺了程序选择权,被排除在诉讼之外或者恶意利用"先刑后民"达到"以刑止民",防止私权无法及时救济。

司法实务中也确实存在"先民后刑"的处理模式。例如,在涉及虚假破产案件中,当隐匿、转移或处分财产的价值未达到刑事立案标准金额,而案件尚处于破产审理阶段时,职工工资、社会保险费用和法定补偿金等能否得到及时清偿存在不确定性。此时,民事审理认定的结果对于该案件是否构成犯罪具有决定意义。

因此,在刑民交叉案件的审理中,一般情况下,对认定基本案件事实的证据可以实现互认。在"先刑后民"审理模式中,据以认定刑事事实的证据在民事案件的审理中就没有必要再次审查，也不需要当事人再次提供原始证据证实诉求的基础事实，法院作出民事判决所依据的只是刑事判决中认定的事实；在“先民后刑”审理模式中，民事证据甚至裁判结果也可能成为刑事判决的依据。

不同的审理模式下，证据互认的情况并不相同。同时，由于民事诉讼和刑事诉讼不同的证明标准，实际上证据互认的范围不能及于全部证据。

二、刑民交叉案件证据互认的基本条件

前文已有述及，理论上，证据材料能够成为证据，要经过证据“三性”的考验：客观真实性、证据关联性、证据合法性。无论何种类型的证据，无论民事或刑事案件中的证据，都必须具有这三个特征，方能为认定事实、区分责任或者定罪量刑进行诉讼证明。在刑事诉讼或民事诉讼中，所出具的证据总是要证明案件的某一部分事实，而该事实必定又与诉讼目的相关，如在民事诉讼中与要求对方当事人承担责任有关，在刑事诉讼中与认定被告人有罪与否、刑罚轻重有关。证据与责任密切相关，其中的关联就是要明确待证事实，无论是民事案件还是刑事案件的证据都具有这样的价值。在确保证据能力和证明力的前提下，民事证据可以作为认定事实的依据，刑事证据当然也可以。证据实现互认也就得以实现。在刑民交叉案件中，刑事判决所认定的事实直接为民事诉讼所采纳。因为一般情况下，刑事诉讼的证明标准更高，对事实的审查更为严格，在此条件下认定的事实更为精确，所以其可以直接被采纳。

在法律规定方面，刑事诉讼法和民事诉讼法都未对裁判文书或者裁判文书确认的证据在不同诉讼模式中切换作出明确规定，但从概括性的规定中还是可以找出适用的依据。《刑事诉讼法》第 50 条规定，可以用于证明案件事实的材料，都是证据，而作为定案的根据，证据必须经过查证属实。这是对刑事证据的最全面表述，实际上就是要求将与案件事实有关的材料都作为证据进行收集，只要与案件事实有关，即使涉及民事事实也应作为刑事案件的证据。为保证法院查明事实，分清是非，《民事诉讼法》第 67 条不仅规定了当事人的举证责任，还对法院作出了要求，赋予了法院依职权收集调查证据的权利。在涉及刑事案件的情况下，证据必须查证属实，才能作为认定事实的根据，如需实质审查，则刑事诉讼中的证据必须再次举证和查证，

方能作为认定事实的根据。

三、刑民交叉案件证据互认范围

《刑事诉讼法》将证据分为物证,书证,证人证言,被害人陈述,犯罪嫌疑人、被告人供述和辩解,鉴定意见,勘验、检查、辨认、侦查实验等笔录及视听资料、电子数据等八种,涵盖刑事证据的所有种类;民事诉讼法将证据分为当事人的陈述、书证、物证、视听资料、电子数据、证人证言、鉴定意见及勘验笔录八种。二者虽然在表述上不同,但在实质上并无不同。排除在表述上一致的书证、物证、视听资料、电子数据、证人证言、鉴定意见及勘验笔录,刑事证据中的被害人陈述及犯罪嫌疑人、被告人供述和辩解对应的是民事证据中的当事人陈述;刑事证据中的侦查实验在民事中没有对应项,这是因为刑事诉讼和民事诉讼参与的主体不同导致的,但该证据在民事诉讼中可以作为鉴定意见的一种予以吸收;刑事诉讼中的辨认笔录是被告人、被害人或者证人对于相关人员或者地点所作的辨认,在种类上可以与民事证据中当事人的陈述、证人证言相对应。因此,在进行证据互认方面,上述证据可以以其原本面目出现,不需要证据转化。

四、刑民交叉案件证据互认规则

在刑民交叉案件中,刑事诉讼中的哪些证据能被民事诉讼所认可?民事诉讼中的哪些证据又能为刑事诉讼所采纳?《民事诉讼法解释》第 93 条赋予生效判决中事实认定在民事诉讼中无差别的免证效力存在一定的局限性,最高人民法院《关于民事诉讼证据的若干规定》第 10 条的新规定仍不能解决这一问题,因此需进一步对具体的证据互认规则进行构建。构建证据互认规则应以尊重各自诉讼规律和价值,进一步区分定案证据和非定案证据,并对不符合证据"三性"的非法证据一体排除为基本原则。对于判决主文和事实认定的互认,因两种诉讼证据采信标准不同,不同的诉讼应有不同的结论。刑事自诉案件应区别于民事诉讼对证据严格审查,同时民事自认在刑事诉讼中应有限制地予以承认。结合司法实践,总结以下几方面的证据互认规则:

第一,民事诉讼应尊重刑事裁判的结论,对刑民牵连的基础事实的证据一般仅需形式审查。在刑事诉讼中,取证工作一般都是由公安机关或者检察机关负责，经过公检法三家的审查，证据材料符合证据的“三性”才能作为证据在庭审中进行质证，且刑事案件的证明标准较高，即使被告人自愿认罪，在没有其他证据佐证的情况下，都不得认定构成犯罪，这与民事诉讼存在显著不同。在后续的民事审理过程中，对于刑事裁判中采用的证据，可以因为与当事人主张没有关联性而不予采纳，但一般不得推翻其证据能力，且“不允许民事法官无视刑事法官就构成民事诉讼与刑事诉讼之共同基础的犯罪事实的存在、其罪名以及对受到归咎的人是否有罪所作出的必要而肯定的决定”。[1] 也就是“先刑后民”模式下，对于刑事诉讼认定有罪的裁判，民事诉讼不得作出无责判决，在一些刑事判决认定被害人对于案件的发生存在过错的情形下，民事审理还要考虑过错大小进行责任分配。当然，前述互认是基于一般情况而言，根据相关规定，当事人有相反证据足以推翻的除外。

第二，刑民交叉案件刑事部分的审理，需对民事判决及证据进行实质审查。有观点认为，“已发生法律效力的法院裁判所确定下来的事实也叫‘预决事实’。该事实之所以免证，一是为了避免对已经为法院所认定的事实再次进行证明，造成了司法资源的重复浪费；二是可以避免法院对同一事实在不同的判决中作出相互矛盾的认定”。[2] 而且刑事的证明标准要高于民事的证明标准，虽然在证据“三性”方面无须再次审查，但是从证明标准角度来看，还要再次进行审查，即民事生效裁判对刑事诉讼并不必然有拘束力，尚需按照证明标准对证据进行审查，重新确定案件的事实，但在审查时不能直接将民事生效裁判的内容照搬适用，可以按照鉴定意见的标准进行审查。对于民事判决已经认定的主体事实，在没有相反证据或者与全案其他证据存在矛盾的情况下，可予以采纳；对于其他事实证据，需要按照刑事诉讼的证明标准进行实质性审查。

第三，刑事附带民事诉讼中，在刑事和民事部分应适用各自的证明标准。在刑事附带民事诉讼中，刑事和民事部分在一起审理，是否适用同样的证明标准？如果同样一份判决，适用不同的证明标准，就可能会出现不一致

---

〔1〕［法］卡斯东·斯特法尼、［法］乔治·勒尼索、［法］贝尔纳·布洛克：《法国刑事诉讼法精义》，罗结珍译，中国政法大学出版社 1999 年版，第 66 页。

〔2〕黄基盛、刘元见：《民事上的宣告死亡可以作为刑事上认定犯罪事实的证据——兼论我国刑事诉讼的证明标准》，载《广西政法管理干部学院学报》2008 年第 2 期。

的认定。但如果适用同样的证明标准，对附带民事诉讼原告人来说就不公平，因为附带民事诉讼从本质上讲还是民事侵权行为之债，如果适用刑事证明标准，可能导致刑事部分因社会危害性显著轻微被认定无罪，而民事部分亦随之判定无责的情况。这既与民事法律精神不符，也对被害人一方极为不利，有违公平正义的原则。

第四，刑民交叉案件民事部分的审理，自认范围和效力应受到限制。审理单独的民事案件，一方当事人对于自认的事实要承担责任，对方当事人不用承担举证责任。但是，在刑民交叉案件中，如果被告人基于包庇他人的目的将犯罪行为独自揽下，在证据确实、充分的情况下，这种辩解不会被采纳，可以根据证据确定被告人无罪或者认定其他被告人构成犯罪。但如果按照自认原则判令被告人独自承担民事赔偿责任，当被告人缺乏赔偿能力时，易导致被害人的权利无法得到全面保障。所以，对于刑民交叉案件，尤其是在刑事判决被告人无罪的情况下，要分清是因为证据不足而无罪还是因为行为的社会危害性显著轻微而无罪，即被告人一方的自认要受到一定限制，其自认效力可能相应减弱。

在刑事案件审理中，被告人在公安机关侦查期间甚至庭审过程中常会出现翻供现象，对案件事实的供述前后不一。如果不涉及罪与非罪的问题，仅是在量刑情节上存在反复，刑事审判中不予认定的事实，依照民事证明标准可以进行认定的，就可以按照自认原则进行处理。如果涉及罪与非罪或者涉及其他人犯罪，就要考虑自认效力，在刑事判决中未予确认的基础事实，民事审理中还应尊重刑事判决的认定，不可仅凭被告人的供述就草率认定。[1]

第五，刑民交叉案件对非法证据应统一排除。在刑事案件审理中，不可避免会遇到非法证据该如何排除、依照何种标准进行排除等问题。《刑事诉讼法解释》对此作了详细规定，但民事法律规定对此并未作出明确表述。从证据与证据材料的区别来看，刑民交叉案件对非法证据的审查应采用统一的标准，在前诉环节被排除的证据，不得在后诉环节中作为证据出现。

---

〔1〕 参见张超：《刑事与民事证据互认规则——以刑民交叉案件为视角》，载《人民司法（应用）》2018 年第 10 期。

第五节　民事合同主体构成刑事犯罪后所涉民事合同效力

一、合同效力认定存在的争议及处理路径

由于我国缺乏对刑民交叉案件中合同效力认定的统一法律规范，无论在理论上，还是在司法实践中，针对民事合同一方主体构成刑事犯罪后合同效力认定这一问题，不仅产生了混乱的结论，还出现了很多司法机关不一致的裁判结果。当事人的合法权益无法得到保障，司法权威性和统一性也受到了极大影响。当前针对刑民交叉案件中合同效力认定，存在无效说、有效说和可撤销说三种观点。

（一）无效说

该观点认为，合同一方主体在签订合同时具有不法目的，所签订的合同也是实现其不法目的的手段，因此应一律认定合同无效，这是司法实践中常见的判决结果。

认为合同无效，通常会有以下几种依据：(1)犯罪主体一方与相对方签订合同，主观目的并非实现交易，而是非法占有财产，因此不具有交易的真实意思表示，缺乏合法合同的构成要件，合同无效。(2)合同主体一方以欺诈或其他违法手段与相对方订立合同，因其行为触犯刑法构成犯罪，此时，交易行为作为刑事犯罪客观要件的一部分，应被法律所禁止。刑法作为最严厉的强制性规范，在此情形下，合同因其行为和目的违反法律、行政法规的强制性规定而被认定无效。(3)虽然合同效力以民事法律规范确定，但一方行为若涉及刑事犯罪，除另一方的个人权益受损外，必然会损害国家或社会利益，因此合同无效。(4)刑民交叉案件必须要保证法律评价的统一性，若刑事判决认定行为人犯罪，民事判决再认定合同有效，必然导致刑民法律评价逻辑上的矛盾和混乱。(5)若刑事判决判令行为人犯罪，受害人的损失将从退赃、退赔的法定程序中获得补偿。若犯罪人无财产可供执行，无法一次性足额赔偿或补偿，日后再发现其有新的财产，可以继续执行。民事判决

再判令合同有效并予以执行无意义,还可能会让债权人获得重复赔偿。

（二）有效说

这是目前理论中倾向的观点,但在司法实践中仍为保守做法。认为合同有效的依据有:(1)根据刑法谦抑性原则,避免刑法介入民事经济纠纷。刑法保护的法益为更宏观的国家、社会等公共利益,民法保护的是更为具体的平等主体之间的权益。在刑法、民法各司其职保护各自领域的同时,也要避免刑法过于干扰、插手民法的私法领域。民事合同属于私法领域,若因违反《刑法》规定而一律认定为无效,则体现公法对私法的过度干预,如果不存在违反《民法典》的情形,即使民事案件一方或双方基于同一事实被认定为犯罪,民事合同不能必然无效。(2)对合同效力的判断,不仅代表着合同当事人的权益,更代表着市场经济交易秩序。谨慎判定民事合同的效力,是尊重当事人合法权益的表现,也是保障市场交易秩序的体现。因为认定合同有效后,债权人有权基于合同索要利息、追究违约责任等,还可以向保证人要求承担保证责任等,这样能够最大限度地保障债权人合法权益,彰显公平原则,维护市场秩序稳定。(3)若合同无效,则会导致犯罪行为人以外的保证人、被代理人等以借款人涉嫌犯罪为由逃避应尽的法律责任。因为刑事犯罪并不涉及从合同担保合同,在犯罪行为人被采取刑事措施后,债权人一般将担保人、保证人等诉至法庭,要求承担民事责任,但担保合同、保证合同为从合同,主债务合同为主合同,保证人、担保人往往会以主债务合同涉及犯罪无效,从合同也以无效为由,拒绝承担责任,这不利于充分保护债权人的权益,故从善意债权人、市场经济秩序角度来看,也应当认定民事合同有效。

（三）可撤销说

该观点主要针对非法集资、合同诈骗类案件。在这类案件中,一方以签订合同的合法外观,掩盖非法占有财产的非法目的,并以欺诈手段导致另一方陷入错误的意识并在非真实意思表示下处分财产。这类案件中只有一方涉及刑事犯罪,如果将刑事规定强加给受害一方,不仅超越了规范和适用的边界,还会对交易秩序造成负面影响。因此,根据《民法典》第 148 条的规定,在一方以欺诈手段,使对方在违背真实意思的情况下实施民事法律行为时,受欺诈方有权请求法院或者仲裁机构予以撤销。可撤销说和无效说的不同在于,可撤销说给予受害一方充分的可选择权,充分尊重受害一方的意思自治,对于选择撤销的结果,合同自始归于无效,若不选择撤销,则合同有效,从而最大限度救济被欺诈的受害一方。

本书认为,认定合同效力应从维护当事人权益的角度出发,不宜简单地因涉及犯罪而认定合同无效。如果认定合同无效,则可能既不利于实现打击犯罪和保护被害人的刑法目的,也可能给被害人造成“二次伤害”。因此,无论合同是否涉及犯罪,都应当以民法典及其他民事法律关于民事法律行为效力的规定为依据,结合合同的履行情况、当事人的意思表示、过错程度具体分析。鉴于刑民交叉案件中合同效力认定的复杂性、争议性,应回归民法典的根基,以民法的视角为首要考量,兼顾刑法的特殊要求,需要根据具体案件情况和法律规定进行综合判断,确保个案正义的同时,维护法律体系的稳定性和权威性。

二、通过现有法律规范的变化来看合同效力问题

在《合同法》(已失效)框架下,关于刑民交叉案件中合同效力的认定存在较大的争议,主要围绕“以合法形式掩盖非法目的”而无效之争。然而,随着《民法典》的实施,这一规定被删除,取而代之的是“因虚假的意思表示”而无效的规定。这一变化使得在诈骗或合同诈骗刑事犯罪下直接涉及的合同效力认定更加明确。具体而言,如果是诈骗实施人单方行为,一般不会影响合同的效力;但如果是双方恶意或存在通谋行为,则会认定合同无效。

《民间借贷规定》也对此类问题作出了明确规定。该司法解释第 12 条指出:“借款人或者出借人的借贷行为涉嫌犯罪,或者已经生效的裁判认定构成犯罪,当事人提起民事诉讼的,民间借贷合同并不当然无效。人民法院应当依据民法典第一百四十四条、第一百四十六条、第一百五十三条、第一百五十四条以及本规定第十三条之规定,认定民间借贷合同的效力。”该规定进一步强调了刑民交叉案件中合同效力认定的复杂性,并明确了合同效力并非当然无效的原则。

此外,2019 年 11 月 8 日,最高人民法院发布《九民会议纪要》,在“十二、关于刑民交叉案件的程序处理”部分有了新的倾向性意见,主要分为以下几种程序上的处理方式。

(一)刑、民分别审理

《九民会议纪要》第 128 条规定,同一当事人因不同事实分别发生民商事纠纷和涉嫌刑事犯罪,民商事案件与刑事案件应当分别审理,主要有下列情形:(1)主合同的债务人涉嫌刑事犯罪或者刑事裁判认定其构成犯罪,债权人请求担保人承担民事责任的;(2)行为人以法人、非法人组织或者他人名义订立合同的行为涉嫌刑事犯罪或者刑事裁判认定其构成犯罪,合同相对人请求该法人、非法人组织或者他人承担民事责任的;(3)法人或者非法人组织的法定代表人、负责人或者其他工作人员的职务行为涉嫌刑事犯罪或者刑事裁判认定其构成犯罪,受害人请求该法人或者非法人组织承担民事责任的;(4)侵权行为人涉嫌刑事犯罪或者刑事裁判认定其构成犯罪,被保险人、受益人或者其他赔偿权利人请求保险人支付保险金的;(5)受害人请求涉嫌刑事犯罪的行为人之外的其他主体承担民事责任的。审判实践中出现的问题是,在上述情形下,有的法院仍然以民商事案件涉嫌刑事犯罪为由不予受理,已经受理的,裁定驳回起诉。对此,《九民会议纪要》明确要求应予纠正。

分别审理的情形,是针对受害一方对刑事犯罪主体之外的主体依据民事法律关系要求承担民事责任的情形。在同一当事人基于不相同的法律事实分别触犯了刑事法律而构成刑事犯罪行为和违反民事法律而产生民商事纠纷的情形下,法院对于正在审理过程中的民商事纠纷案件不得作出裁定中止民事诉讼程序,而是应该继续审理民商事纠纷,刑事案件应该与此分开进行。

该条款并未直接回答民事合同的效力问题,但间接地从程序变化来看,认可了不能因涉嫌刑事案件必然导致民事合同无效的结论,但对于民事合同是否有效、债权人的诉求能否获取支持,应当依据具体的民事法律规定予以审查,属于一种折中型的解决办法。

(二)涉众型犯罪中先行解决刑事问题

《九民会议纪要》第 129 条规定,涉嫌集资诈骗、非法吸收公众存款等涉众型经济犯罪,所涉人数众多、当事人分布地域广、标的额特别巨大、影响范围广,严重影响社会稳定,对于受害人就同一事实提起的以犯罪嫌疑人或者刑事被告人为被告的民事诉讼,法院应当裁定不予受理,并将有关材料移送侦查机关、检察机关或者正在审理该刑事案件的法院。受害人的民事权利保护应当通过刑事追赃、退赔的方式解决。正在审理民商事案件的法院发现有上述涉众型经济犯罪线索的,应当及时将犯罪线索和有关材料移送侦查机关。侦查机关作出立案决定前,法院应当中止审理;作出立案决定后,应当裁定驳回起诉;侦查机关未及时立案的,法院必要时可以将案件报请党委政法委协调处理。除上述情形法院不予受理外,要防止通过刑事手段干预民商事审判,搞地方保护,影响营商环境。

该条款明确了涉众型犯罪的特殊性。民间借贷的民事法律事实与非法集资的罪行不属于同一事实,但由于此类案件的涉案人员多、范围覆盖面广、涉及数额巨大,如果处理不当会对社会稳定造成不利影响。而且在追赃方面,如果司法机关在侦办案件过程中还未通过专业的审计机构完全审计出全部投资人的人数和投资金额的情况下,就允许民事上的私下清偿,将导致对于其他大多数人的不公。出于公平和效率等因素的考虑,将涉众型经济犯罪刑民交叉案件程序做了特殊处理,即此类型案件的处理不考虑是否属于同一事实,先行解决刑事问题,有利于受害人的统一受偿。这些规定对于处理该类复杂案件具有非常明显的指导作用。

综上所述,虽然目前法律规范对刑民处理程序问题作出一定的折中措施,但我国现行法律体系尚未对民事合同主体构成刑事犯罪时的民事合同效力问题作出统一规定。随着刑民交叉案件越来越多,涉及面也越来越宽,建议重新审视刑民交叉案件中合同效力的认定。公检法三部门应就刑民交叉案件的移送等问题加强沟通,并出台相关意见,统一认定标准。

第五章 刑民交叉常见问题的判断边界及处理思路

第一节 刑民交叉之刑事涉案财物

一、刑事涉案财物的法律概念及范围界定

在刑民交叉案件实体问题处理中，不仅要考虑犯罪嫌疑人的定罪量刑问题，还要对涉案财物的认定和处置等相关问题予以高度重视。涉案财物关系着被告人、被害人合法财产利益的保护，还可能涉及案外人的财产利益，且这几者之间紧密关联。在司法实务中，围绕涉案财物，各方之间常常发生争议和冲突。有些案件中，对被害人或者利害关系人财物的认定与处置的重要性甚至高于定罪量刑这一环节。但与之相反的是，无论是在立法中还是在司法中，对被害人权利、涉案财物的关注较之定罪量刑而言还存在众多不足。2013 年，党的十八届三中全会通过了《中共中央关于全面深化改革若干重大问题的决定》，决定指出“进一步规范查封、扣押、冻结、处理涉案财物的司法程序”，对于涉案财物的“查封、扣押、冻结”提出了明确的要求。2015 年，中共中央办公厅、国务院办公厅印发《关于进一步规范刑事诉讼涉案财物处置工作的意见》，对财物处置程序作出了原则性规定。可见，无论是从国家宏观层面还是司法实践微观层面来看，刑事涉案财物涉及民事权益的保护，都引起了各界的极大关注。

"涉案财物"严格来讲本身并非一个专业的法律术语,我国现行《刑法》《刑事诉讼法》均未对刑事涉案财物给出确切的法律定义。《刑事诉讼法》第292条、第298条和第300条虽然使用了"涉案财产",而非"涉案财物",但并未明确其具体含义。理论界和实务界也没有形成统一的概念认知,并且往往与"查封、扣押、冻结之物""赃款赃物""违法所得"等混同使用。通过中国裁判文书网进行检索,不乏大量刑事判决书使用"涉案财物"这一表述,也有大量刑事判决书使用了"涉案财产"的表述,还有部分刑事判决书使用了"违法所得"的表述。可见,司法理论界和实务界对刑事涉案财物的概念也存在标准不一的现象。

刑事诉讼中涉案财物的范围主要包括犯罪工具、与犯罪相关的违禁品、因犯罪而产生的违法所得、被害人的合法财物。《刑法》第64条规定了对涉案财物的处理原则:犯罪分子违法所得的一切财物,应当予以追缴或者责令退赔;对被害人的合法财产,应当及时返还;违禁品和犯罪所用的本人财物,应当予以没收。没收的财物和罚金,一律上缴国库,不得挪用和自行处理。可见,刑法在实体层面将"刑事涉案财物"限定为:违法所得、违禁品和犯罪工具。《公安机关涉案财物管理若干规定》第2条规定:"本规定所称涉案财物,是指公安机关在办理刑事案件和行政案件过程中,依法采取查封、扣押、冻结、扣留、调取、先行登记保存、抽样取证、追缴、收缴等措施提取或者固定,以及从其他单位和个人接收的与案件有关的物品、文件和款项,包括:(一)违法犯罪所得及其孳息;(二)用于实施违法犯罪行为的工具;(三)非法持有的淫秽物品、毒品等违禁品;(四)其他可以证明违法犯罪行为发生、违法犯罪行为情节轻重的物品和文件。"该规定将"与案件有关的物品、文件、款项"均纳入刑事涉案财物范畴,该范围也比较笼统,实务中对涉案财物进行认定和处置时弹性过大,司法机关可能会将部分不具有证据作用的案外人合法财物也纳入证据保全的范围,导致案外人程序救济难度非常大。

司法实践中,涉案财物争议较大的是违法所得的认定。被告人的违法所得常常与个人、企业的合法财产或家庭财产混同,并非可以简单进行区分,而侦查机关出于打击违法犯罪的目的,防止被告人将非法收益转移,对涉案财物一般会一律先行查封、扣押、冻结,并不区分与案件有关的被告人或第三人的合法财产。由此导致的后果就是后期申请解封、解冻较为困难,因为解封错误的后果比查封错误的后果严重,这样的操作模式严重影响了相关人员的权益。

《刑事诉讼法解释》第 18 章专章规定了涉案财物处理，其中第 443 条规定："被告人将依法应当追缴的涉案财物用于投资或者置业的，对因此形成的财产及其收益，应当追缴。被告人将依法应当追缴的涉案财物与其他合法财产共同用于投资或者置业的，对因此形成的财产中与涉案财物对应的份额及其收益，应当追缴。"基于该规定原则，对于违法所得的衍生之物，应当予以追缴和没收，这也符合"任何人不能因犯罪获利"的基本法理。但是，以违法所得和合法财产一并投资所获收益，如何区分份额是难点。在司法实务中，被告人用违法所得和第三人合法财产共同投资的收益，且有些投资还包含人力、智力的投入，确定其来源、性质、权属非常关键，在法庭审理时应当充分保障各方当事人举证质证权利。

二、刑事涉案财物之善意取得

2011 年发布的最高人民法院、最高人民检察院《关于办理诈骗刑事案件具体应用法律若干问题的解释》第 10 条第 2 款规定："他人善意取得诈骗财物的，不予追缴。"2014 年发布的最高人民法院《关于刑事裁判涉财产部分执行的若干规定》（以下简称《涉案财产执行规定》）第 11 条规定："被执行人将刑事裁判认定为赃款赃物的涉案财物用于清偿债务、转让或者设置其他权利负担，具有下列情形之一的，人民法院应予追缴：（一）第三人明知是涉案财物而接受的；（二）第三人无偿或者以明显低于市场的价格取得涉案财物的；（三）第三人通过非法债务清偿或者违法犯罪活动取得涉案财物的；（四）第三人通过其他恶意方式取得涉案财物的。第三人善意取得涉案财物的，执行程序中不予追缴。作为原所有人的被害人对该涉案财物主张权利的，人民法院应当告知其通过诉讼程序处理。"2017 年发布的最高人民检察院、公安部《关于公安机关办理经济犯罪案件的若干规定》第 54 条第 2 款规定："发现犯罪嫌疑人将经济犯罪违法所得和其他涉案财物用于清偿债务、转让或者设定其他权利负担，具有下列情形之一的，应当依法查封、扣押、冻结：（一）他人明知是经济犯罪违法所得和其他涉案财物而接受的；（二）他人无偿或者以明显低于市场价格取得上述财物的；（三）他人通过非法债务清偿或者违法犯罪活动取得上述财物的；（四）他人通过其他恶意方式取得上述财物的。"

上述规定明确了第三人善意取得涉案财物的，执行程序中不予追缴。也就是说，只要第三人取得涉案财物符合善意取得条件的，无论刑事裁判结果如何，均不受刑事追缴。同样，受让的抵押权符合善意取得条件的，该抵押权同样享有优先受偿权。此外，《民法典》第311条也对善意取得制度进行了规定，是刑事领域赃物善意取得的重要参考。司法实践中，第三人证明自身权益是否为善意取得非常重要，需要当事人主动查找和提供证据，如不知系无权处分、支付合理对价、信赖不动产登记的权利外观，尽到了注意义务，且无重大过失等。

三、涉案财物处置中案外人之权利救济

案外人在我国刑事诉讼程序中法律地位并不明确。案外人既不属于《刑事诉讼法》规定的“当事人”范畴，也不属于“其他诉讼参与人”的范畴，由于没有明确的主体身份，案外人能否实质参与涉案财物处置程序具有不确定性；与之相应的程序参与权、举证质证权、辩论权、上诉权等具体程序权利也处于立法空白状态。相关法律法规对刑事诉讼案外人财产权保护的规定过于原则，刑事审判实务中往往“重定罪量刑、轻财产保护”。虽然刑事法律规定了案外人对刑事涉案财物查控、处置程序提出异议的权利，但案外人没有明确的主体身份，加之现行相关规范又过于笼统，由此导致在刑事涉案财物处置的裁判和执行程序中，案外人对涉案财物主张财产权利困难重重，从而影响了对案外人的财产权保护。

虽然现行刑事诉讼法司法解释规定，法院审理过程中，必要时法院可以通知案外人出庭，但是“必要”的认定权由法院掌握，而且由法院通知，案外人被动参与。如果法院认为不必要、不通知案外人出庭，案外人便缺少了参与获得救济的途径。对此，案外人对涉案财物权属有争议的，应积极主动申请参加庭审，以协助法庭查明事实。但在司法实践中，律师向法院提出作为案外人参与诉讼的请求时，法院可能会以“刑事案件中没有案外人”“没有先例”等为由，不予准许。更多情况下，可能需要案外人委托律师在庭前与法官沟通，表明对涉案财物的争议，并在庭后持续跟进争取权益。

司法实践中，对案外人实体权利的救济途径可以分为诉讼程序中的救济和执行程序中的救济，分述如下。

(一)诉讼程序中的权利救济

诉讼程序中的救济包括侦查阶段、审查起诉阶段和审判阶段。案外人如果对本人所有财物是否应被查控有异议,可以向司法机关积极提出疑问并提交相关证据予以佐证,以达到解除或限制适用查控措施,尽可能降低对案外人财物的影响,维护案外人利益的目的。

司法实践中,侦查机关对涉案财物采取扣押、冻结措施后,在大多数情形下不会主动解除。案外人应当依法积极提出主张,搜集梳理、提交权属证明的相关证据,在诉讼程序中积极与对应办案机关沟通,以达到解除查封目的,最大限度维护自身权益,适当的时候可以采取申诉或控告途径。法院在审理过程中,应当对查控的财产进行审查,调查其权属情况,是否属于犯罪分子的违法所得或其他应当追缴的涉案财物。法院作出的判决,应当对查控的财物及其孳息作出处理。对于不能确认属于违法所得或者应当追缴的涉案财物,不得没收,应当由查封机关返还相关权利人。案外人对判决中涉案财产处置不服的,可以申请检察院抗诉。[1] 诉讼程序中案外人权利救济的途径有相关法律法规予以支持,如表5-1所示。

表5-1 诉讼程序中案外人权利救济的相关法律法规

序号	相关法律法规
1	《公安机关办理刑事案件适用查封、冻结措施有关规定》(2013年发布)
2	中共中央办公厅、国务院办公厅《关于进一步规范刑事诉讼涉案财物处置工作的意见》(2015年发布)
3	《人民检察院刑事诉讼涉案财物管理规定》(2015年发布)
4	《公安机关涉案财物管理若干规定》(2015年修订)
5	《刑事诉讼法》(2018年修正)
6	《刑事诉讼法解释》(2021年发布)

〔1〕 参见蔡颖慧:《论刑事裁判涉财产部分执行中案外人实体权益的救济——以集资类刑事案件"刑民交叉"问题为中心》,载《法律适用》2021年第4期。

（二）执行程序中案外人的权利救济

在刑事涉案财物执行中，案外人以其对该财产享有足以阻止执行的实体权利提出异议的，法院依照《民事诉讼法》的规定处理，但应按照执行异议之诉的标准进行实质审查。[1] 由于财产刑执行程序中并无执行异议诉讼的后置救济，为防止错误执行案外人合法财产、切实保障异议案外人的合法权益，在财产刑执行的案外人执行异议、复议程序中，不能仅对执行标的物的权利外观进行形式审查，还应进一步进行实质性审查，即应当依据有关实体法律规定，进一步审查判断案外人对执行标的是否享有真实合法的实体权利、能否排除执行。执行程序中案外人权利救济的相关司法解释如表5－2所示。

表5－2 执行程序中案外人权利救济的相关司法解释

序号	相关司法解释
1	《涉案财产执行规定》(2014年发布)
2	最高人民法院《关于适用〈中华人民共和国民事诉讼法〉执行程序若干问题的解释》(2020年修正)
3	《刑事诉讼法解释》(2021年发布)

第二节 情节显著轻微的认定

一、《刑法》关于“情节”认定的相关规定

《刑法》关于“情节”认定的相关规定并未直接给出具体的定义或列举，而是散见于各个罪名的法条之中。在《刑法》中，“情节”通常作为定罪量刑的重要考量因素，其认定依赖于案件的具体事实和证据。不同的罪名和案情，对“情节”的认定标准和要求也会有所不同。例如，在某些犯罪中，“情节严重”或“情节恶劣”可能构成犯罪的加重情节，而在另一些犯罪中，则可能

[1] 参见刘旭峰、高可：《对刑事裁判涉财产部分的案外人异议应实质审查》，载《人民司法(案例)》2017年第17期。

作为区分罪与非罪、此罪与彼罪的关键要素。

《刑法》关于行为“情节”认定的相关规定及法律效果如表5－3所示。

表5－3 《刑法》关于行为“情节”认定的相关规定及法律效果

表述	法律条文	法律效果
情节显著轻微危害不大	《刑法》总则第13条	实体上不认为是犯罪
情节轻微	《刑法》总则第37条	实体上定罪免罚
	《刑事诉讼法》第177条第2款	程序上相对不起诉
情节较轻	《刑法》总则第72条	缓刑适用条件
	《刑法》分则若干条文	减轻、免除处罚条件
情节严重或恶劣	《刑法》分则若干条文	入罪条件或法定刑升格条件
情节特别严重或特别恶劣	《刑法》分则若干条文	法定刑升格条件

《刑法》第13条规定：“一切危害国家主权、领土完整和安全，分裂国家、颠覆人民民主专政的政权和推翻社会主义制度，破坏社会秩序和经济秩序，侵犯国有财产或者劳动群众集体所有的财产，侵犯公民私人所有的财产，侵犯公民的人身权利、民主权利和其他权利，以及其他危害社会的行为，依照法律应当受刑罚处罚的，都是犯罪，但是情节显著轻微危害不大的，不认为是犯罪。”该条文中的但书规定被学界和司法界认为是我国刑法基于对社会危害性特征的考量而划定的罪与非罪的界限，表面上看似与罪刑法定原则相冲突，实则暗合了刑事违法性中已包含的对社会危害性的考虑。〔1〕前一段从正面规定什么是犯罪，后一段从反面规定非犯罪即但书。关于但书的功能，一直存在“出罪功能”与“入罪功能”的辩争。对社会危害性不大的犯罪行为不做犯罪处理的司法理念，凸显了犯罪概念中社会危害性与刑事违法性的表里一致、内外双轨的意义。〔2〕最高人民法院在未成年、毒品、非法集资、非法吸收公众存款、拒不支付劳动报酬、野生动物保护等相关犯罪领域制定的司法解释再次重申了“情节显著轻微危害不大的，不认为是犯罪”的规定。

---

〔1〕 参见王尚新：《关于刑法情节显著轻微规定的思考》，载《法学研究》2001年第5期。

〔2〕 参见张小虎：《犯罪概念形式与实质的理论建构》，载《现代法学》2005年第3期。

二、“情节显著轻微”的范围界定

在适用刑法的过程中，只有真正需要科以刑罚的法益侵害行为才符合犯罪的构成要件，而不需要处罚的行为应当排除在构成要件之外。“情节显著轻微”是刑法中特有的概念，这里的显著轻微是相对于刑法调整的是较严重社会危害性行为而言的，不是相对于行政违法、治安违法的社会危害性，更不能局限于字面上的理解，认为包括情节轻的所有情况，直至与合法情况相接壤。所以，“情节显著轻微”是有范围的。[1]

《刑法》第13条的但书规定体现了我国刑法一直以来所秉持的宽严相济的司法政策，但我国刑法并没有对“情节显著轻微”的范围作出明确界定，其适用和认定极具模糊性和抽象性。“情节显著轻微”是基于社会危害性大小对“情节”的定性及定量判断，其认定不仅需要具体考虑行为人的犯罪情节，还要根据全案情况分析和判断相关人员的行为是否符合“情节显著轻微危害不大”的范畴。因缺乏统一的标准，实践中执法人员和司法人员对“情节显著轻微”认识不一致，司法人员滥用自由裁量权，容易在出罪和入罪的标准上陷入恣意。

最高人民法院也注意到了该问题。为避免司法机关认定“情节显著轻微危害不大”时陷入恣意，最高人民法院在其制定的几部司法解释中对“情节显著轻微危害不大”进行了界定。例如，最高人民法院《关于审理未成年人刑事案件具体应用法律若干问题的解释》第9条第1款规定：“……具有下列情形之一的，可以认定为‘情节显著轻微危害不大’，不认为是犯罪：（一）系又聋又哑的人或者盲人；（二）在共同盗窃中起次要或者辅助作用，或者被胁迫；（三）具有其他轻微情节的。”最高人民法院《关于审理拒不支付劳动报酬刑事案件适用法律若干问题的解释》第6条规定，“拒不支付劳动者的劳动报酬，尚未造成严重后果，在刑事立案前支付劳动者的劳动报酬，并依法承担相应赔偿责任的，可以认定为情节显著轻微危害不大，不认为是犯罪”。

应当看到，尽管最高人民法院试图对“情节显著轻微”进行界定，但因犯

〔1〕 参见金石、张源：《以“入罪限制说”解读“情节显著轻微”》，载最高人民检察院官网2022年8月10日，https://www.spp.gov.cn/llyj/202208/t20220810_570574.shtml。

罪主客观方面复杂多样,事实上难以进行穷尽式列举,仍需在个案中根据主客观方面及社会危害性大小进行认定。故而有学者认为,情节显著轻微的难以界定使刑法个罪的罪与非罪的标准处于相对不确定的模糊状态,且但书规定与犯罪概念、犯罪构成体系难以逻辑自洽,故主张修改或删除但书规定。[1]

社会危害性是犯罪的基本特征之一,也是司法机关进行刑事裁判时考量的重要因素之一。修改或删除《刑法》第 13 条的但书规定,并不意味着司法机关就无须再对“情节显著轻微危害不大”进行解释和适用。事实上,司法机关在审理刑事案件的过程中无时无刻不在对社会危害性进行评价和考量。《刑法》第 13 条但书规定是我国立法者站在整体角度将不具有刑法惩罚性的行为排除在犯罪之外,体现了我国宽严相济和有利于被告人的司法政策,该但书规定着眼于出罪,为罪刑法定服务。[2]

根据《刑法》第 13 条的要义,犯罪应是依照法律应受到刑罚处罚的危害社会的行为。情节显著轻微危害不大的,属于一般违法行为,不认为是犯罪。《刑法》第 37 条规定,对于犯罪情节轻微不需要判处刑罚的,可以免予刑事处罚。根据该规定,犯罪情节轻微应是指实施了危害社会的行为,侵犯了法益,该行为亦符合犯罪构成,是犯罪行为。但因为侵犯法益的程度较轻,情节轻微,可能需要进一步判处刑罚,也可能不需要判处刑罚,这需要由检察机关或法院来决定。在司法实务中,界定犯罪行为的性质时,要注意区分“情节显著轻微”和“情节轻微”,从而达到精准辩护的目的。二者虽然只有两字之差,但其内涵却大相径庭,法律后果也存在罪与非罪的本质区别。

《刑法》但书中的“情节显著轻微”中的“情节”应如何理解? 情节是指行为过程中影响行为的法益侵犯性与行为人主观罪过性的各种情况,包括行为方法、行为对象、行为结果以及行为人主观方面、动机和目的等。通俗地讲,情节是行为人在实施行为时的各种因素的总和,包括了主观和客观两个方面的因素。何为显著? 显著是明显、引人注目的意思,是客观现象在人脑中表现出的印象,所以对是否显著的判断有时会因人而异。何为轻微? 轻微有程序轻、影响小的含义,一般指犯罪手段、行为、方法、对象、动机、犯

---

〔1〕 参见陈静方:《关于刑法情节显著轻微规定的思考》,载《法制与社会》2014 年第 9 期。

〔2〕 参见张小虎:《犯罪概念形式与实质的理论建构》,载《现代法学》2005 年第 3 期。

罪后的态度、后果等比较轻微。

“情节显著轻微”就是虽然具备犯罪的构成要件，但量的程度明显不够刑事立案标准，对社会的危害性也很小的行为。“情节显著轻微”是不构成犯罪的。例如，盗窃公私财物价值未达立案标准的，虽然可以认定为盗窃行为，但因为盗窃数额不达立案标准，所以不构成盗窃罪。情节显著轻微的行为是一般违法行为，不构成犯罪。《刑事诉讼法》第 16 条第 1 项对此有明确规定：“有下列情形之一的，不追究刑事责任，已经追究的，应当撤销案件，或者不起诉，或者终止审理，或者宣告无罪：(一)情节显著轻微、危害不大，不认为是犯罪的”。最高人民法院、最高人民检察院、公安部《关于办理电信网络诈骗等刑事案件适用法律若干问题的意见(二)》第 16 条第 3 款规定：“对于电信网络诈骗犯罪集团、犯罪团伙中的从犯，特别是其中参与时间相对较短、诈骗数额相对较低或者从事辅助性工作并领取少量报酬，以及初犯、偶犯、未成年人、在校学生等，应当综合考虑其在共同犯罪中的地位作用、社会危害程度、主观恶性、人身危险性、认罪悔罪表现等情节，可以依法从轻、减轻处罚。犯罪情节轻微的，可以依法不起诉或者免予刑事处罚；情节显著轻微危害不大的，不以犯罪论处。”需要注意的是，这类人员实施了电信诈骗行为，如果诈骗数额已经达到立案标准，显然已经符合诈骗罪的要件。但是，该意见明确将初犯、偶犯、未成年人、在校学生等以及参与时间相对较短、诈骗数额相对较低或者从事辅助性工作并领取少量报酬等犯罪主体作出罪处理，就是综合考虑此类人群的认识能力、社会经验以及主观恶性等因素的结果。

本书认为，虽然无法对“情节显著轻微”的范围作出精确的界定，但是可以依据一定的原则、基于科学的方法，通过认真探索，司法实践中努力使“情节显著轻微”的运用无限接近真理。在具体案件中，深刻领会“情节显著轻微”的立法意图和相关司法解释，坚持罪刑法定原则，立足于对刑法分则条文的正确运用，综合考虑犯罪的时间、地点、手段、侵害对象、犯罪动机、犯罪次数、犯罪后果等，准确判断其情节程度。同时，还要遵循刑法的谦抑性原则，能用民法或行政法前置妥善处理的，刑法就不轻易介入。在判断时，那种“可罪可不罪”的案件，就可以认定属于“情节显著轻微”。

按照法秩序统一性原理，“情节显著轻微危害不大”的无罪、不受刑罚处罚，但仍然要受到民商法、行政法等部门法的规制和调整，构成民事侵权或违约、行政违法的，依法承担相关责任，这体现了刑法的后置法的作用和地位。

第三节　民法与刑法的占有

一、刑法占有和民法占有之冲突及处理

近年来，随着对刑民交叉案件的深入研究，理论界和实务界对占有的探讨越来越多，也有更多的学者关注刑民下占有的共性及差别。在刑民交叉视野下，财产犯罪成为重要研究对象，而作为财产罪认定的重要因素，占有是刑法中转移型财产犯罪认定的一个核心问题。但是，基于刑民交叉案件的复杂性，当民法理论将某一占有行为认定为合法行为并给予认可时，刑法理论却将其认定为非法行为，反之亦然。刑法与民法对占有在认定上的冲突，使得刑法与民法在法秩序统一范围内产生矛盾。究其原因，其本质是刑法与民法关系的处理问题，以及刑法与民法在违法性判断上的问题。

占有原是民法的基本概念之一，是指对物的事实支配状态。占有制度作为民法理论中的重要制度，起源于罗马法，发展于日耳曼法。物权法律规范将物的支配区别为观念上的支配和事实上的支配。前者包含所有权的支配和物权的支配，具有抽象性；后者属于事实上的支配，包含占有。〔1〕 我国《民法典》第 2 编第 20 章规定了占有及占有保护的方法，体现了私法对占有的保护，以及权利人占有受到侵害时可寻求的救济路径——占有保护请求权，即有权请求排除妨害或消除危险，或者请求返还原物、损害赔偿。

我国不认为占有是一种权利，但仍然确立了占有保护权。因为占有是一定权利或利益的外在体现，体现了有序正当的财产秩序，应受保护。〔2〕 根据是否对物享有占有权源，占有可分为有权占有和无权占有。

刑法也使用了民法中占有的概念，刑法中的“占有”与民法中的“占有”并不完全一致，前者是指对财物的现实支配，而后者则包含对财物的观念支

〔1〕 参见谢在全：《民法物权论》（下册），中国政法大学出版社 1999 年版，第 552 页。

〔2〕 参见冉克平：《论〈民法典〉视阈中的占有保护》，载《烟台大学学报（哲学社会科学版）》2020 年第 5 期。

配，相较而言，刑法中的“占有”更具事实性。之所以作出此种区分，原因在于二者的立法目的不同，“民法上的占有最根本的目的在于确定占有人对物的权利。而刑法中的占有最本质的目的还在于确立一种财产法益秩序。”[1]刑法上的占有，只在于确认财产被现实支配的事实，因此一时的控制支配也可以构成占有。而民法主要保护平等主体之间的法律关系。民法上的占有主要在于确定占有人与其他人的权利义务界限，占有本身构成财产归属与控制秩序的一部分，是对财产的持续稳定的、明确的控制与支配；刑法上的占有并不要求占有人有为自己而占有的意思，刑法中的占有意思则是概括的、抽象的，并不要求存在特定的意思内容，只要在本人排他的管理、支配领域之内，又不存在特定的支配关系，无论是否知道，均推定其对该空间范围内的一切有占有意思。例如，乘客遗忘在出租车上的财物，无论出租车司机是否知晓，都推定成立对遗忘物的占有。若司机将其据为己有，则成立侵占罪。又如，在出租车后座上遗落的物品被后乘车人带走时，司法实践主张认定为盗窃罪，故遗落之时的物不是遗忘物，但确实已经脱离了原物主的现实控制，原物主也无法在遗失期间进行管领控制，故盗窃罪指向的被害人就是出租车司机，即使司机未注意到遗落物品，行为人仍然构成盗窃罪。

周光权教授认为，刑法上的占有不是纯粹对财物进行事实上的管理、支配，占有意思应当作为占有概念的独立构成要素，占有意思是事实上支配财物的意思，甚至不因意思能力和责任能力而产生民事法律关系中的无效或效力待定。只要主体具有概括的、潜在的支配意思，即使是孩童或者精神病人也可以成为占有的主体。比如，醉酒的人在路边对散落在其身边的财物不丧失占有；投递到收发室中的包裹，无论包裹主人是否知情或者作出占有的意思表示，都拥有对包裹的占有。[2]

民法上“占有”概念的起源可谓源远流长，罗马法将其定义为“possessio”，即对物有占有意思并实施占有的行为。与其类似的概念是日耳曼法上的“Gewere”，在这个意义上的占有，就不仅是一个事实，还是一种权利。民法上关于占有大致可以分为三类，即主观说、客观说、纯粹客观说。主观说认为，客观的占有与主观的意思相结合，才形成民法上的占有；客观说认为，

[1] 杜文俊：《财产犯刑民交错问题探究》，载《政治与法律》2014年第6期。

[2] 参见杨思源：《刑法上的“占有”》，载《法制与社会》2015年第18期。

客观的事实就足够认定占有的存在;纯粹客观说则不以任何意思表示为必要。而实际上,主观的意思表示在民法中更为重要,因此主观说是目前的主流观点。对于如何强调占有的有无与类型,民法上存在相应的规则。在占有存在与否的问题上,民法先强调个人是否体现支配意思。例如,民法关于抛弃的规定,主体对于是否继续占有做出的行为直接产生法律后果,如在抛弃破旧衣物时,未注意衣物夹层内的钞票,只认定衣物因抛弃所有权而丧失占有,钞票因不具备被抛弃的意思仍由权利人占有。在类型上,也强调支配的边界在意思表示中到达何处。例如,《民法典》规定非法占有高度危险物侵权的,非法占有人承担侵权责任,但合法占有人即所有人、管理人在未尽相应义务时也应承担连带责任。由此可见,民法中的占有,在主观上要达到非常细致的程度,否则难以厘清主体之间的法律责任。[1]

民法强调和注重对权利的保护,观念上的占有得以在较大范围内承认,而刑法注重的是对财产秩序的保护,包括民法确立的占有秩序的保护,刑法上的占有更加强调现实化而非观念化,因此民法保护的间接占有,有时并不能构成刑法中的占有。比如民法上的占有可基于继承而转移,但刑法上的占有并不因继承而转移,刑法对犯罪的认定主要通过权利人的现实占有被侵害的事实,观念上对占有的侵夺,对于认定犯罪事实毫无意义。[2] 刑法上占有的现实性,还要求占有人的支配一般是需要物理上的控制,但基于部分物的特殊性,如车辆、房屋、土地、股权等不可随身携带的物品,需要遵循社会一般观念认定和判断占有。

民法主要保护物权人的占有权能、合法的占有,而刑法则不仅保护合法的占有,某些情况下非法的占有也予以保护。当然,刑法保护的不是"非法占有"的状态,而是被非法占有所侵害的法益,保护的目的在于恢复被非法占有所破坏的社会秩序,从而也体现了民法与刑法互为前置法、后置法的关系。

此外,从立法目的与价值目标去阐释占有的认定,刑法、民法学界对此有不同的见解。张红昌教授指出:(1)在占有存在的情况下,二者在与占有

---

〔1〕 参见彭毛东智:《论民法与刑法中占有的异同》,载《黑龙江人力资源和社会保障》2022 年第 16 期。

〔2〕 参见郭晓红:《民、刑比较视野下的刑法"占有"研究》,载《法律适用》2011 年第 9 期。

之主体者的关系方面存在不同，民法学界中必须明确占有的主体，因为民法的目的在于探寻权利之所属，行使救济权利的目标；在刑法中则不然，对占有的主体之权利的探寻要求较低，因为刑法的机能在于惩罚犯罪、保障人权。（2）占有之含义不同。民法学界对占有的概念界定五花八门，但总体上都是必须具有占有之意思，因为民法中的先占制度等均需要具备自主占有，自主占有与他主占有是同一项下的分类，二者的区别就在于是否具有占有意思，重视主体之内心真意；刑法学界中尽管要求具备支配财物意思，但是并未限制具有自主占有的内心真意。（3）属性存在不同。民法学界基于《民法典》对占有的规定，提出了“占有诉权”的概念，认为占有人享有占有诉权，对占有给予了权利的附加，民法理论中的占有便成为一种权利。刑法理论中，占有频繁地出现在财产型犯罪中。一种占有是作为财产犯罪所保护的法益，将对占有的侵害作为认定犯罪的标准，但是并未将权利的侵害作为认定犯罪的标准；另一种是作为此罪与彼罪之间的区别要素，比如侵占罪与抢夺罪中的占有之不同。总之，这两种均未体现对权利侵害的惩罚。[1]

刑法理论中占有与民法理论中占有的相同点有：（1）刑、民占有之共同目的均是对财产秩序的维护。在民法理论中，占有作为一种状态，其原则在于保护现有的状态不被改变，最终目的是维护法秩序规范，维护社会生活秩序。保护占有状态不在于保护某种权利，更重要的是对社会财产秩序和生活秩序的保护。[2] 在刑法理论中，财产犯罪所保护的法益之占有状态也应当受到保护。从表象来看，标的物处于某人掌控、支配之下，便不能随意破坏这种秩序，无论是物的合法所有者还是非法占有者。例如，对于违禁品，法律持打击的态度，禁止违禁品，但是同时又保护违禁品的占有，故而在国家没有采取没收等措施禁止违禁品时，违禁品的占有也不能被侵害。（2）在占有意思与占有事实上态度基本一致。对占有意思的认定，民法理论学界中有分歧。有的学者认为占有意思并非占有的构成部分。正如史尚宽教授对占有的观点，他认为占有在于对物的支配，对物之支配的判断依据社会观

〔1〕 参见张红昌：《论财产罪中的占有》，武汉大学2011年博士学位论文，第118页。

〔2〕 参见王利明：《物权法研究》（上卷）（第3版），中国人民大学出版社2013年版，第224页。

念,不能仅根据表象。[1] 刑法理论学界对占有意思持否定态度的学者比较少,大部分都支持占有意思属于占有的一部分。此外,占有事实也是必要存在的。刑、民学界中对这一点的态度基本保持一致,认为占有是占有事实与占有意思的结合,二者缺一不可。(3)在辅助占有的情况下,对其独立意义二者都持否定态度。在民法理论中,辅助占有与自己占有相对应,本人亲自占有标的物、亲自实施管理等行为为自己占有,但是对物的占有若有从属关系、受他人指示,或者基于他人的意思而代为具有管领力,属于辅助占有。[2] 辅助占有要求具有从属关系,比如雇员与雇主之间存在雇佣关系,上位者为雇主,下位者为雇员,雇员在雇主的指示下对物具有管领力、支配力。因此,民法理论中不承认辅助占有的独立意义。刑法学界参照了此种处理方式。[3]

二、民事侵占与侵占罪的民刑界限

民事侵占属于民事纠纷,民事侵占不构成犯罪而侵占罪属于刑事犯罪。《刑法》第 270 条第 1 款和第 2 款规定:“将代为保管的他人财物非法占为己有,数额较大,拒不退还的,处二年以下有期徒刑、拘役或者罚金;数额巨大或者有其他严重情节的,处二年以上五年以下有期徒刑,并处罚金。将他人的遗忘物或者埋藏物非法占为己有,数额较大,拒不交出的,依照前款的规定处罚。”由此可见,侵占罪是不转移占有的财产犯罪,行为人基于非法占有目的,通过拒不返还的方式,将自己合法占有的财产转化为自己非法所有。

侵占罪属于刑事自诉案件,遵循告诉才处理的规定。在司法实践中,自诉人相较于公权力机关而言,力量薄弱、取证难度大,致使侵占罪在整个司法实践中的适用率是比较低的,很多法院在近几年内都没有受理过一起侵占罪案。关于侵占的罪与非罪问题,实务中也需要对各种情况进行探讨。

根据《刑法》第 270 条的规定,侵占罪的对象为“代为保管的他人财物”,更通常的理解是基于法律关系,如委托、租赁、质押等关系而形成的保管状

---

〔1〕 参见史尚宽:《物权法论》,中国政法大学出版社 2000 年版。转引自童伟华:《论财产罪中的占有》,载刘明祥主编:《武大刑事法论坛》第 2 卷,中国人民公安大学出版社 2005 年版,第 405 页。

〔2〕 参见马寅翔:《民法中辅助占有状态的刑法解读》,载《政治与法律》2014 年第 5 期。

〔3〕 参见罗仕贤:《刑民交叉视野下的占有》,天津商业大学 2021 年硕士学位论文,第 13 页。

态。然而事实上,刑法条文并没有对“代为”作出明确的限定。从文义上来理解,“可以将‘代为保管’理解为‘代替他人实施保管’。我国法律在使用‘代为’一词时并没有将其局限在‘受他人委托做(某事)’的意义上”。[1]也就是说,侵占罪的对象既包括基于委托、租赁、质押等法律行为所代为保管的他人财物,也包括基于某种事实状态所代为保管的他人财物,这也符合保护被害人的合法财产权益的精神。“对代为保管应该作广义的理解,除了狭义上的保管关系以外,还应当包括由于其他民事法律关系而产生的对他人财物的一种暂时的控制。侵占行为的本质特征是合法持有,非法占有。代为保管是一种合法持有的方法、手段,代为保管应当包括基于委托关系、租赁关系、担保关系、无因管理、不当得利等情形取得的对他人财物的一种暂时的保管。”[2]

是否具有“非法占有目的”系取得型财产犯罪刑民界分,“拒不返还”的行为要件也是“非法占有目的”的主观构成要件。在司法实务中,通过行为人的“拒不返还”的客观行为,判断其符合侵占罪的构成。比如,搪塞推诿,歪曲事实,逃避责任,设置各种障碍等。

此外,关于占有返还的时间节点问题。从理论上讲,凡是非法占有的意图已经充分表露的,就应当认定为拒不返还,没有进一步确定拒不返还何时成立的必要。然而,侵占罪之所以被设定为自诉犯罪,其原因在于:第一,节约司法资源;第二,希望案件当事人能够拥有足够的空间通过和解的方式自力救济。因此,司法实践中需要一个较为明确的时间节点来确定返还的“最后期限”,即从什么时候开始,行为人的占有行为满足了“拒不返还”的构成要件。周光权教授认为,“对拒不退还、拒不交出延续的最后时限的设定,应当坚持‘立案标准说’,即以法院是否立案受理作为拒不退还或交出的最后时限”。[3] 在法院立案时依然不返还财物,既充分表明其“拒不返还”的立场,也具备“非法占有”的主观目的。

---

〔1〕 陈璇:《论侵占罪处罚漏洞之填补》,载《法商研究》2015 年第 1 期。

〔2〕 张军等:《刑法纵横谈(分则部分)》,北京大学出版社 2008 年版,第 245 页。

〔3〕 周光权:《侵占罪疑难问题研究》,载《法学研究》2002 年第 3 期。

第四节　私力救济与犯罪

一、私力救济的概念和范围

私力救济是当事人权利受到损害后，使用私人的力量对权利进行的救济和保护。私力救济是最直接的权利救济方式，它广泛地存在于生活中，正当防卫、紧急避险、民间收债、私人悬赏等都是私力救济的表现。私力救济在现代社会中发挥着重要作用，如果运用得当能够快速地解决问题，及时止损，充分发挥救济主体的主观能动性，化解纠纷。但是“私力救济也有暴力化、缺乏公信力、不稳定、容易过度和后续难测的内在局限”。[1] 此外，还有见义勇为、私了、私刑、私人通缉，被害人社会援助等私力救济行为，违法的私力救济可能要承担相应的法律责任，甚至会给他人、社会带来恶果。

我国对私力救济的研究总体上认可私力救济在解决纠纷、实现权利上的积极作用，也提出了对私力救济进行法律规制的必要性。但目前对私力救济的法律规制的研究偏向于宏观理论层面，缺少对具体操作层面的讨论。实践中对私力救济的法律规制主要是将具体私力救济划归到某一部门法中，根据该部门法中的法律规定采取相应法律措施。虽然这样可以解决大部分私力救济的法律适用问题，但也存在诸多问题，如对具体私力救济是否正当难以界定、对造成法益损害的维权人是否应当归责等。

我国目前立法没有对私力救济的系统规定，只是对一些诸如正当防卫、紧急避险等具体的私力救济进行了法律规定。司法实践中，由于立法上的不完善，司法和执法中对私力救济的法律适用存在很多留白之处。法官对私力救济的自由裁量空间较大，有的法官对私力救济比较严苛，无论该私力救济在当时条件下是否有着充足的理由，只要该行为造成了法益损害，救济人往往也要承担相应的法律责任；有的法官对私力救济比较宽容，认可私力救济的正当性，即使私力救济行为造成不必要的损害，也会酌情适当减轻或免除救济人的责任。这就可能导致同案不同判的情况发生，影响司法机关

---

〔1〕 王耀海、盛丰：《私力救济的法治困境及其解决》，载《学术界》2013 年第 4 期。

的公正性。在执法过程中,关于私力救济的执法标准不明确,执法人员难以判断某些具体私力救济是否属于执法范围内,在是否应该进行执法以及采取什么样的执法方式上存在争议。对群体性私力救济的社会管理具有滞后性,如果执法机关不能对其进行及时控制,群体私力救济容易发展成危害社会治安的群体性事件。

徐昕教授认为:"私力救济是在当事人认定权利遭受侵害,在没有第三方以中立名义介入纠纷解决的情形下,不通过国家机关和法定程序,而依靠自身或私人力量,实现权利,解决纠纷。"其在《论私力救济》一文中以社会契约论为核心论述私力救济的正当性:私力救济是自然法中个人权利的保留;是国家对私力救济的特许、补偿和放任;是一种其他救济方式不能时的底线救济;是个人自治的表现;公力救济正当性存在危机。[1] 刘宏宇在《构建私力救济的法律框架》中从五个方面论述私力救济存在的普遍性:更能满足当事人的精神需要;具有时效性和高效性;可以实现正义;在文化价值取向中对私力救济的偏向;公力救济存在局限性。[2] 姚虹在《私力救济的现实基础及其法律规制》中论述了私力救济的现实基础:在私力救济的人性基础方面,人具有生物自保和复仇本能,人的行为理性要求寻求更具有时效性、成本较低的救济方式;在文化传统和社会关系基础方面,在儒礼文化的影响下,传统救济更依靠个人和家族宗族的力量;社会关系意识影响对救济方式的选择;司法效能方面存在的局限影响人们对公力救济的选择。[3]

我国《民法典》第 1177 条规定了自力救济及行使方式。该条规定了受害人行使自力救济的前提条件,即"合法权益受到侵害,情况紧迫且不能及时获得国家机关保护,不立即采取措施将使其合法权益受到难以弥补的损害的",在此前提下,受害人可以在保护自己合法权益的必要范围内采取扣留侵权人的财物等合理措施,该条同时规定,受害人采取救济措施后,应当"立即请求有关国家机关处理"。

常见的私力救济如"私了",是指当事人通过和解或调解的方式解决纠纷,使受损的法律关系得以弥补恢复的一种民事纠纷解决机制。在现实生

---

〔1〕 参见徐昕:《论私力救济》,广西师范大学出版社 2015 年版,第 5 页。

〔2〕 参见刘宏宇:《构建私力救济的法律框架》,载《社会科学家》2011 年第 10 期。

〔3〕 参见姚虹:《私力救济的现实基础及其法律规制》,载《学术交流》2006 年第 4 期。

活中，各种“私了”主要有两种形式：第一种形式是双方当事人和解。刑事案件发生后，按照法律规定，如果刑事案件属于允许“私了”的刑事案件的范围，就可以解决该刑事案件引发的矛盾冲突。这种形式的私了充分体现了当事人之间的互谅互解和真实意愿。第二种形式是第三方调解，《刑事诉讼法》第212条规定，“人民法院对自诉案件，可以进行调解；自诉人在宣告判决前，可以同被告人自行和解或者撤回自诉”。在人民调解等第三方参与刑事自诉案件和刑事附带民事案件的过程中，工作人员向当事人辨法析理，讲明利害，由被告人赔偿损害以取得被害人的谅解，有利于维护社会公平正义。而且，在第三方的主持下，当事人如果能够达成协议，既可以快速地解决纠纷，减轻当事人的劳累，又可以节省时间成本，这也符合司法经济的原则。同时，自愿性和协商性的私了特点使当事人的意愿得到尊重和体现，当事人更易于接受，也更能自觉履行，这有利于案件的执行和纠纷的解决。在更深层面上，有第三方参与的私了能够缓和双方的敌对情绪，防范矛盾激化，不仅能让矛盾纠纷得到合理解决，还能有效缓解当事人之间的紧张关系，有利于矛盾调解工作的推进和社会的安定团结。

二、私力救济的构成要素

私力救济的主体是“认定权利遭受侵害而实施私力救济行动之人”。[1]私力救济主体不仅局限于自然人，法人、社会组织都可以作为私力救济的主体。救济人的权利是客观存在的，是救济人的合法权利，不是他人的权利。救济人需要具备一定的认识能力和行为能力。私力救济的目的是实现权利、解决纠纷，当事人需要具备一定的认知能力，能够认识到自己的权利受到损害，并能根据权利受损害的情况采取措施进行救济。因此，婴儿和无独立意思表示能力的精神病人无法作为私力救济的主体，但是其监护人可以代表其进行私力救济。行为能力是当事人能够通过自己的行为行使权利和履行义务的能力。私力救济需要通过实施某些行为来实现，救济人需要能够认识到自己行为的性质、意义和后果，可以控制自己的行为并对自己的行为负责。[2]

---

〔1〕 徐昕：《论私力救济》，广西师范大学出版社2015年版，第12页。

〔2〕 参见张文显主编：《法理学》（第5版），高等教育出版社、北京大学出版社2018年版，第275页。

私力救济行为主要具有四个方面的特征：行为主体的主观方面，行为主体具有某种动机，这种动机可以反映主体的意识、需求和意志；行为主体的自觉状况，即主体作出或者不作出某种举动是在意识、意志的支配下进行的；主体的运动目的在于同外界交换，取得并维护既得资源，实现存在和发展中的平衡；行为本身会产生一定的社会意义。[1] 私力救济是对权利所实施的积极的救助，具体表现为当事人所实施的积极的行为。从行为特征对私力救济进行分析，私力救济的动机是对受侵害的权利进行救济，目的是实现权利、解决纠纷，救济主体对自己的私力救济行为具有一定的认识。救济主体通过身体、言语等外在举止与外界发生互动，通过行为影响他人以期达到救济的目的，救济主体所实施的行为会对社会产生影响，具有一定的社会意义。

私力救济会产生一定的结果，给他人、社会造成影响。结果是行为过程和其他作用因素最终达到的一种状态，根据这种状态可以对行为是否达成目的、是否造成法益损害进行判断。结果是把握私力救济的重要因素，是行为过程的最终确认。“法律通常根据行为的结果来区分行为的法律性质和行为人对行为负责的界限和范围。”[2]通过结果可以判断私力救济行为的实施效果，倒推行为的发展过程以及相关影响因素，这对于判定当事人的行为性质、明确其责任范围具有重要意义。

三、私力救济的正当性标准

正当性是评价私力救济的主要标准。行为是具有可行界限的，当一个人的行为涉及社会和他人诉求时，彼此权衡利弊后都能接受的尺度和模式就是底线，这底线就是可行界限。行为受到的是非、善恶影响着人们的行为取向，给人们划定了一个能为或者不能为的可行界限。[3]

一个人的行为本身无对错，但对行为的社会评价是有对错的。例如，暴力行为是一种导致或可能导致身体或心理伤害的明确的或象征性的行为，按照法律标准来评价，警察在抓捕犯人时为压制犯人反抗而使用暴力是合

---

[1] 参见张善恭：《行为法学》，上海人民出版社2015年版，第307页。

[2] 张文显主编：《法理学》（第5版），高等教育出版社、北京大学出版社2018年版，第276页。

[3] 参见张善恭：《行为法学》，上海人民出版社2015年版，第309页。

法的，一个人因私怨对另一个人进行殴打是违法的，公民为抓捕小偷使用轻微暴力压制其反抗是合法的，但是如果压制反抗的程度超过必要的限度，给小偷造成了伤害则是违法的。在对私力救济行为进行评价时，不能一概而论。对事物的评价有法律标准、道德标准、政治标准等，按照不同的评价标准所得出来的结论不同。而且私力救济行为的表现形式多样，不同的人对于同一种私力救济行为会有不同的评价，在不同的情境下同一私力救济行为所导致的结果可能截然相反。在现实生活中，还有一些私力救济合法但最终却造成了法益侵害，有些私力救济行为本身是不违法的，但其违背了公序良俗。针对这些私力救济如何评价，就需要有一个明确的评价标准。

正当性指的是该行为含有某种普遍认同的价值，具有某种内在的道德价值。正当性意味着对分歧的容纳，其概念旨趣是在分歧中寻求规范性共识。当权利面临侵害时，公民有私力救济的权利，但权利是相对的，不加限制的权力会影响权利的最终实现。总结私力救济的正当性界限标准，大致要求如下：

第一，私力救济的前提条件是，发生在救济人的权利受到侵害或者可能受到侵害时，这种侵害是客观存在的，不是救济人的主观臆断。救济人所要救济的权利是法律保护的权利，如果是为了维护自己的非法利益，如向他人追讨赌债等行为，则是不正当的。

第二，私力救济的目的正当。私力救济的目的是实现权利和解决纠纷。理由是行动的依据，私力救济的正当性主要是因为救济人的行为是有充分理由的，是对自身权利的救济和补偿。若救济人采取措施的初衷并不是实现权利、解决纠纷，而是发泄私仇、进行报复，那么即使该行为最终达成了私力救济的效果，也不应当认为该行为是正当的。救济人进行私力救济是合理的，但不一定是正当的，行为的正当性需要多种因素进行综合判断，救济目的是其中最重要的因素。

第三，私力救济的手段要适当。手段是指行为人为达到预设的目的而在实施行为过程中所采取的各种方式和方法。法无禁止即可为，但人的行为不仅受到法律的约束，还受到道德、社会舆论的约束。救济人在对权利进行救济的过程中可以采取多种行为方式和方法，但这一手段需要符合法律规定和社会道德规范，不得使用侮辱、诽谤或者残忍的手段进行私力救济。[1] 私力救济所采取的方式要与侵害行为具有相当性，该行为不得超出私力救济所必要的限度。

第四，私力救济的目的和行为之间要具有关联性，即所实施的私力救济有达成目的的可能性。这种关联性是指按照一般人的观念，使用这种手段在客观上有达成目的的可能，即使最终没有达到目的或者因介入因素而使行为无法达成目的，仍可以认定这一行为是私力救济。

第五，私力救济应遵循比例原则。在私力救济的过程中，有时救济相对人与救济人之间的合法权利会产生冲突。一般而言，任何人的权利都受到法律保护，维护个人的权利不应以损害他人的权利为代价。紧急情况下不得已对他人造成损害时，也应当以最小损害为原则，并且符合比例原则，所损害的利益不能超过要保护的利益。正当私力救济在限度内造成的损害可以免除或者减少其法律责任。

第六，主观认知和客观条件相平衡。私力救济是救济人认定自己的权利遭受侵害，实施救济行为以达到维护自己权利的目的。由于认识具有局限性，受当时的环境或者当事人本身的认知水平限制，当事人难以客观准确地判断权利是否真正受到侵害，以及受侵害的权利性质和受到侵害的程度。这种认识上的误判会影响对私力救济是否正当的认定。对私力救济的事后评价应当站在当事人的立场上，对救济人认识情况的判断，应当以社会大众的一般认知水平为依据，结合当时具体环境来确定。

四、通过案例分析私力救济与刑事犯罪界限

我国《刑法》第 20 条和第 21 条分别规定了正当防卫和紧急避险，其中为保护自己权利而展开防卫行为和紧急行为都属于私力救济。从实质上来说，私力救济行为所针对的是违法犯罪行为，保护的是合法权益，所以不具备实质的违法性。

私力救济在债权债务纠纷中时有发生，因权利受损而行私力救济，常常因为手段不妥当，严重侵犯债务人的人身、财产权利，破坏社会秩序而触犯刑律。私力救济涉嫌的罪名主要包括非法拘禁罪、敲诈勒索罪、寻衅滋事

---

〔1〕 参见王耀海、盛丰：《私力救济的法治困境及其解决》，载《学术界》2013 年第 4 期。

罪、盗窃罪与抢劫罪等,因此行使私力救济时务必把握其刑民界限,谨慎而为。例如,债权人具有使债务人清偿债务的权利,但为了讨债而非法拘禁、伤害、杀害债务人的,无疑成立非法拘禁罪、故意伤害罪、故意杀人罪。但是,当前司法实践大量地将债权人对债务人采取跟踪、纠缠、恐吓、辱骂等方式实施的讨债行为,认定为寻衅滋事罪。也有债权人采取与债务人同吃、同行、同睡的方式,法院认为其超出私力救济的范畴,具有刑事违法性,以此认为债务人的人身自由被变相剥夺,债权人的行为被认定为非法拘禁犯罪行为。司法实践中,部分法院并不严格查明是否采取了暴力、暴力威胁的手段限制人身自由,甚至对于犯罪手段不进行任何讨论,一律以限制人身自由的结果是否达到够罪标准作为判断依据。实务中出现的此类问题也引发了法律界不少的争议。

相关实务案例中,民事侵权纠纷案件也容易因私力救济行为使用不当演化为犯罪:2020 年 1 月 4 日,一辆停在停车位内的丰田越野车被横着停在前面的一辆捷豹 SUV 挡住出路,丰田车的车主杨女士当时急着要回去,发现捷豹车上没有留下任何联系方式,打了“114”提醒对方挪车,等了十几分钟车主也不来。于是,杨女士先后 11 次倒车撞击捷豹的侧面,直到将捷豹撞开后驶离了现场。“从交警现场勘查的情况来看,停车位前车辆横停,停车位里的车辆是很难开出来的,一些车身较短的小轿车也许多打几把方向能勉强开出来,但涉事的丰田越野车比较宽大,确实是开不出来。”民警说,“由于事情的发生地是封闭停车场,不属于交警管辖范围,从视频中看到,捷豹车停放的位置,还横着停着一排汽车,但其实这里是通道,不允许停车。杨女士的行为属于故意损毁他人财物,目前正在委托第三方鉴定机构对捷豹车辆的车损进行鉴定,如果车损达到 5000 元人民币以上,杨女士可能因故意损毁他人财物被刑事拘留。”[1]

对于本案,从罪与非罪的角度进行讨论。其一,如果杨女士确有紧迫的重要利益需要保护,则完全可能是紧急避险,不能作为犯罪处理;其二,即使杨女士的行为不具备紧急避险等正当化事由,也不能将全部车损结果归属于杨女士的行为。本书认为,在类似这样的场合,先要按照民法判断捷豹

[1] 参见陈昱菁:《论自力救济因素对认定犯罪的影响》,载广东省汕头市人民检察院官网 2021 年 10 月 19 日,https://www.stjcy.gov.cn/index.php/home/view? id=10342。

车主应当承担多大的责任，进而将其承担的责任排除在杨女士应当承担的责任之外。若车损总数额为 8000 元，但按照民法规定，捷豹车主应当承担 40% 的责任，那么，杨女士就仅对 4800 元的损失负责，因而不构成故意毁坏财物罪。这样处理不仅合情合理，而且有利于避免助长违章停车行为。另外，前述自力救济行为的有责性没有达到可罚的程度。例如，根据《民法典》第 1177 条第 1 款但书的规定，行为人采取扣留侵权人的财物等合理措施，“应当立即请求有关国家机关处理”。但在现实生活中，常常是国家机关授权或者默许行为人采取自力救济行为。在这种情况下，要求行为人请求国家机关处理，不符合生活现实。

从刑事政策的角度来说，如果将前述自力救济行为当作犯罪处理，必然助长相对方的违法犯罪行为。预防和制止违法犯罪，原本属于公权力的范围，但公权力不是万能的，也不是随时可以行使的。所以，在公权力缺失的情形下，应当由公民行使私权利来预防和制止违法犯罪。公权力越是有效地普遍行使，自力救济的范围就越窄，也不需要进行私力救济；反之，如果公权力对公民合法权益的保护有限，就必须尽可能允许公民实施正当防卫、自力救济等行为，从而预防和制止违法犯罪。如果将公民的正当防卫、自力救济等行为认定为犯罪，就必然助长违法犯罪。

实践中也有私力救济被法院判决无罪的典型案例，下文以广东省张某故意伤害案〔1〕为例进行说明。

原审被告人张某与雷某某案发前均为某单位的舞蹈演员。2017 年 5 月左右，张某和雷某某（后被处以行政拘留 5 日、罚款 200 元）因琐事产生矛盾并争吵，其间雷某某纠缠不休，张某一直回避并向其单位领导反映以寻求帮助，但矛盾未得到解决。2017 年 5 月 11 日 9 时 13 分许，张某在番禺区小谷围街地铁大学城南站 B 出口处准备使用共享单车上班时，被正在附近的雷某某上前拦住，两人短暂交谈后，雷某某开始动手拉扯张某，在两次拉扯均被张某挡开后，雷某某用力推搡张某，张某遂手持已经从背包中掏出的美工刀划向雷某某，双方扭打在一起，很快张某被雷某某踢倒在地，雷某某准备再上前时，被赶来的路人拉开，张某起身后又被雷某某踢了一脚。随后双方被拉开，均未再动手。9 时 15 分许，张某看见一辆警车经过，即上前招呼。

---

〔1〕 参见广东省高级人民法院刑事附带民事裁定书，(2021) 粤刑再 3 号。

后双方一直在现场等候警察处理。打斗中，雷某某的额部、肩部、胸部等多处被划伤，伤情鉴定为轻伤二级，张某的体表损伤程度未达到轻微伤。

该案例的无罪理由如下：第一，存在不法侵害，符合正当防卫的前提条件。案发时，张某在地铁站出口处准备使用共享单车上班，被正在附近的雷某某上前拦住，两人短暂交谈后，雷某某开始动手拉扯张某，在两次拉扯均被张某挡开后，雷某某即用力推搡张某。第二，不法侵害正在进行，符合正当防卫的时间条件。案发时，雷某某偶遇并纠缠张某，随后对张某进行拉扯，被挡开后即用力推搡张某，并准备继续推搡张某，雷某某的行为连续且没有放弃侵害的迹象，张某一直处于被侵害的现实危险之中。客观事实也是如此，在张某还击以及雷某某察觉张某已手持美工刀时，雷某某不仅用双手与张某进行厮打，且一脚将张某踢倒在地，被路人劝开后还踢了张某腹部一脚。上述事实足以证明雷某某的不法侵害正在进行，且危险程度不断升级。第三，被告人张某具有防卫意图。案发前，张某与雷某某二人因琐事产生矛盾且矛盾不断升级，张某为避免二人发生正面冲突，以回避的方式应对，多次主动向单位领导反映情况以寻求帮助，在单位领导出面的情况下，雷某某还对张某纠缠不休，这无疑给张某造成心理恐慌。案发时，张某突遇雷某某的纠缠，虽然拿出事先准备的美工刀，但面对雷某某先后两次拉扯其只是躲开，在雷某某用力对其推搡时也是忍让，均未主动攻击雷某某，直至雷某某准备再次推搡时才持刀反击。可见，张某面对雷某某连续且不断升级的侵害行为，才使用美工刀进行反击，在被路人劝开且被雷某某踢倒在地后也没有再使用美工刀，上述事实足以证明张某反击行为的被动和防卫行为的节制，张某主观上不具有故意伤害的意图。第四，原审被告人的防卫行为符合正当防卫的限度条件。防卫的限度条件应当结合社会公众的一般认知作出判断。本案中，张某在遭遇雷某某突然出现且实施侵害行为的情况下，很难冷静客观地判断雷某某的意图或后果。再则，张某使用的仅为刀刃约1厘米的美工刀，且在被路人劝开后没再使用，张某持刀划向雷某某的身体部位也是适时的自然反应，并不是刻意选择。依据2020年发布的最高人民法院、最高人民检察院、公安部《关于依法适用正当防卫制度的指导意见》第3条的相关规定，防卫行为虽然明显超过必要限度但没有造成重大损害（造成不法侵害人重伤、死亡）的，不应认定为防卫过当。综上，张某使用的防卫工具、防卫手段和强度等没有超过限度。

正当防卫作为私力救济的常见形式，很多时候也很难被认定，实务中要立足于防卫的现实条件，在充分考虑防卫性质、限度、时间、结果、行为等条件的前提下，站在社会一般人角度进行判断。本案中将他人划至轻伤的结果没有造成重大损害，也没有明显超过防卫行为的必要限度，因此根据行为与结果的相统一，应成立正当防卫。

无论正当防卫还是紧急避险都应当在法律规定的范围内行使，且不能超过必要限度。与公力救济相比，私力救济具有直接、快捷的特点，但不可否认，私力救济要求具有社会相当性和紧急性，因此私力救济极容易出现超过法律允许的强度、范围和时限，一旦超过行使的范围，就可能被视为“犯罪”。比如“正当防卫”，一旦超过必要的限度，将造成“防卫过当”，受害人面临刑法处罚。

公力救济程序复杂、维权时间漫长，导致被害人权利难以得到及时维护，故私力救济成为公力救济的重要补充，能够降低刑法成本，节约司法资源，实现刑法效益的最大化。〔1〕 但是，在实践运用中，要准确把握一定的限度，明确其中合法与违法甚至犯罪的界限。

第五节　刑事违法性之违法一元论和多元论

一、刑事违法一元论和多元论的理论概念和区别

在刑民交叉案件中，刑事违法性的一元论主张违法判断标准的一致性，而多元论则认为违法判断具有相对性。

一元论强调法秩序的统一性，认为在刑民交叉案件中，对同一行为的违法性判断应当保持一致。这种理论主张刑法没有必要在民法之外重新构建一个法益判断标准，而应当以民法为参照甄别值得刑法保护的法益内容，实现法益保护范围的有序扩张。在法秩序统一性原理下，一元论认为刑法与民法共同维护社会和经济秩序，保护公民的人身、财产安全，二者的调整和保护领域经常重合，因此应当遵循相同的违法判断标准。

---

〔1〕 参见贺秋华：《自救行为论》，载《中国刑事法杂志》2005 年第 4 期。

然而,多元论主张包括刑法在内的各法领域的违法性判断具有相对性。它认为刑法与民法是遵循不同的价值理念、目标和运作方式来制定的,从而从不同层面维护社会的安定和公民的合法权利。因此,在刑民交叉案件中,对同一行为的违法性判断可能会因法域的不同而有所差异。多元论强调刑法评价的独立性,认为刑法应当根据自己的标准和目的来判断行为的违法性,而不应完全受制于其他法域的判断。

司法实践中,一元论和多元论都有其适用场景和局限性。一元论有助于维护法秩序的统一性和权威性,但在处理复杂案件时可能会显得过于僵化和机械。多元论则更加灵活、适应性强,能够更好地应对不同法域之间的冲突和差异,但在实践中也需要更加谨慎和细致地权衡各种因素。因此,在具体案件中,需要根据案件的具体情况和不同法域之间的特点和差异来选择合适的理论进行违法性判断。

二、关于违法一元论和多元论的案例分析

(一)帅某骗保案[1]

帅某在1998—2000年为其母购买了中国人寿渠县分公司的康宁终身寿险。该保险对被保险人的要求是70周岁以下且身体健康。但是1998年帅某投保时其母已有77周岁,其集体户口册上的年龄由于其他私人原因在投保前已经改小了23岁。帅某第一次投保时曾问过业务员填写年龄的依据,业务员告知按照户口登记年龄填写即可,第二次投保时业务员告知其按照第一份保单的内容填写。2003年帅某母亲去世,渠县分公司进行理赔调查时,帅某再次修改其母入党申请书上的年龄,最终成功取得保险公司给付的27万元保险金。同年7月,中国人寿四川省分公司收到数个具名举报,随即报案,公安机关对案件展开了调查。

司法实务中对此案是否构成犯罪形成了截然相反的观点对峙。一种观点认为,帅某不构成犯罪,是符合《保险法》的合法行为。原因有二:其一,投保人帅某未尽如实告知其母真实年龄的行为不属于保险诈骗罪中的"虚构

---

〔1〕 参见张子钰:《论帅英骗保案的出罪路径——以客观归责论为视角》,载《争议解决》2021年第4期。

保险标的”，帅某投保的属于人寿保险，人寿保险的保险标的是人的生命，即人的生死，属于以被保险人死亡为保险人给付保险金条件的保险合同。此案中帅某隐瞒真实年龄的行为不属于虚构被保险人的生死，故不符合保险诈骗罪的构成要件，不构成保险诈骗罪；其二，当时的2002年《保险法》第54条[1]第1款规定：“投保人申报的被保险人年龄不真实，并且其真实年龄不符合合同约定的年龄限制的，保险人可以解除合同，并在扣除手续费后，向投保人退还保险费，但是自合同成立之日起逾二年的除外。”帅某的行为完全符合《保险法》的规定，保险合同有效，帅某不构成犯罪。另一种观点则认为，年龄与人的寿命息息相关，隐瞒真实年龄属于虚构保险标的一种体现，且帅某骗取27万元保险金的社会危害性极大，足以动用刑法规制，故应认定帅某成保险诈骗罪。

该案审理的大致经过是：渠县公安局向当地检察院提交起诉意见书，渠县人民检察院作出不起诉决定，渠县公安局要求复议，达州市人民检察院指定大竹县人民检察院以保险诈骗罪提起公诉，大竹县人民法院宣告帅某无罪，大竹县人民检察院提起抗诉，达州市人民检察院在此支持公诉，达州市中级人民法院对此案的法律适用存在意见分歧，争执不下，此案随后上报四川省高级人民法院，四川省高级人民法院同样争执不下，此案最后被上报最高人民法院，最终达州市人民检察院决定不起诉。

（二）龚某盗卖房屋案[2]

龚某因赌博对外欠债，遂与丁某共谋私下出售龚父名下的房产以还赌债。经预谋，龚某先取其家中户口本向公安机关申领龚父的身份证。接着，龚某持其父身份证向房产登记部门办理产权证挂失登记，获得新的产权证。然后，龚某持其父身份证和挂失获得的房屋产权证，并经化妆后冒充其父亲，与丁某共同至公证机关委托丁某出售房屋，骗得委托公证文书。经房产中介介绍，丁某持龚某交付的房屋产权证、龚父的身份证，与王某签订购房合同。同时丁某还持龚父的身份证至建行开户，并以该账户收取占有了买方的购房款43余万元。后丁某将相关房产过户至王某名下。龚父发现房屋

[1] 参见2015年修正的《保险法》第32条。

[2] 参见吴加明、郭顺强：《刑民冲突的解决及释论》，载《中国检察官》2012年第4期。

被卖后向公安机关报案。经刑事诉讼,龚某与丁某被法院以合同诈骗罪判处刑罚。刑事判决生效后,龚父向法院起诉王某,主张房屋买卖合同无效、王某应退还房屋,并以该判决书为主要证据。王某在民事诉讼的同时,向检察机关提出刑事申诉。王某主张,其为善意第三人,依法应取得该房屋产权,原刑事判决将其认定为被害人是错误的。

该案引发了学界对以下问题的争议:刑法上认定合同诈骗罪成立将对民法上合同效力产生何种影响?以及民法上认定构成表见代理、善意取得,是否当然影响刑法上罪与非罪、此罪与彼罪的认定的问题?

第一种意见认为,刑法上构成合同诈骗罪,被害人是房屋买受人王某。认定合同诈骗罪成立,导致民法上该房屋买卖合同归于无效,房屋产权应回归龚父,再由买受人王某向龚某、丁某两被告追偿,索讨赔偿。第二种意见认为,本案民事交易合法有效,刑法上不构成犯罪。本案构成表见代理,根据《物权法》(已失效)第106条[1]善意取得的规定,该房屋产权应属王某所有。龚父的损失应向无权代理人龚某和丁某二人追偿。刑法上,本案不构成犯罪。龚某二人所持的证件均为真实的且有真实的委托公证文书,且确实履行了房屋交付和过户手续,该二人并无诈骗的主观故意和客观行为,房屋买受人王某也未受骗。第三种意见认为,刑法上构成的是盗窃罪,两被告侵犯的是被代理人龚父的财产所有权,并且是在被代理人浑然不觉的情况下进行的,两被告从被代理人手中取得财物性质上属于秘密窃取,应认定为盗窃,只不过这种盗窃是假借对第三方实施"诈骗"的买卖来完成的。民法上本案符合表见代理和善意取得,房屋产权归买受人王某。刑法上的合同诈骗罪与民法上的表见代理不可能共存于一个案件。第四种意见认为,本案的刑法处理和民法认定应并行不悖。刑法上本案构成合同诈骗罪,房屋原产权人龚父和买受人王某均为被害人。刑法上认定构成合同诈骗罪不必然导致该合同无效。本案房屋买卖行为仍然有效,产权应归买受人王某所有。

本书赞成第四种意见,刑法上本案构成合同诈骗罪,龚父和王某同为被害人,房屋买卖中的合同诈骗行为方式宜作扩大解释。本案刑事部分应构成合同诈骗罪。根据《刑法》第224条的规定,合同诈骗罪是指以非法占有

---

〔1〕 参见《民法典》第311条。

为目的,在签订、履行合同过程中,骗取对方当事人财物数额较大的行为,其表现形式包括冒用他人名义签订合同等。龚某与丁某为偿还赌债,通过骗取房屋产权证、骗取委托公证等文书,虚构房屋产权人委托丁某出售房屋的事实,并将房屋转卖予王某,获得购房款,其行为符合上述规定,应构成合同诈骗罪。民法上本案成立表见代理,王某应获得该房屋产权。本案符合民法表见代理构成,买受人确系善意且无过失。最高人民法院《关于当前形势下审理民商事合同纠纷案件若干问题的指导意见》强调了严格认定表见代理行为的条件,依据该指导意见规定,表见代理的构成应具备以下条件:(1)代理人的无权代理行为在客观上形成具有代理权的表象;(2)相对人在主观上善意且无过失地相信行为人有代理权;(3)合同相对人主张构成表见代理的,应当承担举证责任,即不仅应当举证证明代理行为存在诸如合同书、公章、印鉴等有权代理的客观表象形式要素,而且应当证明其善意且无过失地相信行为人具有代理权。综观本案,龚某与丁某实际上虽无代理权,但其手持真实的产权证书、真实的产权人身份证、确经公证的产权人授权卖方委托书,已经完全符合房屋交易法律要件,客观上已经具备具有代理权的表象。作为买方的王某,已经极尽一切正常人而且可以说精明的人应该注意且能够注意到的防范措施。

(三)郭某维权案[1]

郭某之女是含有三聚氰胺的施恩奶粉的受害者,多次向施恩公司索赔。后双方达成和解协议,施恩公司赔偿了40万元,郭某书面表示不再追诉并放弃索赔。2009年6月25日,电视台播出郭某反映的施恩奶粉问题的节目后,施恩公司主动与郭某联系,郭某又提出300万元的索赔要求,施恩公司遂以敲诈勒索为由报警。一审认定郭某构成敲诈勒索罪,判处有期徒刑5年,二审及再审均维持原判。该案引发热议,就其维权行为是属于正当行使民事权利还是构成敲诈勒索罪存在争议。2017年,广东省高级人民法院再审

〔1〕 参见广东省潮安县人民法院刑事判决书,(2009)安刑初字第492号;广东省潮州市中级人民法院刑事判决书,(2010)潮中法刑一终字第17号;广东省潮州市中级人民法院刑事判决书,(2010)潮中法刑终再字第1号;广东省高级人民法院刑事判决书,(2015)粤高法审监再字第19号。

该案,公开宣判郭某无罪。[1]

此案中,维权手段过当但索赔数额在权利行使的范围内,就行为人的行为本质而言,其只是索要对方应当给付给自己的财物,与取回自己所有但被他人非法占有的财物毫无二致,并不会引起他人实质上的财产损失,不具有法益侵害性,不应认为行为人主观上具有非法占有目的并以此为由认定其构成敲诈勒索罪。

通过上述三则案例,本书在此对研究刑民交叉问题之实质,即刑事违法性标准进行判断。判断某一行为是否具有刑事违法性,通常要确认以下两点:其一,该行为在民法中属于合法行为且符合犯罪构成要件,是否在刑法中也应肯定该行为的正当性;其二,该行为在民法中被禁止且符合犯罪构成要件,是否在刑法中也应视为违法。刑民之间在评价行为的违法性上常有矛盾,面对这种情况,我们应当对刑法违法性的地位正确理解,刑法是否应独立于其他部门法单独存在,独立判断一项行为是否违法,还是要坚持其从属性并依赖于其他部门法对一项行为进行违法性判断,实践中都是需要全面考虑的问题。

三、刑事违法性判断之争议及解决路径

在对刑事违法性的判断问题上,存在严格的违法一元论、违法多元论、缓和的违法一元论、违法相对论的争议。

严格的违法一元论主张,“在某一法领域违法的行为在其他法领域不能被视为合法;相反,在某一法领域合法的行为,不能在其他法领域被视为违法”。也就是说,在刑法上被评价为违法的行为,在民法、行政法等其他法领域中也要认定违法;在民法、行政法等法领域被认定为违法的,在刑法上也应当认定违法。但是,由某行为在民法、行政法等其他部门法领域的违法直接推导出该行为在刑法领域违法是存在逻辑障碍的。因为各法领域中的违法是在一般违法的基础上增加了特殊条件,行为具有特殊违法可以推出具有一般违法,但是行为具有一般违法是不能推出具有特殊违法的。严格的违法一元论过分强调了国家法律体系的统一性和违法判断的一致性,忽视

[1] 参见刘帆:《广东“毒奶粉”索赔案 从敲诈勒索到改判无罪》,载央视网2017年5月24日,https://tv.chinacourt.org/21324.html。

了不同法律领域的特殊性和不同法律中违法判断的相对差异性,因为不同部门法领域不可能根据相同的标准来划定禁止行为的范围。因此,该理论被绝大多数学者反对。

违法多元论主张各部门法的违法性的评价都不相同。刑法规范以裁判规范为主,进而刑事违法性评价必须基于是否值得刑罚、是否具有法益侵害性进行独立判断,而不由民法、行政法的违法性所决定。违法多元论既不承认"一般违法性",也不承认"可罚的违法性",而是以实质的违法判断作为刑事违法性的判断标准。但是,违法多元论过分强调不同部门法的违法判断的独立性与差别性,忽视刑事违法与其他违法之间的本质一致性,走向了另一个极端。按照这种观点,某行为在民法、行政法中是合法的同时符合犯罪构成要件,该行为在刑法中也可以认定为违法,这导致刑法与其他法律产生冲突,有违刑法的谦抑性原则。该学说也被大多数学者所摒弃。

针对严格的违法一元论存在的缺陷,有学者提出了缓和的违法一元论。缓和的违法一元论主张应当在法秩序中对违法性的判断一脉相承,不能自相矛盾,因而不能否定一元论。但是,由于各部门法的立法目的和法律效果不同,各部门法所要求的成立违法的性质皆有不同,其违法形式当中具有不同的种类和轻重阶段。所以,成立刑法上的违法就必须具有值得刑罚处罚程度的违法性。缓和的违法一元论的理论前提在于认为刑法规范属于行为准则,因此在指导公民行为时,刑法不得与其他部门法相抵触。此外,必须通过整体法秩序统一地评价行为的负价值。该理论的核心架构是"一般违法性+可罚的违法性=刑事违法性"的二重判断模式,其中"一般违法性"概念旨在说明刑法应当从属于前置法,如民法、行政法。"可罚的违法性"概念则表明违法判断具有一定的相对性,对严格的违法一元论进行了缓和。根据缓和的违法一元论,在上述龚某盗卖房屋案中,行为人无权处分他人的财物,违反了民法规范,具有一般违法性,同时又违反了刑法规范,符合合同诈骗罪的构成要件,即使买受人善意取得房屋的所有权,也可以认定行为人具有刑事违法性从而认定构成合同诈骗罪。但是在郭某维权案中,虽然其行为违反了民法规范,具有一般违法性,同时又符合敲诈勒索罪的构成要件,但由于不具有可罚的违法性,不应当认定构成敲诈勒索罪。这就体现了缓和的违法一元论的价值,缓和的违法一元论可以妥善处理不具有可罚的违法性的一般违法行为。

违法相对论认为刑事违法性的判断是相对进行的,是根据刑法自身的价值取向进行独立判断,不一定与其他法领域的结论保持一致,也不完全依赖其他法领域的结论。前置法规范认为合法的行为,刑法上也有入罪的可能;前置法规范认为违法的行为,刑法上也有出罪的可能。该理论认为"可罚的违法性"的概念是必要且适当的,因为它是区分刑事违法性和其他违法性的基本要素。在帅某骗保案中,如果根据违法相对论,刑法违法性判断完全独立于民法,即使民法上认定合同是有效的,仍然应当按照刑法保护国家的保险制度及保险人的财产所有权的价值取向,认定骗保行为具有刑事违法性,从而认定构成保险诈骗罪。与违法多元论一样,这同样损害了刑法的谦抑性。

综合上述理论,本书赞同处理刑民交叉案件适用缓和的违法一元论,这也是目前众多学者认可的理论。其原因在于,缓和的违法一元论与违法相对论之间的对立体现在是否承认"一般违法性"概念,以及是否采取"一般违法性 + 可罚的违法性 = 刑事违法性"这种二重判断模式。违法相对论不采用二重判断模式,而是直接讨论刑事违法性。除此之外,基于刑事违法性的独立、相对的判断,行政法、民法上合法的行为也有被认定"在刑法上违法"的可能。缓和的违法一元论肯定"一般违法性"概念和双重判断模式,更具理论上的合理性,应认同缓和的违法一元论。其理由如下:

第一,"一般违法性"在现实中是大量存在的,可以区分为正当行为与尚未达到刑罚处罚程度的非正当行为。例如,基于不法原因委托发生侵占,民法规定委托人丧失返还请求权,刑法认定受托人不构成侵占罪,如果不认可该侵占行为具有"一般违法性",就导致委托人没有法律依据对非法侵占行为进行抗辩。这里的"一般违法性"指的是行为侵害了原所有人的所有权,保护的是原所有人的财产法益,而非保护不法委托人的利益,因此虽然不法委托人没有返还请求权,但仍可以根据侵占行为侵害了原所有人的财产权,从而认定该侵占行为具有"一般违法性"。因而一般违法性概念对于解释论并非没有实际意义。

第二,某一行为是否具有一般违法性并不是通过宪法进行直接判断,而是根据刑法以外的其他法领域的规范进行判断。如果某一行为的行动自由或行动禁止被民法、行政法等明确规定,当然不用再根据宪法去判断是否具有一般违法性。

第三，可罚的违法性要求只有达到值得刑罚惩罚的程度才能进行定罪，这有助于明确行为侵害法益的程度，能够为社会公众的行为提供指引，还可以妥善处理疑难案件，防止出现扩大刑罚处罚范围的情形。对于一般案件，完全可以根据构成要件判断行为是否构成犯罪，而对于疑难案件，增加是否值得刑罚处罚这一层判断，也更符合我国《刑法》第 13 条“依照法律应当受刑罚处罚的，都是犯罪，但是情节显著轻微危害不大的，不认为是犯罪”的规定意旨。

综上所述，缓和的违法一元论既重视法秩序统一性，坚守体系性思考与问题性思考的统一，又达到了刑法规制的目的，贯彻了刑法谦抑精神。缓和的违法一元论在刑法与前置法的关系上更加侧重刑法“从属”的一面，即以“从属为主、独立为辅”，能够实现体系统一性与目的统一性。违法的相对论虽然也看到了法秩序的统一性，但在刑法与民法、行政法的关系上更加侧重刑法“独立”的一面，即以“独立为主、从属为辅”，违法的相对论只能实现目的的统一性。因此，缓和的违法一元论更合理。

刑民交叉案件的司法处理应当坚持缓和的违法一元论，按照“一般违法性 + 可罚的违法性 = 刑事违法性”的二重判断模式，先根据其他法领域的规范进行前置性判断。如果前置法认为是合法的，就不能往下推断，达到出罪目的。如果前置法认为违法，则继续往下推理，如果符合构成要件，但是不具有可罚的违法性，那么也不能认定为犯罪。只有当一般违法性和可罚的违法性同时符合时，才能入罪。这样既保证符合法秩序的统一性，又能体现刑法的相对独立性和谦抑性。

第六节　法不禁止即自由

一、法不禁止即自由的精神内涵

“法无授权不可为，法不禁止即自由”，这是一项包含了公法原则和私法原则的现代法治原则。法治政府建设是习近平法治思想的重要内容，习近平总书记多次强调的“法定职责必须为，法无授权不可为”，以及国务院推行的“负面清单”“非禁即入”，正是这一原则的反映。相对于“法无授权不可为"的公法原则,"法不禁止即自由"是私法原则,指只要公民没有违反公法领域的禁止性规范和私法领域的强制性规范,公民就享有广泛的自由,公权力不得干预。"法不禁止即自由"是一项重要的现代法治原则,它体现了对个人自由的尊重与保障。这一原则的精神在于,只要法律没有明确禁止的行为,个人就有权自由地进行。它强调了法律的界限,即法律只能规定人们不得做什么,而不能过度干涉人们可以做什么。这种精神贯穿于自由主义和现代政治的理念之中,是法治社会的重要基石。

"法不禁止即自由"是私法中的一个经典性命题,它与公法的"法不授权皆禁止"的命题相对照,深刻地体现了私法与公法的差异。〔1〕

"法不禁止即自由"有助于保障私人自由,这正是私法优越性之所在。为维护私人自由,应以之为箴规并大力推行。不过,这个被认为是私法区分于公法的标杆、反映私法特质的重要命题,不但未见被规定于民事成文法,而且我国民法学界对其所作的研究也极为有限。该命题的确切含义是什么?其内在机理如何?在实践中怎样运作?其是否存在功能限度。诸如此类问题,均未引起民法学界的足够重视,甚至对其中的部分问题根本就未产生问题意识。〔2〕

一般来说,"法不禁止即自由"是为了防止公法无条件扩张、压缩公民权利和私域而提出的原则之一。强调"法不禁止即自由"有助于增强公民的主体意识、提高市场主体的积极性,该原则能够起到保障公民权利、约束政府权力的积极作用。

同时,我们也应看到,"法不禁止即自由"不是无限的,也不视为公权力对此消极无为。随着公权力的日益强化、社会治理问题日趋复杂,"法不禁止即自由"原则对公权力形成约束,推动依法治国进程。它强调重视立法和执法,善用法律,树立法治权威。

"法不禁止即自由"的精准含义是只要行为人不实施侵犯他人合法的私人领域这一为法所禁止的不正义行为,他就享有充分的自由。"法不禁止即自由"力图宣示,扣除禁令后剩余的所有空间均为自由的领地,由此凸显了

〔1〕参见汪习根、武小川:《权力与权利的界分方式新探——对"法不禁止即自由"的反思》,载《法制与社会发展》2013年第4期。

〔2〕参见易军:《"法不禁止皆自由"的私法精义》,载《中国社会科学》2014年第4期。

自由为"扣减权"的无所不包的特性,从而营造了最大的自治空间。从微观层面看,它主要适用于仅涉及行为人的涉己行为、无涉第三人的合意行为等场合。在立法过程中,出现禁令不足、行为虽不违反禁令但违反公序良俗等情形,以及在法定主义模式的作用领域,该命题的适用会受到限制。从宏观层面看,它具有空泛性,仅依凭其自身,并不足以有效捍卫私人的意思自治。只有使禁令保持一般性、目的独立性、程序性或形式性、底线性等品质,这一命题才能真切地构建起最大的自治空间。[1]

"法不禁止即自由"蕴含深刻的法治思维,民法典中自愿原则对应"法不禁止即自由"的法治思维,是社会主义核心价值观中自由的民法表达。对民事主体而言,遵循"法不禁止即自由",此种法治思维与公权力机关负面清单管理模式相互对应。根据职权法定的要求,只要不是负面清单列举的事项,政府无权进行审批,这实际上形成了对公权力的一种有效规范和制约。《民法典》尊重民事主体从事民事活动的自主自愿,充分保护人身自由和人格尊严。理解"法不禁止即自由"的关键是妥当界定"法"的范围。"法不禁止即自由"中的"法"应当既包括法律的具体规则,也包括法律的基本原则;既包括法律,也包括不违背公序良俗原则的习惯。《民法典》所保障的民事主体的自主自愿不是绝对的,而要受诚信、公序良俗、绿色原则等的必要限制。

二、"法不禁止即自由"的司法应用

在民法领域,"法不禁止即可为"原则广泛适用,鼓励公民在法律框架内自由行使权利;而在刑法领域,则遵循"罪刑法定"原则,即只有法律明文规定为犯罪的行为才能受到刑罚处罚。因此,在刑民交叉案件中,需要明确区分民法与刑法的不同适用原则。在民事活动中,如合同订立、财产处分等,只要法律没有明文禁止,当事人就可以自由协商并达成协议。与民法不同,刑法涉及对犯罪行为的惩罚,因此其原则更为严格。在刑法领域,"法不禁止即可为"并不直接适用,而是被"罪刑法定"原则所取代。

罪刑法定原则是"法不禁止即自由"的重要保障。《刑法》第3条规定:"法律明文规定为犯罪行为的,依照法律定罪处刑;法律没有明文规定为犯

[1] 参见易军:《"法不禁止皆自由"的私法精义》,载《中国社会科学》2014年第4期。

罪行为的,不得定罪处刑。"这一原则确保了刑法的明确性和可预测性,防止了司法权力的滥用。刑事立法中贯彻谦抑性原则,对于加害人实施的危害行为,只有在等其他法律手段予以调控的可能性之后,才有将其规定为犯罪,或者动用刑罚手段予以规制的必要。[1] "法不禁止即自由"这一私法原则为防止公权力动用刑罚手段随意限制公民的人身和财产自由提供了强有力的保障,也是在部分刑民交叉案件中辩护律师进行出罪辩护的有效路径。

司法实践中,法院会依据"法不禁止即自由"原则来判断当事人的行为是否合法,以及是否侵犯了他人的合法权益。这一原则体现了对个人自由的尊重与保障,只要是法律没有明确禁止的行为,个人就有权自由地进行。例如,在民事案件中,如果法律没有明确规定某种行为是违法的,那么当事人就有权进行这种行为,法院也会尊重当事人的这种自由。

同时,"法不禁止即自由"也要求法院在审理案件时,应尽量避免对相关法律进行类推、引申、学理解释或扩大解释,以免过度干涉个人自由。这一原则的应用有助于维护法律的稳定性和权威性,防止司法权力的滥用。

然而,需要注意的是,"法不禁止即自由"并非绝对。在某些情况下,即使法律没有明确禁止,行为仍然可能受到其他法律原则、道德规范或社会公共利益的约束。因此,司法实践中,法院还需要综合考虑多种因素,以确保裁判结果的公正性和合理性。

此外,"法不禁止即自由"原则在国际法领域也有类似的应用。例如,"国际法不禁止即为允许"原则,就源于国际常设法院 1927 年"荷花号"案[2]的判决。这一原则表明,在国际法没有明确禁止的情况下,国家有权

---

〔1〕 参见朱效平:《罪刑法定原则下刑法调控范围的特点与趋向》,载《山东大学学报》2007 年第 1 期。

〔2〕 "国际法不禁止即为允许"原则又称"荷花号"原则:1927 年,法国船只与土耳其船只在公海上相撞,导致 8 名土耳其人死亡,土耳其根据本国法律对法国船舶的船长提起刑事诉讼。按照国际法规定,公海上航行的船舶受船旗国的排他性管辖,但是国际法没有规则明确禁止犯罪结果地国家对罪犯行使管辖权。在公海上的一件犯罪行为的结果发生在另一外国船上,等于发生在该外国船的国籍国的领土上。国际常设法院最终判决土耳其的做法没有违反国际法原则,即允许其行使刑事管辖权,"国际法不禁止即为允许"原则由此确立。作为国际法上刑事管辖权最经典的案例,"荷花号"案直接推动了 1982 年《海洋法公约》第 97 条中"遇有船舶在公海上碰撞或任何其他航行事故涉及船长或任何其他为船舶服务的人员的刑事或纪律责任时,对此种人员的任何刑事诉讼或纪律程序,仅可向船旗国或此种人员所属国的司法或行政当局提出"条款的确立,默认从此变得有法可依。

进行某种行为。

综上所述,“法不禁止即自由”的司法应用体现了对个人自由的尊重与保障,但也需要在综合考虑多种因素的基础上,确保裁判结果的公正性和合理性。

第六章 典型刑民交叉案件的实体辨析

第一节　合同纠纷与合同诈骗罪

一、合同纠纷与合同诈骗罪的民刑界分

合同纠纷与合同诈骗罪之间的界定与处理已成为司法实践中的争议问题，其中涉及的刑民交叉问题一直以来都受到广泛关注，“合同纠纷诈骗化”和“合同诈骗纠纷化”成为实务中时常发生的情形，同时也是司法裁判颇为棘手的问题。合同诈骗犯罪与民事欺诈在表面形式上极为相似，难以区分，这使得各地行政执法部门的承办人难免存在主观认知差异，最终导致处理结果迥然不同，甚至给司法工作造成障碍。因此，准确地区分二者，以及如何正确适用法律，已经成为实务中亟待解决的问题。

（一）合同诈骗罪中“非法占有为目的”的认定

合同诈骗罪的显著特征是要求行为人具有“非法占有为目的”的故意，实践中认定行为人是否具有“非法占有为目的”，需结合合同签订、履行情况以及行为人的态度等方面进行综合判定，不能将合同签订行为和履行行为割裂开来进行分析判断。具体分析如下：

(1)行为人主观上是否存在以诈骗手段占有对方财产的目的。主观上非法占有目的一般通过客观行为表现出来，故诈骗手段的识别需要依靠行为人的外在表现进行判断。

(2)行为人客观上的履行能力。如果行为人先前存在履约能力,由于客观原因而丧失履约能力或者签订合同时无履行能力,但是签订合同后,创造条件积极履行合同的,不能简单认定为没有履约能力。

(3)行为人在合同签订后是否积极履行了合同,是否具备履行合同的诚意和实质行动。行为人以部分履行合同的方式诱骗合同相对方继续履行合同,并将取得的财物挥霍一空,丧失继续履行能力的,应认定行为人具有非法占有的目的。行为人虽然具有履约能力,但在合同签订后,并无履行合同的诚意和行为,或拒不履行,也同样涉嫌具有"非法占有为目的"。

(4)是否构成侵害后果。合同诈骗罪属于结果犯,根据最高人民检察院、公安部《关于公安机关管辖的刑事案件立案追诉标准的规定(二)》第69条的规定,以非法占有为目的,在签订、履行合同过程中,骗取对方当事人财物,数额在2万元以上的,应予立案追诉。在司法实务中,如果行为人实施了合同欺诈行为,但合同没有履行,没有给任何主体造成财产损害,则不构成合同诈骗罪。此外,如果行为人通过虚构事实、隐瞒真相等方法诱使相对人签订或履行合同,但合同相对方并未因此而陷入错误认识,也没有基于行为人虚构的事实而处分财物,也不构成合同诈骗罪。

司法实践中,不能认定为具有合同诈骗之"非法占有为目的"的情况有以下几种:一是在合同履行过程中,双方因商品的价格、质量等问题出现实质性争议,不能协商解决,一方据此为由未依约履行合同义务的,不能认定具有"非法占有为目的"。二是合同主体在履约过程中,若出现更换经营场所、法定代表人辞职、更换手机号码等情形,并借此避而不见以躲债,一般属于民事范畴的经济纠纷而非刑法调整范畴。当然,还需结合案情分析认定。三是在经营过程中,能够还款而未还款,把资金挪作他用的行为,亦不构成"非法占有为目的"下的合同诈骗罪。四是行为人因经营不善等客观原因而导致无法依约履行合同义务的,不构成合同诈骗罪。五是合同主体虽然没有履行合同,但为合同履行提供其他形式的担保,后续担保权没能实现,不能认定具有"非法占有为目的"的合同诈骗罪犯罪故意。

(二)正确区分民事合同欺诈行为和刑事诈骗行为

正确区分民事欺诈与刑事诈骗,能够帮助辨别民事纠纷和刑事犯罪,要本着"不枉不纵"原则,不能把涉嫌合同诈骗罪的行为降格为经济纠纷予以处理，也不能使普通民事纠纷上升为合同诈骗犯罪进行刑事制裁。民事欺诈行为是指行为人在签订合同过程中，对合同约定的交易产品数量、质量进行部分隐瞒或者夸大其履约能力，使合同相对方在被欺骗的情况下与之签订合同的行为。从合同内容方面进行判断，民事欺诈主要是在数量、质量或者履约能力等方面存在部分欺骗，如夸大数量、质量或社会关系等，虽然合同相对方基于行为人的欺诈行为作出了瑕疵的意思表示，但行为人后期积极履行合同，并不会影响合同的最终履行。而刑事诈骗行为是行为人在完全虚构事实、隐瞒真相的情况下，与合同相对方签订合同，取得对方财物，但行为人自始至终并无诚实且全面履行合同的意思和行为。该诈骗行为贯穿了合同签订和履行合同的全过程，在此情况下，行为人应被认定为具有"非法占有为目的"的刑事诈骗行为。

由此可知，民事欺诈行为和刑事诈骗行为存在两个方面的区别：一是签订合同过程中，行为人对合同相对方的欺骗程度；二是合同签订、履行过程中，行为人是否存在履行合同的意思和行为。行为人在合同签订过程中只存在部分欺骗行为，不影响合同后期履行，且行为人后期积极履行了合同，该行为应为民事欺诈行为。行为人在合同签订过程中，以完全虚构事实、隐瞒真相的方式与合同相对方签订合同，且其自始至终并无履行合同的意思，亦并未打算切实履行合同，那么该行为应被认定为诈骗行为。

（三）合同诈骗罪中的合同形式是否包括口头形式

合同诈骗罪的入罪逻辑是：行为人在签订、履行合同过程中实施欺骗行为→对方产生认识错误→对方基于合同认识错误处分财产→行为人或第三者取得财产→对方遭受财产损失。由此可以发现，合同诈骗罪区别于普通的诈骗罪，其关键在于对"合同"定性的正确认识，而且合同诈骗罪入罪标准高于普通的诈骗罪。如果没有"合同"，被认定为普通的诈骗罪，将会导致量刑更高。

那么，合同诈骗中的合同是否包含口头形式的合同？对此，有否定说与肯定说之分。否定说认为，承认口头合同形式的合同会导致特殊法条与普通法条之间的混乱，并且根据刑事诉讼证据的要求，口头合同无迹可寻。从文义解释的角度来看，刑法规定"签订"一词表明需要书面合同。其主要理由是《刑法》第224条在单独规定合同诈骗罪时，将1996年发布的最高人民法院《关于审理诈骗案件具体应用法律的若干问题的解释》(已失效)中的"经济合同"修正为"合同",但全国人大常委会法制工作委员会2009年组织编写的《中华人民共和国刑法释义》一书中明确提出:"这里所讲的'合同'主要是指受法律保护的各类经济合同,如供销合同,借贷合同等。"[1]根据《经济合同法》(已失效)第3条的规定,"经济合同,除即时清结者外,应当采用书面形式"。故否定说认为合同诈骗罪中的"合同"必须是书面合同。肯定说认为,根据《民法典》第469条的规定,合同形式包括书面、口头或其他形式,因此口头合同属于法律认可的合同类型。司法实践中,若利用口头合同实施诈骗且符合犯罪构成要件,可能被认定为合同诈骗罪,认定时需重点考察口头合同与市场交易的关联性、诈骗行为本质及证据链完整性。

针对合同诈骗中的合同是否包含口头形式的合同,本书赞成肯定说,理由如下:

《刑法》第224条并没有对合同诈骗罪的合同明示限于书面合同;《经济合同法》第3条关于合同形式的规定已被《合同法》(已废止)修正。原《合同法》与《经济合同法》相比,最大限度地引入意思自治原则,缔约主体范围更加广泛,合同形式更加自由。除了法律明确规定要式合同,合同是否采用书面形式,既不影响合同的成立,又不影响合同的生效。同时,根据《民法典》第469条的规定,当事人订立合同,可以采用书面形式、口头形式或者其他形式。

因此,将合同诈骗罪中的"合同"限制为书面形式与现行法律规定和法治理念的发展不符。口头形式也是合同成立的一种有效形式,书面合同和口头合同都是法定的合同形式,其载体虽有差异但法律属性没有本质区别。

此外,司法实践中,部分行为人在合同尚未签约时,就已经骗取定金或者预付款,在这种情况下,项目计划书、政府审批文件、尚没有签署的空白合同书都有可能成为犯罪证据,还有一些约定俗成的协议,以及根据前期交易情况形成的明示或默认的协议,虽然这类口头协议在界定上存在一定难度,但也可能作为证据,这需要司法机关在证据认定上严格把关。

---

〔1〕 郎胜主编:《中华人民共和国刑法释义》,法律出版社2009年版,第103页。

二、涉合同诈骗相关刑民交叉典型案例[1]

(一)陈某甲合同诈骗案(无罪)[2]

1. 案情简介

2014年6月,被告人陈某甲注册了嘉禾圣象地板专卖店,经营范围是圣象地板兼壁纸、鱼缸销售,专卖店的组成形式及执照类别均为个人经营,经营者为被告人陈某甲。2015年董某入股该专卖店,占股40%,但没有改变圣象地板专卖店的工商登记基本信息。2015年以来,陈某甲代表圣象地板专卖店与邝某、张某等44名客户签订了木地板订购合同,并收受了44名客户定金共计447,200元。2016年11月17日,陈某甲自行离开嘉禾县回到祁东县,此后没有履行专卖店与44名客户所签订的木地板订购合同。

另查明,2016年11月16日以前,被告人陈某甲注册经营的嘉禾圣象地板专卖店一直在从长沙衣东山装饰材料有限公司调账进货。其中2016年8月收定金15笔共计105,000元,2016年9月收定金2笔共计40,000元,2016年10月收定金10笔共计63,000元,三个月共收定金208,000元。2016年9月陈某甲转账给长沙衣东山装饰材料有限公司用于调货的货款有7笔共计94,000元,10月有8笔共计111,945元,11月有2笔共计3500元,三个月共支出订货款209,445元。

还查明,陈某甲从2016年6月到2016年11月曾向他人购买过地下"六合彩",花去138,200元,并且还向他人借过款。

2. 法院观点

法院认为,本案的焦点问题是被告人陈某甲代表圣象地板嘉禾专卖店收取邝某、张某等44人的定金447,200元后,不履行合同义务又未退还定金的行为是合同违约行为还是合同诈骗的犯罪行为。合同诈骗罪是指以非法占有为目的,在签订、履行合同过程中,采取虚构事实或者隐瞒真相等欺骗手段,骗取对方当事人的财物,数额较大的行为。其犯罪的主观要件是以非法占有为目的,客观要件是在签订、履行合同过程中,采取虚构事实或者隐

---

〔1〕 本书典型案例,有的是最高人民法院再审案例,有的是最高人民法院公布的典型案例,也有编者团队认为比较有代表意义和参考价值的刑民交叉案例。

〔2〕 参见湖南省嘉禾县人民法院刑事判决书,(2019)湘1024刑初135号。

瞒真相等欺骗手段，骗取对方当事人的财物，数额较大的行为。合同违约是指当事人一方不履行合同义务或者履行合同义务不符合约定的行为。合同违约承担的是民事责任，而合同诈骗犯罪承担的是刑事责任。本案是合同违约还是合同诈骗区别的关键是被告人陈某甲收取被害人的定金在主观上是否以非法占有为目的，如果以非法占有为目的，则构成合同诈骗罪，否则属一般的合同纠纷。根据查明的事实，被告人陈某甲在签订、履行合同过程中收取客户的定金，没有证据证实其有非法占有的故意。理由如下：第一，被告人陈某甲注册的嘉禾圣象地板专卖店，经营范围是圣象地板，是合法的个体经营户。陈某甲在经营活动中以圣象地板专卖店的名义与邝某、张某等44人签订木地板订购合同，收取定金，是双方真实意愿的表示，没有违反我国相关法律的规定，系正常的经营活动。第二，2016年11月16日以前，被告人陈某甲注册经营的嘉禾圣象地板专卖店一直在从长沙衣东山装饰材料有限公司调账进货。2016年8月至10月三个月共收定金208,000元，2016年9月至11月三个月共支出订货款209,445元，收支差额为1445元（209,445元-208,000元）。由此可见，被告人陈某甲在2016年11月17日离开嘉禾前一直在进行经营活动，履行与客户的合同。第三，被告人陈某甲在2016年11月17日离开嘉禾时，没有证据证实陈某甲是携款逃匿。因此，虽然陈某甲有购买地下“六合彩”的行为，但同时陈某甲也在履行与客户的合同。另外，货币是种类物，陈某甲对其账户内资金的使用有支配权，资金的使用不能当然地反推认为陈某甲有非法占有的故意，不能客观归罪，应采取主客观一致的归罪原则。综上所述，公诉机关指控被告人陈某甲犯合同诈骗罪的证据不足。

3. 法院判决

湖南省嘉禾县人民法院依照《刑事诉讼法》第200条第3项的规定，经法院审判委员会讨论决定，判决被告人陈某甲无罪。

（二）陈某某合同诈骗案（无罪）[1]

1. 案情简介

2010年春，被告人陈某某在德惠市朝阳乡双丰村成立德惠万嘉米业有

---

〔1〕 参见吉林省德惠市人民法院刑事判决书，（2016）吉0183刑初87号。

限公司,2010年11月4日,该公司办理并通过登记注册,注册资本30万元(陈某某出资20万元,杨某某、李某某各出资5万元),经营范围为稻米加工和销售。2011—2013年,被告人陈某某收购德惠市朝阳乡附近和黑龙江省建三江等地农户种植的水稻,并在公司院内将水稻加工成大米出售。2013年秋天,被告人陈某某以每市斤高出市场价格1~2角钱的价格收购朝阳乡双丰村及周边农户水稻,并与农户签订履行归还水稻款的凭证,收取128户农户水稻款,共计5,690,361元。案发后,被告人陈某某家属返还农户水稻款共计903,902元。

2. 法院观点

法院认为,公诉机关指控被告人陈某某犯合同诈骗罪的事实不清、证据不足,指控罪名不成立。德惠市农村信用合作联社关于德惠市万嘉米业有限公司申请抵押贷款450万元的调查报告显示:万嘉米业占地面积6380平方米(价值78万元),建筑面积3855.25平方米(价值822万元)。该企业2012年年末资产总额1748万元,固定资产851万元,流动资产897万元,2012年实现净利润312万元,该企业发展较好。现扣除流动资产,万嘉米业还有价值900万元的土地及建筑,扣除贷款450万元,还有450万元可用于偿还农户欠款。且开庭审理时,陈某某辩称其不欠个人借款,只欠信用社450万元的贷款。现有证据认定陈某某案发时已经严重资不抵债,无能力偿还的证据不足;而且被告人陈某某2013年收购农民水稻后,大部分发霉,导致低价出售赔钱,属经营不善所为,没有及时给付农民卖粮款是企业亏损所致,不能认定被告人陈某某系主观上非法占有,其辩护人的辩护意见法院予以采纳。

3. 法院判决

吉林省德惠市人民法院依照《刑事诉讼法》(2012年)第195条[1]第3项之规定,判决被告人陈某某无罪。

(三)王某强合同诈骗案(无罪)[2]

1. 案情简介

被告人王某强在实际控制普天大有公司期间,隐瞒公司资不抵债的情

---

〔1〕 参见2018年修正的《刑事诉讼法》第200条。

〔2〕 参见《刑事审判参考》第961号指导案例。

况，自己或者指使公司其他工作人员以公司名义与客户签订商品房买卖合同，将已经出售的天旺浅水湾项目 4 套房屋再次出售，取得被害人郭某等 4 客户的购房款共计 155 万元，用于支付公司诉讼费、房租、职工工资、偿还债务等。二审法院认为，王某强转卖房屋系事出有因，购房款用途也表明其有继续经营的意愿和行为，不能认定该公司具有非法占有后手购房人购房款的主观目的，维持一审法院作出的无罪判决。

2. 指导意义

对一房二卖的行为定性，关键在于行为人主观上是否具有非法占有的目的。而在此类案件中，行为人是否具有非法占有目的，需要综合行为人一房二卖的具体原因、交房的真实意思表示内容、行为人是否具有调剂交房的能力以及清偿相关债务的能力等方面的事实进行认定。特别是在售房款没有被个人挥霍或占有，而是用于继续经营的情况下，对一房二卖行为人非法占有目的的认定更要审慎把握。

第二节　借款合同纠纷与非法吸收公众存款罪

一、民间借贷行为与非法吸收公众存款罪的民刑界分

（一）借款对象是否面向社会公众

是否面向“社会公众”吸收资金，是民间借贷与非法吸收公众存款罪重要的区别点。根据最高人民法院《关于审理非法集资刑事案件具体应用法律若干问题的解释》（以下简称《非法集资解释》）的规定，社会公众为不特定的多数人（包括单位和个人）。对此，理论上有不同的观点：一种是不特定且多数说，认为“社会公众”是社会不特定的人群，如果集资人并非面向社会不特定人群发放集资的公告，或通过其他方式使社会不特定人群得知其集资的消息，即使行为人集资对象人数众多、集资数额达到了法律规定的追诉标准，也不应该认定其行为是非法吸收“公众”存款行为。[1] 另一种是不特定或多数说，认为“社会公众”是不特定人或多数人，在一定范围内向多数人

〔1〕 参见刘宪权：《金融犯罪刑法学原理》，上海人民出版社 2017 年版，第 226 页。

借钱的行为也满足非法筹资类犯罪的构成条件。[1] 根据《非法集资意见》第3条对于社会公众的规定,可以判断我国司法实务中的主张应该是不特定且多数说。如果行为人只是在亲友或单位内部人员之间吸收资金,即使所涉及的人数众多,超出了《非法集资解释》第3条规定的人数,也不能认定为具有公众性。因此,“社会公众”的判断侧重点在于不特定,即随时有向大众扩散的可能,同时考察人数的多寡。

在易某阳、林某海集资诈骗、非法吸收公众存款案[2]中,福建省高级人民法院认为,被告人借款对象大多是其亲戚朋友,但根据林某海的供述,易某阳明知向其所借资金系向社会公众广泛筹集而来,仍积极向其集资并指使林某海继续向他人筹集资金后再转借给易某阳,属于刑法规定的向社会公众集资。

而在徐某甲犯骗取贷款、票据承兑、金融票证罪,非法吸收公众存款案[3]中,江苏省沭阳县人民法院认为,被告人徐某甲仅向三人高息借款,且被告人徐某甲与李某甲、张某甲素有经济交往,借款对象相对固定,借款人数尚未达到社会公众的范畴,其借款行为亦未达到扰乱国家金融管理秩序的程度,即不符合非法吸收公众存款罪的犯罪特征,因此,被告人徐某甲不构成非法吸收公众存款罪。

可见,借款对象是否达到“社会公众”的标准是辨析非法吸收公众存款与民间借贷的一个关键点。在实践中,有的行为人在吸收资金初期并未向社会公开宣传,仅针对亲友、单位内部等特定人员进行融资,此时并不具备本罪的“公众性”和“社会性”特征。但行为人授意其亲友、单位内部特定人员向社会公开宣传,或者明知其亲友、单位内部特定人员擅自向社会公众集资却不加以制止,对所吸收的资金不分对象、不分来源地予以接收,应当认为符合向社会不特定对象吸收资金这一要件。[4]

---

〔1〕 参见张建、俞小海:《集资诈骗罪对象研究中的认识误区及其辨正》,载《中国刑事法杂志》2011年第6期。

〔2〕 参见福建省高级人民法院刑事判决书,(2016)闽刑终380号。

〔3〕 参见江苏省沭阳县人民法院刑事判决书,(2015)沭刑初字第0487号。

〔4〕 参见万春主编、最高人民检察院法律政策研究室组织编写:《金融犯罪指导性案例实务指引》,中国检察出版社2018年版,第196页。

(二)资金用途是否影响非法吸收公众存款罪的判断

行为人自民间吸收资金后的用途一般有两种,一种是将筹集的资金用于正常的生产经营活动,一种是用于货币、资本经营。前者属于直接融资,后者属于间接融资。那么,针对行为人吸收资金后将其用于正常的生产经营活动,能否以非法吸收公众存款罪论处?对此,有肯定和否定两种观点。从《非法集资解释》的规定可以看出,我国司法解释采取的是折中态度。也就是说,如果行为人将筹集的资金用于正常的生产经营活动,只要发生了无法还清借款等严重的后果,就会被当作犯罪处理,如果没有发生不利的后果就是合法行为。张明楷教授认为,如果将吸收公众存款用于货币、资本经营之外的生产、经营活动认定为本罪,实际上就意味着否定了部分民间借贷行为的合法性。然而,在当前及以后很长一段时间,许多民营企业的发展都依靠民间借贷,如果将这种行为认定为犯罪,显然不利于经济的发展。[1] 刘宪权教授也认为,刑法设立非法吸收公众存款罪的目的在于规制以经营资本、货币为目的的间接融资行为,只有当行为人将集资款用于从事资本和货币经营时,才可能扰乱金融管理秩序;而当其将集资款用于合法的商业、生产时,则不会对金融管理秩序造成损害。[2]

在张某、周某山非法吸收公众存款案中,江苏省高级人民法院认为:1996—1999年,张某、周某山二人为厂里生产筹集周转资金,以高于同期银行利息为诱饵,向当地16户群众吸收存款254,370元,最终有117,870元未能归还。此案一审、二审法院均认定被告人张某、周某山非法吸收公众存款,扰乱金融秩序,其行为已构成非法吸收公众存款罪,且系共同犯罪。经过再审法院审查,认为被告人借款的目的是用于承包窑厂的生产经营,而没有吸收存款扰乱金融秩序的主观故意,且借款的对象属于相对特定的厂内职工、部分亲友、当地村民,不符合《刑法》所规定的"向社会不特定对象吸收资金",不具备非法吸收公众存款的"社会性"构成要件,依法不构成非法吸收公众存款罪。[3]

---

〔1〕 参见张明楷:《刑法学》(第5版),法律出版社2016年版,第780页。

〔2〕 参见刘宪权:《金融犯罪刑法学原理》,上海人民出版社2017年版,第226页。

〔3〕 参见江苏省高级人民法院刑事判决书,(2016)苏刑再10号。

(三)是否扰乱金融秩序

非法吸收公众存款尽管也表现为一定民间借贷的特征,但其借贷的范围具有不特定的公众性且扰乱了国家金融秩序,一般民间借贷不会造成严重社会危害性,这是二者的根本区别。

如果民间借贷的对象范围满足“非法性”和“公众性”,即未经有权机关批准和向社会不特定对象吸收资金,且借款利率高于法定利率,扰乱了国家金融秩序,则就超出了民间借贷的范畴,演化为非法吸收公众存款。而对于只向少数个人或者特定对象(如仅限于本单位人员等)吸收存款的行为当然不是本罪中的非法吸收公众存款的行为,因为这种“民间借贷”不可能对国家金融秩序造成破坏。

二、非法吸收公众存款罪所涉借款民事合同效力

在刑民交叉的背景下,关于非法吸收公众存款犯罪中的非法集资参与人与集资行为人之间签订的借款合同效力问题,常常是受到集资参与人重点关注的问题。同一行为从民事法律角度看是“民间借贷”行为,从刑事法律角度看则是“非法吸收公众存款”行为,那么,在依据刑法已认定该行为构成非法吸收公众存款罪的情形下,该“民间借贷”合同的效力如何,是否当然无效?该问题在司法实践中存在不同的观点,相关法律、法规也存在一定矛盾冲突。

(一)认为合同有效的观点

有观点认为,民间借贷涉嫌或构成非法吸收公众存款罪,合同一方当事人可能被追究刑事责任的,并不当然影响民间借贷合同及相对应担保合同效力。如果民间借贷案件审理并不必须以刑事案件审理结果为依据,则民间借贷纠纷案件也无须中止审理,同时也应认可合同的效力。民间借贷行为是非法吸收公众存款罪与借款合同的刑民竞合部分,要受到刑事法律规范和民事法律规范的双重评价,但原则上应分开进行评价。在刑事法律规范上,借贷行为构成了非法吸收公众存款罪,刑法对其进行否定性评价,但对于合同的效力,刑法并无裁判权。合同行为是民事法律行为,合同的效力应当依据民事法律规范进行判断。如果刑民交叉中的刑法评价主要以行为

人为基点进行评价，并通过准确衡量行为的不法性而对行为人进行准确定罪量刑，进而在保障社会的同时保障行为人的合法权利，则刑民交叉中的民法评价应当主要以被害人为基点进行评价，并衡量行为在民法上的效力以及与此相关的民事责任，进而保障被害人的合法权利。[1] 下文结合两个典型案例具体说明。

1. 吴某军与陈某富等借贷、担保合同纠纷案[2]

(1)案情简介

2008 年，开发公司为陈某富向吴某军借款 200 万元提供连带责任保证，2009 年，吴某军诉请陈某富和开发公司偿还，开发公司以陈某富涉嫌非法吸收公众存款罪被公安机关立案侦查为由，主张本案应中止审理，如确定构成犯罪，其应免除担保责任。

(2)裁判观点

法院认为：第一，本案陈某富涉嫌非法吸收公众存款罪，涉嫌犯罪当事人单个借贷行为不构成犯罪，只有达到一定量后才发生质变，构成犯罪，即犯罪行为与合同行为不重合，故其民事行为应为有效。鉴于此，法院受理、审理可“刑民并行”。同时，合同效力认定应尊重当事人意思自治原则，只要订立合同时各方意思表示真实，又未违反法律、行政法规强制性规定，即应确认合同有效。第二，最高人民法院《关于适用〈中华人民共和国合同法〉若干问题的解释（二）》（已失效）第 14 条对《合同法》（已失效）第 52 条第 5 项[3]规定的“强制性规定”解释为效力性强制性规定。本案陈某富触犯刑律的犯罪行为，并不必然导致借款合同无效。因借款合同订立未违反法律、行政法规效力性强制性规定，效力上采取从宽认定，系该司法解释本意，亦可在最大限度上尊重当事人意思自治，故判决陈某富偿还吴某军 200 万元，开发公司承担连带清偿责任。

---

[1] 参见徐艳阳：《刑民交叉问题研究》，中国政法大学 2009 年博士学位论文，第 28 页。

[2] 参见吴某军诉陈某富、王某祥及德清县中建房地产开发有限公司民间借贷、担保合同纠纷案，载《最高人民法院公报》2011 年第 11 期。

[3] 参见《民法典》第 153 条。

2. 恒泰公司、大东吴公司借款合同纠纷案[1]

（1）案情简介

2011 年 4 月 8 日，海盛公司与恒泰公司签订《借款协议》，海盛公司向恒泰公司借款 3000 万元，期限为 2011 年 4 月至 10 月，借款月利率为 1%。借款到期后，2011 年 10 月 12 日，海盛公司与恒泰公司签订《借款展期协议》，约定将前述借款期限展期至 2011 年 12 月 12 日，并约定月利率为 2.5%。大东吴公司、汤某中为上述借款提供担保。恒泰公司于 2011 年 4 月 12 日交付上述钱款。恒泰公司向嘉兴市中级人民法院起诉，请求海盛公司归还借款 3000 万元，并支付利息。嘉兴市中级人民法院认定借款合同无效，判决海盛公司返还借款 3000 万元，并按照同期贷款利息计算利息。恒泰公司向浙江省高级人民法院提起上诉。浙江省高级人民法院于 2013 年 3 月 8 日作出判决，认为法律法规并未禁止企业间贷款，认定合同有效，判决海盛公司返还借款本金 3000 万元，并按照同期贷款利率的 4 倍确定利息。

后因海盛公司犯骗取贷款罪、汤某中犯非法吸收公众存款罪经二审终审判决生效，大东吴公司申请再审。最高人民法院裁定提审，并以原审基本事实不清为由撤销原判，发回嘉兴市中级人民法院再审。嘉兴市中级人民法院于 2017 年 5 月 9 日重新立案。判决认为借款合同有效，但由于本案审理时间跨度较长，因而酌情将利息调整为年利率 4.75% 的 1.5 倍，扣除已执行的部分，尚须返还本金约 1940 万元，利息 423 万元。

恒泰公司不服，上诉至浙江省高级人民法院，请求按照同期贷款利息支付利息，浙江省高级人民法院裁定驳回上诉，维持原判。

（2）裁判观点

关于本案的合同效力问题，传统观点认为，借款人在向社会公众借款时有犯罪的故意和行为，所涉及的民间借贷合同只能认定无效。但是，刑法和民法作为两大基本实体法，在伴随社会发展的法治进步过程中，各自从不同侧面对社会生活发挥着调节作用。刑法规范的基本模式是禁止，保护的对象是整个国家与社会。民法则以个人与个人之间的平等自决和私法自治为基础，民法规范的基本模式是授权，通过保护权利与救济损害，保障民事主体的私法自治地位。在法不禁止的范围内，个人享有充分的行动自由，当然

[1] 参见浙江省高级人民法院民事判决书，(2018) 浙民终 420 号。

不得妨碍他人同样的自由。对合同条款效力的判断，不仅要考虑合同当事人的利益，还要考虑与合同存在利害关系的第三人的利益。为避免权力不当干预进而损害私法自治，在对双方的合同损害第三人（国家、集体和个人）的利益而加以干预时，这里的"利益"应当是具体的利益，而非宏观、抽象的利益。主要基于上述，《民间借贷规定》（2015 年）第 13 条[1]规定，借款人或者出借人的借贷行为涉嫌犯罪，或者已经生效的判决认定构成犯罪，当事人提起民事诉讼的，民间借贷合同并不当然无效。民事合同的效力应当在民商事法律的框架内独立进行判断。具体到本案中，涉案 3000 万元借款系刑事判决认定的汤某中非法吸收公众存款的事实组成部分，但涉案借款合同有效，主要理由在于：其一，对于非法吸收公众存款犯罪，公法规范所规制的是当事人的市场准入资格，而非该种类型的合同，这一类规范在民法上属于管理性强制规范，而非效力性强制规范。其二，对于非法吸收公众存款，刑法所评价的是该当事人单独实施的非法经营行为（非法吸收公众存款），而民法评价的则是双方当事人之间具体的合同行为。其三，就非法吸收公众存款罪而言，该罪的构成是由若干民事借款行为叠加而导致的，具体到本案所涉 3000 万元借贷，是在当事人自愿情形下发生的，并没有损害国家、集体、公共利益或者第三人的合法利益，也不存在其他无效情形。在借款合同有效的情况下，对于本案所涉担保合同的效力问题，大东吴公司称借贷双方恶意串通骗取其担保，主要理由为借贷双方实际约定借款月利率为 3%，而合同中约定则为 1%。对此，如大东吴公司所称，借贷双方提交给大东吴公司作担保的借款合同中约定的月利率为 1%，但出借人叶某根、中间人胡某芳、借款人汤某中三方事先口头约定的月利率为 3%。即便情况属实，从民事合同的角度看，大东吴公司所承担的担保责任仍然限定在借款合同中所体现的月利率 1% 的范围内，并不会受到债权人、债务人另行口头约定 3% 月利率的约束。何况，从款项流向来看，根据查明的事实，海盛公司收到恒泰公司借款后次日，海盛公司账户以借款名义转入海盛公司另一股东杨某建为负责人的湖州聚贤楼招待所账户 2880 万元，同日，湖州聚贤楼招待所以借款名义转入杨某建账户 1920 万元，杨某建通过银行本票将 1920 万元作为出资款缴纳入中奥公司，中奥公司于 2011 年 4 月 22 日向大东吴房产公司支付

[1] 参见 2020 年第二次修正的《民间借贷解释》第 12 条。

购房款1000万元。大东吴公司认可大东吴房产公司分别于2011年4月8日、4月25日、7月18日、10月17日收到中奥公司购房款50万元、1000万元、750万元、200万元,共计2000万元(含车库款200万元)。而大东吴公司系大东吴房产公司控股股东,持股比例达90%,大东吴公司的法定代表人吴某清同时担任大东吴房产公司的法定代表人。大东吴公司与大东吴房产公司具有关联关系。综上所述,本案所涉借款合同和担保合同有效。

(二)不支持合同有效的观点

有观点认为,只要民间借贷当事人的行为触犯了刑法,相关借贷合同就无效。部分法院曾支持该观点。例如,安徽省高级人民法院发布的《关于办理非法集资刑事案件若干问题的意见》第6条"刑民交叉的处理问题"规定:"根据《合同法》第52条规定,非法集资案件中的借款合同均属于无效合同。对于设定担保的借款合同,担保合同作为借款合同的从合同,其效力也应随主合同的无效而归于无效。该部分数额应当计入非法集资数额。对于集资参与者先行提起民事诉讼,且人民法院已作出生效民事判决的,该部分事实原则上不再作为刑事案件处理。无论是通过民事诉讼所确定的赔偿数额,还是刑事诉讼所确定的赃款返还数额,在统一执行、分配时,应遵循'相同事实,相同处理'的原则,即按照借款数额、已返还本金及支付利息的情况等同一处理。"浙江省高级人民法院、浙江省人民检察院、浙江省公安厅《关于当前办理集资类刑事案件适用法律若干问题的会议纪要(三)》规定:"审慎认定刑民交叉情形下民间借贷合同和担保合同的效力。审理民间借贷纠纷案件时,如果相关刑事判决已经生效,且讼争借款已被刑事裁判认定为非法集资犯罪事实的,为避免刑事、民事判决矛盾冲突,原则上应认定借贷合同无效。根据担保法的精神,涉及非法集资类犯罪的借贷合同无效的,担保合同一般应认定为无效。担保人承担的责任应根据案件实际情况按以下原则区别对待:(一)刑事被告人以其实际控制的财产为非法集资提供担保的,一般不认定出借人对担保财产享有优先受偿权。(二)第三人提供担保的,可依照担保法司法解释第八条的规定,在主合同无效导致担保合同无效的情形下,根据担保人的过错使其在债务人不能清偿债务的三分之一限额内承担责任。(三)第三人提供担保,担保人属于明知借款人从事非法集资,或存在其他严重过错导致担保合同无效的,担保人的连带赔偿责任可不受前述三分之一限额责任的限制，构成共犯的，还应依法承担刑事责任。"

认为民刑交叉中民事合同无效观点的主要依据是原《合同法》第52条第5项的规定，认为民事合同涉嫌刑事犯罪，属于违反法律、行政法规的强制性规定的民事法律行为，从而认定合同无效。但是，该观点单纯基于民事合同凡涉及犯罪而直接认定无效的法理基础并不充分。根据《民法典》第153条的规定，"违反法律、行政法规的强制性规定的民事法律行为无效。但是，该强制性规定不导致该民事法律行为无效的除外"。同时，从《民法典》尊重当事人意思自治、尽可能促成合同有效的倾向来看，只有违反法律、行政法规中的效力性强制规定，才会导致合同无效。

（三）本书观点

本书认为，在未对民事合同性质本身进行全面论证时，不能仅因为民事合同涉嫌刑事犯罪就当然认定无效，民事合同的效力需进一步论证。合同属于典型的私法自治范畴，合同纠纷中涉及刑事犯罪的，相关主体的刑事责任理应按照刑法判决，但承担刑事责任仅仅是对犯罪行为的否定性评价，无法涵盖对合同效力的评判。非法吸收公众存款罪的具体行为往往是由多个单笔民间借贷行为组成，本罪侵犯的客体是国家金融管理制度，公众存款中存款人是不特定的群体，如果存款人只是少数个人或者是特定的，不能认为是公众存款。其中单个的借款行为仅是引起民间借贷这一民事法律关系的民事法律事实，并不构成非法吸收公众存款的刑事法律事实，单个民间借贷行为并不必然损害国家利益和社会公共利益。而且实际案例中，出借人不知借款人从事非法吸收公众存款的，从法律理论和目前司法实践上，肯定借贷合同的有效性并无不当，也更能保护债权人的利益和维护交易秩序的稳定。

此外，根据《民间借贷规定》第12条的规定，"借款人或者出借人的借贷行为涉嫌犯罪，或者已经生效的裁判认定构成犯罪，当事人提起民事诉讼的，民间借贷合同并不当然无效。人民法院应当依据民法典第一百四十四条、第一百四十六条、第一百五十三条、第一百五十四条以及本规定第十三条之规定，认定民间借贷合同的效力"。

因此，民间借贷合同效力所依据的法律并非刑法，而应是《民法典》中关于法律行为效力及合同效力的相关规定。对于非法吸收公众存款情形下民间借贷合同的法律效力,司法实践中不能一概认定无效,而应采取具体分析、个案裁判的处理方式,在没有充分依据认定无效的情况下,对借贷合同的有效性持以肯定态度。

三、合法借贷与非法吸收公众存款罪的区分

合法借贷与非法吸收公众存款罪的区分主要体现在行为目的与资金使用、行为对象与范围、利率合法性与回报承诺等方面。

下文通过一起非法吸收公众存款典型案例——惠某祥等非法吸收公众存款案,[1]讨论如何区分合法的民间借贷和非法吸收公众存款行为。

(一)案情简介

1998年3月,以吴某庆、惠某祥等人为代表的康丽公司,与渭南市民政局商定共同出资成立尤湖塔园公司,开发、销售塔位(用于殡葬),惠某祥代表康丽公司负责公司筹建。在此期间,尤湖塔园公司即以内部认购的形式销售塔位,规定购买者除可把塔位自由更名外,还可享受两年期还本获利保证。1998年7月,吴某庆等人退出合作,惠某祥以康丽公司名义继续合作,并于1998年7月7日正式注册成立尤湖塔园公司,惠某祥担任副董事长、总经理。1999年2月,惠某祥向公司增资128万元后将法定代表人变更为自己。被告人陈某自1998年3月公司筹备时即参与塔位营销,并担任公司营销部经理,后又被任命为尤湖塔园公司西安办事处负责人。

2000年年初,冯某、刘某军(均在逃)被尤湖塔园公司聘任为市场总监,负责公司营销方案的制定和具体销售。二人经与陈某商议并报惠某祥批准,将塔位分为使用型和投资型两种,承诺购买投资型的塔位两年后可以更名或退单,并不定期提高塔位的销售价格,吸引众多群众购买。2001年年底,被告人冯某达主动找到尤湖塔园公司签订了承包销售合同,约定由其在西安地区包干销售塔位,提取销售额28%～30%的销售费用。由于业绩突出,冯某达于2003年3月被任命为市场总监,冯某达明确将塔位分成选位型和不选位型两种,并将不选位型塔位进行分期销售,制定出分期递增的价格,定期发布调价通知,给人以塔位不断增值的假象,并承诺购买不选位型

---

[1] 参见《刑事审判参考》第488号指导案例。

的塔位两年后可按现价更名或退单，此方案经陈某和惠某祥决定后即实施。在冯某达任市场总监期间，西安地区购买不选位型塔位的共有 1152 人，购买金额共计 2632 万元。2003 年年底，冯某达离开公司，李某鹤（在逃）继任市场总监，其仍以冯某达的营销方案继续销售。自 1998 年 4 月至 2005 年 8 月，尤湖塔园公司招聘大量销售人员，印制“问题解答”“调价通知”等宣传材料，大肆宣传塔位的投资价值，违反国家公墓销售规定，采取上述手段在西安地区共计面向 4334 人销售投资型塔位，涉及未退金额 7192 万元，加上公司前期已兑付购买单 3759 份，原价金额 2506 万余元，两项合计 9698 万余元。

此外，尤湖塔园公司自 1998 年 7 月成立之初，资金严重短缺，惠某祥即决定面向内部职工及社会群众高息借款，自 1998 年 12 月至 2006 年 7 月，尤湖塔园公司与内部职工及社会群众签订借款协议约定高息，借款共计 1091 万元。

综上所述，尤湖塔园公司及惠某祥共计非法吸收公众存款 1.07 亿余元；陈某共计非法吸收公众存款 9698 万余元；冯某达共计非法吸收公众存款 2632 万余元。

（二）法院观点剖析

非法吸收公众存款罪最早见于 1995 年 6 月 30 日全国人大常委会通过的《关于惩治破坏金融秩序犯罪的决定》（部分失效），其中第 7 条明确将非法吸收或变相吸收公众存款的行为纳入刑事处罚的范围，1997 年《刑法》修改时，沿用了该罪名。近年来，由于受国家实行宏观调控和中国人民银行适度从紧货币政策的影响，经济运行中社会资金的供需矛盾突出。在各种因素的影响下，以高息为诱饵，打着各种旗号进行非法吸收公众存款的犯罪活动发案范围越来越广，并向多领域和职业化发展，严重侵犯了国家金融管理秩序，具有极大的社会危害性。首先，这类行为一般是通过采取提高利率的方式或手段，将大量的社会闲散资金集中到单位或个人手中，从而造成大量社会资金失控，不利于国家集中有限的资金进行必要的宏观调控；其次，行为人任意提高利率，形成在吸收存款上的不正当竞争，破坏利率的统一，影响币值稳定，严重扰乱国家金融秩序；最后，吸收存款的人的经济实力不足，承担风险的能力弱，根本无法保证存款人资金的安全和利益，一旦经营失败，往往形成巨额资金亏空，导致广大“储户”财产损失，引发大量群体性事件，极大地影响社会稳定。因此，非法吸收公众存款犯罪是当前司法机关严厉打击的金融犯罪。

所谓非法吸收公众存款罪，按照《刑法》第 176 条的规定，是指非法吸收公众存款或者变相吸收公众存款，扰乱金融秩序的行为。对于非法吸收公众存款和变相吸收公众存款，根据 1998 年 7 月 13 日国务院发布的《非法金融机构和非法金融业务活动取缔办法》（已失效）第 4 条的规定，非法吸收公众存款是指未经中国人民银行批准，向社会不特定对象吸收资金，出具凭证，承诺在一定期限内还本付息的活动；变相吸收公众存款是指未经中国人民银行批准，不以吸收公众存款的名义，向社会不特定对象吸收资金，但承诺履行的义务与吸收公众存款性质相同的行为。

从上述定义可以看出，非法吸收公众存款与变相吸收公众存款的共同特征在于：(1)“非法性”。所谓“非法”，是指任何向公众集资或吸收存款的行为，都必须经过中国人民银行批准，凡未经中国人民银行批准从事存款业务，缺少法定的特别授权，即为非法。其具体包括两种情形：①行为人不具备吸收公众存款的主体资格而吸收公众存款，即非金融机构或个人向公众吸收资金，如个人或单位私设银行、钱庄、储蓄所等，非法办理存款业务，吸收公众存款。②行为人虽然具备吸收公众存款的资格，但其吸收公众存款的方法是非法的，即某些金融机构虽然具有吸收公众存款业务经营权，但采取非法方式进行吸收存款。例如，有些商业银行和信用合作社，为了争揽客户，违反国家关于利率的规定，以擅自提高利率或在存款时先支付利息等手段吸收公众存款。(2)行为人必须是面向社会不特定对象吸收资金，即行为人开展非法吸收存款业务是面向不特定多数人的，而不是限于特定对象。向社会不特定对象吸收存款的形式通常有两种情形：①公开张贴告示、通知等招揽存款；②发动亲友到处游说，广泛动员他人存款。而对于在企业内部的入股、集资行为，由于其对象为特定少数个人或单位内部成员，不属“公众”，一般不以本罪论处。

由上可见，变相吸收公众存款的行为与非法吸收公众存款的行为在非法性特征和对象特征以及承诺的义务等方面均是相同的。它们的不同为非法吸收公众存款是以直接的名义吸收存款，表现在其出具存款凭证，并承诺在一定期限内还本付息；而变相吸收公众存款则不以直接吸收存款的名义出现,而以成立资金互助会或以投资、集资入股等名义,但承诺履行的义务与吸收公众存款性质相同。这里的承诺履行的义务与吸收公众存款的性质相同,即都是承诺在一定期限内还本付息,从而达到吸收公众存款的目的。在实践中,行为人以变相方式吸收存款的具体手段层出不穷、花样繁多。例如,有的单位未经批准成立资金互助组织吸收公众资金;有些企业以投资、集资等名义吸收公众资金,但并不按规定分配利润、派发股息,而是以一定利息支付;有的以代为饲养宠物,代为养植花木果树,营业房分零出售、代为出租等为名,许以高额回报以吸收资金;有的则以商品销售的方式吸收资金,以承诺返租、回购、转让等方式给予回报。这些行为以合法形式掩盖非法集资目的,犯罪分子往往与受害者签订合同,伪装成正常的生产经营活动,其实质仍然是变相抬高国家所规定的存款利率,情节严重者,必定扰乱整个社会的金融秩序,一旦行为人不能兑现承诺,必将引发社会群体性事件,影响社会稳定。

本案中,从形式上看,被告单位尤湖塔园公司销售塔位是经过有关部门批准的,但批准的这种销售只是指正常销售塔位的行为,即一般购得塔位自用的行为。而在实际销售塔位的过程中,为了解决经营资金的紧张,尤湖塔园公司将塔位分为使用型和投资型以及选位型和不选位型。其中对于投资型和不选位型塔位,突出宣传购买这两种塔位有保值增值的投资功能,采用随意调高不同期塔位价格,并向公众发布,将公司前期退单情况予以宣传等方式(实际公司亦按承诺退单 2000 余万元),造成购买塔位可升值的假象,吸引公众购买,并且公司承诺逐年返利或到期按增值价格退单、兑付。可见尤湖塔园公司销售该类型的塔位就是为了尽快吸收资金,而不是进行有关部门批准的正常使用销售,因为正常的塔位销售不会发生销售后的塔位可以随意退单和升值兑付的情形。尤湖塔园公司向购买投资型和不选位型塔位的客户承诺履行的义务与吸收公众存款的性质相同,即都是承诺在一定期限内还本付息,从而达到吸收公众存款的目的,符合国务院《非法金融机构和非法金融业务活动取缔办法》(已失效)规定的变相吸收公众存款的特征,构成变相吸收公众存款。尤湖塔园公司未经金融主管机关批准,采取上述手段在西安地区向共 4334 人销售所谓投资型和不选位型塔位,非法吸收资金共计 9698 万余元,数额巨大,严重扰乱金融秩序和社会秩序,其行为已构成非法吸收公众存款罪,依法应予惩处。

司法实践中,对于非法吸收公众存款罪争议最大的是如何将本罪行为与合法的民间借贷相区别。引发该问题争议的是1999年发布的最高人民法院《关于如何确认公民与企业之间借贷行为效力问题的批复》(已失效,以下简称《借贷行为效力批复》)中的规定。《借贷行为效力批复》指出,"公民与非金融企业(以下简称企业)之间的借贷属于民间借贷,只要双方当事人意思表示真实即可认定有效"。而非法吸收公众存款和变相吸收公众存款的行为从本质上看,即向社会不特定对象筹集资金并承诺在一定期间还本付息,这当然也属于一种"借贷",而且《借贷行为效力批复》对于民间借贷行为并未限定范围。那么,如何理解该批复的规定对合法民间借贷与非法吸收公众存款进行区分呢？本书认为,刑法是规定犯罪及其刑事责任的法律规范,即刑法规定的是犯罪行为,而其他法律规定的都是一般违法行为。非法吸收公众存款罪,尽管也表现出一定民间借贷的特征,但因为其借贷的范围具有不特定的公众性且扰乱了国家金融秩序,所以具有民间借贷不会造成的严重社会危害性,这是二者的根本区别。如果民间借贷的对象范围满足前文所讲的两个条件——"非法性"和"广延性",即未经有权机关批准和向社会不特定对象吸收资金,且借款利率高于法定利率,扰乱了国家金融秩序,就超出了民间借贷的范畴,演化为非法吸收公众存款。而对于像"只向少数个人或者特定对象(如仅限于本单位人员等)吸收存款"的行为当然不是本罪中非法吸收公众存款的行为,因为这种"民间借贷"不可能对国家金融秩序造成破坏。所以,《借贷行为效力批复》所讲的"民间借贷"只能是针对社会中少数个人或者特定对象之间的"借贷"行为,而对于"向社会不特定对象"吸收存款的行为当然不属于"民间借贷"。唯有如此,才能将非法吸收公众存款与合法的民间借贷区别开来。

本案中,被告单位尤湖塔园公司自1998年7月成立之初,惠某祥即决定面向内部职工及社会群众高息借款,自1998年12月至2006年7月,尤湖塔园公司不但与内部职工而且与许多社会群众签订借款协议约定高息,借款共计1091万元,远远超出了非法吸收公众存款罪的立案标准,不再属于民间借贷范畴,对该行为应当以非法吸收公众存款罪定罪处罚。

第三节　民事违约与信用卡诈骗罪

一、民事违约与信用卡诈骗罪的民刑界分

(一)“恶意透支”行为的认定

信用卡最重要的功能是透支消费,持卡人先消费后还款,银行基于对持卡人还款能力的信任出借资金给持卡人先行消费,到期再收取相应利息作为资金租借收益。持卡人与发卡银行之间的消费借贷关系,本质上是借款合同权利义务关系,信用卡申领、使用、还款行为均是合同权利义务的正常履行。恶意透支型信用卡诈骗罪的刑事立法,正是对这种民事法律关系中遭受财产损失的金融机构给予以刑罚为后盾的法律保障。

一般而言,在信用卡犯罪类型中,恶意透支的危害性小于伪卡、假卡、废卡和冒用卡,但该类型犯罪在所有信用卡诈骗犯罪案件中仍占据相当高的比例,透支行为与信用卡诈骗之间的界限也是需要关注的。

恶意透支型信用卡诈骗罪相当于借款诈骗,应当以行为时是否具有还款能力作为重点判断内容认定非法占有目的。对于有无还款能力,应当树立整体审查理念,对行为人透支时的资产负债情况进行全面调查,对其经济实力进行综合评估,不能仅作片面、静态的局部观察。

最高人民法院、最高人民检察院《关于办理妨害信用卡管理刑事案件具体应用法律若干问题的解释》(以下简称《信用卡案件解释》)第 10 条规定,“恶意透支数额较大,在提起公诉前全部归还或者具有其他情节轻微情形的,可以不起诉;在一审判决前全部归还或者具有其他情节轻微情形的,可以免予刑事处罚”。可以看出,以刑罚作为震慑手段促使持卡人尽快偿还信用卡债务,保障银行债权的及时实现,是恶意透支型信用卡诈骗罪的规范保护目的。正是基于这样的考虑,司法解释才作出上述宽缓定罪的规定。因此,恶意透支型信用卡诈骗罪的司法认定,必须提高对非法占用目的的认定标准,对恶意透支进行准确解释,严格控制其适用范围。

在现实生活中,使用信用卡进行透支的情况经常发生,但行为人究竟是善意还是恶意,必须对其行为进行综合分析,才能得出正确的判断。在实践

中,采取提供假证明、假身份证的欺骗方法办理信用卡,然后进行大量透支的,其行为本身就足以证明是进行恶意透支;如果是合法地办理信用卡,并使用自己的信用卡进行大量透支,就从其透支前后的具体表现来进行分析,比如透支后潜逃的,或者经银行多次催款仍拒不偿还的,或者大大超过自己的实际支付能力进行透支,实际上不可能偿还的,可以认定其属于恶意透支。

(二)"非法占有目的"的认定

与所有诈骗类案件相似,"非法占有目的"的认定是恶意透支型信用卡诈骗认定的关键。在实践中,对于客观上存在超过限额或者规定期限透支,并且发卡银行两次催收后超过3个月仍不归还的行为,是否就能直接推定其主观上具有非法占有目的,是"欠钱不还"还是"恶意透支"的民刑之争越来越激烈。

关于"非法占有目的"的相关规定,《信用卡案件解释》第6条规定,对于是否以非法占有为目的,应当综合持卡人信用记录、还款能力和意愿、申领和透支信用卡的状况、透支资金的用途、透支后的表现、未按规定还款的原因等情节作出判断。不得单纯依据持卡人未按规定还款的事实认定非法占有目的。具有以下情形之一的,应当认定为《刑法》第196条第2款规定的"以非法占有为目的",但有证据证明持卡人确实不具有非法占有目的的除外:(1)明知没有还款能力而大量透支,无法归还的;(2)使用虚假资信证明申领信用卡后透支,无法归还的;(3)透支后通过逃匿、改变联系方式等手段,逃避银行催收的;(4)抽逃、转移资金,隐匿财产,逃避还款的;(5)使用透支的资金进行犯罪活动的;(6)其他非法占有资金,拒不归还的情形。

对于信用卡诈骗罪之"非法占有目的",主要分析行为人属于客观上的还款不能还是主观上的不愿还款。司法实践中,对此可以从三方面加以认定:第一,行为人申领信用卡时有无虚构事实、隐瞒真相的行为。第二,行为人透支款项的用途。对于行为人取得资金后大部分用于合法经营,到期不能归还主要是经营不善、市场风险等原因造成的,不宜认定"以非法占有为目的"。第三,透支款项时行为人的还款态度及是否逃避催收。透支额的归还行为反映行为人的信用状况,只透支不还款的态度表明其不打算遵守信用卡合法使用的规定,对透支款项具有较明显的非法占有目的。但如果行为人在银行催收后有积极表示,或者积极还款,或者说明合理的不还款理由，可以排除“非法占有目的”。

（三）催收行为的有效性界定

司法实践中，需要准确把握催收行为的有效性认定。有些银行通常将日常催收工作转交外包公司，外包公司多以电话方式催收，在工作日志中简要备注催收情况且无法提供录音；银行工作人员上门催收时，往往采取拍照并手写催收日期的方式。如果催收行为不规范，就无法满足有效催收的刑事证据标准，进而影响定罪量刑。

对于催收方式，2010 年发布的最高人民法院研究室《关于信用卡犯罪法律适用若干问题的复函》规定，“两次催收”一般应分别采用电话、信函、上门等两种以上催收形式。本书认为，银行催收不能只采取一种催收方式，银行需要强化证据意识，及时保存相关电话录音、短信记录、微信内容等催收证明，确保催收方式多元化、规范化。检察机关办案时要坚持治罪与治理并重，以规范日常催收行为为契机，通过检察建议、法治宣讲等方式主动与金融机构对接，将刑事证据标准向前端传导，助力银行提高信用卡管理水平。

（四）信用卡诈骗之出罪情形

信用卡诈骗罪的入罪标准与出罪路径始终是司法实践中的焦点问题。近年来，随着司法解释对“非法占有目的”“恶意透支”等核心要件的细化，罪与非罪的界限既需严格遵循法律条文，也需兼顾个案中持卡人的真实交易背景与履约能力。当前司法实践中，机械适用“逾期未还款即入罪”的倾向已逐步被修正，转而强调对行为人主观恶意、客观行为及社会危害性的综合审查，信用卡诈骗罪之出罪情形大致有以下几种：

第一，不知使用的是伪造、作废的信用卡的。一般来说，使用伪造、作废的信用卡大多可以推定行为人主观上具有诈骗故意，因为行为人自己是否拥有信用卡其本人应该是清楚的。但实践中存在这类情况，即他人谎称为行为人办了信用卡而将伪造、作废的信用卡交由行为人去获取财物，行为人对此信以为真。对于类似这种情况，当然不能认为行为人有诈骗故意。

第二，行为人透支款项虽催收超过 3 个月未还，但根据主客观一致原则不具有非法占有目的。信用卡最主要的功能就是透支从而使持卡人得以购买超出自己现有支付能力的商品或服务，银行也以各种各样的促销活动鼓励持卡人进行透支消费,因此若仅凭客观上无法偿还欠款就认定为"以非法占有为目的"的恶意透支型信用卡诈骗,则无法将恶意透支型信用卡诈骗罪和透支不还的民事违约行为进行区分。例如,持卡人因失业、突发重大疾病、家庭变故等客观原因而没有能力还款的;持卡人的信用卡透支款项主要用于公司经营使用,因经营不善而导致欠款无法归还的;持卡人系在与银行进行还款沟通、协商过程中,银行报案由公安机关将其抓获的;持卡人没有拒不归还的意思表示,与发卡行之间联系畅通,积极与发卡行沟通、寻求解决方案,但确实很长时间内无法或者客观上不能还款的,不能认定持卡人具有"非法占有目的"。

第三,善意透支行为。善意透支是允许的。一般来说,如果行为人在限额内透支或虽超过限额透支但按期偿还的,则属于善意透支。

二、信用卡诈骗罪出罪之刑民交叉典型案例

(一)欧某涛信用卡诈骗案(无罪)[1]

1.案情简介

被告人欧某涛于2010年2月12日向中国农业银行股份有限公司洞口县支行申请办理金穗白金信用卡,卡号为46×××58。欧某涛提供了个人经营的洞口县正旺铝材店的营业执照等资信证明材料,经银行工作人员审查审批,授信额度为50万元,并由欧某涛的胞兄欧某甲对该信用卡自依主合同申领信用卡之日起5年内因使用信用卡所实际形成债务的最高额折合50万元提供连带责任保证担保。2010年6月18日,欧某涛开始使用信用卡。2015年2月该卡授信额降至30万元。其中,2015年6月25日,信用卡的担保人欧某甲向银行出具逾期偿还计划,承诺"计划从2015年7月起每月从工资中偿还贰仟元整"。截至2015年11月16日立案之前,被告人欧某涛使用的该信用卡透支本金为236,644.71元,银行计算应收取利息6232.17元、手续费163,100.42元、年费1760元和滞纳金4141.30元,合计411,878.60元。欧某涛于2010年6月1日向中国农业银行股份有限公司洞口县支行申请办理惠农信用卡,卡号为62×××78,欧某涛提供了个人经营的洞口县正

[1] 参见湖南省洞口县人民法院刑事判决书,(2019)湘0525刑初104号。

旺铝材店的营业执照等资信证明材料，经银行工作人员审查审批，授信额度为 4 万元，欧某涛的胞兄欧某甲以“管户客户经理”的身份与银行签订惠农信用卡、准贷记卡管理责任状，负责对信用卡透支进行跟踪与督促，欧某甲在催收过程中，发现持卡人有恶意透支行为、信用状况恶化无还款能力、逃避债务等情况应及时通知支行移交司法催收，通过向法院起诉或向公安机关报案，借助司法力量催收透支款。2010 年 10 月 9 日，欧某涛开始使用惠农信用卡。自 2013 年 6 月起出现逾期不还记录，至 2015 年 10 月透支本金 29,315.73 元，银行计算应收取利息 13,533.87 元，合计 42,849.60 元。

另查明，自 2015 年 11 月 24 日至 2016 年 7 月 11 日，欧某涛及其亲属共计向两张信用卡还款 94,000 元。其中 2015 年 11 月 24 日向白金信用卡还款 20,000 元、2015 年 12 月 29 日向惠农信用卡还款 20,000 元、2016 年 1 月 29 日向白金信用卡还款 20,000 元、2016 年 2 月 29 日向白金信用卡还款 20,000 元、2016 年 3 月 31 日向白金信用卡还款 10,000 元、2016 年 7 月 11 日向白金信用卡还款 4000 元。

2. 法院观点

根据刑法的规定，“以非法占有为目的”是恶意透支的主观要件。信用卡最主要的功能就是透支从而使持卡人得以购买超出自己现有支付能力的商品或服务，银行也以各种各样的促销活动鼓励持卡人进行透支消费，因此若仅凭客观上无法偿还欠款就认为“以非法占有为目的”的恶意透支型信用卡诈骗，就无法将恶意透支型信用卡诈骗罪和透支不还的民事违约行为进行区分。对“以非法占有为目的”的理解仍应坚持主客观相统一的原则，应当综合持卡人信用记录、还款能力和意愿、申领和透支信用卡的状况、透支资金的用途、透支后的表现、未按规定还款的原因等情节作出判断。不得单纯依据持卡人未按规定还款的事实认定非法占有目的。关于恶意透支型信用卡诈骗罪中“以非法占有为目的”的具体认定，《信用卡案件解释》第 6 条第 3 款列举了六种情况：(1)明知没有还款能力而大量透支，无法归还的；(2)使用虚假资信证明申领信用卡后透支，无法归还的；(3)透支后通过逃匿、改变联系方式等手段，逃避银行催收的；(4)抽逃、转移资金，隐匿财产，逃避还款的；(5)使用透支的资金进行犯罪活动的；(6)其他非法占有资金，拒不归还的情形。针对本案应重点考虑以下因素：第一，行为人是否明知没有还款能力而大量透支。这是指行为人在透支信用卡时有无明知自己已无还款能力仍然透支的故意。第二,行为人申领信用卡时有无虚构事实、隐瞒真相的行为。这是指行为人在申领信用卡时,因不符合申领条件或不能得到较大的透支额,而伪造部分证明材料,如收入证明、房屋产权证明等虚构其资信能力的材料,但其基本身份属实,如姓名、身份、住址和户籍资料等信息真实。这种情形与《刑法》第196条第1款第1项规定的"使用以虚假的身份证明骗领的信用卡"的情形不同,虚假的身份证明是指行为人完全以虚构的身份和虚假的申请资料申领信用卡,使银行无法找到真正的持卡人。而本案情况是,银行仍然能够找到持卡人,但客观存在催收困难。第三,行为人透支款项的用途。根据资金用途判断行为人是否具有非法占有目的时,应结合全案分析行为人资金用途的主要方面,对于行为人取得资金后,部分用于非法活动,部分用于合法经营的,如果大部分资金用于合法经营,到期不能归还资金主要是经营不善、市场风险等原因造成的,不宜认定"以非法占有为目的"。如果行为人利用信用卡到中介公司大额、频繁套现,或者透支用于不符合其承受能力的奢侈品消费或密集多次无节制的生活消费,则可断定其具有非法占有的目的。第四,透支款项时行为人的还款态度及是否逃避催收。透支额的归还行为反映行为人的信用状况,为了维护自己的信用,行为人在透支后一般会及时还款。如果行为人在透支后对还款期限和还款额根本不关心,连续透支消费,甚至通过变更电话、住址等方式逃避银行催款,这种只透支不还款的态度表明其不打算遵守信用卡合法使用的规定,对透支款项具有较明显的非法占有目的。但如果行为人在银行催收后有积极表示,或者积极还款,或者说明合理的不还款理由,并与银行约定推迟还款的计划等,都可以排除"非法占有目的"。

本案中,首先,被告人欧某涛在办理信用卡时无虚构事实、隐瞒真相的行为。被告人按照银行的相关规定办理申领手续,符合申领条件。其次,被告人欧某涛在透支信用卡时不应认定为其明知自己没有还款能力而大量透支。因为欧某涛使用信用卡基本上用于投资经营,投资经营亦会产生收益,尽管可能存在投资经营风险,但不应认定为其无偿还能力。且其胞兄欧某甲为信用卡提供担保,欧某甲亦为银行职工,欧某甲亦可对透支款项承担保证责任。最后,被告人欧某涛将涉案信用卡的大部分透支款项用于经营投资,而非奢侈品消费或者无节制消费。被告人后因经营投资困难而导致信用卡欠款逾期未能归还,但从涉案信用卡还款情况及被告人应对催收的态度来看,被告人所持信用卡透支消费后在后续的还款过程中均能正常还款,后因经营投资不善而导致资金周转困难,无法偿还投资款项,且银行对该卡单方面降额,在银行的催收下,被告人欧某涛及其担保人欧某甲尽能力还款、说明理由,并与银行约定推迟还款的计划。可见被告人一直积极与银行协商还款事宜,未有变更联系电话、变更地址等逃避催收的行为。被告人的行为不能认定为“以非法占有为目的”,不构成恶意透支型的信用卡诈骗罪。

法院认为,被告人欧某涛将涉案信用卡透支款项用于经营投资,后因经营投资不善、市场风险等客观原因而造成透支款项无法偿还,主观上没有非法占有透支款的目的,不属于恶意透支信用卡的行为,不构成信用卡诈骗罪。另在本案中,被告人欧某涛所办理持有的信用卡,不仅基于个人信用,而且该信用卡有合适的保证人提供担保,应属于金额借贷合同法律关系,属于民事法律范畴,银行可以通过民事救济的方式依法维护自己的合法权益。因此,公诉机关指控被告人欧某涛构成信用卡诈骗罪,罪名不成立。

3. 法院判决

湖南省洞口县人民法院依照《刑事诉讼法》第 200 条第 2 项之规定,判决被告人欧某涛无罪。

(二)张某信用卡诈骗案(无罪)[1]

1. 案情简介

被告人张某于 2012 年 12 月 12 日在中国光大银行广州分行开具了一张信用卡,至 2016 年 6 月 14 日累计透支本金 297,717.13 元;2013 年 2 月 7 日,被告人张某又在中国光大银行广州分行开具了一张信用卡,至 2016 年 6 月 14 日累计透支本金 199,868.00 元。中国光大银行多次向张某催收欠款,但张某未还款。一审法院认为,被告人张某无视国家法律,以非法占有为目的,恶意透支使用信用卡,数额巨大,破坏了我国信用卡的管理秩序和侵犯了受害单位财物的所有权,其行为已构成信用卡诈骗罪。被告人张某当庭认罪,认罪态度较好,对其酌情予以从轻处罚。综合考虑被告人张某的犯罪事实、情节、对社会的危害程度及认罪态度,依照《刑法》第 196 条第 1 款第 4 项、第 52 条、第 53 条的规定,作出判决:被告人张某犯信用卡诈骗罪,判处有

---

[1] 参见广东省佛山市中级人民法院刑事判决书,(2017)粤 06 刑终 398 号。

期徒刑5年零3个月,并处罚金5万元。宣判后,张某上诉提出:其因资金链断裂而未能及时偿还两张中国光大银行信用卡透支款,其事前已将唯一自住房屋委托房产中介进行出售,并欲将售房款用于偿还中国光大银行信用卡透支款,其间,其亦积极与中国光大银行沟通联系,请求该行给予其一定的时间将上述房屋出售后再偿还所欠款项,其主观上没有非法占有的目的,其行为不构成信用卡诈骗罪。广东省佛山市人民检察院出庭提出:上诉人张某在无法偿还招商银行的贷款时先透支中国光大银行的信用卡,而非先去卖房,根据现有证据还不能查实张某不能偿还招商银行贷款的原因,故张某主观上是否具有非法占有的故意尚未查实;根据证人李某、黄某珍的证言可以证实张某所有的房屋当时售价为430万元,而当时司法拍卖对该房屋的估价为324万元,两种价格之间相差较大,对该原因未予查实。因此,张某主观上是否具有非法占有涉案透支款的故意和其客观上是否具有还款能力的事实不清,建议发回重新审判。

2. 法院观点

二审法院查实,上诉人张某因经营生意失败和招商银行提前收回贷款而导致资金链断裂,故其未能按期偿还两张中国光大银行信用卡的透支款项,自2015年7月起,中国光大银行便以电话、信函、上门等方式对张某进行多次催收,张某多次称其正在出售自己的房屋,待房屋售出后再偿还所欠透支款,其间,虽然有张某未接听催收电话的情况,但亦存在张某之后主动回拨催收电话并告知催收银行其出售房屋后将偿还所欠透支款的催收记录;在中国光大银行催收前,即2015年6月24日,张某就已委托佛山市粤某福房地产代理有限公司将其所有的房屋代为出售;2016年6月13日,招商银行佛山分行作为第三方,张某(卖方)与陶某周(买方)签订了房屋买卖合同,该合同约定陶某周应支付购房总价款430万元给张某,张某应将收取的购房款用于偿还所欠招商银行佛山分行贷款本息共计3,080,155.30元,余款退还至张某指定的银行账户,后因买方对房屋过户后权属人登记问题存在异议而未交易成功。同年6月17日,公安机关接中国光大银行报案后将张某抓获,张某归案后一直辩称其欲通过出售房屋偿还涉案透支款,其无恶意透支的行为,亦无诈骗的故意。上述事实有申请涉案信用卡资料、中国光大银行信用卡逾期催收记录、招商银行个人贷款借款合同、招商银行个人授信最高额抵押合同、佛山市粤某福房地产代理有限公司龙江分公司负责人李某出具的证明、房源资料截图、房屋买卖协议书、被害单位员工黄某强的相关陈述、证人黄某珍和李某的证言、上诉人张某的供述和辩解等证据相互印证，足以认定。由此可见，虽然张某透支后逾期还款，但是其并无逃匿行为，其对银行的催收电话亦未拒绝接听，且能主动与催收银行沟通并欲通过出售房屋偿还透支欠款，之后其与买方协定的房屋售价款亦足以偿还其在本案中所负的全部银行债务，虽然其最终未能偿还涉案透支款，但是该结果并非张某自身主观原因所致。根据本案现有证据，按照"存疑有利于被告人"的原则，应当认定张某主观上没有非法占有的目的，客观上没有实施信用卡诈骗的行为，其不构成信用卡诈骗罪。原审判决认定张某构成信用卡诈骗罪证据不足，属客观归罪。

3. 法院判决

广东省佛山市中级人民法院依据《刑事诉讼法》(2012 年)第 195 条[1]第 3 项、第 225 条[2]第 1 款第 3 项的规定作出判决如下：撤销一审法院判决；上诉人张某无罪。本判决为终审判决。

三、信用卡诈骗罪与其他罪名的界分

信用卡诈骗罪与其他罪名的界分主要体现在犯罪构成要件、行为方式等方面。而其他罪名，如诈骗罪，虽然也有诈骗行为和非法占有目的，但在犯罪对象、行为方式等方面与信用卡诈骗罪存在差异。在实践中，信用卡诈骗行为方式与盗窃罪、伪造货币罪等其他罪名也存在明显的区别。

(一)使用伪造的信用卡或使用以虚假的身份证明骗领的信用卡

使用伪造的信用卡，仅限于对自然人使用。在机器上使用伪造的信用卡取得财物的，成立盗窃罪。使用所谓"变造"的信用卡(如磁条内的信息被变更的信用卡)的，应认定为使用伪造的信用卡。伪造的信用卡与伪造的空白信用卡不是等同概念，使用伪造的空白信用卡的行为并不构成信用卡诈骗罪。利用伪造的信用卡私下质押担保骗取他人财物的，不成立信用卡诈骗罪，宜认定为合同诈骗罪。

---

[1] 参见 2018 年修正的《刑事诉讼法》第 200 条。

[2] 参见 2018 年修正的《刑事诉讼法》第 236 条。

（二）使用作废的信用卡

作废的信用卡是指因法定的事由失去效用的信用卡。使用作废的信用卡的行为主体既可以是持卡人，也可以是其他人。使用行为仅限于对自然人使用。在机器上使用作废的信用卡取得财物的，成立盗窃罪。

（三）关于“冒用他人信用卡”的认定

《信用卡案件解释》第5条第2款规定：“刑法第一百九十六条第一款第三项所称‘冒用他人信用卡’，包括以下情形：（一）拾得他人信用卡并使用的；（二）骗取他人信用卡并使用的；（三）窃取、收买、骗取或者以其他非法方式获取他人信用卡信息资料，并通过互联网、通讯终端等使用的；（四）其他冒用他人信用卡的情形。”实践中需要注意这些行为与盗窃罪的区分。

第四节　民间借贷纠纷与“套路贷”诈骗

一、民间借贷纠纷与“套路贷”诈骗之关联关系

在全国扫黑办的统筹协调下，2019年2月28日，最高人民法院会同最高人民检察院、公安部、司法部发布《套路贷意见》，对“套路贷”作出了较为统一的定义。“套路贷”是办案实践中对以借款名义，侵夺他人财产的虚假放贷行为的俗称。“套路贷”是在民间借贷的土壤中产生的，是隐藏在借贷关系形式下的一种诈骗行为。其核心构成要素之“套路”，是指以非法占有目的设置虚假债权债务关系，并借助虚假诉讼、暴力催收等手段实现占有他人财产的目的。与普通民间借贷关系中出借人希望借款人按约还本付息不同，“套路贷”借款已经不具备资本性特征，而是具有“道具”“鱼饵”的功用，以借款为名，行非法占有被害人财物之实。

《套路贷意见》第1条规定，“套路贷”，是对以非法占有为目的，假借民间借贷之名，诱使或迫使被害人签订“借贷”或变相“借贷”“抵押”“担保”等相关协议，通过虚增借贷金额、恶意制造违约、肆意认定违约、毁匿还款证据等方式形成虚假债权债务，并借助诉讼、仲裁、公证或者采用暴力、威胁以及

其他手段非法占有被害人财物的相关违法犯罪活动的概括性称谓。《套路贷意见》第2条规定,"套路贷"与平等主体之间基于意思自治而形成的民事借贷关系存在本质区别,民间借贷的出借人是为了到期按照协议约定的内容收回本金并获取利息,不具有非法占有他人财物的目的,也不会在签订、履行借贷协议过程中实施虚增借贷金额、制造虚假给付痕迹、恶意制造违约、肆意认定违约、毁匿还款证据等行为。

《套路贷意见》认为,实施"套路贷"犯罪,一般有以下五个步骤:一是制造民间借贷假象。"套路贷"行为人通常会以"保证金""违约金""行规"等各种名目,欺骗被害人签订还款金额远高于实际借款金额的借款合同。二是伪造虚假给付证据。"套路贷"行为人通常会通过"空放"的手段,将大额款项通过银行转账打入被害人账户,但要求被害人立即取出并将其中部分款项返还。"套路贷"行为人便以此种刻意制造的银行流水痕迹,为之后提起民事诉讼索债准备证据。三是单方面认定被害人违约。在债务即将到期时,"套路贷"行为人会要求被害人返还借款合同中所约定、与实际借款数额不相符的"虚高借款",或以其他手段致使被害人迟延还款,使被害人陷入还款无门、被迫违约的困境。四是恶意垒高借款金额。当被害人无力偿还"虚高借款"时,"套路贷"行为人安排其他关联人员或关联公司为被害人偿还借款,继而与被害人签订金额更大的虚高借贷协议,通过这种"以贷还贷"的方式不断垒高债务。五是提起虚假诉讼或使用暴力手段索债。"套路贷"行为人以事先刻意制作的银行流水账单及借款金额虚高的借贷合同为证据,向法院提起民事诉讼,再通过胜诉判决占有被害人财物。[1]

"套路贷"虽常穿着"民间借贷"的外衣,但与民间借贷存在本质上的区别。民间借贷是平等民事主体之间基于意思自治,进行资金融通所建立的借贷法律关系,出借人的主要目的是到期收回本金和约定的利息,民间借贷的本金和合法利息均受法律保护;"套路贷"则是假借民间借贷之名,实以非法占有为目的,通过诱骗被害人签订金额虚高的借款合同、恶意制造违约等方式形成虚假债权债务,并借助诉讼或者采用暴力、威胁以及其他非法手段

〔1〕 参见吴加明:《违法相对论下刑民实体冲突及其调适》,载《政治与法律》2017年第12期。

占有被害人财物的违法犯罪活动。[1]

实务中,判断“套路贷”是否具备非法占有目的是区分罪与非罪的难点,从犯罪构成来说,与诈骗罪的以非法占有为目的,通过虚构事实、隐瞒真相的方法,骗取公私财物基本一致,只是后端的强制性是构成其他罪名的情形。问题在于,如何证明行为人具有非法占有他人财产的目的?是只要实施了相关“套路”行为就认定其具备主观故意,还是从其他层面予以分析?通常认为,多数民间借贷的目的是获取利息收益,一般借贷双方都不愿发生违约的情况,出借人希望借款人能按时还款;而“套路贷”则不同,其是以借款为幌子,通过设计种种套路,引诱、逼迫借款人垒高债务,最终达到非法占有借款人财产的目的。行为人是以获取利息收益为目的,还是以占有借款人财产为目的,一时确实难以判别。即使后续产生了“利滚利”,也不能直接认定其就是一种“套路贷”。故仍应回归到诈骗罪或“套路贷”诈骗罪的基本构造以及基于犯罪构成要件诸要素来研究。[2]

《套路贷意见》对“套路贷”与民间借贷、刑事犯罪与民事纠纷进行了明确的区分,并对“套路贷”刑事案件管辖和并案侦查作出明确规定,强调严惩“套路贷”犯罪。但这并非监管部门首次明确对“套路贷”行为的规制,2018年最高人民法院《关于依法妥善审理民间借贷案件的通知》就已经明确:“套路贷”诈骗等犯罪设局者具备知识型犯罪特征,善于通过虚增债权债务、制造银行流水痕迹、故意失联制造违约等方式,形成证据链条闭环,并借助民事诉讼程序实现非法目的,还强调要“综合判断借贷的真实情况”,适当加大调查取证力度,查明事实真相。

2019年4月9日,全国扫黑办副主任、最高人民法院副院长姜伟对《套路贷意见》进行解释时称,“套路贷”实质就是一个披着民间借贷外衣行诈骗之实的骗局。

在实践中,区分“套路贷”和民间借贷主要从以下三点着手:

第一,有无非法占有他人财产目的。这是“套路贷”与民间借贷的本质

---

〔1〕 参见张明楷:《刑法分则的解释原理》(第2版·上),中国人民大学出版社2011年版,第240页。

〔2〕 参见何笑云:《诈骗式“套路贷”与民间借贷的区分及辩点(1)》,载南召县人民检察院2019年12月31日,http://www.hananzhao.jcy.gov.cn/sitesources/nzxjcy/page_pc/jwzn/jcgz/article b1eb3e27a50f47d9bc9366c973c71ccb.html。

区别。“套路贷”假借民间借贷之名，诱使或迫使被害人签订“借贷”或变相“借贷”“抵押”“担保”等相关协议，通过虚增借贷金额、恶意制造违约、肆意认定违约、毁匿还款证据等方式形成虚假债权债务，并借助诉讼、仲裁、公证或者采用暴力、威胁以及其他手段，最终达到非法占有借款人财产的目的。而民间借贷是以获取利息收益为目的，双方以预期的到期偿还本金利息为借贷前提。

第二，看是否具有“诈骗”的性质。民间借贷是平等主体之间基于真实的意思表示而形成的借贷关系。“套路贷”往往以低息、无抵押等为“骗”的幌子，并以行业规定“保证金”“服务费用”等为“骗”的手段，迫使被害人签订虚高借贷合同并制造虚假给付痕迹、刻意制造违约等“套路”违背被害人的意志，使其形成高额债务，达到非法占有他人财物的目的。

第三，讨债手段是否具有强制性。“套路贷”有虚高的借款金额、高昂的利息以及巨额违约金，被害人不可能自愿且及时地偿还债务。因此，“套路贷”通常软硬暴力兼施或借助诉讼等方式，迫使被害人还债。当然，有些民间借贷也存在使用暴力、威胁等其他手段强行索债的行为。因此，区分“套路贷”和民间借贷应结合案件事实综合判定。

二、“套路贷”刑民交叉疑难问题解决思路

司法实践中，“套路贷”行为可能涉及诈骗罪、敲诈勒索罪、非法拘禁罪、虚假诉讼罪等罪名。由于“套路贷”披着“民间借贷”的外衣，犯罪行为隐蔽，加之办案机关对案件本质认识不足等，之前此类案件多被当作“民间借贷”“经济纠纷”类案件来处理。这种刑民交叉的显著特征，给当前“套路贷”案件的办理带来诸多亟待解决的难题。刑民定性、涉案财产的认定与处置等刑民交叉案件中常常遇到的实体问题，以及诉讼程序的选择、刑民程序的转化与衔接、判决的既判力等常见的程序性问题，在“套路贷”案件中呈现新的特点：行为人利用法律认定的规则制造“证据”导致“套路贷”与“高利贷”等民间借贷纠纷在民事诉讼中难以区分；在“套路贷”案件中认定和处置涉案财产时，有时难以兼顾被害人利益；“先刑后民”模式作为刑民交叉案件的惯常处理模式，容易被试图推卸其民事责任的当事人恶意利用；对于当前大量已经判决执行的涉嫌“套路贷”犯罪的民事案件如何纠正等问题，需要分析问题产生的原因，结合“套路贷”本身特点和刑民交叉案件的既有处理方式

来寻找最佳解决方案。“套路贷”案件中的刑民交叉困境，是刑民交叉某些普遍性问题在“套路贷”案件中的突出体现，所以其产生的原因既包括刑民规范上的竞合与差异、实践机制不完善等一般性因素，也包括借贷关系表面证据齐全、涉案财产多样等“套路贷”案件的特征性因素。

首先，在“套路贷”案件中要解决刑、民定性难题，就需要在办案过程中强化案件实质性审查。审判机关在处理民间借贷相关案件时，对案件是否可能涉嫌“套路贷”犯罪，要提高警觉，主动加强实质性审查力度；公安机关在接到“套路贷”案件的报案时，应先抛掉公权力插手经济纠纷的顾虑，展开全面调查；另外，还需要公检法三部门建立健全沟通协调机制，并与金融监管部门信息共享，形成合力。

其次，关于“套路贷”案件中涉案财产的认定与处置问题，犯罪数额的确定应从整体上进行否定性评价，并且坚持主客观相一致的原则；涉案财产的处置则需要刑事诉讼程序与刑事附带民事程序共同作用来全面处理。

最后，关于程序选择问题，“套路贷”案件的特点决定了它应当坚持“先刑后民”的诉讼处理模式，而对于事实上已经在先进行了的民事诉讼，应当根据案件所处的不同阶段和处理的不同结果分别进行纠正。

综上所述，在选择刑民交叉案件的诉讼程序时，要根据案件实际情况，作出更利于保护当事人权益、更为公正有效处理案件的选择。处理刑民交叉案件，应当全面、整体地看待案件事实，在刑民定性问题上加强实质性审查，实现形式判断与实质判断的统一；在程序选择上，坚持更加有利于保护当事人利益的立场。

三、“套路贷”诈骗之刑民交叉法律实务问题

（一）“套路贷”案件中“非法占有目的”的司法认定及反证

《套路贷意见》总结了五类实践中“套路贷”常见犯罪手法和步骤，明确了“套路贷”与民间借贷的界限，对“套路贷”犯罪的数额计算和既遂、未遂情形并存时如何处理等影响量刑的问题，以及涉案财产如何处置等问题作出了明确规定。关于定罪问题，《套路贷意见》规定，“实施‘套路贷’过程中，未采用明显的暴力或者威胁手段，其行为特征从整体上表现为以非法占有为目的，通过虚构事实、隐瞒真相骗取被害人财物的，一般以诈骗罪定罪处

罚”。“非法占有目的”作为“套路贷”诈骗与民间借贷行为界分的重要依据，是界分罪与非罪的核心标准。但《套路贷意见》并没有明确从行为哪些特征上可以判定具有“非法占有目的”，亦没有为司法实践在该主观要件认定上提出统一的适用标准。这使在“套路贷”案件中“非法占有目的”的认定具有高度的内在性、模糊性和不确定性，进而成为“套路贷”案件无论在理论上，还是实务中都无法绕开的问题。

司法实践中，“套路贷”案件行为人一般都涉嫌触犯多个罪名，如诈骗罪、敲诈勒索罪、非法拘禁罪、虚假诉讼罪、寻衅滋事罪、强迫交易罪、绑架罪等，在此仅讨论“套路贷”诈骗问题。“非法占有目的”作为诈骗犯罪的主观构成要件，行为人主观上具有“非法占有目的”是成立诈骗罪的必备要件，“套路贷”诈骗亦是如此，司法实践中控辩双方争议也集中在此，而实践中常采用司法推定的形式认定。

推定之所以被广泛认可和运用，主要是因为它具有很强的逻辑和认识论根据，推定的过程与结果符合人类普遍认识规律。对行为人主观心理进行推定，依据前提事实与结论事实之间的常态逻辑联系而不是例外联系来认定人的心理状态。司法推定是指司法人员根据事实之间的常态联系，通过某一项已经查明的事实 A 推断出另一项难以证明事实 B 的存在。推定成立之后，事实 B 无须再单独证明。由此，司法推定可以极大地降低公诉机关的举证难度，减轻控方的举证责任，有助于实现刑事司法目的，推进诉讼进程，确保司法的效率与公正。[1] 司法推定是英美法系中一种经常用于认定主观要素的手段。有英国学者指出，对事实进行推定是证明被告人心理状态的唯一手段，因此司法推定在刑事司法中起着举足轻重的作用。[2] “非法占有目的”作为根植于行为人内心深处的主观想法，极难通过证据直接加以证明，司法实践中通常采用司法推定的方式，通过客观事实来推断“非法占有目的”的存在。正如陈兴良教授所指出的，主观目的的证明不能以嫌疑人的口供为转移，不可嫌疑人供有则有、供无则无，而应以客观事实为基础，采用推定方法来推断嫌疑人主观目的是否存在。[3]

---

〔1〕 参见马谨斌：《商业欺诈案件非法占有目的之推定》，载《东方法学》2015 年第 3 期。

〔2〕 参见［英］克罗斯、［英］琼斯、［英］卡德修订：《英国刑法导论》，赵秉志等译，中国人民大学出版社 1991 年版，第 68 页。

〔3〕 参见陈兴良：《目的犯的法理探究》，载《法学研究》2004 年第 3 期。

关于非法占有目的推定问题，我国立法未作明确规定，但 2001 年《全国法院审理金融犯罪案件工作座谈会纪要》明确指出：在司法实践中，认定是否具有非法占有为目的，应当坚持主客观相一致的原则，既要避免单纯根据损失结果客观归罪，也不能仅凭被告人自己的供述，而应当根据案件具体情况具体分析。根据司法实践，对于行为人通过诈骗的方法非法获取资金，造成数额较大资金不能归还，并具有下列情形之一的，可以认定为具有非法占有的目的：(1)明知没有归还能力而大量骗取资金的；(2)非法获取资金后逃跑的；(3)肆意挥霍骗取资金的；(4)使用骗取的资金进行违法犯罪活动的；(5)抽逃、转移资金、隐匿财产，以逃避返还资金的；(6)隐匿、销毁账目，或者搞假破产、假倒闭，以逃避返还资金的；(7)其他非法占有资金，拒不返还的行为。

非法占有目的是行为人的内心心理状态，无法直接窥探。然而，人类思维和行为中普遍存在的共性，决定了在缺乏行为人直接陈述的情况下，可以根据其外在行为表现、依据经验与逻辑进行客观的推定。通过对相关裁判文书的分析，法院裁判说理呈现以行为特征代替主观目的认定的情况，"非法占有目的"作为主观上的内容，不像客观行为一样能够留下物理痕迹，在现实中往往难以发现和探究行为人主观目的。因而，在认定行为人是否具有"非法占有目的"时，不可避免需要客观行为以及行为结果等客观要素的佐证。然而，通过对裁判文书的分析可以发现，"套路贷"诈骗犯罪中，法院认定是否具有"非法占有目的"存在以行为特征代替主观认定的问题，事实上忽视了对"非法占有目的"的充分说理。具体而言，其可以分为"以分析客观欺诈行为代替主观目的认定"和"以罗列'套路贷'手段方式代替主观目的认定"两种类型。[1]

由此可见，虽然不具有"非法占有目的"常常被辩护人和上诉人当作辩解事由，但法院在审理过程中，对于行为人主观目的的认定，往往存在"以行为特征代替主观目的认定"的问题。在对犯罪进行定性分析时，对"非法占有目的"的认定缺乏充分论证，使"非法占有目的"作为界分罪与非罪的关键机能未能充分发挥作用。

---

〔1〕 参见陈小彪、黄培钦：《套路贷案件中"非法占有目的"的司法认定》，载《江西警察学院学报》2021 年第 2 期。

例如，在借款人违约之后，出借人往往替借款人出谋划策，主动介绍其他贷款公司或出借人，让借款人借新款还旧账，通过“转单平账”的方式，让借款人在无形之中与新的出借人形成了更高额的借款关系。在“套路贷”诈骗犯罪中，相互转单的出借人之间往往具有密切联系，在事前相互共谋、相互配合，在业务上相互衔接，实现对借款人债务的不断垒高。出借人实施上述行为，指向的并非获取借款合同约定的本金及利息，甚至不满足于借款人承担刻意制造的违约责任，而是意图让借款人走向高额负债的深渊，进而侵占借款人的财产，实现非法收益的最大化，充分反映了出借人主观上的“非法占有目的”。然而，并非所有垒高债务的行为都指向行为人的“非法占有目的”，不能单纯由债务垒高的结果来判断其主观目的。应当把握债务增加是否具有法定基础、合意基础，以此判断债务增加是否确属“虚增”，进而准确认定行为人的主观目的以及“非法占有目的”。

在认定行为人是否具有“非法占有目的”时，应当坚持主客观相一致的原则，应抓住“套路贷”诈骗犯罪中欺骗性的本质特征与虚增债务的行为特征，结合认定的特殊性，避免简单机械执法与客观归罪。同时，应提倡反证标准，确立双向推论的认定方式。在一方通过正向证据和事实推定行为人具有非法占有目的时，另一方也要立足于反向证据和事实，审视是否存在否定行为人具有非法占有目的的空间。在有证据证明行为人主观上确实不具有“非法占有目的”时，应坚持综合全面评价，避免一味入罪，为出罪辩护提供实质空间。

（二）“套路贷”犯罪数额的认定

根据《套路贷意见》关于认定犯罪数额的规定，“在认定‘套路贷’犯罪数额时，应当与民间借贷相区别，从整体上予以否定性评价，‘虚高债务’和以‘利息’‘保证金’‘中介费’‘服务费’‘违约金’等名目被犯罪嫌疑人、被告人非法占有的财物，均应计入犯罪数额。犯罪嫌疑人、被告人实际给付被害人的本金数额，不计入犯罪数额”。

认定“套路贷”犯罪数额，应坚持主客观一致评价的原则。由于“套路贷”犯罪是一种占有型的侵犯财产犯罪，犯罪数额大小是衡量此类犯罪社会危害性大小和犯罪嫌疑人、被告人罪责轻重的重要标准之一，因而在认定“套路贷”犯罪数额时，既不能简单将犯罪嫌疑人、被告人恶意垒高的借款金额等同于犯罪数额，也不能简单将犯罪嫌疑人、被告人实际占有金额等同于犯罪数额，而应结合犯罪嫌疑人、被告人主观目的和客观行为进行综合评价。

根据司法解释的规定，“套路贷”数额认定有以下几项原则：

第一，认定“套路贷”犯罪数额，先要从整体上予以否定性评价。因为“套路贷”是虚假的民间借贷，对“套路贷”中所涉及的全部可以量化为金钱的财物，都应给予否定性评价，就是都认定为虚假借贷，并将其纳入犯罪数额范畴。非法占有的被害人实际所得借款、“担保好处费”以外的虚高“债务”和以“保证金”“中介费”“服务费”等各种名目扣除或收取的额外费用，均应计入犯罪数额。

第二，给被害人带来财产利益的犯罪成本应从犯罪数额中扣除。对“套路贷”从整体上予以否定性评价，并不意味给被害人带来财产利益的犯罪成本也一并作为犯罪数额认定。相关司法解释及规范性意见均支持上述认定标准。最高人民法院先后发布的《关于审理诈骗案件具体应用法律的若干问题的解释》(已失效)、《全国法院审理金融犯罪案件工作座谈会纪要》等均支持上述认定标准。行为人给被害人的借贷本金不能认定为犯罪数额的，无论“套路贷”案件中存在多少次的平账行为，只要借款人在借款过程中存在到手的本金，就应当在犯罪金额中予以扣除。这主要是因为犯罪分子的借贷本金不是受害人的财物，犯罪分子非法占有的是借贷本金之外的其他财物，这个“其他财物”才是被害人的财物，应坚持主客观一致的原则予以评价认定，不能将犯罪分子的本金认定为犯罪数额，而应认定为犯罪工具予以没收。

第三，证据存疑时，应作出有利于被告人的认定。对于“套路贷”，无论是数罪并罚还是择一重处，在认定犯罪数额时，都必须以证据为根据，证据存疑时应本着刑法谦抑性原则，作出有利于被告人的认定。

第四，认定“套路贷”犯罪数额，应坚持具体情况区别评价的原则。例如，应按照共同犯罪处罚原则认定犯罪数额。对于“套路贷”犯罪团伙和犯罪集团的成员，应严格依照刑法共同犯罪的处罚原则，对首要分子以集团的全部犯罪数额，对主犯以其参与的或者组织、指挥的犯罪数额，对从犯以其参与的犯罪数额，分别予以认定。例如，一个“套路贷”犯罪团伙总共涉案金额是1000 万元，对于首要分子和认定为主犯的人员，应将这1000 万元作为他们的犯罪数额来进行认定。对于从犯，应当按照他所参与、所涉及的部分犯罪数额来进行认定。此外，对于“套路贷”犯罪既遂、未遂数额的认定，应根据相关罪名所涉及的刑法、司法解释规定，已经实际占有的财物数额，应认定为犯罪既遂数额；已经着手实施“套路贷”，但因意志以外原因未得逞的，按照已着手非法占有的财物数额认定犯罪未遂。

（三）“套路贷”案件中对相关人员是否“明知”的认定

司法实践中，对“套路贷”相关人员是否“明知”的认定，应当把握以下几个要点：

第一，如果认定被告人实施套路放贷，则不宜认定借款人明知。大量涉及“套路贷”案件中，被告人往往是放贷人，其陈述已经将借款利息、相关费用等信息告知了借款人，部分借款人也予以证实。在此情况下，是否可以认定借款人对借款相关事项明知，进而认定被告人没有虚构事实、隐瞒真相呢？以房屋抵押租赁贷模式为例，被告人称已与借款人约定借款利息，并约定收取砍头息、平台费等费用，同时还约定以房屋抵押买卖贷、租赁贷模式签订对应房屋买卖租赁合同为保证。但被告人实际放贷时，让被害人签订空白借款合同、空白借条、空白房屋买卖租赁合同、空白房屋开锁合同、空白授权房屋买卖租赁代理合同等一系列空白合同，且该系列合同归放款人保管。在这种情形下，尽管借款人陈述，放贷人已经告知了借款利息等，但不能认定借款人对借款利息、合同性质、违约条款及责任的全部约定确定、明知。签订空白合同明显违背合同规范，将借款人完全置于任人宰割的不利境地，借款人对借款后可能发生的各种情形不可能明知。

第二，明知他人实施“套路贷”，还为其提供帮助，是“套路贷”共犯。根据《套路贷意见》第 5 条的规定，明知他人实施“套路贷”犯罪，应当结合行为人的认知能力、既往经历、行为次数和手段、与同案人和被害人的关系、获利情况、是否曾因“套路贷”受过处罚、是否故意规避查处等主客观因素综合分析认定。

第三，明确职务、职位名称等与犯罪事实“明知”之间并无绝对关系。在大多数案件中，办案机关在认定涉案人员的犯罪“明知”时，往往会有一种以职务高低论明知的简单逻辑。司法实践中，不能单纯依据“入职时间长”“薪资待遇高”“职位等级高”就任意推定为“明知”，而要全面考量其实际工作性质,以及在公司具体业务流程中所参与的环节,判断其在工作情境下有无可能接触涉罪的核心业务,不能仅凭一个简单的称谓来判定其是否知情。此外,对那些既不参与决策,又非管理层,也没有具体参与组织、实施的人员,与操纵“套路贷”距离较远的部门成员,应当慎重予以认定。

第四,借款人对每一个步骤具体事项的明知不等于对整个套路的明知。仍以房屋抵押贷租赁贷模式为例,放贷人与借款人就借款利息约定相对明确,对于签订其他合同一般都以“行业惯例”“合同只是备用,只要还款就行”等笼统地口头说明,因此不能以借款人对借款利息的明知来代替借款人对整个套路的明知。实践中有借款人被告知,借款要收取“砍头息”“家访费”“平台费”等费用,但没有被告知具体收费项目的标准或数额;或者借款人被告知借款要按照惯例收取“砍头息”,但实际收费时又增加了“家访费”“平台费”等项目费用;或者签订的空白房屋抵押租赁合同被用于房屋过户强占房屋、签订的空白条用于其他用途等告知不明的情形,也不宜认定借款人明知。关于向多个放贷人借款与借款人的明知问题,不能简单以借款人向多个放贷人借款即认定借款人明知应对涉案之前借款方式进行审查,如果有与涉案借款相同或者相似的借款并偿还完毕全部借款,则可以认定借款人明知,如果与涉案借款不同则应具体情况具体分析,从而准确认定。司法实践中还有一种情形是,借款人反复多次向同一放贷人借款,这时对借款人主观明知的认定存在争议。本书认为,除上述对明知的判断要求外,还应结合借款人的还款情况来认定,对于借款人每次借款没有还清,又继续多次借款的,按照前述明知的判断予以认定,不能以多次借款即认定属于明知;对于借款人某次借款全部偿还完毕的,则对以后的相似借款约定推定认定明知。因为对于套路贷借款人没有能力主观明知,对于套路贷部分套路手段明知亦不能代表对套路整体的明知。

(四)“套路贷”与一般高利贷之间的区别与联系

“套路贷”与一般高利贷之间的区别与联系在于以下几个方面:第一,行为目的与性质不同。“套路贷”是以假借款为名,非法占有被害人或其亲属的财物;高利贷就是为了获取高额利息。“套路贷”是可能涉及诈骗性质犯罪;高利贷不是犯罪,但是容易引发犯罪行为,且超过法律支持的高息部分无效。第二,手段方法不同。“套路贷”往往采取各种方式恶意制造借款人违约，意图垒高债务，并心怀“非法占有为目的”；而高利贷的出借方则会希望借款人尽快还本付息。第三，侵害的客体不同。“套路贷”侵害客体多、社会危害大，从诱骗或者强迫被害人签订合同到暴力讨债、虚假诉讼，不仅侵害被害人财产权、人身权，还危害公共秩序，破坏金融管理秩序，甚至挑战司法权威，严重妨害司法公正。高利贷主要是破坏金融管理秩序。第四，法律后果不同。“套路贷”在本质上属于违法犯罪行为，借款本金和利息不受法律保护（本金是犯罪工具，利息作为违法所得予以没收）；高利贷体现了双方意思自治，借款行为本身及一定幅度内的利息是受法律保护的。根据最高人民法院《关于审理民间借贷案件适用法律若干问题的规定》，借贷双方约定的利率超过年利率36%，超过部分的利息约定无效。也就是说，高利贷本金及法定利息受法律保护，超过法定的高额利息部分不受法律保护。

“套路贷”与高利贷的联系在于：第一，催收手段上或有相似之处。“套路贷”和高利贷在催收手段上有时难以分清，高利贷往往也会伴随暴力催收，也可能都采取合法催收方式，如诉讼手段。第二，高利贷可能转化为“套路贷”。高利贷有时也有一些套路将法律不支持的高息粉饰为合法信息，和“套路贷”有相似之处；但是高利贷是在贷款人知情的情况下交易，而“套路贷”则常伪装成合法的形式，受害人往往是不知情的。第三，“套路贷”中往往包含高利贷的元素。即“套路贷”的利率通常远高于法定标准，甚至可能达到高利贷的水平。同时，套路贷的借款条件、还款方式等也可能极不合理，导致借款人难以承受，从而陷入恶性循环。

第五节　保险合同纠纷与保险诈骗罪

一、保险诈骗罪的犯罪构成

保险诈骗罪是指投保人、被保险人或者受益人，违反保险法规定，用虚构事实或者隐瞒真相的方法，骗取保险金，数额较大的行为。

《刑法》第198条对于保险诈骗罪采用叙明罪状的方式，规定了构成保险诈骗罪的五种情形：（1）投保人故意虚构保险标的，骗取保险金的；（2）投保人、被保险人或者受益人对发生的保险事故编造虚假的原因或者夸大损失的程度,骗取保险金的;(3)投保人、被保险人或者受益人编造未曾发生的保险事故,骗取保险金的;(4)投保人、被保险人故意造成财产损失的保险事故,骗取保险金的;(5)投保人、受益人故意造成被保险人死亡、伤残或者疾病,骗取保险金的。其中,前三种可以总结为隐瞒真相和虚构事实,后两种可以总结为蓄意而为。保险诈骗罪的犯罪构成如下:

(1)保险诈骗罪的犯罪客体。保险诈骗罪的犯罪客体是保险市场管理秩序和保险金的所有权。犯罪客体是犯罪本质的反映,是判断某行为是否构成保险诈骗罪的根本标准。目前,关于保险诈骗罪客体主要有单一客体说、双重客体说和三重客体说三种主要观点。单一客体说认为,保险诈骗罪侵犯的客体是保险补偿制度下的保险秩序,具体而言就是保险合同关系或保险合同利益。双重客体说认为,保险诈骗罪侵犯的客体是国家的保险制度以及保险人的财产所有权。其中,主要客体是保险业的正常秩序,次要客体是保险人的财产所有权。此观点系我国刑法理论界通说。三重客体说认为,保险诈骗罪侵犯的客体具有多重性和可变性,不仅侵犯了国家对保险事业的监督和管理制度以及保险人的财产所有权,还可能侵犯不特定多数人或他人的财产权利、健康权利或生命权利。本书基本认同双重客体说,认为保险诈骗罪的犯罪客体是保险市场管理秩序及保险金的所有权,前者是主要客体,后者是次要客体。(2)保险诈骗罪的行为对象。保险诈骗罪的行为对象是保险金。从罪状表述看,《刑法》第 198 条第 1 款详尽而明确地列举了五种具体的保险诈骗犯罪行为,每一种行为的罪状中均有“骗取保险金的”字样,可见保险金是本罪的犯罪对象。所谓保险金,也称理赔金、理赔款,是指根据保险合同的约定,保险公司对被保险人或者受益人进行给付的金额,或者当保险事故发生时对物质损失进行赔偿的金额。(3)保险诈骗罪的犯罪主体。当前保险诈骗活动的犯罪主体呈现团伙化、职业化特征,其参与者及利益相关者既包括投保人、被保险人、受益人,也包括保险事故的鉴定人、证明人、财产评估人,以及保险代理人、保险经纪人等。根据刑法规定,保险诈骗罪的犯罪主体是特殊主体,即保险合同项下的投保人、被保险人和受益人。我国《保险法》明确规定,投保人是指与保险人订立保险合同,并按照合同约定负有交付保险费义务的人;被保险人是指其财产或者人身受保险合同保障,享有保险金请求权的人;受益人是指人身保险合同中由被保险人或者投保人指定的享有保险金请求权的人。投保人可以为被保险人，投保人、被保险人可以为受益人。这三类主体都基于保险合同关系而具有特定的身份和地位，都享有因保险事故而造成的损害请求补偿的权利。这里的投保人、被保险人和受益人，既包括自然人也包括单位。是否具有该三种主体身份，是决定能否构成保险诈骗罪的前提条件。（4）保险诈骗罪的主观要素。根据《刑法》第14条、第15条和第198条的规定，保险诈骗罪只能由故意构成；不仅如此，如果认为本罪必须具有非法占有的目的，则主观上只能由直接故意构成。《刑法》第198条没有明确规定本罪主观上必须以非法占有为目的，但刑法理论上均对此予以肯定。[1]（5）保险诈骗罪的客观要件。根据现行法律规定，本罪是数额犯、结果犯，不法分子实施保险诈骗行为，骗取保险金，并达到数额较大标准的，才构成犯罪既遂。

二、我国保险诈骗罪概况及原因分析

近年来，随着经济社会的发展，保险业作为社会保障体系的重要组成部分得以迅速发展。与此同时，保险诈骗犯罪行为也呈逐年上升趋势。

（一）我国保险诈骗犯罪活动的主要特点

1. 犯罪主体的团伙性与职业性

近年来，保险诈骗犯罪单独作案的越来越少，绝大部分是以共同犯罪的形式出现的。例如，在车险诈骗犯罪中，不法分子往往与报案勘验、事故认定、定损修理、伤残评级、保险理赔等各环节工作人员相互勾结，形成由专职撞车人、汽车修理厂、保险中介代理、保险公司定损员等构成的职业化诈骗团伙，成员相对固定、分工明确、相互配合，结伙高频次实施系列保险诈骗活动，犯罪规模和涉案金额越来越大。

2. 犯罪类型的多样性与复杂性

根据保险标的的不同，保险可分为人身保险和财产保险，前者以人的寿命和身体为保险标的，后者以财产及其有关利益为保险标的。保险特别是财产保险主要是以人身伤亡、财产损失等为理赔事由。现实生活中，造成人员伤亡、财产损失的原因多种多样。例如，某人为其配偶投保长期人身险后，故意破坏其配偶驾驶汽车的刹车，造成其配偶发生交通事故，车毁人亡，

---

〔1〕 参见张明楷：《保险诈骗罪的基本问题探究》，载《法学》2001年第1期。

以此骗取保险金。而且,不法分子的诈骗伎俩会随着有关部门打击力度的加大和监管措施的强化而花样翻新。

3. 犯罪方式的欺骗性与隐蔽性

为提高实施犯罪得逞概率,逃避侦查打击,不法分子总是千方百计增强其行为的欺骗性和迷惑性。不法分子作案前精心预谋策划,深入研究保险合同条款,虚构或编造各种相关资料和证据材料,安排、指使亲朋好友作伪证;制造事故的地点一般选在无监控设备、难以被发现的偏僻地方;作案后,统一对外口径、订立攻守同盟,毁迹灭证,致使公安机关发现线索和侦办案件的难度增大。

4. 犯罪后果的危害性与严重性

保险诈骗犯罪不仅破坏保险市场的正常秩序,侵害保险人的财产所有权,而且可能侵害不特定多数人或者他人的财产权利、人身权利,败坏行业风气,损害社会公平正义,危害严重,影响恶劣。〔1〕

(二)我国保险诈骗犯罪活动产生的主要原因

1. 保险机构方面的原因〔2〕

(1)保险机构内部管理不够完善、管理机制不够健全、防范意识淡薄,这是当前诱发和促使保险诈骗犯罪的主要原因。尤其是部分基层保险公司在管理和制度建设方面还很欠缺,使得保险诈骗案件难以被识破和制止。例如,投保车辆发生碰撞或人身伤亡事故后,保险公司不能及时赶赴现场勘查,而是等待受损车辆维修完毕、伤员出院,仅依据当事人提交的索赔申请书和发票所记载数额予以赔付。这使得保险诈骗比较容易得逞。

(2)理赔时调查不仔细。在实践中,部分保险公司在理赔时,或由于人力、财力不足,或由于工作人员主观的原因,理赔调查不够详尽,对有关机构出具的保险事故证明有较大的依赖性。但是医院、修理厂等并不是经济责任的承担者,它们同其所开具的上述证明文件的真伪及准确程度并无直接利害关系,加之当前社会上不良风气的影响,这些证明文件也有虚假之处,

---

〔1〕 参见曹顺明、杨润宇、赵瑛:《保险诈骗罪若干问题探究》,载《保险研究》2021 年第 12 期。

〔2〕 参见朱庆宾、田守宇:《保险诈骗犯罪的特点及侦查对策》,载《中国刑警学院学报》2013 年第 1 期。

如扩大损失的程度、加大保险责任等。在这种情况下,如果过分依赖上述证明文件,缺少仔细的调查,就很难对保险诈骗予以防范。

(3)部分保险机构盲目追求经济效益,承保了一些不符合承保条件的保险业务。其中一些工作人员,四处出击、到处拉保,或在保险机构内部从事保险业务。这很容易造成工作人员责任心下降,不顾客户实际情况,承保了不符合承保条件的保险业务,进而诱发保险诈骗犯罪。

(4)部分保险从业人员的业务水平低下。保险行业在人员业务培训体系方面不够完善,难以适应迅速发展的保险事业。同时对保险诈骗案件处理比较宽松,这在一定程度上放纵了保险诈骗犯罪分子。

2. 投保人、被保险人及受益人方面的原因

当前,保险诈骗犯罪的发生除了有保险机构内部的原因,还有投保人、被保险人和受益人方面的原因。他们中一部分人进行保险诈骗犯罪活动,主要是贪财图利之心太重,为牟取不义之财而不择手段。但在具体的欺诈活动中,诈骗分子的心理状态又是不同的,主要有以下状况:

(1)参加保险,蓄意牟利。这种人投保的目的就是妄图利用保险这一特殊方式牟取非法利益。他们违背了保险是为社会提供风险保障的主旨,不是为或然性风险寻求有效的保证,而是一心想“发保险财”。

(2)为寻求所谓“心理平衡”而进行诈骗。部分投保人存在一种非理性心理,认为交了保险费就是付出了代价,这种代价应当得到回报;如果交了保险费,而保险标的未出保险事故自己得不到赔款,就是“吃了亏”不划算,于是他们不惜冒险用欺诈手段骗取保险金。

(3)临时因素的诱发。这种人原来并没有用欺诈手段骗取保险金的想法,只是后来由于某种偶然因素的作用才产生了欺诈的念头。

(4)为了“报复”保险公司而进行诈骗。有些人心胸狭窄,与他人稍有摩擦便图谋报复。他们投保后,一旦与保险公司及其工作人员产生意见分歧,就对保险公司心存成见,一有机会就用欺诈骗赔的手段报复,借以发泄心中不满。这种情况在司法实践中为数不多,但危害不小。

(5)为帮助亲友而进行诈骗。这种用欺诈手段骗取保险赔偿金的人,不是为了自己获利而是为了帮助亲友渡过难关。

三、何为保险诈骗罪的“犯罪标的”

2020年南京警方侦办的一起保险诈骗罪案件引发网络热议，成为焦点事件。李某自2015年开始，使用自亲友处骗取的身份信息（不同的护照号、身份证号），购买机票的同时购买航班延误险，后根据航班的延误情况进行理赔，李某总计遇到延误航班近900次，获得航班延误险理赔金300余万元。[1] 李某的具体操作方法为：查询并选择延误率较高的航班，购买机票并购买航班延误险。李某以购买理财的名义自亲友处获得20多个身份证号、护照号，用上述身份信息购买机票，同时购买多份航班延误险，根据航班情况选择退票或理赔。李某随时关注航班动态，如果了解到航班可能不会延误，则会在飞机起飞前退票。一旦航班出现延误，李某就获得保险公司的延误险赔偿。

该案引起关注的原因在于该案中保险标的不同寻常。《保险法》第12条给出了一个保险标的的概念，即“人身保险是以人的寿命和身体为保险标的的保险。财产保险是以财产及其有关利益为保险标的的保险”。航班延误险显然为财产保险，那么依照《保险法》的规定，其保险标的应为一种“有关利益”。据此，可以把保险诈骗罪中的保险利益理解为航班准点到达的利益，也即购买机票后航班准点到达的利益。需要明确的是，自然天气（包括暴风、雷电、雨雪等）、航空管制则是航空延误险中的保险事故，其是造成航班延误的原因，本不构成保险标的，有些人认为该案中的自然天气、航空管制是延误险的保险标的，这是不正确的。

进一步结合该案分析，李某购买的航空延误险的保险标的是购买机票后附着在机票上的对于航班准点到达的利益，简单地说就是“不延误”，而李某随时关注的可能造成航班延误的自然天气、航空管制等情形，则是李某购买的航空延误险中的保险事故。

从李某的行为来看，不应构成保险诈骗罪。首先，李某没有编造保险事故，也无能力制造保险事故，李某对于造成航班延误的天气、航空管制等原因没有进行编造。其次，李某没有虚构保险标的。李某购买机票所用身份

---

〔1〕 参见辛省志：《购买航空延误险获赔300万是诈骗吗？关键在于是否遵守合同规则》，载《南方周末》2020年6月13日，南周快评版。

信息本身是真实的。李某购买机票必然需要身份信息,虽然其通过欺诈手段获取了亲朋好友的身份信息,但这些信息本身是真实的,李某没有使用虚假身份信息欺骗航空公司。同样,其所购买的航空延误险是附着在机票上的,其所购买航空延误险的身份信息也是真实的。最后,从刑法的谦抑性原则来说,李某也不应构罪。李某在该案中确实存在欺诈行为,对其通过此种方法购买延误险获得收益的行为,应给予否定性评价,但这种行为危害性未严重到要使用刑法来规制。《保险法》第 174 条的规定很明确,即"投保人、被保险人或者受益人有下列行为之一,进行保险诈骗活动,尚不构成犯罪的,依法给予行政处罚:(一)投保人故意虚构保险标的,骗取保险金的……"现行法律可以对其进行行政处罚,此种处罚也会起到良好的示范效应。

四、保险合同纠纷和保险诈骗罪刑民界限问题

保险合同纠纷和保险诈骗罪之间的刑民界限问题是刑民交叉案件常见问题,也是重点、疑点和难点问题,实务中很多案件甚至存在较大争议。对此,下文将结合前文已有简单介绍的一起典型案例帅某骗保案[1]具体分析。该案中,最终检察机关决定不予起诉。

帅某分别于 1998 年和 2000 年为其母亲张某向某保险公司投保了死亡保险金为 27 万元的终身保险,根据保险合同,被保险人必须具备 70 周岁以下且身体健康的条件。2003 年,张某因病身亡,经帅某索赔后,保险公司向受益人帅某支付了 27 万元的保险金。但事后发现,帅某在投保时隐瞒了其母的真实出生日期,并将户口本上张某的出生日期篡改为 1944 年 11 月 7 日(真实出生日期为 1921 年 1 月 7 日),将当时已经 77 岁的张某的年龄改为 54 岁,使张某符合投保条件。[2] 针对该典型刑民交叉案件,提出以下问题展开分析。

(一)帅某的行为是否符合保险诈骗罪的构成要件

结合保险诈骗罪属于诈骗罪特别法条的性质,保险诈骗罪的客观要件

---

〔1〕 参见张子钰:《论帅英骗保案的出罪路径——以客观归责论为视角》,载《争议解决》2021 年第 4 期。

〔2〕 参见周光权主编:《如何解答刑法题》,北京大学出版社 2021 年版,第 373 页。

为:行为人实施《刑法》第 198 条规定的保险欺诈行为。由于《刑法》第 198 条采取了叙明罪状的表述方式,且没有规定兜底条款,若行为人通过《刑法》第 198 条规定之外的行为骗取保险金的,只能构成诈骗罪、合同诈骗罪等,而不能成立保险诈骗罪。

按照保险诈骗罪的构成,行为人通过欺诈手段使保险公司产生或者维持认识错误,保险公司由此交付保险金(进行理赔),进而行为人获得或使第三人获得保险金,最终导致保险公司遭受财产损失。

根据《保险法》第 12 条的规定,人身保险是以人的寿命和身体为保险标的的保险。人寿保险合同是指根据投保人和保险人的约定,被保险人在合同约定的年限内死亡或者在合同约定的年限届满时仍然生存,由保险人按照约定向被保险人或者受益人给付保险金的合同。人寿保险合同的标的为被保险人的寿命,保险事故为被保险人的生存或者死亡。其中,死亡保险中的终身保险是指以被保险人的终身为保险期限,不论被保险人何时死亡,保险人均给付保险金的保险。人寿保险要求投保人如实申报被保险人的年龄。作为保险标的的被保险人的寿命,当然包含了被保险人的年龄情况。在该案中,投保人帅某与保险公司签订的终身保险属于人身保险中的人寿保险,保险标的是被保险人张某的寿命,人寿保险要求投保人如实申报被保险人的年龄,作为保险标的的被保险人的寿命,当然包含了被保险人的年龄情况。所以,帅某将当时已经 77 岁的张某的年龄改为 54 岁,属于虚构保险标的的行为,是《刑法》第 198 条规定的保险诈骗行为。在财产保险合同中,投保人将价值 1 万元的财物谎报为价值 10 万元的财物时,无疑属于虚构保险标的;在订立健康保险合同时,投保人隐瞒被保险人的身体疾病,谎报被保险人身体健康的,属于虚构保险标的;同样,在人寿保险合同中,投保人将 77 岁的人谎报为 54 岁的人,也属于虚构保险标的。而且,刑法学上对保险标的的解释,并不一定要与保险法上对保险标的的解释完全相同,因为刑法的目的与保险法的目的并不完全相同。

从客观上来看,在被保险人张某死亡后,帅某向保险公司提出索赔,为保险诈骗罪的着手。保险公司中核定理赔事项的工作人员代表保险公司基于与帅某签订的保险合同,错误地认为该保险合同约定的理赔条件已经成就并进行理赔,符合"基于认识错误交付了保险金"这一要件。行为人帅某作为受益人收到了保险公司支付的 27 万元保险金,属于保险诈骗罪中因果流程中的一个环节，也符合保险诈骗罪的客观构成要件。

根据帅某与保险公司签订的保险合同，被保险人必须具备 70 周岁以下且身体健康的条件。但事实上，被保险人张某在签订保险合同时的年龄为 77 岁，已经不符合投保条件。因此，若帅某没有篡改被保险人张某的年龄，保险公司就不可能与帅某签订保险合同，也就不可能基于该保险合同进行理赔。保险公司赔付了实际上不应赔付的保险金，保险公司存在财产损失。

但是，《保险法》(2002 年)第 54 条〔1〕第 1 款规定了保险合同解除的除斥期间："投保人申报的被保险人年龄不真实，并且其真实年龄不符合合同约定的年龄限制的，保险人可以解除合同，并在扣除手续费后，向投保人退还保险费，但是自合同成立之日起逾二年的除外。"

该案中，帅某与保险公司签订的保险合同分别于 1998 年和 2000 年成立，而发生保险事故(张某死亡)的时间为 2003 年，故保险公司在理赔时已经不具有合同解除权。因此，根据《保险法》的规定，即便帅某实施了保险诈骗行为，自保险合同成立之日起逾二年，保险公司也应当向帅某支付保险金，在此意义上可以说保险公司并无财产损失。但在刑法理论上，围绕《保险法》(2002 年)第 54 条关于保险合同解除的除斥期间的规定，在保险公司因帅某的骗保行为而交付了保险金这一意义上，暂且可以认定保险公司具有财产损失，因此也就可以认定帅某的行为符合保险诈骗罪的客观要件。〔2〕

保险诈骗罪的主观构成要件是故意，并且要求行为人具有非法占有保险金的目的。在该案中，如果帅某确实属于故意篡改被保险人的年龄，意图非法获得保险金，其就符合保险诈骗罪的主观构成要件。

(二)保险除斥期间的规定能否作为帅某违法阻却事由

关于本案当事人帅某按照案发时的法律和当前法律规定，能否以除斥期间作为其出罪理由的问题，《保险法》(2015 年)规定了一定条件合同不可解除的不可抗辩条款，即自保险合同成立之日起超过两年后，保险公司不得以投保人未如实告知为由解除合同或拒赔。根据《保险法》(2015 年)第 16 条第 3 款"合同解除权，自保险人知道有解除事由之日起，超过三十日不行

〔1〕 参见 2015 年修正的《保险法》第 32 条。

〔2〕 参见周光权主编：《如何解答刑法题》，北京大学出版社 2021 年版，第 375 页。

使而消灭。自合同成立之日起超过二年的，保险人不得解除合同；发生保险事故的，保险人应当承担赔偿或者给付保险金的责任”的规定，在此通过《保险法》（2015 年）不可抗辩条款并结合《保险法》（2002 年）、《保险法》（2015 年）关于除斥期间的规定讨论帅某是否构成犯罪。

根据《保险法》（2002 年）第 54 条，投保人申报的被保险人年龄不真实，并且其真实年龄不符合合同约定的年龄限制的，保险人可以解除合同，并在扣除手续费后，向投保人退还保险费，但是自合同成立之日起逾二年的除外。投保人申报的被保险人年龄不真实，致使投保人支付的保险费少于应付保险费的，保险人有权更正并要求投保人补交保险费，或者在给付保险金时按照实付保险费与应付保险费的比例支付。

保险人在合同订立时，已经知道投保人未如实告知的情况的，保险人不得解除合同；发生保险事故的，保险人应当承担赔偿或者给付保险金的责任。在上述案例中，被保险人是在投保人与保险人签订保险合同的两年后死亡的，有观点认为，不管民商法学如何解释该保险条款的规定，即使自合同成立之日逾二年后保险人才发现投保人申报的被保险人的年龄不真实，因而不能解除保险合同，也只是表明该保险合同继续生效，而不是否认帅某的行为符合保险诈骗罪的构成要件。不可抗辩条款与保险诈骗罪的适用标准很明显，前者针对投保人过失误述的场合，后者限于投保人故意欺诈的场合，刑法和民法规制的案件事实不同，各自分立。投保人故意或过失虚构年龄均会使保险人享有解除权，但只有在过失的情形下，才适用不可抗辩条款；对于故意骗保的行为，解除权不受除斥期间的限制。这是因为刑法与保险法的目的不同，保险合同是最大诚信合同，要求投保人在投保时必须根据实际情况披露有关被保险人的情况，包括健康、年龄、经济状况等。如果投保人没有履行这种告知义务，保险人有权以此为由主张保险合同无效。这种规定本来是为了保障保险人的正当权益，但在实务中很容易导致保险人滥用不可抗辩条款的权利。在很多情况下，为了逃避保险金的给付责任，在保险事故发生时，保险人往往以投保人告知不实为由拒绝向被保险人给付保险金。这一做法不仅对被保险人来说有失公平，而且在很大程度上影响了保险人的声誉。为了平衡这种利益关系，从 19 世纪开始，一些保险公司在保单上增加了这种不可抗辩条款，将保险人对投保人是否履行如实告知的义务提出异议的期间一般地限制在两年之内。在此期间内，保险人有权提出争议，并可依据相关规定解除合同。超过两年时间，保险合同则成为不可争议的合同。

不难看出，保险法规定的不可抗辩条款，并不是鼓励投保人虚构事实，而是为了均衡投保人与保险人的利益，防止保险人滥用“主张保险合同无效”的权利。《刑法》第198条显然是为了保护保险人的利益，当然要防止投保人骗取保险人的财产，当投保人故意虚构保险标的骗取保险金时，即使保险合同依然有效，也不能排除其行为构成保险诈骗罪。如同经济合同有效，却不能排除行为人构成合同诈骗罪一样。而且需要注意的是，《保险法》（2002年）第17条[1]规定，“投保人故意隐瞒事实，不履行如实告知义务的，或者因过失未履行如实告知义务，足以影响保险人决定是否同意承保或者提高保险费率的，保险人有权解除保险合同。投保人故意不履行如实告知义务的，保险人对于保险合同解除前发生的保险事故，不承担赔偿或者给付保险金的责任，并不退还保险费。投保人因过失未履行如实告知义务，对保险事故的发生有严重影响的，保险人对于保险合同解除前发生的保险事故，不承担赔偿或者给付保险金的责任，但可以退还保险费”。可见，在投保人故意隐瞒的情况下，主观目的不纯与过失情况有所不同。在《保险法》（2002年）第17条已经明确故意隐瞒的情况下，是可以解除保险合同的，再结合《保险法》（2002年）第54条关于年龄不真实的情况，只能是主观过失才能支持保险合同继续生效。

该案争议最大的是将其入罪是否违背法秩序统一性原理。从出罪角度来看，虽然行为人存在骗保行为，但只要保险合同经过二年除斥期未被解除，那么在合同有效的前提下，请求赔偿的行为属于行使权利行为，不能忽视保险法的效力而直接认定其具有刑法上的诈骗罪的违法性。但是，相反观点则认为，不能机械地适用法秩序统一性原理。这是因为刑法与民商法等法律的性质与目的不同，民商法中的某些明显带有拟制性质的“不可抗辩条款”并不是表明行为合法，而只是表明对于合同相对方的权利行使进行限制，行为人不能以此主张违法性被阻却，民商法上有关时效程序、法律拟制的规定不影响刑法上的违法性判断，只要行为符合保险诈骗罪的构成要件，尽管保险合同有效，行为人仍然构成保险诈骗罪。也有观点试图调和刑法

[1] 参见2015年修正的《保险法》第16条。

与保险法的评价矛盾，通过刑法规范反向制约保险法的规范，认为保险法关于除斥期间的规定只应适用于重大过失的场合，如果投保人故意进行保险欺诈，则即使自保险合同成立之日起逾二年，保险公司仍有权撤销保险合同，此时投保人进行理赔，仍构成保险诈骗罪。

第一种观点认为，既然保险法已经不可抗辩地赋予保险合同有效性，那么帅某基于该保险合同进行理赔，是保险法所允许的行为，由于刑法具有最后手段性，当然不能将其他法域认为是合法的行为作为犯罪处理。第二种观点认为，法律行为效力与违法性评价不具有关联性，保险法只是认可了保险合同的效力，而并未直接就帅某行为的违法性或合法性进行评价，刑法将帅某的行为作为犯罪处理，并未与保险法产生矛盾，因此也就不会违背法秩序统一性原理。第三种观点则认为，在帅某案中，保险公司仍具有合同解除权，即使依照保险法，保险公司也不应向帅某赔付保险金，故而刑法将帅某的行为作为犯罪处理，形成的是保险法和刑法均对帅某的行为赋予否定的法律效果的局面，是完全遵循了法秩序统一性原理的处理结论。

针对上述争鸣，结合刑法的二次评价作用和刑法谦抑性，本书赞成帅某不构成犯罪。其具体理由如下：首先，应肯定涉案保险合同的效力。本案案发时间与现行《保险法》规定不同，2002 年《保险法》第 54 条第 1 款的适用范围并未限定于重大过失的场合。修正后的 2015 年《保险法》第 16 条规定："投保人故意或者因重大过失未履行前款规定的如实告知义务，足以影响保险人决定是否同意承保或者提高保险费率的，保险人有权解除合同"；"自合同成立之日起超过二年的，保险人不得解除合同；发生保险事故的，保险人应当承担赔偿或者给付保险金的责任"。显而易见，该案适用的 2002 年《保险法》的条文并未将故意或重大过失的场合排除在除斥期间的适用范围之外。其次，将故意或重大过失的场合排除在除斥期间的适用范围之外，不利于保护投保人的利益。在实践中，有时很难区分投保人究竟是出于一般过失还是重大过失抑或故意，如果赋予现实中处于强势地位的保险公司解除保险合同的权利，则该权利如被滥用将导致保险法关于除斥期间的规定形同虚设。最后，刑法具有最后手段性，一般而言，其适用要受到民法、行政法规范的制约，以刑法中的罪刑规范限制相应的民事权利，与刑法的最后手段性相悖，也违背刑法谦抑性精神。

综上所述，在民商法上完全合法的行为，不可能构成刑法上的犯罪；换言之,在民商法上完全合法的行为,阻却犯罪的成立。该案中,使保险合同有效的并非帅某的骗保行为,而是基于法律关于除斥期间的规定,帅某在基于保险合同有效的前提下进行理赔,可以认定是属于行使权利的行为,基于法秩序统一性原理,民法上被允许的行为不得作为犯罪处理,因此不能将帅某的理赔行为评价为犯罪行为。但是需要注意的是,帅某虚构保险标的的行为并不能被保险合同正当化,帅某虚构保险标的,并非在行使合同权利。从刑事角度来讲,如果帅某主观上确实是故意的,那么有效的保险合同并不能将帅某主观上虚构保险标的进行投保的行为追溯性地正当化,但是刑罚作为最后手段,在评价其主观目的上需要慎重。如果没有充分证据证明其主观上有非法占有目的,不能仅凭发现年龄虚假后客观归罪,应以证据不足有利于被告的原则作出不构罪结论。

第六节　买卖"玩具枪""仿真枪"的民事行为与涉枪支犯罪

一、涉枪支相关的法律规定

我国是世界上枪支管理最严格的国家之一。相应地,对于枪支这种具有强大杀伤力的特殊器械,我国刑法对涉枪犯罪有非常严格的规定:《刑法》第125条至第130条分别规定了非法制造、买卖、运输、持有、盗窃、抢夺枪支、弹药、爆炸物等系列行为的罪状与法定刑,其中第125条(非法制造、买卖、运输、邮寄、储存枪支、弹药、爆炸物罪)和第127条(盗窃、抢夺枪支、弹药、爆炸物、危险物质罪)最重可判处死刑。除《刑法》外,本书检索到的部分现行涉枪支法律、法规及行业标准如表6-1所示。

表6-1　部分现行涉枪支法律、法规及行业标准汇总

文件名称	发布时间	涉及条文
海关总署、公安部《关于将仿真武器列为禁止进出境物品的通知》	1992年12月15日	全文
《人民检察院枪支管理规定》	1998年7月9日	全文

续表

文件名称	发布时间	涉及条文
公安部《关于严厉打击违反爆炸物品枪支弹药管理违法犯罪活动的通告》	2001 年 4 月 18 日	全文
司法部办公厅《关于进一步加强枪支管理工作的通知》	2003 年 3 月 28 日	全文
公安部《关于涉弩违法犯罪行为的处理及性能鉴定问题的批复》	2006 年 5 月 25 日	第 1 条、第 2 条
《仿真枪认定标准》	2008 年 2 月 19 日	全文
《枪支致伤力的法庭科学鉴定判据》	2007 年 10 月 19 日	全文
最高人民法院《关于审理非法制造、买卖、运输枪支、弹药、爆炸物等刑事案件具体应用法律若干问题的解释》	2009 年 11 月 16 日	全文
《公安机关涉案枪支弹药性能鉴定工作规定》	2010 年 12 月 7 日	全文
《射击竞技体育运动枪支管理办法》	2010 年 8 月 8 日	全文
《法庭科学枪支物证的提取、包装和送检规则》	2011 年 11 月 1 日	全文
《枪支管理法》	2015 年 4 月 24 日	全文
《枪支销毁处理安全要求》	2017 年 9 月 18 日	全文
最高人民法院、最高人民检察院《关于涉以压缩气体为动力的枪支、气枪铅弹刑事案件定罪量刑问题的批复》	2018 年 3 月 8 日	第 1 条、第 2 条
最高人民法院、最高人民检察院、公安部《关于依法收缴非法枪支弹药爆炸物品严厉打击枪爆违法犯罪的通告》	2018 年 5 月 7 日	全文
《法庭科学枪支射击架通用技术要求》	2018 年 6 月 1 日	全文
《公安机关涉案枪支弹药鉴定工作规定》	2019 年 12 月 9 日（未公开）	全文
最高人民法院、最高人民检察院、公安部《关于依法收缴非法枪爆等物品严厉打击涉枪涉爆等违法犯罪的通告》	2021 年 5 月 14 日	全文

二、买卖“玩具枪”“仿真枪”之刑民交叉问题探析

(一)枪支的分类及认定界限

枪支作为具有极大杀伤性的武器,对不特定公众的人身安全确实构成严重威胁,世界多国对于枪支均实施严格管制。我国建立了包括法律、行政法规、部门规章等在内的枪支管理体系,运用包括刑罚、行政处罚等在内的各种法律手段。因此,科学地认定枪支直接关系到罪与非罪、此罪与彼罪、罪轻与罪重。

在我国法律体系中,枪状物包含枪支、仿真枪和玩具枪三大类。而枪支又可分为制式枪支与非制式枪支两类。另外,按照推动力不同划分,枪支可分为火药动力枪支和气体动力枪支。在司法解释层面,最高人民法院《关于审理非法制造、买卖、运输枪支、弹药、爆炸物等刑事案件具体应用法律若干问题的解释》没有对枪支的概念作出规定,只是把枪支分为“军用枪支”和“非军用枪支”。而“军用枪支”和“非军用枪支”的分类及表述易引起误解,且这种分类方式不能准确反映枪支的致伤力,将枪支分类为“制式枪支”和“非制式枪支”更为妥当。而军用枪支、制式枪支和公务用枪三者之间,民用枪支、非制式枪支和非军用枪支三者之间在内涵和外延上都不相同,互有交叉重合。如何准确界定涉案枪支的性质,司法实践中给鉴定机构和公安、司法机关造成一定困扰。总的来说,将枪支分为“制式枪支”和“非制式枪支”的分类更客观。因此,准确判别刑法所界定的枪支概念,是正确处理涉枪案件的核心问题,直接关乎罪与非罪。具体而言,需要明确以下概念:

1. 枪支的定义

《枪支管理法》第 46 条规定:“本法所称枪支,是指以火药或者压缩气体等为动力,利用管状器具发射金属弹丸或者其他物质,足以致人伤亡或者丧失知觉的各种枪支。”在实践中,制式枪支和能发射制式弹药的非制式枪支一律认定为枪支。

2. 玩具枪的定性

根据最高人民法院、最高人民检察院、公安部《关于依法收缴非法枪爆等物品严厉打击涉枪涉爆等违法犯罪的通告》第 7 条的规定,“严禁使用枪支、弹药、爆炸物品、仿真枪、弩等从事非法娱乐游艺活动。玩具制造企业不

得生产、销售外形、颜色与制式枪支相同或者相似,或者枪口比动能大于0.16焦耳/平方厘米的玩具枪”。可见,玩具枪的枪口比动能要求范围限定小于0.16焦耳/平方厘米。

3. 仿真枪的定性

《仿真枪认定标准》第1条规定,凡符合以下条件之一的,可以认定为仿真枪:(1)符合《枪支管理法》规定的枪支构成要件,所发射金属弹丸或其他物质的枪口比动能小于1.8焦耳/平方厘米(不含本数)、大于0.16焦耳/平方厘米(不含本数)的;(2)具备枪支外形特征,并且具有与制式枪支材质和功能相似的枪管、枪机、机匣或者击发等机构之一的;(3)外形、颜色与制式枪支相同或者近似,并且外形长度尺寸介于相应制式枪支全枪长度尺寸的1/2与1倍之间的。海关总署、公安部《关于将仿真武器列为禁止进出境物品的通知》的附件公告中对仿真武器进行了明确:“所称仿真武器系指具有攻击、防卫等性能的下列物品:(一)各种类型仿真手枪式电击、催泪器;(二)各种类型的仿真枪械及弹药;(三)具有攻击、防卫性能的其它仿真武器、弹药;(四)上述以外的其它类似械具。”

关于仿真枪的认定问题,公安部发布的《仿真枪认定标准》的依据有《枪支管理法》《枪支致伤力的法庭科学鉴定判据》《国家玩具安全技术规范》,法庭审理均是以这些规定作为判据,即对于具备枪支外观要件的枪型物品,只要符合“0.16焦耳/平方厘米<枪口比动能<0.18焦耳/平方厘米”的标准,即可认定为仿真枪。

4. 枪口比动能

枪口比动能是指弹头出枪口后在检测点所具有的动能与弹头的最大横截面积之比值。其中以火药为动力发射的,以距枪口50厘米处为检测点;以气体为动力发射的,以距枪口30厘米处为检测点。枪口比动能由弹头质量和出膛速度所决定,并与二者之间成正比关系。而当所发射弹丸的枪口比动能大于等于1.8焦耳/平方厘米时,无论推动力是什么一律认定为枪支。

在2019年《公安机关涉案枪支弹药鉴定工作规定》发布之前,枪支、仿真枪和玩具枪之间的区分关键在于枪口比动能,即用来衡量枪支“杀伤力”的参数。具体的区分标准为:枪口比动能≤0.16焦耳/平方厘米的,为玩具枪;0.16焦耳/平方厘米<枪口比动能<1.8焦耳/平方厘米的,为仿真枪;枪口比动能≥1.8焦耳/平方厘米的,为枪支。据此得出,无论是玩具枪还是仿

真枪,只要其枪口比动能等主要参数达到《枪支致伤力的法庭科学鉴定判据》的标准,就构成刑法意义上的枪支,行为人则可能承担刑事责任。

但随着《公安机关涉案枪支弹药鉴定工作规定》的发布,火药动力的非制式枪状物不再鉴定枪口比动能数值,而只要完成射击试验就认定为枪支。

综上所述,根据现行相关规范性文件等的规定,枪状物包含枪支、仿真枪和玩具枪,具体分类及标准如图 6－1 所示。

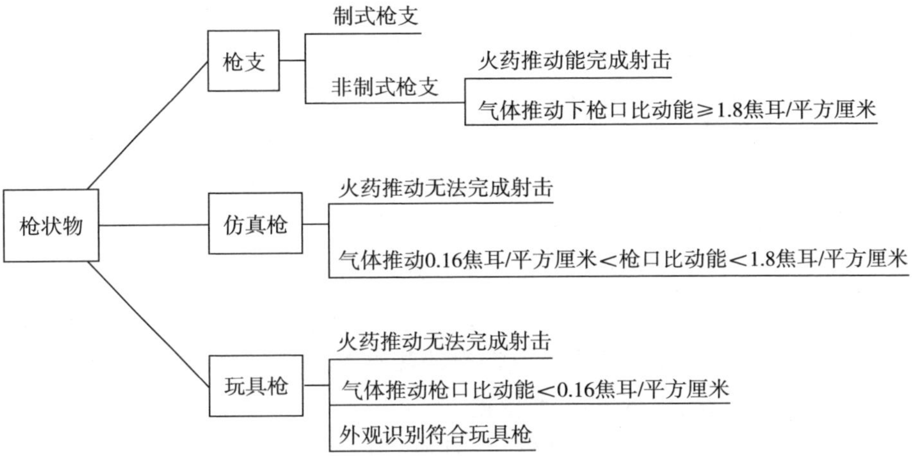

图 6－1　枪状物的分类及标准

(二)枪支定性"枪口比动能≥1.8 焦耳/平方厘米"的由来与争议

目前,我国公安、司法机关认定属于枪支的重要依据是公安部 2007 年 10 月发布并自 2008 年 3 月 1 日起施行的《枪支致伤力的法庭科学鉴定判据》,其中规定"非制式枪支致伤力判据为枪口比动能≥1.8 焦耳/平方厘米"(制式枪支不在讨论之列)。2010 年 12 月 7 日公安部发布的《公安机关涉案枪支弹药性能鉴定工作规定》和 2019 年 12 月修订发布的《公安机关涉案枪支弹药鉴定工作规定》进一步确认了这一数据。

《公安机关涉案枪支弹药鉴定工作规定》规定:"对以火药为动力的非制式枪支,能发射制式或者非制式弹药的,应认定为枪支。对火铳类枪支,其枪管、传火孔贯通,且能实现发射功能的,应认定为枪支。"至此,火药动力的非制式枪状物不再鉴定枪口比动能数值，而只要完成射击试验就认定为枪支。《公安机关涉案枪支弹药鉴定工作规定》还规定："对以压缩气体等为动力的非制式枪支，所发射弹丸的枪口比动能大于等于1.8焦耳/平方厘米的，应认定为枪支。因缺少个别零件或者锈蚀不能完成击发动作，经加装相关零件或者除锈后具备发射功能，且枪口比动能大于等于1.8焦耳/平方厘米的，应认定为枪支。"

2018年实施的《枪支致伤力的法庭科学鉴定判据》也被称为"猪眼睛标准"，这是因为该标准里面的致伤力判据与"猪眼睛"密切相关。据该标准的主要编写者南京市公安局刑事科学技术高级工程师季峻表述，1.8焦耳/平方厘米主要是考虑到人体最脆弱的眼睛部位。标准起草组曾在室内无风的屠宰场，用11头重100公斤左右的健康长白猪做实验，使用直径0.6厘米、重0.9克的钢珠弹，在距离10～20厘米内射击猪的眼睛，随后射距改成1米，实验最终得出结论：1米内阈值钢珠气枪致伤下限值可定为1.8焦耳/平方厘米，也即当枪口比动能大于等于1.8焦耳/平方厘米时，对眼睛近距离射击可以造成伤残，这与《刑法》第95条关于重伤的规定相一致，丧失视觉即被视为重伤害。[1] 据此，《枪支致伤力的法庭科学鉴定判据》成为公安、司法机关判定是否属于枪支的重要依据。

选择"猪眼睛"作为实验对象，是因为"通常社会上的'致伤'是根据检测通则，对近或远距离射击时对眼睛致伤或致残的最低值，目的是最大限度地保护人民不受伤害"。[2] 北京大学教授车浩在其论文中介绍了境外部分国家和地区的枪支鉴定标准，如俄罗斯是19焦耳/平方厘米、美国是21焦耳/平方厘米，与之相比，我国现行枪支认定标准的确是过低了。[3]

《枪支致伤力的法庭科学鉴定判据》认定枪支的枪口比动能下限为1.8焦耳/平方厘米是否合理？有实验者认为，将一支铅笔近距离投掷的瞬间比动能都有可能达到或超过1.8焦耳/平方厘米，个中道理并不难理解——枪支需要被严格监管和规制，但需要强调的是，这是指真正意义上的枪支，而不是那些几无任何杀伤力的玩具枪和仿真枪。

---

〔1〕 参见王涵：《仿真枪案背后的"情与法"》，载《民主与法制时报》2017年8月13日，第6版。

〔2〕 季峻、张晓军、李松：《钢珠气枪及其发射弹丸的检验和鉴定》，载《江苏警官学院学报》2008年第3期。

〔3〕 参见车浩：《非法持有枪支罪的构成要件》，载《华东政法大学学报》2017年第6期。

刑法规定的枪支犯罪,不是以保护枪支管理秩序为目的,而是以保护公众的生命、身体为目的。因此,不能将行政机关出于枪支管理目的所认定的枪支,直接作为刑法上的枪支。最高人民法院、最高人民检察院于2018年3月联合发布了《关于涉以压缩气体为动力的枪支、气枪铅弹刑事案件定罪量刑问题的批复》,其中强调:"对于非法制造、买卖、运输、邮寄、储存、持有、私藏、走私以压缩气体为动力且枪口比动能较低的枪支的行为,在决定是否追究刑事责任以及如何裁量刑罚时,不仅应当考虑涉案枪支的数量,而且应当充分考虑涉案枪支的外观、材质、发射物、购买场所和渠道、价格、用途、致伤力大小、是否易于通过改制提升致伤力,以及行为人的主观认知、动机目的、一贯表现、违法所得、是否规避调查等情节,综合评估社会危害性,坚持主客观相统一,确保罪责刑相适应。"

司法机关应充分运用刑法的谦抑性原则,对仅违反行政法的行为不应纳入刑法规制范围,同时做好行政法与刑法的有效衔接,努力让人民群众在每一个司法案件中感受到公平正义。

第七节 商业秘密侵权行为与侵犯商业秘密罪

一、侵犯商业秘密罪的认定

2020年12月26日通过的《刑法修正案(十一)》把侵犯商业秘密罪的构成要件中的"给商业秘密的权利人造成重大损失"修改为"情节严重"。成立侵犯商业秘密罪要求"情节严重",只要行为人实施了条文所列的"(一)以盗窃、贿赂、欺诈、胁迫、电子侵入或者其他不正当手段获取权利人的商业秘密的;(二)披露、使用或者允许他人使用以前项手段获取的权利人的商业秘密的;(三)违反保密义务或者违反权利人有关保守商业秘密的要求,披露、使用或者允许他人使用其所掌握的商业秘密的"三种侵犯商业秘密行为之一,且情节严重的,即构成侵犯商业秘密罪。对明知前款所列行为,获取、披露、使用或者允许他人使用该商业秘密的,以侵犯商业秘密论。同时,在《刑法》第219条后增加一条,作为第219条之一:"为境外的机构、组织、人员窃取、刺探、收买、非法提供商业秘密的,处五年以下有期徒刑,并处或者单处罚金;情节严重的,处五年以上有期徒刑,并处罚金。”

但是,若行为人只是以不正当手段获取了权利人的商业秘密,既没有披露,也没有使用或者允许他人使用,权利人依然可以继续使用该商业秘密,那么,该行为就不可能给权利人造成重大损失。只有当获取商业秘密的行为人使用、允许他人使用或者披露该商业秘密时,才可能导致权利人遭受重大损失。所以,单纯获取商业秘密的行为,并不是侵犯商业秘密罪的实行行为。真正的实行行为是“行为人使用、允许他人使用或者披露商业秘密”。

二、商业秘密的定性及侵权判定

(一)商业秘密的范围

对于我国商业秘密的分类,学者之间一直存在争议。一种观点认为,技术秘密和经营秘密可以涵盖一切具备商业秘密构成要件的信息;另一种观点则认为,技术秘密和经营秘密是商业秘密的主要部分,但商业秘密还可有其他内容。2019 年修订的《反不正当竞争法》也明确支持了后一观点:“本法所称的商业秘密,是指不为公众所知悉、具有商业价值并经权利人采取相应保密措施的技术信息、经营信息等商业信息。”例如,下列信息也属于商业秘密信息范围:(1)故事主题、情节构思、广告宣传创意、特殊训练方法等文学、艺术、教育、医疗卫生等方面的信息,既不属于技术信息,也不属于经营信息;(2)技术信息和经营信息仅是采取反不正当竞争法保护的国家的一种定义方法,由于反不正当竞争法的调整范围会不断扩大,商业秘密的范围也将随之扩大;(3)虽然商业秘密权一般由经营者和其他商业机构主张,但非营利机构,如慈善、教育、政府、互济和宗教组织,也可对具有经济价值的信息主张商业秘密权,如捐献者的名单等。

(二)商业秘密的构成要件

商业秘密的保护范围包括技术信息、经营信息和其他类型的商业信息,同时其具有秘密性、价值性和保密性三个构成要件。

1. 秘密性

秘密性,即不为公众所知悉。不为公众所知悉是指有关信息不为其所属领域的相关人员所普遍知悉和容易获得。商业秘密应该不为所属领域的相关人员普遍知悉，即商业秘密未被相关公开出版物所披露，不属于公知技术或公知信息；商业秘密是不容易获得的，即需要投入大量的研发资金、人力、智力和物力才能获得。因此，某信息要构成商业秘密，必须具备不为公众所知悉的条件，即构成商业秘密的技术信息或经营信息作为一个整体或者其各部分的具体排列组合不为所属领域的相关人员所普遍知悉和容易获得。如果某信息能够从公开渠道直接获取，则无法满足该要件，不能构成商业秘密。这里所说的公开渠道，包括出版物公开，公开销售、使用，反向工程以及意外泄密等其他方式公开。

对于技术信息是否具有秘密性的认定，若权利人主张保护的技术信息经鉴定机构鉴定，属于非公知技术且须付出一定代价才能获得，一般会被认定为具有秘密性。

对于经营信息是否具有秘密性的认定，若权利人主张保护的经营信息是通过公共渠道无法获得的信息，如含有产品型号、价格及交易习惯、交易意向等信息的特定客户名单，一般会被认定为具有秘密性。

2. 价值性

商业秘密的价值性是指商业秘密能为权利人带来现实的或潜在的经济价值或竞争优势。其价值可根据研究开发成本、实施该项商业秘密的收益、可得利益、可保持竞争优势的时间等因素确定。

依据现行法律，一些表面上不能直接实施应用的方案和技术，如失败的研究数据、失败的经营方式和经营模式等，虽然不能带来积极的经济利益，但是能降低研发成本、减少研发的困难和挫折，同样具有值得保护的商业价值。

为认定商业秘密的价值性，权利人在主张商业秘密时，应积极准备其商业秘密具有商业价值的证据。例如，对于技术秘密，可以是技术秘密的开发成本、许可使用费用等证据；而对于经营秘密，则可以通过举证所主张的经营信息属于区别于相关公知信息的特殊客户信息，并可以证明该经营信息是权利人长期生产经营活动的积累、反映了公司的经营策略、能为公司带来竞争优势和经济利益等。

3. 保密性

采取保密措施是相关信息能够作为商业秘密受到法律保护的必要条件之一。商业信息的权利人应根据实际情况采取合理的保密措施，这种保密措施至少应当能够使交易对方或者第三人知道权利人有对相关信息予以保密的意图,或者至少能够使一般的经营者施以正常的注意力即可得出类似结论。常规的保密措施有:与涉密人员或客户签订保密合同、针对保密信息设置访客管理、研发或生产区域设置保密标识等。

(三)"不为公众所知悉"的裁判规则

1."不为公众所知悉"判断要素

"不为公众所知悉"即秘密性,是商业秘密的构成要件之一,也是商业秘密受保护的首要条件,更是侵害商业秘密纠纷司法判定中的重点和难点。

在具体判断某信息是否为公众所知悉时,通常应当考虑以下因素:(1)该信息是否在国内外公开出版物中有记载。如果该信息作为一个整体或者其各部分的具体排列组合已经记载于有关的公开出版物上,则该信息即为公众所知悉。(2)该信息是否通过在国内使用而公开。如果某信息仅表现为一种产品的尺寸、结构、材料、部件的简单组合等,所涉信息范围的人通过观察产品本身就可以直观地获得该信息,产品进入市场后,该项信息即可被认为通过使用而公开。如果某信息表现为一种产品的配方、制造方法等,其产品进入市场后,他人不通过对产品进行复杂的检测或者试验分析等难以从产品本身直观地获得该信息的,则不能认为该信息通过使用而公开。(3)该信息是否通过公开的报告会、交谈、展览等方式公开。(4)该信息是否为所涉信息领域相关人员的一般常识或者行业惯例。(5)获得该信息的难易程度,包括信息持有人获得或者产生该信息所付出的努力和代价,以及他人获悉该信息所付出的努力和代价。例如,一项信息的各组成部分可能在有关公开出版物上有记载,但是要把各组成部分进行具体排列和组合,并使其产生积极的效果,信息持有人是要付出努力和代价的,他人要获悉该信息也要付出努力和代价。因此,这样的信息仍然符合不为公众所知悉的要件。[1]

2."不为公众所知悉"相关裁判规则

关于"不为公众所知悉",本书结合法院具体判决,总结了下列裁判规则以供参考:

---

[1] 参见郭俭主编:《不正当竞争纠纷诉讼指引与实务解答》,法律出版社2014年版,第232页。

（1）相关信息“不为公众所知悉”的判别内容应包括“不为普遍知悉”和“不容易获得”两方面。

在模德模具公司诉白某、格泰模具公司侵犯经营秘密纠纷案〔1〕中，法院的裁判要旨为：“不为公众所知悉”即秘密性，是相关信息作为商业秘密得以受保护的首要条件。对秘密性的判别应以生产要素组合为特征的经济活动来确定相关信息所属的范围，其判别内容包括“不为普遍知悉”和“不容易获得”两个方面。

（2）被列为国家秘密技术项目的产品，其配方信息在解密前应认定为“不为公众所知悉”。

在北京某墨业公司诉高某、北京某艺术公司侵害商业秘密纠纷案〔2〕中，法院的裁判要旨为：国家秘密是关系国家的安全和利益，依照法定程序确定，在一定时间内只限一定范围的人员知悉的事项。《反不正当竞争法》所指的不为公众所知悉，是指有关信息不为其所属领域的相关人员所普遍知悉和容易获得。国家秘密中的信息由于关系国家安全和利益，是处于尚未公开或者依照有关规定不应当公开的内容。因此，被列为国家秘密技术项目的产品，其配方信息在解密前应认定为“不为公众所知悉”。

（3）从海量商业信息中通过调查、筛选、与政府磋商、分析等特定经营活动获得的有关经营信息，具有“不为公众所知悉”的特点。

在程某中等与虹亚集团等侵害商业秘密纠纷案〔3〕中，法院的裁判要旨为：权利人主张的经营信息，需要与政府部门商议，对当地房地产市场做相应的咨询或调查，需要付出一定代价才能获得。从海量的房地产开发信息中通过调查、筛选、与政府磋商、分析等特定经营活动获得的有关房地产开发项目预期利润及前景分析等开发信息，具有“不为公众所知悉”的特点。

（4）法院可综合考虑鉴定意见以及通过观察相关产品从而获取技术信息的难易程度，依法认定权利人的技术信息是否不为公众所知悉。

---

〔1〕 参见天津市高级人民法院民事判决书，（2012）津高民三终字第0032号。

〔2〕 参见最高人民法院民事裁定书，（2011）民监字第414号。

〔3〕 参见最高人民法院民事判决书，（2013）民三终字第6号。

在港东科技公司诉瑞岸科技公司等侵害商业秘密纠纷案[1]中,法院的裁判要旨为:涉案产品所涉及的技术信息,具有一定的技术复杂性和隐蔽性。经鉴定,该技术信息未通过其他文献资料予以公开。相关公众仅从产品外观进行外部观察和非破坏性拆解,无法获得相关的技术信息。从已经在市场上销售的产品中获知技术信息仍需大量技术测试和参数分析,不属于相关公众通过观察产品即可直接获得的情形。综上,该产品技术信息不为公众所普遍知悉和容易获得,符合商业秘密的秘密性要件。

(5)认定一项技术信息或经营信息是否构成商业秘密中不为公众所知悉主要涉及事实问题,可交由鉴定机关鉴定。

在徐某与王某义等侵害商业秘密纠纷案[2]中,法院的裁判要旨为:商业秘密的认定涉及对有关技术信息和经营信息是否不为公众所知悉、是否具有商业价值,以及是否经权利人采取相应保密措施的判断。认定一项技术信息或经营信息是否构成商业秘密,不仅涉及事实认定问题,还涉及法律适用问题,对于其中的事实认定问题可以交由鉴定机构进行鉴定。其中有关技术信息和经营信息是否不为公众所知悉,主要涉及事实问题,可以交由鉴定机关鉴定。

(6)"不为公众所知悉"属于消极事实,权利主张人仅负说明责任,应由被控侵权人举证证明所涉信息已为公众所知悉。

在深圳福江公司与葛某、汤某菊侵害技术秘密纠纷案[3]中,法院的裁判要旨为:对技术秘密构成要件之一的"秘密性",即涉案信息"不为公众所知悉"这一事实状态,属于消极事实,技术秘密权利主张人并不承担举证责任,只负有说明责任,即提供相应的证据材料,就所涉信息处于"不为公众所知悉"的状态予以说明。若被控侵权人主张所涉信息并非"不为公众所知悉",应当由被控侵权人举证证明所涉信息已为公众所知悉。

(7)不能证明客户名单存在区别于相关公知信息的特殊客户信息,则其不具有秘密性。

---

[1] 参见《李士林、黄诚|"香兰素案件"之后商业秘密案件审判的新动态》,载微信公众号"知产前沿"2022 年 11 月 25 日,https://mp.weixin.qq.com/s/7GSPOoebhmwnL21gkXaCow。

[2] 参见最高人民法院民事裁定书,(2017)最高法民申 3705 号。

[3] 参见湖北省襄阳市中级人民法院民事判决书,(2017)鄂 06 民初 5 号。

在精士公司与祥有公司、曹某藏等侵害商业秘密纠纷案[1]中,法院的裁判要旨为:客户名单商业秘密需要根据客户名称背后承载的不为公众所知悉的经营信息,包括客户的需求情况、交易条件、报价模式、客户非公开的联系方式等综合认定。不能证明存在区别于相关公知信息的特殊客户信息,则客户名单不具有秘密性。

三、侵犯商业秘密罪之刑民交叉常见疑难问题

(一)"情节严重"的认定

《刑法修正案(十一)》将侵犯商业秘密罪构成要件从"给商业秘密的权利人造成重大损失"修改为"情节严重","造成重大损失"属于"情节严重"的下位概念,因此修改后本罪入罪情形的内涵和外延范围更大,这也是加强商业秘密刑事保护的要求。

对"情节严重"的认定,由于《刑法修正案(十一)》施行后还未出台新的司法解释,"重大损失"是"情节严重"最普遍的情形,是侵犯商业秘密罪中最主要的入罪情形,对"情节严重"和"情节特别严重"可以参照最高人民法院、最高人民检察院《关于办理侵犯知识产权刑事案件具体应用法律若干问题的解释(三)》(以下简称《知识产权刑事案件解释三》)规定的"重大损失"和"造成特别严重后果"。根据该司法解释第4条的规定,"重大损失"包括以下情形:(1)给商业秘密的权利人造成损失数额或者因侵犯商业秘密违法所得数额在30万元以上的;(2)直接导致商业秘密的权利人因重大经营困难而破产、倒闭的;(3)造成商业秘密的权利人其他重大损失的。"情节特别严重"情形要求给商业秘密的权利人造成损失数额或者因侵犯商业秘密违法所得数额在250万元以上的,应当认定为《刑法》第219条规定的"情节特别严重"[2]。

"重大损失"和"情节特别严重"的认定标准主要是损失数额和违法所得数额。根据《知识产权刑事案件解释三》第5条的规定,损失数额和违法所得数额的计算范围和方式如下:(1)以不正当手段获取权利人的商业秘密,

---

[1] 参见上海市杨浦区人民法院民事判决书,(2016)沪0110民初18577号。

[2] 《知识产权刑事案件解释三》适用的是2017年修正的《刑法》,第219条的表述为"造成特别严重后果",此处依据2023年修正的《刑法》第219条改为"情节特别严重"。

尚未披露、使用或者允许他人使用的，损失数额可以根据该项商业秘密的合理许可使用费确定。(2)以不正当手段获取权利人的商业秘密后，披露、使用或者允许他人使用的，损失数额可以根据权利人因被侵权造成销售利润的损失确定，但该损失数额低于商业秘密合理许可使用费的，根据合理许可使用费确定。(3)违反约定、权利人有关保守商业秘密的要求，披露、使用或者允许他人使用其所掌握的商业秘密的，损失数额可以根据权利人因被侵权造成销售利润的损失确定。(4)明知商业秘密是不正当手段获取或者是违反约定、权利人有关保守商业秘密的要求披露、使用、允许使用，仍获取、使用或者披露的，损失数额可以根据权利人因被侵权造成销售利润的损失确定。(5)因侵犯商业秘密行为导致商业秘密已为公众所知悉或者灭失的，损失数额可以根据该项商业秘密的商业价值确定。商业秘密的商业价值，可以根据该项商业秘密的研究开发成本、实施该项商业秘密的收益综合确定。(6)因披露或者允许他人使用商业秘密而获得的财物或者其他财产性利益，应当认定为违法所得。

上述第 2 项、第 3 项、第 4 项规定的权利人因被侵权造成销售利润的损失，计算方式为：(1)根据权利人因被侵权造成销售量减少的总数乘以权利人每件产品的合理利润确定；(2)销售量减少的总数无法确定的，可以根据侵权产品销售量乘以权利人每件产品的合理利润确定；(3)权利人因被侵权造成销售量减少的总数和每件产品的合理利润均无法确定的，可以根据侵权产品销售量乘以每件侵权产品的合理利润确定；(4)商业秘密系用于服务等其他经营活动的，损失数额可以根据权利人因被侵权而减少的合理利润确定。

在刑事领域，行为人的主观恶性往往也是定罪量刑的标准，因此在侵犯商业秘密罪的案件中，行为人的主观恶性可以作为考量“情节严重”的情形之一。

行为人实施了《刑法》第 219 条列举的侵犯商业秘密的三种行为之一，即使没有造成“重大损失”，但主观恶性大，同样可能以“情节严重”被立案追诉。例如，公司员工为泄私愤，故意公开公司的商业秘密，完全是损人不利己的；还有部分行为人获取商业秘密后，不仅自己使用，还披露给他人使用，甚至通过网络公开商业秘密，使秘点永久丧失，长期恶意侵权等。

除主观性判断之外，司法实践中，还可以从犯罪后果、犯罪影响等方面考量是否构成“情节严重”。行为人披露商业秘密的范围广泛、造成商业秘密价值贬损严重,如侵犯研发期的技术秘密造成研发价值贬损,部分特殊商业秘密事关地方经济发展的大局、事关国际市场竞争的成败、事关国有企业的存亡等,这种情形可能被认定为“情节严重”。

(二)“重大损失”是否包含间接损失

司法实践中,对“重大损失”的认识经历了一个演化过程。最高人民检察院、公安部《关于经济犯罪案件追诉标准的规定》(已失效)第65条规定,对侵犯商业秘密犯罪达到“给商业秘密权利人造成直接经济损失数额在五十万元以上的”或“致使权利人破产或者造成其他严重后果的”,应予追诉。根据该规定,权利人的重大损失仅包括直接经济损失。

随着司法实践的积累和对商业秘密研究的深入,司法机关逐渐意识到应将“间接损失”纳入“重大损失”的范畴,在最高人民法院、最高人民检察院《关于办理侵犯知识产权刑事案件具体应用法律若干问题的解释》和最高人民检察院、公安部《关于公安机关管辖的刑事案件立案追诉标准的规定(二)》两个规定中,均不再要求“直接经济损失”,而是代之以“损失”。

前述规定的变化实际上表明了司法机关在认定“重大损失”时不再坚持“直接经济损失”的标准,此变化也与商业秘密的性质和实际情况相符。

在覃某林侵犯商业秘密案[1]中,法院即支持了间接损失。法院认为,植物新品种蕴含的商业秘密就其形成过程而言,必然具备高投入性、高风险性,故对侵犯相关商业秘密的犯罪行为所造成的损失范围应作出有利于权利人的理解,既包括直接损失,又包括间接损失,既包括有形损失,也包括无形损失。植物新品种的培育需耗费巨大的财力、智力,因此判断行为人的行为是否给权利人造成重大损失,应充分考虑权利人的综合投入、保密成本、商业秘密的市场占有度和美誉度、竞争优势丧失的可能性、维权成本及侵权的性质、手段、影响、扩散后果,从整体上进行综合分析判断。该案中,以侵权产品的销售收入额和毛利,扣除费用和税金及附加后即为预期收益619,467元,该预期收益应视为康某公司的直接经济损失。

本书认为,实际损失应当包括直接损失与间接损失。在侵犯商业秘密

---

〔1〕 参见湖北省宜昌市中级人民法院刑事判决书,(2019)鄂05知刑初2号。

犯罪中，直接损失是指所遭受的财产的直接损失或者多支出的费用，或因调查该经营者侵害其合法利益的不正当行为所支付的合理费用；间接损失是指受害人所失去的应得利益，也即权利人应得到而未得到的合理预期收入。因此，无论是直接损失还是间接损失，只要是给商业秘密权利人造成的实际损失，都应当归入损失的范畴。

（三）损失数额的认定和计算规则

1. 损失数额的认定

侵犯商业秘密行为的损害数额，应当按照权利人因被侵权所受到的实际损失确定。由于商业秘密是一种无形财产，不像有形财产那样可以具体准确地认定或测量，侵犯商业秘密给权利人造成的损失，往往也不直接表现为有形物的损毁、减少或者灭失，更多地表现为权利人竞争优势的降低、商业信誉的下降、市场份额的减少，甚至商业秘密因被公开而灭失等，商业秘密权利人遭受的实际损失往往难以认定。《刑法》第 219 条规定的行为造成的损失数额或者违法所得数额的认定方式因商业秘密是否被披露及被披露的范围、是否被使用及被使用的范围以及是否为公众所知悉或灭失的不同而采取不同方式，同时涉及了“直接损失”“侵权人获利”“商业秘密成本、价值”。

2. 损失数额的计算规则

（1）权利人因被侵权造成的销售利润损失的计算规则

《知识产权刑事案件解释三》第 5 条第 1 款第 2 项规定，“以不正当手段获取权利人的商业秘密后，披露、使用或者允许他人使用的，损失数额可以根据权利人因被侵权造成销售利润的损失确定”，即权利人因被侵权的销售利润损失 = 被侵权产品因侵权所造成销售量减少的总数 × 被侵权产品的合理利润所得。权利人销售量减少的总数难以确定的，权利人因被侵权的销售利润损失 = 侵权产品在市场上销售的总数 × 被侵权产品的合理利润所得。权利人因被侵权造成销售量减少的总数和每件产品的合理利润均无法确定的，权利人因被侵权的销售利润损失可以根据侵权人因侵权所得收益计算，即权利人因被侵权的销售利润损失 = 侵权产品销售量 × 每件侵权产品的合理利润。

（2）侵权人违法所得的计算规则

侵权人违法所得的计算规则主要有以下两种：

第一种,侵权人获利额 = 侵权产品实际销售量 × 侵权产品平均利率。

例如,在邦捷公司、张某贤等侵犯商业秘密案〔1〕中,法院认为,被告人的实际非法获利额 = 实际销售的产品数量 78,150 公斤 × 被告人的单位毛利每公斤 8.04 元,获得利润共计 628,326 元。

第二种,侵权人获利额 = 侵权人的销售收入 - 权利人的成本。

例如,在胡某甲等侵犯商业秘密案〔2〕中,被告人盗用权利人的商业秘密进行生产、销售侵权产品,但由于被告人销售账册的毁损灭失,无法针对被告人所获得的利润进行科学的鉴定。法院认为,以被告人的销售收入减去根据权利人产品的成本指标核定的成本,最终获得被告人因犯罪所获取的利润,是相对合理的确定损失的方法。

(四)刑事事实的认定对民事案件的影响

由于商业秘密的案件需要先确认权属和侵权成立,有学者担心,"如果检察机关仅提供了窃取商业秘密的证据及涉嫌侵权的相关产品而没有将涉嫌侵权的产品和权利人的商业秘密进行比对,如果审理法院据此作出有罪判决后,民事案件的审理过程中发现权利人的知识产权不成立,导致的结果要么是两份相冲突的判决,要么是两件错案"。〔3〕 如果权利归属存在争议,定罪基础就当然地被动摇。当然,当事人如果认为生效判决在事实认定或法律适用方面有重大错误,可以通过审判监督程序推动错误裁判得到纠正。由于权属认定、损失额认定等原因撤销刑事判决或刑事案件不认定为侵犯商业秘密罪,当事人仍可再通过民事程序寻求救济。

此外,刑事案件认定的证据效力是否能在民事案件中予以确认?在商业秘密民事案件中,原告的举证责任重,其需要举证"证明要求保护的课题是否有明确的涉密点、是否采取了保密措施,被告是否检出了原告的秘密以及原告主张的秘密与被告所使用的相同或实质相同"。〔4〕 刑事案件的证据

〔1〕 参见上海市第一中级人民法院刑事判决书,(2003)沪一中刑终字第 343 号。
〔2〕 参见四川省成都高新技术产业开发区人民法院刑事判决书,(2004)高新刑初字第 106 号。
〔3〕 江波、喻湜:《知识产权刑民交叉案件审理问题研究——以侵犯商业秘密为视角》,载《知识产权》2008 年第 6 期。
〔4〕 北京市高级人民法院知识产权庭课题组:《〈反不正当竞争法〉修改后商业秘密司法审判调研报告》,载《电子知识产权》2019 年第 11 期。

并不具有当然的证明力,在民事案件中仍需经过质证审查其真实性、合法性及关联性。

(五)侵犯商业秘密罪之"归为无罪"问题

在侵犯商业秘密犯罪中,对于符合条件的从犯或胁从犯、预备犯、中止犯或未遂犯、法益恢复行为或认罪认罚的,均可以"归为无罪"。

学术界主要在两种意义上使用"出罪"术语:一种是在"无罪"的意义上使用,即不构成犯罪的意义上使用;另一种是在"有罪归为无罪"的意义上使用,即把构成犯罪的行为按照无罪来处理。[1] 其一致性在于:它们都是司法上得出的无罪结论。其差异性在于:前一种情形是由于不符合犯罪构成而无罪,也就是实体法上的出罪;后一种情形是从刑法上来看已符合犯罪构成,但可以根据刑事诉讼法上的不立案或撤销案件、酌定不起诉等规定而实现无罪结果的出罪(因而又可以称为程序法上的出罪)。[2]

通过"无罪"意义上的出罪,可以将不符合侵犯商业秘密犯罪构成的行为出罪;通过"归为无罪"意义上的出罪,可以将虽已符合侵犯商业秘密犯罪构成但又具备酌定不起诉条件的行为出罪。但是,"无罪"意义上的出罪并非严格意义上的"出罪",因为其本来就不在"犯罪圈内",何以出之?只不过是"不归罪"而已。[3] 以法益恢复行为为例,其法理依据在于,对于刑法上已符合犯罪构成的行为,由于法益恢复等情节的存在,对其行为进行刑事处罚的必要性减弱乃至缺失,从而不再具有追究刑事责任的必要性。

《刑事诉讼法》第 112 条规定了法院、检察院或者公安机关"认为没有犯罪事实,或者犯罪事实显著轻微,不需要追究刑事责任的时候,不予立案,并且将不立案的原因通知控告人",《刑事诉讼法》第 177 条规定了"对于犯罪情节轻微,依照刑法规定不需要判处刑罚或者免除刑罚的,人民检察院可以作出不起诉决定"。《刑事诉讼法》中的不予立案或撤销案件、酌定不起诉等规定是合理的,那么就应该承认,对于符合刑法中的犯罪构成但又具备特定出罪事由的,不予追究刑事责任具有合理性。[4]

---

[1] 参见夏勇:《试论"出罪"》,载《法商研究》2007 年第 6 期。
[2] 参见刘科:《司法解释中的出罪规范:类型、依据与完善方向》,载《中国法学》2021 年第 6 期。
[3] 参见夏勇:《试论"出罪"》,载《法商研究》2007 年第 6 期。
[4] 参见刘科:《司法解释中的出罪规范:类型、依据与完善方向》,载《中国法学》2021 年第 6 期。

综上所述，在侵犯商业秘密犯罪案件中，以下几种情况可以“归为无罪”：第一种情况是符合“犯罪情节轻微，依照刑法规定不需要判处刑罚或者免除刑罚”的条件，可以“归为无罪”。第二种情况是对于符合条件的从犯、胁从犯，也可以“归为无罪”。根据上述法律规定，按照宽严相济的刑事政策，对于符合条件的从犯、胁从犯，只要符合“情节轻微”的条件，即可以不作为犯罪处理。第三种情况是预备犯、中止犯和未遂犯的罪与非罪问题，我国刑法立法中，对于预备犯和未遂犯都是采取“必罚主义”；对于中止犯，除“没有造成损害”的以外，也是采取“必罚主义”。但是，从理论上来说，预备犯、中止犯和未遂犯的社会危害性要比既遂犯的社会危害性小；从实践中来看，不追究预备犯、中止犯和有条件地追究未遂犯是司法常态。因此，对于侵犯商业秘密犯罪的预备犯、中止犯，原则上不应追究刑事责任；对于未遂犯，如果认罪悔罪态度好、社会危害性不是特别大的，也一般不应追究刑事责任。[1]

此外，对于轻微的侵犯商业秘密犯罪行为，已达成认罪认罚协议或与被害人达成和解，或者具有自首、立功等情节的，也可能被“归为无罪”，这也是在司法实务中辩护律师作出罪辩护的有效思路。

第八节　典当行为与掩饰、隐瞒犯罪所得、犯罪所得收益罪

一、典当相关重点法律法规及司法解释

《典当管理办法》第3条第1款规定：“本办法所称典当，是指当户将其动产、财产权利作为当物质押或者将其房地产作为当物抵押给典当行，交付一定比例费用，取得当金，并在约定期限内支付当金利息、偿还当金、赎回当物的行为。”第27条规定：“典当行不得收当下列财物：（一）依法被查封、扣押或者已经被采取其他保全措施的财产；（二）赃物和来源不明的物品；（三）易燃、易爆、剧毒、放射性物品及其容器；（四）管制刀具，枪支、弹药，军、

〔1〕 参见刘科：《侵犯商业秘密犯罪出罪问题探析》，载《人民检察》2022年第13期。

警用标志、制式服装和器械；（五）国家机关公文、印章及其管理的财物；（六）国家机关核发的除物权证书以外的证照及有效身份证件；（七）当户没有所有权或者未能依法取得处分权的财产；（八）法律、法规及国家有关规定禁止流通的自然资源或者其他财物。”

《刑法》第312条规定：“明知是犯罪所得及其产生的收益而予以窝藏、转移、收购、代为销售或者以其他方法掩饰、隐瞒的，处三年以下有期徒刑、拘役或者管制，并处或者单处罚金；情节严重的，处三年以上七年以下有期徒刑，并处罚金。单位犯前款罪的，对单位判处罚金，并对其直接负责的主管人员和其他直接责任人员，依照前款的规定处罚。”

最高人民法院、最高人民检察院《关于办理洗钱刑事案件适用法律若干问题的解释》第2条规定：“知道或者应当知道是他人实施刑法第一百九十一条规定的上游犯罪的所得及其产生的收益，为掩饰、隐瞒其来源和性质，实施该条第一款规定的洗钱行为的，依照刑法第一百九十一条的规定定罪处罚。”第5条规定：“为掩饰、隐瞒实施刑法第一百九十一条规定的上游犯罪的所得及其产生的收益的来源和性质，实施下列行为之一的，可以认定为刑法第一百九十一条第一款第五项规定的‘以其他方法掩饰、隐瞒犯罪所得及其收益的来源和性质’：（一）通过典当、租赁、买卖、投资、拍卖、购买金融产品等方式，转移、转换犯罪所得及其收益的……”由上述规定可见，无论是典当行还是当户都要提高刑事风险意识。

掩饰、隐瞒犯罪所得、犯罪所得收益罪涉及的现行法律、法规及司法解释等文件汇总如表6－2所示。

表6－2　现行相关法规及司法解释等文件汇总

文件名称	发布时间	涉及条文
最高人民法院、最高人民检察院、公安部、原国家工商行政管理局《关于依法查处盗窃、抢劫机动车案件的规定》	1998年5月8日	第2条、第3条
最高人民法院、最高人民检察院《关于办理盗窃油气、破坏油气设备等刑事案件具体应用法律若干问题的解释》	2007年1月15日	第5条

续表

文件名称	发布时间	涉及条文
最高人民法院、最高人民检察院《关于办理与盗窃、抢劫、诈骗、抢夺机动车相关刑事案件具体应用法律若干问题的解释》	2007 年 5 月 9 日	第 1 条、第 5 条
最高人民法院、最高人民检察院《关于办理洗钱刑事案件适用法律若干问题的解释》	2024 年 8 月 20 日	第 1 条、第 2 条、第 3 条、第 5 条、第 6 条
最高人民法院、最高人民检察院《关于办理危害计算机信息系统安全刑事案件应用法律若干问题的解释》	2011 年 8 月 1 日	第 7 条
全国人民代表大会常务委员会《关于〈中华人民共和国刑法〉第三百四十一条、第三百一十二条的解释》	2014 年 4 月 24 日	全文
最高人民法院、最高人民检察院《关于办理妨害文物管理等刑事案件适用法律若干问题的解释》	2015 年 12 月 30 日	第 9 条
最高人民法院、最高人民检察院、公安部《关于办理电信网络诈骗等刑事案件适用法律若干问题的意见》	2016 年 12 月 19 日	第 3 条
最高人民法院、最高人民检察院、公安部《关于办理盗窃油气、破坏油气设备等刑事案件适用法律若干问题的意见》	2018 年 9 月 28 日	第 5 条
最高人民法院、最高人民检察院、海关总署《打击非设关地成品油走私专题研讨会会议纪要》	2019 年 10 月 24 日	第 1 条
最高人民法院、最高人民检察院、公安部《关于办理涉窨井盖相关刑事案件的指导意见》	2020 年 3 月 16 日	第 7 条
最高人民法院、最高人民检察院、公安部、农业农村部《依法惩治长江流域非法捕捞等违法犯罪的意见》	2020 年 12 月 17 日	第 2 条
最高人民法院《关于审理掩饰、隐瞒犯罪所得、犯罪所得收益刑事案件适用法律若干问题的解释》	2021 年 4 月 13 日	全文

续表

文件名称	发布时间	涉及条文
最高人民法院、最高人民检察院、公安部《关于办理电信网络诈骗等刑事案件适用法律若干问题的意见(二)》	2021年6月17日	第11条
最高人民法院、最高人民检察院《关于常见犯罪的量刑指导意见(试行)》	2021年6月16日	第19条
最高人民法院、最高人民检察院《关于办理危害药品安全刑事案件适用法律若干问题的解释》	2022年3月3日	第13条
最高人民法院刑事审判第三庭、最高人民检察院第四检察厅、公安部刑事侦查局《关于“断卡”行动中有关法律适用问题的会议纪要》	2022年3月22日	第5条
最高人民法院、最高人民检察院《关于办理破坏野生动物资源刑事案件适用法律若干问题的解释》	2022年4月6日	第9条
最高人民法院、最高人民检察院、公安部、国家文物局《关于办理妨害文物管理等刑事案件若干问题的意见》	2022年8月16日	第2条

二、典当民事行为与掩饰、隐瞒犯罪所得、犯罪所得收益罪的民刑界分

(一)掩饰、隐瞒犯罪所得、犯罪所得收益罪中行为人“明知”的认定

区分典当行为属于民事行为还是掩饰、隐瞒犯罪所得的刑事犯罪行为,关键在于行为人主观上是否明知典当物品是赃物,必须查清掩饰、隐瞒犯罪所得罪的行为人的主观方面是否属于明知。

对于掩饰、隐瞒犯罪所得罪中“明知”应当如何理解,法律未作规定,目前也无具体的司法解释予以明确说明,这就导致了司法实践中认定标准不一。对于本罪中“明知”的理解,归纳起来主要有“确定说”和“推定说”两种观点。“确定说”认为,明知就是明确知道,即嫌疑人清楚地知道持有的涉案物品是犯罪所得的赃物;“推定说”则认为,本罪中对明知的理解,有确知和

应当知道之分,即对明知的理解是知道和推定其应当知道。[1]

对于嫌疑人主观上“明知”的理解,可以参考我国有关法律、法规和司法解释的规定。最高人民法院、最高人民检察院《关于办理洗钱刑事案件适用法律若干问题的解释》第3条规定:“认定‘知道或者应当知道’,应当根据行为人所接触、接收的信息,经手他人犯罪所得及其收益的情况,犯罪所得及其收益的种类、数额,犯罪所得及其收益的转移、转换方式,交易行为、资金账户等异常情况,结合行为人职业经历、与上游犯罪人员之间的关系以及其供述和辩解,同案人指证和证人证言等情况综合审查判断。有证据证明行为人确实不知道的除外。将刑法第一百九十一条规定的某一上游犯罪的犯罪所得及其收益,认作该条规定的上游犯罪范围内的其他犯罪所得及其收益的,不影响‘知道或者应当知道’的认定。”

最高人民法院、最高人民检察院、公安部、原国家工商行政管理局《关于依法查处盗窃、抢劫机动车案件的规定》第17条规定,“本规定所称的‘明知’,是指知道或者应当知道”。还可参考最高人民法院、最高人民检察院《关于办理与盗窃、抢劫、诈骗、抢夺机动车相关刑事案件具体应用法律若干问题的解释》,最高人民检察院《关于构成嫖宿幼女罪主观上是否需要具备明知要件的解释》,最高人民法院、最高人民检察院、公安部制定的《办理毒品犯罪案件适用法律若干问题的意见》等相关规定。

可以看出,上述规定对于“明知”的理解,都是采取推定的方式,都是指行为人知道或者推定其应当知道。所以,对于掩饰、隐瞒犯罪所得、犯罪所得收益罪中“明知”的理解应为第二种观点,即知道或应当知道,也更符合我国刑事法律体系中对“明知”的理解标准。有学者提出,在司法实践中,推定“明知”应重点审查以下内容:一是交易的时间、背景;二是交易地点、交易方式是否非常隐秘,是否在非公开场所交易;三是交易价格是否明显低于市场中间价格;四是物品特征是否被拆整为零、改头换面;五是行为人的职业状况;六是本犯的一贯表现,赃物犯是否了解本犯的品行。[2]

因此,对于本罪的“应当知道”,主要采取推定的方法。但是控方仍需要

---

〔1〕 参见陈佑星、郭林:《掩饰、隐瞒犯罪所得罪中“明知”的理解》,载最高人民检察院官网,https://www.spp.gov.cn/llyj/201111/t20111130_51293.shtml。

〔2〕 参见史卫忠、李莹:《掩饰、隐瞒犯罪所得、犯罪所得收益罪司法认定疑难问题探讨》,载《人民检察》2014年第6期。

承担相当程度的证明责任,至少包括:一是对赃物客观存在的举证;二是对赃物来源有疑问的说明。如果行为人对这两点未作任何辩解或辩解明显不合理,则推定成立。[1]

(二)典当行成立善意收赃的认定

司法实践中,存在典当行善意收赃的情况,即典当行于收当时依法对当物的权属和来源尽了必要的审查义务,不知道或不应当知道当物为赃物或来源不明的物品而予以收当,典当行并向当户支付了相应当款的行为,后经公安或司法机关依法确认所收当物为赃物。例如,在某合同诈骗案中,犯罪嫌疑人利用伪造的工商变更登记资料更改受害人的股东信息,并以营业执照、不动产权证丢失为理由利用伪造的公章和法人签名补办受害人营业执照和房屋产权证书,典当行工作人员通过核查犯罪嫌疑人提供的营业执照和房屋产权证书,即向犯罪嫌疑人办理了最高额抵押贷款业务。

由于立法尚未对典当行成立善意收赃的标准作出明确规定,此案中该典当行能否成立善意收赃存在适用法律模糊的问题。《典当管理办法》第 27 条规定,典当行不得收当赃物和来源不明的物品;第 53 条规定,对属于赃物或者有赃物嫌疑的当物,公安机关应当依法予以扣押,并依照国家有关规定处理;第 66 条第 2 款规定,对明知是赃物而窝藏、销毁、转移的,依法给予治安管理处罚,构成犯罪的,依法追究刑事责任。

通过分析典当相关法律规定,并结合刑事司法实践,构成善意收赃应至少满足以下三个方面要求:

第一,典当行主观上应为善意。典当行作为专门的以物取信及以质、抵押方式借贷的特殊金融机构,应依法合规经营,按规定建立经营及业务规则、可疑情况报告等管理制度,对当户提供的当物权属凭证及其来源渠道、相关证明资料进行必要的审查,按评估规范对当物进行评估和合理确定其价值及当金。应对当户进行必要的询问,一旦发现当物来源不明,或者当物权属及证明资料存在明显瑕疵或赃物嫌疑,应拒绝接受并及时报案处理。

第二,典当行在收当过程中不存在查验方面的过失。典当行在收当时应尽善良管理人的注意义务,对当物的查验应做到专业、严谨、规范,收当不

[1] 参见周光权:《明知与刑事推定》,载《现代法学》2009 年第 2 期。

应存有过失。

第三，典当行向当户发放的当金合理。在实践中，当户销赃时，在主观上一般急于将赃物出当变现。这类当户往往缺乏当物的必要权属凭证或手续，且难以解释其合法来源，对当物急于脱手换钱，即便过低的当价，当户也往往轻易接受。虽然典当行的主要功能特点为救急，当户为急于得到融资也可能接受低价折当，但对于当户愿意接受过低的折当价，典当行则应保持必要的警惕，以防范当户通过低价销赃。此外，典当行应具备专业资质的鉴定人员，公平合理地确定价格。

第九节　维权索赔行为与敲诈勒索罪

一、维权索赔民事行为与敲诈勒索罪的定性

（一）关于维权索赔与过度维权的概念

正常的维权系基于自身权利被侵犯后的一种正当行为，是私力救济的一种方式。有合法依据、维权手段适当、索赔金额合理合法的索赔行为并不违反相关法律法规，也是国家法律保护及政策鼓励的行为。

过度维权并非一个法律概念，一般是指行为人在维权过程中因手段具备一定的“胁迫”性，索赔数额巨大且可能涉及犯罪问题的行为。

关于过度维权，学界存在不同观点。第一种观点认为，过度维权是维权者在自身利益受损后，采用一些激烈带有威胁色彩的索赔的行为，并且在这个过程中会伴随一些高额索赔的要求。[1] 第二种观点认为，过度维权是双方发生纠纷以后，一方以另一方的过错为把柄，威胁向媒体曝光，对另一方索要高额财物的行为。[2] 第三种观点认为，过度维权是维权者本身具有合法债权，用了非常规的手段向债务人索取明显超出其本应主张数额的

---

〔1〕 参见徐光华：《从典型案件的“同案异判”看过度维权与敲诈勒索罪》，载《法学杂志》2013年第4期。

〔2〕 参见沈志民：《对过度维权行为的刑法评价》，载《北方法学》2009年第6期。

行为。[1]

由此可见,过度维权的行为具有其本身的特点:一是行为的有因性。过度维权的发生前提往往是一方当事人的合法权益受到了侵害。如果行为人故意制造权利受到侵害的假象,就有可能构成敲诈勒索罪。二是手段的过激性。在过度维权的案件中,大多数维权者面临的是维权对象多为企业,维权者自身处于相对弱势的地位,维权者为了实现自身利益最大化,获得最大限度的赔偿,往往采用威胁、恐吓、要挟等手段索赔。三是索赔金额的不合理性。过度维权与普通维权的很大不同在于其索赔数额的不合理,索赔数额远远超过其所受损失的数额。

(二)敲诈勒索罪的法律规定及犯罪构成简析

敲诈勒索罪是指以非法占有为目的,对被害人使用威胁或要挟等手段,强行索取财物数额较大的行为。《刑法修正案(八)》将敲诈勒索罪的法定刑提高到 10 年以上有期徒刑,可谓加重了刑罚。《刑法》第 274 条规定:"敲诈勒索公私财物,数额较大或者多次敲诈勒索的,处三年以下有期徒刑、拘役或者管制,并处或者单处罚金;数额巨大或者有其他严重情节的,处三年以上十年以下有期徒刑,并处罚金;数额特别巨大或者有其他特别严重情节的,处十年以上有期徒刑,并处罚金。"

根据最高人民法院、最高人民检察院《关于办理敲诈勒索刑事案件适用法律若干问题的解释》(以下简称《敲诈勒索案件解释》)第 1 条的规定,敲诈勒索公私财物价值 2000 元至 5000 元以上、3 万元至 10 万元以上、30 万元至 50 万元以上的,应当分别认定为《刑法》第 274 条规定的"数额较大""数额巨大""数额特别巨大"。各省、自治区、直辖市高级人民法院、人民检察院可以根据本地区经济发展状况和社会治安状况,在前款规定的数额幅度内,共同研究确定本地区执行的具体数额标准,报最高人民法院、最高人民检察院批准。简单来说:(1)"2000 元至 5000 元以上"——数额较大;(2)"3 万元至 10 万元以上"——数额巨大;(3)"30 万元至 50 万元以上"——数额特别巨大。

同时,具有《敲诈勒索案件解释》第 2 条第 3 项至第 7 项规定(对未成年

---

〔1〕 参见童伟华:《债权行使与财产罪》,载《法治研究》2011 年第 10 期。

人、残疾人、老年人或者丧失劳动能力人敲诈勒索的；以将要实施放火、爆炸等危害公共安全犯罪或者故意杀人、绑架等严重侵犯公民人身权利犯罪相威胁敲诈勒索的；以黑恶势力名义敲诈勒索的；利用或者冒充国家机关工作人员、军人、新闻工作者等特殊身份敲诈勒索的；造成其他严重后果的）情形之一，数额达到该司法解释第1条规定的"数额巨大""数额特别巨大"80%的，可以分别认定为《刑法》第274条规定的"其他严重情节""其他特别严重情节"。

公安部《关于公安机关处置信访活动中违法犯罪行为适用法律的指导意见》第三部分第8条规定："以制造社会影响、采取极端闹访行为、持续缠访闹访等威胁、要挟手段，敲诈勒索，符合《治安管理处罚法》第四十九条规定的，以敲诈勒索依法予以治安管理处罚；符合《刑法》第二百七十四条规定的，以敲诈勒索罪追究刑事责任。"

敲诈勒索案件的刑民交叉，多发生在维权类纠纷中，特别是所谓过度维权案件中。消费者维权过度通常有天价索赔型、反复型、手段非法型、职业打假型等几种表现形式，是民事维权还是刑事敲诈，需要从敲诈勒索罪的构成要件上予以剖析。敲诈勒索罪是一种侵犯财产类型的犯罪，是以非法占有为目的，敲诈勒索公私财物，数额较大，或者多次实施敲诈勒索的行为。张明楷教授认为，敲诈勒索罪的基本构造是：实施恐吓的行为—被害人产生恐惧心理—被害人基于恐惧心理而交付财物—行为人取得财物—被害人遭受财产损失。其中，恐吓行为要求能够产生心理恐惧的效果，否则不构成敲诈勒索罪。[1]

故构成敲诈勒索罪，应满足以下条件：(1)行为人具有非法占有他人财物的目的；(2)行为人对被害人实施威胁、要挟的手段；(3)被害人基于恐惧心理处分财产；(4)行为人取得财产的行为与被害人财产遭受损失的行为之间具有因果关系。

但是，《敲诈勒索案件解释》也只是对敲诈勒索的行为情节等微观问题进行了认定，对敲诈勒索罪的成立要件等构罪要素方面并无严格的规制。在实践中，对敲诈勒索罪整体构造和基本理论的缺失，导致敲诈勒索罪有除非法经营罪、以危险方法危害公共安全罪、寻衅滋事罪等罪之外的另一"口

---

〔1〕 参见张明楷：《论三角诈骗》，载《法学研究》2004年第2期。

袋罪”的趋势。

二、民事过度维权与敲诈勒索罪的民刑界分

(一)维权者是否具有合法的请求权基础

敲诈勒索罪的前提是行为人主观上具有非法占有的目的,维权者首先要具备合法的请求权基础,才能认定其不具有非法占有目的。维权者一般都是无过错的,主观上不具有非法占有目的。下文以前文已有介绍的郭某维权案和李某峰诉“今麦郎”案[1]为例作对比说明,这两个案件在最初均为普通的消费者维权案件。郭某维权案中,因雅士利奶粉存在三聚氰胺超标,此时郭某向施恩公司索赔具有正当合法的前提基础,郭某索赔450万元的赔偿金一直被认为是具有非法占有为目的,但是毒奶粉给郭某女儿造成的影响也是无法定价的,这也是事实存在的前提基础,郭某具有合法的请求权,其索赔行为不应被认定具有非法占有目的,最终广东省高级人民法院再审判决郭某无罪。不同的是,在李某峰诉“今麦郎”案中,李某峰因食用“今麦郎”方便面出现身体不适,发现产品已经过期且出现疑似玻璃碴的物质,向今麦郎公司索赔300万元,在对方拒绝后,其以“今麦郎致其母亲患癌”等不实言论通过媒体进行发布,其后面的行为已丧失合法请求权基础,被认定具有非法占有目的,最终被判敲诈勒索罪。

司法实践中,也有基于合法请求权基础,但索赔金额过大往往被认定行为人具有非法占有目的的情况。根据《消费者权益保护法》《食品安全法》等法律中惩罚性条款的规定,法律并不禁止明显高于实际损失的惩罚性赔偿诉求,且自行和解本身就是解决民事纠纷的方式之一。有学者因此认为消费者提出的索赔数额,只是在解决民事纠纷中单方的主张而已,即使超过必要限度,经营者仍然可就侵权赔偿数额与消费者进行协商,不能武断推定行为人具有非法占有的故意。也有观点认为,法律没有禁止高额索赔,但也没有持保护的态度,不能仅以法律不禁止便认定其一定具有合法性,以索赔金额可协商否定其行为构罪缺乏说服力。本书倾向性认同前一种观点,如果确有合法请求权基本事实,不能以维权者漫天要价、索要天价赔偿就直接认

---

[1] 参见邵克:《争议李海峰案:敲诈勒索还是维权过度?》,载《民主与法制时报》2016年1月31日,第9版。

定其具有非法占有之目的，司法机关应结合基础法律关系、动机、手段、损害结果等予以综合评价。

（二）索赔手段是否具有合法性

在维权索赔案件中，行为方式是判断行为是否符合敲诈勒索罪的关键要件。敲诈勒索罪的行为要件，即行为人客观上采用了暴力手段或恶意举报、投诉、聚众滋扰等“软暴力”手段对被害人进行威胁、要挟，使被害人因权衡各种利弊得失而产生心理恐惧、形成心理强制，最终迫不得已支付所谓“赔偿款”。而行为人在法律法规框架内进行举报、投诉、上访、媒体曝光等活动系合法行使法律赋予权利的行为，不可能成为刑事犯罪的构成要件。例如，在消费维权案件中，《消费者权益保护法》第 39 条规定了消费者与经营者解决权益争议的途径，即协商和解、调解、向行政部门投诉、请求仲裁机构仲裁、向法院起诉等。因此，在具备事实依据的情况下，向国家法定的行政监管部门、社会团体等举报、投诉，甚至在网络媒体进行揭露等，既是一种监督行为，也是维权手段，并不违反法律法规的规定，当然也不触犯任何刑事法律规定。行为人在法律框架内的举报、投诉，虽然会给相对方造成压力，甚至致使其支付一定数额赔偿金，但行为人的行为并不违法。这类合法手段并不是敲诈勒索犯罪中的“恐吓”，不能成为敲诈勒索罪的构成要件。上述方式是法律赋予的权利，但如果发布的内容恶意夸大、歪曲事实，并向相对方要挟，就带有敲诈勒索的威胁色彩。

（三）索赔数额是否合理

在存在侵权关系的情况下，如何确定行为人有权获取的数额往往比较困难。对此数额的确定，有三种观点：一是站在维权者的立场；二是站在中立一般人的立场；三是法律确定的数额。而关于索赔数额的认定，很难说有一个明确的标准。本书认为，应以维权者确信的数额为准，并兼顾一般人的立场。因为纠纷的解决，本身便是一场博弈，受害方有权向对方提出数额要求，即便对方不予认可，也还可以进一步协商。同时，我们也需要考察普通人认知的立场。对此，可以借鉴刑法中的社会相当性理论，即行为人索要财物的数额，是否为社会生活中由历史形成的社会伦理秩序所容许，也即是否逾越社会公众的容忍。只要索赔数额被社会公众理解为情有可原，应予容忍,则应当认为索赔数额合理。

(四)职业打假行为与敲诈勒索罪的边界

目前,针对“职业打假人”这一概念,理论上并没有统一的定义。有学者将职业打假行为解释为,“职业打假人以索赔牟利为目的,长期在食品领域、价格欺诈、虚假宣传等方面寻找问题商品并进行大批量购买,在对证据进行专业保存后,依据相关法律法规向法院提起诉讼或以其他方式获取利益”。[1]

《消费者权益保护法》《产品质量法》《食品安全法》都是职业打假人赖以行动的法律依据,特别是最高人民法院《关于审理食品药品纠纷案件适用法律若干问题的规定》第 3 条的规定,即“因食品、药品质量问题发生纠纷,购买者向生产者、销售者主张权利,生产者、销售者以购买者明知食品、药品存在质量问题而仍然购买为由进行抗辩的,人民法院不予支持”。该条司法解释明确了在食品、药品、化妆品以及保健品领域,“知假买假”不影响主张消费者权利,实际上支持了在食品、药品领域“职业打假”行为人的身份依据问题,即在食品、药品领域“知假买假”,不影响其“消费者身份”的认定。

但如今,一些职业打假行为已经异化成为一种单纯牟利的行为,与“打假”已经渐行渐远,如何用最短的时间获得最高的赔偿是职业打假群体的终极目的。正是因为有了这一牟利目的,职业打假的手段和方式游走在道德和法律边缘。为了获得赔偿及奖励,越来越多的职业打假人开始利用非正常的举报、投诉、行政复议、行政诉讼等手段,甚至采用虚构事实、隐瞒真相、制造谣言等手段,对经营者实施恐吓、威胁等行为,迫使其支付高昂的赔偿金。构成敲诈勒索罪的前提是行为人主观上具有非法占有的目的,而在职业打假行为人主观目的的判断过程中,其是否具有“消费者”的身份、是否因商家隐瞒欺诈而购买到质量问题产品,以及是否有其他合法合理依据,均可能成为判断行为人是否构成本罪的前提条件。

职业打假行为若要构成敲诈勒索罪,则必须符合敲诈勒索罪的基本构造,即行为人(职业打假人)对他人(经营者)实施胁迫(恐吓)—对方产生恐惧心理—对方基于恐惧心理处分财产(支付赔偿)—行为人(职业打假人)取得财产—被害人(经营者)遭受财产损失。

---

〔1〕 宋礼莹:《职业打假行为的法律规制》,西北师范大学 2021 年硕士学位论文,第 5 页。

在一般打假过程中，通常不存在胁迫行为。《消费者权益保护法》第 39 条规定了消费者和经营者解决权益争议的途径，包括协商和解、调解、向行政部门投诉、请求仲裁机构仲裁、向法院起诉等。因此，在受到权益侵害时，行为人向商家索要一定的赔偿金，这是不违法的，不能被定义为敲诈勒索。但如果行为人采取捏造事实，恶意举报、投诉等行为来索取钱财，就很有可能会构成敲诈勒索罪。法律给予消费者这些权利，但消费者不能将它们作为非法牟利的手段，权利的行使应当限定于法律法规的范围内。

在下列几种情况中，职业打假人可能会被认定存在胁迫行为，但是否构成敲诈勒索罪则需结合具体情况谨慎判定：

第一，职业打假人以向相关部门投诉举报为由，直接向经营者提出法律规定限度内的索赔。此时，即使经营者因惧怕职业打假人的声称内容而产生心理恐惧，害怕被举报后被市场监管部门查处而向职业打假人支付了法律规定限度的赔偿金，也不应构成敲诈勒索罪。因为此时职业打假人的行为属于权利行使行为，行使的是其所享有的惩罚性损害赔偿请求权，其手段与目的均具有正当性，所请求的赔偿数额也具有正当性，没有明显超出合理范围，故不构成犯罪。需要注意的是，索赔金额一定要严格遵循法律规定。例如，检测出食品不符合食品安全法规定的安全标准，则依法要求 10 倍赔偿，如果要求 20 倍，就属于没有依法索赔，涉嫌敲诈勒索。

第二，行为人若逾越法律法规边界，通过恶意举报、投诉等施压继而索取钱款，可能触犯敲诈勒索罪。在消费维权索赔案中，行为人采用恶意举报、投诉，聚众滋扰等“软暴力”的要挟手段，或者通过扰乱社会秩序的方式给相对方施压，将掌握的对方违法犯罪的证据作为谈判筹码，向对方索要钱财，并采用威胁、要挟的手段，则可能会触犯刑法的规定构成敲诈勒索罪。

第三，行为人并不采用“职业打假”手段，而是利用其“职业打假人”身份的影响力向商家索要“保护费”，涉嫌敲诈勒索。部分行为人以“职业打假人”身份向各商家索要钱款作为“保护费”，要求被害人向其每月固定交纳钱款，其保证不会进行打假骚扰，而且当商家碰到其他“职业打假人”骚扰时帮忙出面解决，商家慑于其打假威胁被迫同意每月支付钱款，其行为涉嫌敲诈勒索。

要注意的是，索赔金额是否合理合法不应成为入罪的核心因素。从民事法律角度来看，行为人因产品质量问题向商家索赔的金额，不应该超过合理合法的限度，否则不会得到法院的支持。我国相关法律法规亦明确规定了索要赔偿额度的上限。根据《消费者权益保护法》第55条的规定,经营者提供商品或者服务有欺诈行为的,应当按照消费者的要求增加赔偿其受到的损失,增加赔偿的金额为消费者购买商品的价款或者接受服务的费用的3倍,如果遭受损失,则可主张所受损失2倍以下的惩罚性赔偿;根据《食品安全法》第148条第2款的规定,商家明知是不符合食品安全标准的食品,则消费者可要求赔偿损失,同时还可以要求支付价款10倍或者损失3倍的赔偿金;《药品管理法》第144条第3款也有类似的规定,即明知是假药、劣药仍然销售、使用的,受害人或者其近亲属除请求赔偿损失外,还可以请求支付价款10倍或者损失3倍的赔偿金。本书认为,在消费维权索赔领域,当索赔金额明显超过法律法规的上限且完全不合理时,不应单纯地以索赔金额过高而定罪。因为行为人具有合法的请求权基础,行为人提出索赔完全基于利益补偿的正当化诉求,即使远远超过法律法规所要求的上限,也仅属于民事纠纷范畴。若因这单一因素而受刑法规制,则违背了刑法谦抑性原则。至于行为人能否实现其权利,还取决于行为人与商家协商调解或者诉诸法律的结果,这并不属于刑事法律规制的范围。

第十节　股权转让行为与非法转让、倒卖土地使用权罪

一、相关法律规定

土地作为最重要的一种自然资源,国家层面对土地交易行为有着严格的法律规制和市场监管,无论是《刑法》还是《土地管理法》等法律,抑或《城镇国有土地使用权出让和转让暂行条例》等行政法规,都禁止买卖或以其他形式非法转让土地的行为。《刑法》第228条规定,以牟利为目的,违反土地管理法规,非法转让、倒卖土地使用权,情节严重的,处3年以下有期徒刑或者拘役,并处或者单处非法转让、倒卖土地使用权价额5%以上20%以下罚金;情节特别严重的,处3年以上7年以下有期徒刑,并处非法转让、倒卖土地使用权价额5%以上20%以下罚金。最高人民法院《关于审理破坏土地资源刑事案件具体应用法律若干问题的解释》第1条规定,以牟利为目的,违

反土地管理法规，非法转让、倒卖土地使用权，具有下列情形之一的，属于非法转让、倒卖土地使用权"情节严重"，依照《刑法》第 228 条的规定，以非法转让、倒卖土地使用权罪定罪处罚：(1)非法转让、倒卖基本农田 5 亩以上的；(2)非法转让、倒卖基本农田以外的耕地 10 亩以上的；(3)非法转让、倒卖其他土地 20 亩以上的；(4)非法获利 50 万元以上的；(5)非法转让、倒卖土地接近上述数量标准并具有其他恶劣情节的，如曾因非法转让、倒卖土地使用权受过行政处罚或者造成严重后果等。

二、股权转让与土地使用权转让之区别与联系

股权是股东享有的公司的人身权利和财产权利的集合，股权转让是股东行使处分权的体现。土地使用权是土地资源进行流转的方式，土地使用权的转移包括出售、交换和赠与。

股权转让与土地使用权转让在诸多方面存在不同，二者的区别如表 6－3 所示。

表 6－3　股权转让与土地使用权转让的区别

类型	转让方	转让标的	法律依据	转让限制	纳税
股权转让	股东	股权	《民法典》《公司法》	对内转让无限制，对外转让需其他股东过半数同意	所得税、印花税
土地使用权转让	土地使用权人	土地使用权	《土地管理法》	满足《土地管理法》规定的程序及条件	所得税、增值税、土地增值税、契税、印花税、城市维护建设税及附加

尽管股权转让与土地使用权转让存在不同，但是在某些情况下，二者也存在交叉的情形。例如，某公司名下核心资产是土地使用权，该公司的股东可以利用股权转让的方式将公司的控制权转移，公司控制权转移后，新的控股股东实质上控制了公司，也控制了公司名下的土地使用权。通过股权转让的方式间接实现土地使用权的转让，名义上是转让公司股权，实质上是转让土地使用权。在实践中，行为人采用以股权转让方式转让土地使用权有

以下动因：

1. 避税行为。转让土地使用权和转让股权涉及的税种、税率不同，一般而言，转让土地使用权缴纳的税款远超股权转让需要缴纳的税款。股权转让涉及所得税和印花税；而转让土地使用权需要缴纳所得税、增值税、土地增值税、契税、印花税、城市维护建设税及附加，尤其是土地增值税，实践中由于土地使用权溢价较多，土地增值税的金额往往会非常高，这也是通过转让股权间接转让土地使用权的动因所在。

2. 规避程序的限制。土地使用权的转让需要有严格的程序及限制。例如，《城市房地产管理法》第 39 条规定，以出让方式取得土地使用权的，转让房地产时，应当符合下列条件：(1)按照出让合同约定已经支付全部土地使用权出让金，并取得土地使用权证书；(2)按照出让合同约定进行投资开发，属于房屋建设工程的，完成开发投资总额的 25% 以上，属于成片开发土地的，形成工业用地或者其他建设用地条件。《城镇国有土地使用权出让和转让暂行条例》第 19 条规定，土地使用权转让是指土地使用者将土地使用权再转移的行为，包括出售、交换和赠与。未按土地使用权出让合同规定的期限和条件投资开发、利用土地的，土地使用权不得转让。

三、关于“以股权转让方式转让土地使用权的行为”之刑民定性

(一)司法实践中刑民认定争鸣

关于“以股权转让方式转让土地使用权的行为”是否构成非法转让、倒卖土地使用权罪，目前理论界和实务界都存在较大争议。主张无罪论的观点主要是基于公司股权与公司财产相互独立的公司法基本规则。例如，张明楷教授认为，在公司享有土地使用权的情况下，股东转让部分或全部股份的，不能认定为非法转让、倒卖土地使用权罪。[1] 周光权教授认为，民事审判上的通行观念是公司股权转让与作为公司资产的土地使用权转让系两个独立的法律关系，现行法律并无强制性规定禁止房地产项目公司以股权转让形式实现土地使用权或房地产项目转让的目的。基于法秩序统一性原理，在刑事司法上就不能无视民法立场和公司法律制度，对于以股权转让方

〔1〕 参见张明楷：《刑法学》(第 5 版)，法律出版社 2016 年版，第 483 页。

式转让土地使用权的行为，不能认定为非法转让、倒卖土地使用权罪。本罪的适用范围必须严格限定为股权转让之外的、行政法规上严格禁止的非法转让、倒卖土地使用权的行为。[1] 主张有罪论的观点主要理由是实质犯罪论，即该行为实质上是通过合法手段掩盖其非法倒卖土地使用权的目的，其行为从根本上违反了土地管理法的规定。

本书经过检索，整理了司法实践中"以股权转让方式转让土地使用权的行为"认定有罪的司法案例，如表6－4所示。

表6－4　"以股权转让方式转让土地使用权的行为"认定有罪的司法案例

案号	裁判理由
(2013)金义刑初字第1257号	"行为人为规避该工业用地不能买卖的规定，双方决定以股权转让形式实现买卖土地使用权的目的，……其行为均已构成非法倒卖土地使用权罪。"
(2015)深福法刑初字第165号	"被告人张某建作为心海公司原法定代表人、股东，在心海公司违反土地管理法规，规避土地使用权公开交易有关规定，在以虚假诉讼方式非法转让土地使用权的过程中负主要责任，系直接负责的主管人员，其行为已构成非法转让土地使用权罪，且属情节特别严重，应依法予以惩罚。心海公司作为目标地块的土地使用权人，违反有关规定，不按照有关条件和程序转让土地使用权，属非法转让土地使用权的犯罪行为，故被告人张某建的行为亦应定性为非法转让土地使用权罪。"
(2018)豫09刑终290号	"何某芝以转让公司股权的名义高价转让土地使用权，具有非法牟利的目的，何某芝的行为符合非法倒卖土地使用权罪的犯罪构成要件。"

司法实践中，"以股权转让方式转让土地使用权的行为"也有被认定不构成犯罪的司法案例，如表6－5所示。

表6－5　"以股权转让方式转让土地使用权的行为"认定不构成犯罪的司法案例

案号	裁判理由
(2017)鄂02刑终40号	"五行为人在股权转让中一并转让的6号地未缴纳全部土地出让金、未完成开发投资总额25%以上，违反了《中华人民共和国城市房地产

---

〔1〕 参见周光权：《非法倒卖转让土地使用权罪研究》，载《法学论坛》2014年第5期。

续表

案号	裁判理由
	管理法》的相关规定，具有违法性。但纵观五行为人在6号地项目上的中标、签约受让、受让后的经营行为（联系团购房事宜等）至最后为降低投资风险而出让的整个过程综合分析，现有证据尚不足以充分证实五行为人单纯出于牟利为目的而转让土地，6号地作为秦某公司资产在股权转让中一并转让亦不违背《中华人民共和国公司法》的相关规定，且该转让行为并未改变土地用途、性质，下欠土地出让金在转让后及时补缴，故涉案土地在公司股权转让中一并转让的行为不宜纳入刑法规定的范畴作为犯罪处理。对于五行为人在公司股权转让中转让土地所获高额利润因涉及违反《中华人民共和国城市房地产管理法》的相关规定而应依照相应行政法规所规定的法律责任承担方式依法予以处理。”
（2018）赣01刑终字第685号	“股权转让、股东发生变化，并不意味着土地使用权的转让，土地使用权依然属于上述三家公司，公司股权转让与土地使用权转让的条件和法律依据不同，将转让公司股权的行为认定为土地使用权转让，法律依据不足。……在没有全部缴纳土地出让金和没有开发建设未达投资比例的情况下，以股权转让方式转让土地使用权，土地使用权权属没有产生变更，未违反法律、行政法规的强制性规定，不构成非法转让、倒卖土地使用权罪。”
（2020）皖06民终7号	“在拥有土地资产的公司中，股权转让必然涉及公司土地使用权相关权益的转移。通过股权转让，公司的股东发生了变更，但股权转让并不导致土地使用权权属的转移和变更，土地使用权仍属目标公司所有，因此，此类性质的股权转让行为应属于《中华人民共和国公司法》调整范围，而不属于国家土地转让的相关法律、法规的调整范畴。《中华人民共和国公司法》规定股东持有的股份可依法转让，并没有针对特定标的的股权转让进行限制，更没有禁止涉及土地使用权的股权转让。”

（二）关于“以股权转让方式转让土地使用权”中股权转让合同的效力问题

从各地裁判文书看，以股权转让方式转让土地使用权的合同，其效力认定争议较大，一些法院认为此类合同无效，而另一些法院则认为合同有效。下文对这两种观点作分别说明。

无效说认为，公司股权转让实质上可以使对该土地使用权进行控制、支配并获利的主体发生变更，并且原权利人通过土地使用利益获得了土地市场价值，故实质上公司股权转让可以达到与土地使用权转让相同的经济效果。根据《民法典》第146条的规定,行为人与相对人以虚假的意思表示实施的民事法律行为无效。以虚假的意思表示隐藏的民事法律行为的效力,依照有关法律规定处理。因为虚伪的意思表示掩盖的民事法律行为的效力取决于被掩盖的民事法律行为是否合法,而非法目的是不受法律保护的,所以以合法的形式掩盖非法目的的合同是无效的。例如,在方某恒与黄山美森公司合同纠纷案[1]中,浙江省杭州市富阳区人民法院认为,原告、被告的行为"系以股权转让协议为外表,实质为国有土地使用权的买卖。该行为并非合法之行为,系以合法形式掩盖非法目的",因此股权转让协议应当被认定为无效。该案中,法院认定实质为国有土地使用权买卖的原因在于:(1)股权转让协议中,第三期的股权转让款系由作为股权受让方的原告向富阳市原国土资源局支付土地出让金用以冲抵本应支付的股权转让款;(2)股权转让协议中的补充条款明确约定,若目标公司无法取得项目用地,则两被告应当无条件回购目标公司的全部股权;(3)目标公司在注册登记后,并未实际展开经营,且目标公司受让了涉案土地后,并未实际使用。

有效说认为,公司股权转让与作为公司资产的土地使用权转让分属两个独立的法律关系,现行法律并无效力性强制性规定禁止以转让房地产项目公司股权形式实现土地使用权或房地产项目转让的目的,应当认定股权转让合同合法有效。目前,司法裁判中的主流观点是认可此类股权转让合同的效力,特别是最高人民法院在多个案件中均肯定了合同的法律效力。[2]相关裁判理由涉及以下两个方面:

第一,股权转让,但土地使用权并未发生流转。当公司股权发生转让时,公司股东虽发生了变化,但土地使用权并未发生流转,仍作为公司资产登记在具有独立法人人格的公司名下。由于股权转让协议未改变目标公司本身,亦未变动涉案土地使用权之主体,因此不涉及《土地管理法》有关土地买卖和转让的相关规定,"不应纳入土地管理法律法规的审查范畴,而应依据《中华人民共和国公司法》中有关股权转让的规定对该协议进行审查"。[3]

---

〔1〕 参见浙江省杭州市富阳区人民法院民事判决书,(2015)杭富商初字第3183号。

〔2〕 参见最高人民法院民事判决书,(2012)民二终字第23号;最高人民法院民事判决书,(2013)民一终字第138号。

〔3〕 最高人民法院民事判决书,(2016)最高法民终222号。

第二,相关法律并未明确禁止土地使用权的股权转让。公司法并未限制,更未禁止涉及土地使用权的股权转让。《公司法》第48条规定,股东可以用货币出资,也可以用实物、知识产权、土地使用权等可以用货币估价并可以依法转让的非货币财产作价出资;《公司法》第157条规定,股份有限公司的股东持有的股份可以向其他股东转让,也可以向股东以外的人转让。可见,法律允许股东以土地使用权作价出资,同时规定了股权可以依法进行转让,以股权转让形式控制公司名下的土地使用权的性质属股权转让,并非土地使用权转让,因而不涉及关于土地使用权不得转让的相关规定。至于涉及土地使用权的股权转让是否逃避国家土地增值税和契税的征收问题,江苏省高级人民法院在高成公司等诉福中公司股权转让纠纷案[1]的判决中详细阐述了不会逃避土地增值税的征收,法院认为:第一,现行税法未对涉及土地使用权的股权转让作出是否征收土地增值税和契税的规定,根据税收法定主义,当事人无须缴税。第二,股权转让仅是股东的变换,土地使用权权属并未变化。一旦房地产发生权属流转,公司就需要按最终的实际房地产销售价与最初的房地产成本价之间的增值部分缴纳土地增值税,即土地增值税最终并未流失。

(三)“以股权转让方式转让土地使用权”问题应慎用刑法评价

关于“以股权转让方式转让土地使用权”是否构成刑事犯罪问题,本书认为,司法实践中应根据案件具体情况具体分析,同时可以通过以下思路来认定刑民界限问题:

第一,根据法秩序统一性原理,民法上被认定为合法的行为,可排除其构成犯罪的可能性。根据法秩序统一原理,“各个部门法在合法化事由上具有统一的根据。在一个部门法中合法的行为,不得在另一个部门法中认定为违法。否则,就会造成法秩序内部的逻辑混乱”。[2] 股权转让行为是公司法上的合法行为,股权转让并不会导致土地使用权的主体发生变化,虽然股权转让行为可能存在以股权转让为名实则控制土地使用的目的,但是并不能不加判断一律认定其具有“合法形式掩盖其非法目的”。以土地使用权为

[1] 参见江苏省高级人民法院民事判决书,(2014)苏商再终字第0006号。

[2] 陈兴良:《刑民交叉案件的刑法适用》,载《法律科学(西北政法大学学报)》2019年第2期。

内容的股权转让行为并不属于法律明确禁止的土地使用权转让方式，股权转让的主体是公司股东，标的是股东的股份，结果是股权转移使股东结构发生变动，并没有改变土地性质、用途及土地使用权主体，土地使用权的公司法人财产性质并未发生改变，不受土地管理相关法律法规调整。该行为未违反法律法规的效力性强制性规定，股权转让行为并未在实质上破坏土地管理的法益，不具有严重的社会危害性。因此，只要转让是基于合法的理由，而非利用转让行为单纯牟利，即使客观上牟取了利润，也应正确把握商业盈利与非法牟利犯罪动机的不同，谨防刑事司法错误干预市场经济行为。

第二，根据刑法谦抑性原则，刑法评价应保持谨慎。刑法的谦抑性是指刑法应依据一定的规则控制处罚范围与处罚程度，即凡是适用其他法律足以抑止某种违法行为、足以保护合法权益时，就不要将其规定为犯罪；凡是适用较轻的制裁方法足以抑止某种犯罪行为、足以保护合法权益时，就不要规定较重的制裁方法。[1] 刑法是规定犯罪和刑罚的法律，是其他部门法的“保障法”“后盾法”，是保障社会的最后一道防线。刑法的“二次保障性”决定了只有当民事、经济、行政法规等“前置法”管控失灵的时候才转而诉诸刑法，而以股权转让方式转让土地使用权的行为完全可由“前置法”规范。股权转让行为未侵犯国家对土地二级市场的管理制度，且通过股权结构变动可以吸收新的股东参与公司经营，促进土地使用权的开发利用。尽管股权转让行为实质上达到了土地使用权转让的效果，且手续更简便、成本更低廉，但对于由此可能引发的炒卖土地、违法开发等不良反应和税收减损的危害，可以通过商事或行政法律予以规制。刑法与商事交易保持适度距离是市场自由的基本要求，在刑事与商事交叉领域，认定刑事违法应更为谨慎。[2] 如果对以股权转让方式转让土地使用权的行为定罪处罚，将损害股权的流通性，不利于土地资源的优化配置。

第三，谨慎应对可能被认定构成非法转让、倒卖土地使用权罪的相关情形。例如，违反土地管理法，不符合土地使用权转让条件，如划拨土地需要报批；[3] 未按土地使用权出让合同规定的期限及条件对其所购涉案土地投

---

〔1〕 参见张明楷：《论刑法的谦抑性》，载《法商研究（中南政法学院学报）》1995 年第 4 期。

〔2〕 参见吴加明：《“以股权转让方式转让土地使用权”行为的司法认定》，载《政治与法律》2018 年第 12 期。

〔3〕 参见浙江省温岭市人民法院刑事判决书，(2019)浙 1081 刑初 67 号。

资开发、利用，在未达到出让条件的情况下，通过股权转让的形式进行出售牟取利益，在主观层面可能被认定具有牟利的目的；[1]取得土地使用权过程违法，使用非法手段取得土地所有权等情况。[2]

综上所述，在《刑法》第228条以空白罪状规定了非法转让、倒卖土地使用权罪的立法模式下，对于以土地使用权为内容的股权转让行为的性质认定，需要充分考虑股权转让与土地使用权转让、公司财产所有权与股东权利、商业盈利与非法牟利等概念的定性界分，同时还需要考虑罪刑法定原则、刑事犯罪严重的社会危害性本质、房地产市场的现实和常理、公司法独特的规范价值和功能定位，并结合法秩序的统一性原理、刑法的谦抑性原则等正确、合理把握与综合考量。

第十一节　民事诉讼行为与虚假诉讼罪

一、虚假诉讼罪的法治背景及司法现状

在现代法治社会，国家向国民充分开放诉讼制度或司法制度，将其作为权利救济或纠纷解决的通常渠道和正式方式，是国家向国民承担的保护义务和保护职责。但是，其在为正当行使诉权的当事人提供权利救济的同时，也为利用诉权虚假诉讼实现非法目的的当事人提供了可乘之机，甚至部分当事人将虚假诉讼作为实施违法犯罪的手段。这类为违法犯罪而实施的虚假诉讼对司法权威和司法公信力构成巨大挑战。然而，虚假诉讼入罪边界较为特殊，行为到底是民事诉讼行为包含的应有内容或只违背行政规范，还是属于刑事范畴，需要进行充分的论证；到底确实属于虚假诉讼行为，还是利益相关方利用虚假诉讼来进行反击达到“以刑化债”的目的，需要在司法实践中结合实际案件进行深入研究，厘清真实法律关系，确保案件得到公平公正审理。

在中华民族源远流长、底蕴深厚的法文化传统中，关于虚假诉讼和涉及刑民交叉的案例非常稀缺。中华传统法文化呈现诸法合体、刑民不分、以刑

〔1〕 参见河北省枣强县人民法院刑事判决书，(2020)冀1121刑初226号。

〔2〕 参见浙江省杭州市萧山区人民法院刑事判决书，(2020)浙0109刑初162号。

代民的特点，彼时人民群众没有民事诉权，因而也就不存在民事虚假诉讼，只有刑事虚假诉讼，如秦代就形成了诬告反坐制度。

改革开放以来，国家越来越重视运用法律保障人民群众广泛的民事权利，包括宪法保护、刑法保护、民法保护、行政法保护。随着对民事权益保护的重视和提升，民事虚假诉讼越发突出，甚至猖獗。时代在不断变化，公民拥有的民事诉讼权利越来越广泛。在行使民事诉讼权利的过程中，部分公民未能正确行使有关权利，制造虚假诉讼案件，这在法治进程中难以避免。虚假诉讼也是近年来常见的刑民交叉问题，2015 年 8 月 29 日通过的《刑法修正案（九）》确定了虚假诉讼罪。虚假诉讼罪是指行为人单独或者与他人恶意串通，采取伪造证据、虚假陈述等手段，捏造民事案件基本事实，虚构民事纠纷，向法院提起民事诉讼，妨害司法秩序或者严重侵害他人合法权益，依照法律应当受刑事处罚的行为。通俗理解，虚假诉讼罪就是指行为人为了实施犯罪或者将犯罪所得合法化而开展的虚假诉讼行为。根据《刑法》第 307 条之一的规定，以捏造的事实提起民事诉讼，妨害司法秩序或者严重侵害他人合法权益的，处 3 年以下有期徒刑、拘役或者管制，并处或者单处罚金；情节严重的，处 3 年以上 7 年以下有期徒刑，并处罚金。设定这一罪名是为了打击恶意诉讼、虚假诉讼等行为，维护司法公正和权威，保障人民群众的合法权益。虚假诉讼罪的入刑得到了广泛的认可和实施，许多法院在审理案件时对虚假诉讼行为进行了严厉打击，并依法追究了相关人员的刑事责任。

为了保障《刑法修正案（九）》的正确实施，国家司法机关出台了一系列司法解释和规范性文件。2016 年 6 月 20 日，最高人民法院发布《关于防范和制裁虚假诉讼的指导意见》；2018 年 9 月 26 日，最高人民法院、最高人民检察院发布《关于办理虚假诉讼刑事案件适用法律若干问题的解释》（以下简称《虚假诉讼解释》）；2021 年 3 月 4 日，最高人民法院、最高人民检察院、公安部、司法部联合发布《关于进一步加强虚假诉讼犯罪惩治工作的意见》；2021 年 11 月 4 日，最高人民法院发布《关于深入开展虚假诉讼整治工作的意见》。此外，在处理虚假诉讼刑民交叉案件的过程中，也有地方高级人民法院出台的相关意见或指导意见，可以参考适用。

本书通过威科先行进行检索，以“虚假诉讼”为关键词，截至 2024 年 6 月，共检索到民事案件 471，365 件、刑事案件 7167 件、行政案件 2147 件、国家赔偿案件 222 件、执行案件 237,000 件。通过相关大数据,分析虚假诉讼的司法现状,可见一斑。

二、虚假诉讼罪的犯罪构成及常见问题

(一)虚假诉讼罪的构成要件

虚假诉讼的构成要件包括:(1)以捏造的事实提起民事诉讼,是指以虚假事实为根据,依照民事诉讼法向法院提起诉讼。常见的情形是通过伪造书证、物证,或者双方恶意串通提起民事诉讼。在刑事自诉、行政诉讼中以捏造的事实向法院提起虚假刑事自诉或者行政诉讼的,不成立本罪。(2)妨害司法秩序或者严重侵害他人合法权益,是本罪的结果要件。(3)严重侵害他人合法权益,并不限于严重侵害他人财产,使他人成为民事诉讼被告而卷入诉讼过程的,就可以认定为严重侵害他人合法权益。(4)本罪的行为主体既可以是自然人也可以是法人。在主观责任形式方面,虚假诉讼罪的责任形式为故意,但行为人误以为自己拥有债权等利益而提起民事诉讼的,不以本罪论处。

(二)虚假诉讼罪常见的问题

1. 虚假诉讼的概念

虚假诉讼是指虚假的民事诉讼,其构成要件要求必须是针对民事领域的诉讼存在虚假情形,如果行为人提起的是虚假的刑事诉讼,则可能构成诬告陷害罪。

2. 何为“以捏造的事实提起民事诉讼”

《虚假诉讼解释》第 1 条对捏造事实、虚构民事纠纷作了详细规定,包括以下情形:(1)与夫妻一方恶意串通,捏造夫妻共同债务的;(2)与他人恶意串通,捏造债权债务关系和以物抵债协议的;(3)与公司、企业的法定代表人、董事、监事、经理或者其他管理人员恶意串通,捏造公司、企业债务或者担保义务的;(4)捏造知识产权侵权关系或者不正当竞争关系的;(5)在破产案件审理过程中申报捏造的债权的;(6)与被执行人恶意串通,捏造债权或者对查封、扣押、冻结财产的优先权、担保物权的;(7)单方或者与他人恶意串通,捏造身份、合同、侵权、继承等民事法律关系的其他行为。隐瞒债务已

经全部清偿的事实，向法院提起民事诉讼，要求他人履行债务的，以"以捏造的事实提起民事诉讼"论。向法院申请执行基于捏造的事实作出的仲裁裁决、公证债权文书，或者在民事执行过程中以捏造的事实对执行标的提出异议、申请参与执行财产分配的，属于《刑法》第 307 条之一第 1 款规定的"以捏造的事实提起民事诉讼"。

3. 关于"妨害司法秩序或者严重侵害他人合法权益"的认定

根据《虚假诉讼解释》第 2 条的规定，"妨害司法秩序或者严重侵害他人合法权益"，包括以下情形：(1)致使法院基于捏造的事实采取财产保全或者行为保全措施的；(2)致使法院开庭审理，干扰正常司法活动的；(3)致使法院基于捏造的事实作出裁判文书、制作财产分配方案，或者立案执行基于捏造的事实作出的仲裁裁决、公证债权文书的；(4)多次以捏造的事实提起民事诉讼的；(5)曾因以捏造的事实提起民事诉讼被采取民事诉讼强制措施或者受过刑事追究的；(6)其他妨害司法秩序或者严重侵害他人合法权益的情形。

4. 关于罪数问题

虚假诉讼罪可能同时触犯其他罪名，相互之间关系表现为以下情形：(1)实施本罪，非法占有他人财产或者逃避合法债务，又构成诈骗罪，职务侵占罪，拒不执行判决、裁定罪，贪污罪等犯罪的，择一重罪论处。(2)司法工作人员利用职权，与他人共同实施本罪的，依照本罪从重处罚；同时构成滥用职权罪，民事枉法裁判罪，执行判决、裁定滥用职权罪等犯罪的，择一重罪论处。(3)诉讼代理人、证人、鉴定人等诉讼参与人与他人通谋，代理提起虚假民事诉讼、故意作虚假证言或者出具虚假鉴定意见，共同实施本罪的，构成本罪的共同犯罪；同时构成妨害作证罪，帮助毁灭、伪造证据罪等犯罪的，择一重罪论处。(4)采取伪造证据等手段篡改案件事实，骗取法院裁判文书，构成犯罪的，可依照《刑法》第 280 条(伪造、变造、买卖国家机关公文、证件、印章罪)、第 307 条(妨害作证罪)等罪论处。

5. 关于量刑处罚问题

根据《刑法》的规定，虚假诉讼罪以"妨害司法秩序或者严重侵害他人合法权益"作为入罪标准，以"情节严重"作为法定刑升档标准。《虚假诉讼解释》第 2 条、第 3 条在明确上述定罪量刑标准时主要把握了三个方面的原则：一是注意惩治犯罪与保护诉权并重。有观点认为虚假诉讼罪属于行为犯,行为人只要向法院提起虚假诉讼并被受理立案,就破坏了司法秩序,也就构成了犯罪。本书认为,2015 年最高人民法院《关于人民法院推行立案登记制改革的意见》实施以来,立案流程得以简化,群众诉讼更为便利。如果一概不加区分地以法院受理立案作为入罪标准,则可能不当扩大刑事打击面,给人民群众提起民事诉讼造成思想顾虑,不利于依法保护诉权。因此,《虚假诉讼解释》把法院立案后采取保全措施、开庭审理或者作出裁判文书等重要程序节点作为入罪标准。二是注意刑事处罚与司法处罚合理衔接。根据《民事诉讼法》第 115 条的规定,当事人之间恶意串通,企图通过诉讼、调解等方式侵害国家利益、社会公共利益或者他人合法权益的,法院应当驳回其请求,并根据情节轻重予以罚款、拘留;构成犯罪的,依法追究刑事责任。因此,《虚假诉讼解释》在明确入罪标准时避免以行为入罪架空民事诉讼法的规定,为司法处罚留有空间,形成刑事处罚与司法处罚合理衔接的层次关系。三是注意"妨害司法秩序"与"严重侵害他人合法权益"的内在统一。在虚假诉讼罪中,"妨害司法秩序"与"严重侵害他人合法权益"两种构罪要件既表现为并列关系,也是内在统一的,二者在司法实践中存在交叉重合关系,很难完全割裂或截然分开。因此,《虚假诉讼解释》在入罪标准中对上述两种构罪要件一并作出规定,同时注意体现入罪标准和法定刑升档标准之间的对应层次关系。基于上述原则,《虚假诉讼解释》第 2 条规定了 6 项入罪标准,包括致使法院采取保全措施,开庭审理、干扰正常司法活动的等;在第 3 条规定了 7 项法定刑升档标准,包括妨害司法秩序情节严重和严重侵害他人合法权益情节严重的 7 种情形。

三、虚假诉讼罪之民刑界分

(一)虚假诉讼罪与伪造诉讼证据的民刑界限

当事人提起真实的民事诉讼后,在法院审理过程中提交虚假证据或者其他诉讼材料的,这种行为构成妨害作证或者伪证行为,法院可按照相关规定对其罚款。由于当事人不是以凭空捏造的事实提起民事诉讼,所提诉讼的基本事实是存在的,故不能以虚假诉讼罪对这种行为进行刑事评价。根据《民事诉讼法》第 114 条的规定,诉讼参与人"伪造、毁灭重要证据,妨碍人民法院审理案件的",法院可以根据情节轻重予以罚款、拘留;构成犯罪的,依法追究刑事责任。

(二)虚假诉讼罪与申请再审行为的界限

虚假诉讼既可能出现在一审程序中,也可能出现在二审、再审程序之中。在诉讼过程中,有的当事人为赢得诉讼伪造证据、提出新的证据,这类行为一般不属于虚假诉讼中提起民事诉讼的界定范畴。

(三)虚假诉讼罪积极地“捏造事实”与不作为隐瞒事实的界限

虚假诉讼罪与诈骗罪不同。诈骗罪属于虚构事实,隐瞒真相,骗取他人财物数额较大的行为。民事诉讼中隐瞒事实真相,是否构成虚假诉讼罪,还需结合实际案例讨论分析。积极地以作为方式虚构不存在的事实,属于捏造事实,有虚假诉讼的嫌疑。但对于以不作为方式消极地隐瞒事实真相,是否属于捏造事实,理论界尚存在争议。从罪名含义来看,捏造事实只应当包括积极的行为,隐瞒事实当然不等于捏造事实。本书认为,立法的本意是只有主动、积极地捏造事实才构成犯罪,如果只是在诉讼过程中隐瞒对自己不利的证据或事实,就将这种行为判定为捏造事实,无疑强加了当事人列举对自己不利证据的义务,显然是违背立法精神和立法原意的,同时也违背了刑法的谦抑性原则。

(四)虚假诉讼罪捏造事实与篡改部分事实的区分

在实践中,针对该问题有较大争议。有观点认为,根据《虚假诉讼解释》的规定,将捏造限定为无中生有型,未将部分篡改的事实行为纳入本罪。因此,民事诉讼过程中部分篡改的事实行为不属于捏造事实。也就是说,部分捏造不是捏造。对于部分篡改事实、部分捏造事实,不按照虚假诉讼罪追究。还有观点认为,对该解释持保留意见。该解释认为必须是无中生有,篡改部分事实则不构成虚假诉讼罪。但是,对篡改部分事实的行为怎么处罚?如果情节严重,应以诈骗罪或者侵占罪论处。总之,部分篡改型不构成虚假诉讼罪,必须是无中生有型。当然也要看情节是否严重,如果篡改部分事实严重妨害司法秩序,严重侵害当事人的合法权益,可能要按照其他犯罪来处理。

（五）虚假诉讼罪与恶意串通的民事虚假诉讼的界限

恶意串通是民事诉讼中常见的问题。根据《民法典》相关规定，当事人在订立合同时，存在恶意串通情形的，合同无效。因此，恶意串通并不都是虚假诉讼，其涉及情节轻重的问题。对于一般性恶意串通，仍采取民事或行政制裁方式进行处理。

（六）虚假诉讼罪既遂与未遂的界限

关于虚假诉讼罪的罪与非罪问题，有观点认为虚假诉讼罪是行为犯，也有观点认为是危险犯，还有观点认为是结果犯。从《虚假诉讼解释》可以看出，第 1 条规定的行为，倾向于行为犯；第 2 条规定的内容倾向于危险犯；第 3 条规定的内容倾向于结果犯。我们研究虚假诉讼的罪与非罪问题，需要根据实际危害情况来综合判断。

（七）虚假诉讼罪与其他犯罪的界限

虚假诉讼罪与其他犯罪问题，涉及一罪还是数罪、此罪还是彼罪的认定问题。《虚假诉讼解释》第 4 条规定："实施刑法第三百零七条之一第一款行为，非法占有他人财产或者逃避合法债务，又构成诈骗罪，职务侵占罪，拒不执行判决、裁定罪，贪污罪等犯罪的，依照处罚较重的规定定罪从重处罚。"例如，行为人实施虚假诉讼行为，同时构成伪造公司、企业、事业单位、人民团体印章罪或者妨害作证罪等其他犯罪的，应当根据牵连犯或者想象竞合犯规则，从一重罪处罚。

第七章 刑民交叉各类实务典型案例及法律分析

第一节 侵犯公民人身权刑民交叉案例分析

从司法实践的角度看，侵犯公民人身权的刑民交叉案件在刑事案件和民事案件中均占有一定比例。对这类案件的处理不仅关系受害人的合法权益保护，也涉及刑法和民法两大法律体系的协调与统一。

本节将结合三个侵犯公民人身权刑民交叉的案例进行分析。案例 1 和案例 2 为两个判决结果完全相反的案例，据此分析侵犯公民人身权类案件中，在当事人被认定为成立故意伤害罪的前提下，是否能够就支付残疾赔偿金在刑事附带民事诉讼程序中得到法院支持。案例 3 讨论的是死亡赔偿金是否应属于刑事附带民事诉讼赔偿范围。

一、【案例 1】宋某红与肖某珊生命权、健康权、身体权纠纷案[1]

（一）案情简介

2018 年 1 月 11 日，被告人宋某红为了达到对肖某珊长期占有的目的，咬掉被害人肖某珊的右侧乳头。经鉴定，被害人肖某珊右乳头缺失，构成轻

〔1〕 参见广东省高级人民法院民事裁定书，(2021) 粤民申 11410 号。

伤二级。一审法院作出(2018)粤 0305 刑初 437 号刑事判决,认定被告人宋某红犯故意伤害罪,判处有期徒刑 1 年,二审法院维持原判。

在刑事判决作出后,被害人肖某珊又另行提起民事诉讼,基于宋某红的故意伤害行为对自己造成的损失,要求宋某红承担民事侵权责任,其中包括残疾赔偿金。民事诉讼中,三级法院都对要求赔偿残疾赔偿金的请求予以支持。

(二)法院观点

再审法院认为,关于二审判决支持肖某珊关于残疾赔偿金、伤残鉴定费的诉讼请求是否违反法律规定的问题。根据一审判决查明的事实,广东省深圳市南山区人民法院于 2018 年 3 月 20 日作出的(2018)粤 0305 刑初 437 号刑事判决已经发生法律效力。根据《侵权责任法》(已失效)第 16 条[1]的规定:"侵害他人造成人身损害的,应当赔偿医疗费、护理费、交通费等为治疗和康复支出的合理费用,以及因误工减少的收入。造成残疾的,还应当赔偿残疾生活辅助具费和残疾赔偿金。造成死亡的,还应当赔偿丧葬费和死亡赔偿金。"本案侵权行为发生在《民法总则》(已失效)实施以后,根据上述事实并依照《民法总则》(已失效)第 187 条"民事主体因同一行为应当承担民事责任、行政责任和刑事责任的,承担行政责任或者刑事责任不影响承担民事责任;民事主体的财产不足以支付的,优先用于承担民事责任"的规定,肖某珊关于残疾赔偿金的诉讼请求具有事实和法律依据,二审判决予以支持,并无不当。

二、【案例 2】史某杰和史某生命权、身体权等纠纷案[2]

(一)案情简介

2014 年 6 月 26 日,史某杰因盖房扎架子,与史某发生争执。史某殴打史某杰致其受伤。

一审法院经审理作出(2014)新刑初字第 425 号刑事附带民事判决,判处史某有期徒刑 4 年。

---

[1] 参见《民法典》第 1179 条。

[2] 参见山东省高级人民法院民事判决书,(2022)鲁民再 23 号。

民事部分判决:(1)被告史某自本判决生效之日起10日内赔偿原告史某杰医疗费47,653.46元、误工费19,956.13元、护理费57,929.73元、住院伙食补助费10,890元、交通费1000元,合计137,429.32元;(2)驳回原告史某杰对被告史某的其他诉讼请求。

(二)法院观点

一审法院认为,根据我国刑法和刑事诉讼法的规定,因犯罪人的犯罪行为而导致受害人遭受物质损失的,犯罪人只应赔偿受害人的直接物质损失,而史某杰主张的伤残赔偿金、精神损害抚慰金、鉴定费不属于由犯罪行为导致的直接物质损失,一审法院不予支持。

二审法院认为,根据最高人民法院《关于确定民事侵权精神损害赔偿责任若干问题的解释》(2001年)第9条"精神损害抚慰金包括以下方式:(一)致人残疾的,为残疾赔偿金;(二)致人死亡的,为死亡赔偿金;(三)其他损害情形的精神抚慰金"的规定,史某杰所主张的伤残赔偿金属于精神损害的范畴,对史某杰关于伤残赔偿金不属于精神损失的上诉主张,二审法院不予支持。《刑事诉讼法解释》(2012年)第138条[1]第2款明确规定:"因受到犯罪侵犯,提起附带民事诉讼或者单独提起民事诉讼要求赔偿精神损失的,人民法院一般不予受理";第155条[2]第2款明确规定:"犯罪行为造成被害人人身损害的,应当赔偿医疗费、护理费、交通费等为治疗和康复支付的合理费用,以及因误工减少的收入"。根据上述规定,本案中史某杰因史某的犯罪行为遭受侵害,史某向史某杰赔偿范围并不包括伤残赔偿金,因此,一审法院判决驳回史某杰要求史某赔偿伤残赔偿金的诉讼请求并无不当。

再审法院认为,《刑事诉讼法解释》(2012年)第155条规定,"对附带民事诉讼作出判决,应当根据犯罪行为造成的物质损失,结合案件具体情况,确定被告人应当赔偿的数额。犯罪行为造成被害人人身损害的,应当赔偿医疗费、护理费、交通费等为治疗和康复支付的合理费用,以及因误工减少的收入。造成被害人残疾的,还应当赔偿残疾生活辅助具费等费用;造成被

---

〔1〕参见2021年修正的《刑事诉讼法解释》第175条。

〔2〕参见2021年修正的《刑事诉讼法解释》第192条。

害人死亡的,还应当赔偿丧葬费等费用”。该规定明确了因犯罪行为造成人身损害的赔偿范围只限于被害人的直接物质损失,残疾赔偿金不在其列。史某杰虽单独提起民事诉讼,但本质上仍系因犯罪行为所致人身损害的赔偿问题,原审适用上述司法解释之规定驳回史某杰关于残疾赔偿金的诉讼请求并无不当。至于原审认定伤残赔偿金属于精神损害的范畴确有不当,再审法院予以纠正。

三、【案例3】蒲某1、蒲某2故意伤害案[1]

(一)案情简介

2019年8月,蒲某3向被上诉人(原审被告人)杨某5提出离婚。同年9月26日,蒲某3要求杨某5到其父上诉人(原审附带民事诉讼原告人)蒲某1(本案被害人)位于四川省巴中市南江县××镇××村的家中协商离婚事宜。经村民调解,双方协商未果;杨某5要求带走蒲某3被拒,并遭到蒲家人驱赶。杨某5岳母杨某某(本案被害人)遂将蒲某3送到邻居家暂住。杨某5跑到三轮车旁拿出车上的尖刀返回蒲家,途中将尖刀藏在经过的一块地里。杨某5到蒲某1家敲门寻找蒲某3,遭到蒲家人的阻拦,双方再次发生争吵。杨某5遂返回藏刀的地里拿上尖刀,再回到蒲某1家敲打蒲某3卧室的门。蒲某3之兄上诉人(原审附带民事诉讼原告人)蒲某2(本案被害人)开门查看,被杨某5刺中腰部,蒲某2逃跑并跌倒,杨某5追赶继续捅刺蒲某2的脸部、胸背部等部位。蒲某2之妻吕某(本案被害人)出门查看,被杨某5用尖刀划伤腹部及手臂。吕某大声呼救,杨某5朝蒲某1家院坝旁的鱼塘跑。蒲某1、杨某某闻声出门查看,蒲某1追赶杨某5至院坝阶沿处时被杨某5刺中腹部。杨某某见状,拿起竹棒追赶杨某5至入户路口院坝处,被杨某5刺中腹部两刀致死。同月27日凌晨1时许,杨某5拨打“110”报警,并于凌晨3时许主动到恩阳区公安分局雪山派出所投案。经鉴定,杨某某系被他人持单刃锐器捅刺致肝脏、腹主动脉、脾脏破裂大出血死亡;蒲某1、蒲某2本次损伤均构成重伤二级;吕某本次损伤构成轻微伤。

---

〔1〕 参见四川省高级人民法院刑事附带民事判决书,(2021)川刑终32号。

（二）法院观点

本案争议焦点为死亡赔偿金是否属于刑事附带民事诉讼赔偿范围，上诉人蒲某1、蒲某2所提“要求杨某5赔偿死亡赔偿金542，310元”的上诉请求，经查，根据《刑事诉讼法》第101条、第103条和《刑事诉讼法解释》（2012年）第138条、第155条第1款和第2款之规定，上诉人蒲某1、蒲某2的上诉请求成立，依法应予支持。被害人杨某某被害时65周岁，其赔偿金的具体数额应以受诉法院所在地上一年度的农村居民人均纯收入为标准，按照15年计算。综上，原判认定事实正确，审判程序合法，附带民事部分的判项应依法予以增加。判决被上诉人（原审被告人）杨某5于本判决生效之日起10日内赔偿上诉人（原审附带民事诉讼原告人）蒲某1、蒲某2死亡赔偿金220，050元。

四、法律实务评析

案例1和案例2的案情事实具有相似之处，都是被告人在刑事责任上被认定为构成故意伤害罪后，被害人试图通过另行提起民事诉讼来追究被告人的民事责任，要求支付残疾赔偿金。只不过案例1法院和案例2法院依据不同的法律规定作出了相反的判决结果。案例1法院依据民法中关于侵权责任的规定，以及民事责任、刑事责任、行政责任的承担顺位规定，支持了当事人关于残疾赔偿金的诉求。值得一提的是，案例1中二审法院所援引的法条，在《民法典》公布施行后，也都得到了继承。案例2法院则援引了刑事附带民事诉讼程序中的特别规定，在刑事附带民事诉讼中，因犯罪行为而造成人身损害的赔偿范围只限于被害人的直接物质损失。其中《刑事诉讼法解释》第192条的规定中不包含残疾赔偿金。关于残疾赔偿金属于精神损害还是物质损害，案例2中二审法院认为它属于精神损害，所依据的司法解释是2001年的最高人民法院《关于确定民事侵权精神损害赔偿责任若干问题的解释》第9条，但该司法解释已经在2020年被修正，修改后已经删掉了该条规定。并且依据2022年修正的最高人民法院《关于审理人身损害赔偿案件适用法律若干问题的解释》第12条的规定，残疾赔偿金应当归属于物质损害的范围。再审法院对二审法院认定残疾赔偿金属于精神损害的范畴予以了纠正。

案例1和案例2中,两个法院的判决逻辑在法律适用上都是自洽的,问题在于刑事附带民事诉讼程序和单纯的民事诉讼程序的法律适用的区别。针对这一问题,2021年由《刑事诉讼法解释》起草小组编著的《最高人民法院〈关于适用《中华人民共和国刑事诉讼法》的解释〉的理解与适用》一书中作了详细阐述。书中明确指出,残疾赔偿金、死亡赔偿金、精神损失费不在刑事附带民事诉讼案件的判赔范围,即使单独提起民事诉讼也一样(驾驶机动车致人伤亡财产损失的案件除外)。然而,从法律解释角度而言,该观点只是司法解释起草小组的学理解释,并不具有法律效力。本书认为,在明确残疾赔偿金属于物质损害的前提下,再以其不属于直接物质损害进而将其排除在刑事附带民事诉讼的赔偿范围外,属于对刑事附带民事诉讼程序中物质损害的不当解释,这种解释违背了罪刑法定原则,也不利于保障受害人的权利。按照这种观点,在加害人行为分别构成犯罪和不构成犯罪的场合中,出现了权利保护相悖的现象:加害人行为不构成犯罪场合中,受害人拥有更多的能够被法院支持的请求权;构成犯罪场合中,受害人受保护的权利反而更少。即使可以通过法律规定在司法实践中没有障碍地实现这种结果,也仍然有悖于平等保护权利原则。

案例3中,四川省高级人民法院认为,死亡赔偿金是对被害人近亲属因被害人死亡而导致的生活资源的减少和丧失的补偿,即对收入损失的赔偿,其本质上系财产损害赔偿,属于物质损失范畴。《刑事诉讼法解释》第192条第1款规定了对附带民事诉讼作出判决,应当根据犯罪行为造成的物质损失,结合案件具体情况,确定被告人应当赔偿的数额;该条第2款规定:"犯罪行为造成被害人人身损害的,应当赔偿医疗费、护理费、交通费等为治疗和康复支付的合理费用,以及因误工减少的收入。造成被害人残疾的,还应当赔偿残疾生活辅助器具费等费用;造成被害人死亡的,还应当赔偿丧葬费等费用。"其中,并无死亡赔偿金的规定。四川省高级人民法院2020年11月1日发布的《关于刑事附带民事诉讼赔偿范围的意见》(川高法〔2020〕209号)第3条规定:"因被告人的犯罪行为造成被害人人身损害的,应赔偿医疗费、护理费、交通费、营养费、住院伙食补助费等为治疗和康复支出的合理费用,以及因误工减少的收入。造成被害人残疾的,还应当赔偿辅助器具费和残疾赔偿金;造成被害人死亡的,还应当赔偿丧葬费和死亡赔偿金。"其将死亡赔偿金纳入刑事附带民事诉讼赔偿范围,但是该意见目前与最高人民法院相关观点不同。

死亡赔偿金是否属于附带民事诉讼的判赔范围，一直是司法实务中的争议焦点和难点。《刑事诉讼法》第101条及相关司法解释明确刑事附带民事赔偿限于物质损失，驾驶机动车致人伤亡或者造成公私财产重大损失的案件除外。尽管法律有明确规定，但实践中对于死亡赔偿金是否应纳入赔偿范围仍存在争议。目前法院基本不支持死亡赔偿金，主要是基于被告人普遍无赔偿能力，以及鉴于一些地方法院在附带民事诉讼中判赔死亡赔偿金导致“空判”所引发的系列问题而不得已作出的实务选择。《民法典》第1179条规定，侵害他人造成人身损害的，应当赔偿医疗费、护理费、交通费、营养费、住院伙食补助费等为治疗和康复支出的合理费用，以及因误工减少的收入。造成残疾的，还应当赔偿辅助器具费和残疾赔偿金；造成死亡的，还应当赔偿丧葬费和死亡赔偿金。本书认为，在民法典背景下，相关规定应进一步认真研究，综合考量司法实践情况，作出适当调整。在我国，根据法律规定、法理依据以及特有的法文化传统，附带民事诉讼在赔偿标准的适用上，与单纯民事诉讼存在差异。但在一些发达国家，因犯罪行为引发的赔偿和单纯民事赔偿适用同一标准，即便如此，也可能存在“空判”问题。不过，得益于更为完善的社会保障制度，发达国家救助工作开展早、力度大，被害方往往无须寄希望于被告人作出赔偿，国家会给予其生活救济。在刑事附带民事诉讼中，鉴于当前相关立法尚未修改，司法机关须结合我国国情，在不违反自愿、合法原则的前提下开展工作。在调解环节，可不限制赔偿范围和数额，使被害方获得实际赔偿。此外，还可以建立相应的刑事惩处激励措施，尽可能地实现受害人权益保护最大化。

第二节　侵犯财产类刑民交叉案例分析

本节讨论侵犯财产类刑民交叉案件中，刑事案件被告人涉案财产的追缴和退赔问题。被害人在追缴或退赔后损失仍未得到弥补的，其是否有权向法院另行提起民事诉讼。

一、【案例1】温某擎、邢某财产损害赔偿纠纷案[1]

(一)案情简介

邢某、温某擎、申某霞于2006年11月以大连桦某公司名义与欣某达公司签订协议,骗取欣某达公司、李某(欣某达公司法定代表人)943万元,后法院判决前述三人犯合同诈骗罪等数罪。经追赃返还李某一辆奥迪车价值60万元。温某擎为取得李某谅解,与李某达成赔偿500万元《赔偿协议》。但刑事判决中返还的赃款、赃物,以及温某擎与李某达成的《赔偿协议》中的款项尚不足以弥补李某因该合同协议而遭受的损失。故现李某以温某擎、邢某、沈某刚、申某霞为被告提起民事诉讼,请求赔偿损失。

(二)法院观点

再审法院认为,邢某、温某擎、申某霞以签订合作协议的方式骗取被害单位欣某达公司、被害人李某943万元,该案虽经生效刑事判决认定邢某、温某擎、申某霞犯合同诈骗罪等数罪,并在邢某、温某擎、申某霞刑事判决主文中写明"案发后扣押的赃款、赃物返还被害人,其余赃款、赃物继续追缴",但刑事判决主文并未写明追缴或者责令退赔的具体内容,亦未明确刑事判决前是否存在已经发还被害人财产的问题,李某通过刑事判决追缴或者退赔的数额不明确、不具体。根据本案一审、二审法院查明的事实,到本案审理时,涉案刑事案件经追赃仅返还李某一辆奥迪车价值60万元,其余损失未经刑事追赃途径返还或追缴。在法院组织询问过程中,李某提供相关证据证明因刑事案件存在多个受害人且李某已获得了一辆奥迪车,故李某未能参与分配刑事案件执行程序中查扣的温某擎的财产140万元,温某擎也未履行《赔偿协议》约定的500万元赔偿,李某已另行提起民事诉讼主张该500万元赔偿且已得到法院生效判决支持;同时,《赔偿协议》明确约定该协议项下的500万元赔偿不影响李某其他损失的赔偿,而李某通过刑事追赃未能弥补其被诈骗的损失。在通过刑事追赃、退赔不能弥补李某全部损失的情况下,赋予被害人李某向法院另行提起民事诉讼的权利,有利于最大限度地保护

---

[1] 参见辽宁省高级人民法院民事判决书,(2015)辽民一终字第204号。最高人民法院民事裁定书,(2017)最高法民申4094号。

被害人的合法权益,刑事判决与民事判决对于保护被害人的合法权益是相互补充的,并未加重温某擎等人的赔偿责任,法院受理李某提起的民事诉讼并无不当。

二、【案例2】兰某、中信银行股份有限公司信用卡中心信用卡纠纷案[1]

(一)案情简介

2010年11月2日,上海市卢湾区人民法院作出(2010)卢刑初字第274号刑事判决,认定兰某于2005年9月至2008年12月,先后向中信银行等10家银行申领信用卡各一张,进行透支消费、取现及套现,截至案发,兰某从中信银行申领的信用卡中透支本金共计29,898.82元……累计透支本金324,671.29元。该院认为,兰某以非法占有为目的,使用信用卡恶意透支,数额巨大,已触犯刑律,构成信用卡诈骗罪,应追究其刑事责任。据此,该院判决:(1)兰某犯信用卡诈骗罪,判处有期徒刑6年,并处罚金8万元;(2)违法所得责令退赔,返还各被害单位;(3)扣押在案的5张银行信用卡,予以没收销毁。该判决生效后,兰某被交付执行,现已刑满释放。

一审判决后,中信银行继续起诉兰某银行卡纠纷,深圳市福田区人民法院作出(2018)粤0304民初9237号判决书,判决:(1)兰某应在判决生效之日起10日内偿还中信银行信用卡欠款本金29,898.82元、利息61,833.08元、滞纳金12,776.19元、分期手续费5701.6元;(2)驳回中信银行的其他诉讼请求。判决后,兰某不服,向深圳市中级人民法院申请再审,请求撤销一审判决,驳回中信银行的起诉。

(二)法院观点

本案争议焦点为中信银行的起诉是否应当受理。兰某透支中信银行信用卡的行为已经生效刑事判决认定构成信用卡诈骗罪。根据《刑法》第64条的规定,犯罪分子违法所得的一切财物,应当予以追缴或者责令退赔;对被害人的合法财产,应当及时返还。最高人民法院《关于适用刑法第六十四条有关问题的批复》进一步明确,追缴或者退赔的具体内容,应当在判

[1] 参见广东省深圳市中级人民法院民事裁定书,(2020)粤03民再26号。

决主文中写明;被害人提起附带民事诉讼,或者另行提起民事诉讼请求返还被非法占有、处置财产的,法院不予受理。由于刑事判决已经判决违法所得责令退赔,返还各被害单位,刑事判决所认定的犯罪事实中已包含兰某欠中信银行的信用卡欠款。因此,中信银行对于兰某的信用卡欠款,应当通过刑事追缴或退赔途径处理,中信银行在另案刑事判决生效后又向一审法院起诉要求兰某偿还信用卡欠款,依法应当不予受理。综上所述,深圳市中级人民法院认为一审法院受理本案有误,依法撤销一审判决并驳回中信银行的起诉。

三、【案例3】凯喜雅公司、舜禧公司买卖合同纠纷案〔1〕

(一)案情简介

2014年9月26日,凯喜雅公司(需方)与舜禧公司(供方)签订《商品购销合同》,约定:凯喜雅公司向舜禧公司购买复合橡胶907.2吨,合同总价为10,605,168元,交货地点为杭州中策橡胶厂内,交货时间为合同签订后45天内,如供方延期交货,需按月息0.8%支付未交货物货款的利息,需方收到供方发货通知后支付全额货款,供方在货物发运后3天内向需方寄送正本火车或集装箱运输大票等内容。同日,凯喜雅公司(供方)与正大公司(需方)签订《购销合同》,约定:正大公司向凯喜雅公司购买复合橡胶907.2吨,合同总价为10,795,680元,交货方式为合同签订后10天内杭州交货,结算方式为发运当天起后45天付款,若延期回款,逾期15天内按1.2%/月支付逾期回款部分的利息,逾期15天以上按1.5%/月支付逾期回款部分的利息等内容。上述合同签订后,凯喜雅公司于2014年9月28日向舜禧公司支付货款10,605,168元。庭审中,正大公司自认其系舜禧公司的销售代理。另查明,杭州市中级人民法院对被告人孙某远、慎某华、凌某合同诈骗案作出的生效刑事判决认定:2012年下半年开始,经他人联系和介绍,被告人孙某远与中策公司的橡胶指定供货商正大公司的原销售经理被告人慎某华商定,由姜某帆联系宁波鸿义等出资方提供资金,由孙某远实际控制的舜禧公司为平台运作橡胶采购业务,通过签订购销合同,表面上由舜禧公司采购橡胶

〔1〕 参见浙江省杭州市中级人民法院,(2020)浙01民终6614号。

后销售给出资公司,出资公司再销售给正大公司,正大公司供货给中策公司,但实际上货物直接从舜禧公司的供货商运输至中策公司或直接销售给其他单位,出资方收取1.2%的月息(约定回款日45天收取1.8%的利息)、正大公司收取50元/吨的固定收益,舜禧公司自负盈亏。其间,孙某远、慎某华负责联系货源及销售,孙某远的妻子、舜禧公司共同控制人被告人凌某负责联系合同签订、资金流转等事务。被告人孙某远、慎某华、凌某在上述运作过程中,因高买低卖和个人炒期货亏损、归还房贷、提现用于个人消费等造成资金缺口,无法按时归还宁波鸿义等出资方的资金。2014年7月至9月,孙某远、慎某华、凌某在没有实际履行能力的情况下,仍通过姜某帆联系被害单位凯喜雅公司作为出资方,以正大公司(或海裕公司)、舜禧公司名义分别与凯喜雅公司签订橡胶购销合同,但并未按约定用凯喜雅公司提供的资金实际采购橡胶销售给中策公司,而是编造交易流程,向凯喜雅公司提供伪造的中策公司材料回单,虚构已采购橡胶且中策公司已收到合同项下橡胶的事实,骗取凯喜雅公司继续向舜禧公司提供资金。孙某远、慎某华、凌某骗取凯喜雅公司支付的5294万余元,用于支付拖欠出资方的资金、归还债务、个人挥霍等,造成凯喜雅公司损失2183万余元。2015年5月11日,被害单位凯喜雅公司报案。2015年9月14日,被告人慎某华在本市被抓获;2016年9月12日,被告人孙某远、凌某传唤到案。案发后,公安机关预查封被告人孙某远、凌某名下多处房产。该判决在对被告人孙某远、慎某华、凌某定罪量刑的同时,责令被告人孙某远、慎某华、凌某退赔违法所得21,833,360元(含杭州市公安局查封的孙某远位于上海市嘉定区××路××弄××号房产、凌某位于江苏省连云港市××大厦及会议中心房产的拍卖所得款扣除合法抵押债权本金后的余款,以及孙某远、凌某支付给正大公司的手续费131,040元),发还被害单位凯喜雅公司。正大公司在上述刑事判决生效后,已将收取的手续费131,040元全部移交杭州市中级人民法院。

(二)法院观点

法院认为,孙某远等人的犯罪行为是造成凯喜雅公司货款损失的根本原因。而舜禧公司作为孙某远等人实施犯罪行为的平台,在涉案资金流转过程中,高达数千万元资金被孙某远等人非法截留使用;正大公司作为舜禧公司的销售代理与其签订涉案《购销合同》，并从中收取手续费，舜禧公司与正大公司的上述行为均在客观上促成了孙某远等人骗取凯喜雅公司货款的犯罪行为，对凯喜雅公司的货款被骗存在一定过错，但凯喜雅公司在未收到正本火车或集装箱运输大票等合同约定的付款材料的情况下即支付全额货款，未尽基本的审查和注意义务，致使货款被孙某远等人骗取，自身履行合同存在严重瑕疵和重大过错。据此，根据涉案合同的签订、履行情况，以及各方行为与凯喜雅公司损失之间的因果关系、过错程度，法院酌情确定舜禧公司、正大公司应对凯喜雅公司的涉案10,605,168元货款经刑事追赃程序追索不成的损失部分各在5%，即530,258元范围内承担补充赔偿责任。综上所述，凯喜雅公司的部分上诉理由成立，法院对其上诉请求合理部分予以支持。

四、法律实务评析

案例1中，生效的刑事法律文书并未注明责令被告人退赔被非法占有、处置的财产，且追缴财产的金额或财物的名称、数量等情况并不明确、具体。通过刑事裁判退赔、追缴不明确，加之经过退赔、追缴仍不能弥补全部损失，被害人李某提起民事诉讼要求相关赔偿，应当予以支持。在刑事案件中，当追赃、退赔不能弥补全部损失时，赋予被害人向法院另行提起民事诉讼的权利，能最大限度地保护被害人的合法权益。刑事判决与民事判决在保护被害人合法权益方面是相互补充的，不会加重当事人的责任。该裁判思路亦与已经失效的最高人民法院《关于刑事附带民事诉讼范围问题的规定》第5条第2款“经过追缴或者退赔仍不能弥补损失，被害人向人民法院民事审判庭另行提起民事诉讼的，人民法院可以受理”的规定相符合。该规定认为，刑事案件中的追缴和退赔仅解决被害人与被告人之间的财产返还和赔偿问题，被害人在经过追缴或退赔仍未能弥补其损失的情况下，其有权向法院另行提起民事诉讼。虽然前述规定已失效，但前述条款的法律精神内核在本案中亦得到了体现。同时，根据2021年修正的《刑事诉讼法解释》第176条的规定，“被告人非法占有、处置被害人财产的，应当依法予以追缴或者责令退赔。被害人提起附带民事诉讼的，人民法院不予受理。追缴、退赔的情况，可以作为量刑情节考虑”。但是，该规定并未限制被害人另行提起民事诉讼。

刑事诉讼中的追缴和退赔程序作为公权力救济手段受限于刑事诉讼程序，不能替代当事人的私权救济，其与民事诉讼在价值理念、证明标准以及权利保护范围方面存在很大不同，当事人亦无权启动该程序。刑事案件中的刑罚是对犯罪行为的公法制裁，而民事案件中的赔偿是对当事人所造成损害的赔偿，以补偿性为原则，以惩罚性为补充。民事被告对被害人的民事赔偿与刑事案件中司法机关对犯罪所得的追缴与责令退赔不存在冲突。刑法作为国家公法，侧重于公权保护，而民法作为私法，侧重于私权保护。刑民交叉案件所涉及的范围一般是侵犯被害人个人人身或财产的案件，多数案件行为性质是相对较轻缓的案件，而那些从根本上危及国家安全和社会稳定的严重犯罪，一般不会出现刑民交叉的情况。所以，对于刑民交叉案件，在一定程度上尊重当事人尤其是被害人的自主选择权，不会对国家和社会造成根本性负面影响。

案例 2 中，法院在判决中已经明确了追缴和责令退赔后，刑事退赃、退赔程序不能弥补受害人损失，受害人向罪犯另行提起民事诉讼的，法院应当驳回起诉。2013 年 10 月 21 日最高人民法院《关于适用刑法第六十四条有关问题的批复》内容如下："根据刑法第六十四条和《最高人民法院关于适用〈中华人民共和国刑事诉讼法〉的解释》第一百三十八条、第一百三十九条的规定，被告人非法占有、处置被害人财产的，应当依法予以追缴或者责令退赔。据此，追缴或者责令退赔的具体内容，应当在判决主文中写明；其中，判决前已经发还被害人的财产，应当注明。被害人提起附带民事诉讼，或者另行提起民事诉讼请求返还被非法占有、处置的财产的，人民法院不予受理。"该案中，法院在判决中已经明确了追缴和责令退赔的情况，法院也对被执行人进行了执行，因此法院驳回了另行提起的民事诉讼。

案例 3 中，在刑事案件中，若退赃、退赔程序不足以弥补被害人的损失，被害人仍有其他救济途径。根据相关法律及司法解释，刑事诉讼中的追赃和责令退赔程序并不影响受害人通过民事诉讼程序向罪犯之外的其他民事主体主张民事权利。这意味着如果受害人的损失是由多个行为人或主体的共同行为造成的，且刑事退赃、退赔程序无法完全弥补其损失，受害人有权向法院提起民事诉讼，要求其他共同责任人承担相应的民事责任。

综合上述三个案例分析，司法处理过程中，从法律、司法解释，到刑事规范性文件，再到民事指导性案例，规定逐步细化且相互之间并不冲突。由此可见,经过追缴或者退赔仍不能弥补损失,或者在刑事诉讼程序中根本没有追缴、退赔,被害人另行提起民事诉讼的,现行法律、司法解释并未限制法院受理,因而法院应该受理。在刑事诉讼执行环节,若被执行人执行能力不足,导致仅执行部分款项,被害人另行提起民事诉讼的,法院存在不予受理的可能,但最终案件是否受理,应由民事程序审核认定。因此,经过追缴或者退赔仍不能弥补损失,被害人另行提起民事诉讼的,法院可以受理。而且,被害人另行提起民事诉讼的,法院是否受理,宜在民事诉讼程序中解决,刑事诉讼不应过度介入。司法实践中,在刑事追赃、退赔不能完全弥补被害人遭受的损失时,赋予被害人向法院另行提起民事诉讼的权利,能够最大限度地保护被害人的合法权益。

第三节　集资类案件中的刑民交叉案例分析

本节选择了涉及集资类案件中的两个案例进行分析。案例1是关于公司被认定为非法吸收公众存款后,没有被认定需要承担刑事责任的员工,是否还要承担民事责任;案例2是关于借款方被认定为构成非法吸收公众存款罪后,受害人是否还能基于借款合同,就超出刑事判决退赔金额部分提起民事诉讼。

一、【案例1】谢某荣、李某委托理财合同纠纷案〔1〕

(一)案情简介

李某作为A公司员工,与谢某荣签订了委托理财合同。广东省高级人民法院在(2020)粤刑终623号判决书中认定:2017年11月至2018年3月,被告人郝某声、杨某伙同崔某等人,违反国家金融管理规定,以A公司的名义,通过会议、培训和发展下线等方式向社会公众公开销售区块链虚拟货币,以高额回报为诱饵,吸引公众投资。其间,被告人郝某声以香港B集团执行董事等身份参与区块链虚拟货币宣传推广会议的讲课,被告人杨某以A

〔1〕 参见广东省广州市白云区人民法院民事裁定书,(2020)粤0111民初26680号;广东省广州市中级人民法院民事裁定书,(2021)粤01民终18104号。

公司执行总裁名义参与区块链虚拟货币的招商会,向社会公众进行推广宣传,并向部分投资者提供收款银行账户以及代为收款购买虚拟货币。经司法会计审计,报案的700余名集资参与人中提供转账记录的85人(部分为集体报案人),经统计投资和损失数额总计22,842,621.25元。法院责令被告人郝某声、杨某与同案人连带退赔集资参与人损失的款项共计22,661,971.25元,按比例发还集资参与人。谢某荣系集资参与人。A公司员工李某未被认定为需要承担刑事责任。

在上述刑事判决作出后,谢某荣又以与A公司员工李某签订的委托理财合同纠纷为由,要求合同当事人李某退回超出刑事退赔范围外的合同款项。

(二)法院观点

一审法院认为,已经生效的(2020)粤刑终623号、(2020)粤刑终624号刑事判决书已对本案谢某荣的财产损失作出处理,责令该案被告人及同案人连带退赔谢某荣等集资参与人损失,并按比例发还谢某荣等集资参与人。该判决事项具有拘束力和执行力,性质上是对谢某荣等集资参与人的民事权利的救济手段,与民事判决具有同等法律效力,且通过该刑事退赔亦有助于各集资参与人公平受偿。现谢某荣提起本案诉讼,其主张的款项在上述生效法律文书中已经作出处理,故本案应予驳回。一审法院依据《民事诉讼法》(2017年)第154条[1]第1款第3项、《民事诉讼法解释》(2020年)第208条的规定,裁定如下:驳回谢某荣的起诉。

二审法院认为,根据其院作出的(2019)粤01刑初185号、(2019)粤01刑初472号刑事判决书和广东省高级人民法院作出的(2020)粤刑终623号、(2020)粤刑终624号刑事判决书查明的事实,本案谢某荣已经作为上述刑事案件的集资参与人向办案机关陈述和签认书证,并由审判机关认定郝某声等人的行为均已构成非法吸收公众存款罪和责令郝某声等刑事被告人及同案人连带退赔集资参与人的损失。据此,二审法院认为,谢某荣提起本案诉讼所涉的事实与已经生效的刑事判决所涉事实相同,且上述刑事判决已对本案谢某荣的财产损失作出处理。故此,一审法院裁定驳回谢某荣的起诉并无不妥,依法应予维持。谢某荣的上诉请求和理由均依据不足,本院

[1] 参见2023年修正的《民事诉讼法》第157条。

予以驳回。

二、【案例 2】董某、泰和公司民间借贷纠纷案[1]

(一)案情简介

2015 年 3 月 23 日,董某与泰和公司、恒通公司签订了《投资管理合同》,合同约定,董某提供其与泰和公司商定的投资金额给泰和公司,恒通公司为泰和公司提供连带保证责任,投资金额为 530,000 元,投资期限自 2015 年 3 月 23 日至 6 月 23 日,投资收益率执行月收益 10‰,董某应于合同生效后一次性向泰和公司交付全部投资资金,恒通公司受泰和公司委托为本合同项下的投资提供连带保证责任,若到期泰和公司没有足额还款,恒通公司在合同到期后 3 日内无条件向董某代偿。同日,董某将 530,000 元汇至恒通公司账号。恒通公司同日将该款汇至泰和公司总经理个人账号内。2015 年 3 月 23 日泰和公司发放给董某收益款 5300 元,2015 年 4 月 19 日发放给董某收益款 5300 元。2015 年 4 月 20 日,恒通公司法定代表人陈某立因涉嫌非法吸收公众存款罪被刑事拘留,5 月 27 日被逮捕。

在该刑事案件的审理过程中,经法院审理查明,2014 年 7 月至 2015 年 4 月 20 日,恒通公司法定代表人陈某立在未经国家金融监管部门批准的情况下,以恒通公司为依托,以为泰和公司融资的名义,以委托理财的方式向包括董某在内的 117 人吸收资金 743 万元,后转给泰和公司 200 万元。泰和公司与恒通公司系合作关系,泰和公司委托恒通公司以泰和公司名义向社会借款 2000 万元,并以泰和公司的名义给借款人一定的利息,同时同意陈某立直接收款并支配。

2016 年 9 月 8 日,荣成市人民法院以(2015)荣刑初字第 212 号刑事判决书判决陈某立犯非法吸收公众存款罪,判处有期徒刑 8 年,并处罚金 40 万元,并责令陈某立向集资参与人退赔 12,274,200 元。后司法机关从泰和公司处追偿现金 600,000 元,经按比例返还,包括收益款在内董某返得 181,426.42 元,余款 348,573.58 元,董某多次向泰和公司、恒通公司索要未果,遂成诉。

---

〔1〕 参见山东省高级人民法院民事判决书,(2019)鲁民再 600 号。

(二)法院观点

一审法院认为,虽然恒通公司的法定代表人陈某立犯有非法吸收公众存款罪,但陈某立的犯罪行为并不必然导致合同无效,合同效力的认定应尊重当事人的意思自治。本案董某与泰和公司、恒通公司的合同是当事人的真实意思表示,且未违反法律、行政法规的强制性规定,上述合同亦不具有《合同法》(已失效)第52条[1]规定的无效情形,应认定合法有效。荣成市人民法院(2015)荣刑初字第212号刑事判决已判决陈某立向集资参与人退赔集资款,因此泰和公司应和陈某立承担共同还款7,238,360元的义务,恒通公司应依据合同承担连带保证责任。因此泰和公司辩称,应由陈某立进行退赔与泰和公司无关理由不当,于法无据,不予支持。

二审法院认为,按照生效的荣成市人民法院(2015)荣刑初字第212号刑事判决认定的事实,董某与泰和公司、恒通公司所签订的《投资管理合同》,实际上是陈某立向社会不特定对象吸收资金的一种方式和手段,据此不足以认定董某与泰和公司之间存在真实的借贷关系,属于以合法的合同形式掩盖非法吸收社会公众存款的非法目的,是无效合同。因此,在上述生效刑事判决已判决认定陈某立以为泰和公司融资的名义,以委托理财的方式向社会不特定对象吸收资金,变相吸收公众存款,构成非法吸收公众存款罪,对陈某立定罪量刑,并判令其对包括董某在内的集资参与人予以退赔的情况下,董某就涉案资金的返还请求权已受到生效刑事判决的羁束。现董某又依据《投资管理合同》起诉要求泰和公司、恒通公司连带返还资金,违反了一事不再理的原则,依法不应受理,已经受理的,应依法驳回起诉,应由相关侦办机关按照程序处理,不属于法院民事诉讼的处理范畴。

再审法院认为,本案涉及刑事诉讼与民事诉讼交叉情形下如何适用法律的问题。对于刑民交叉情形下的法律适用原则,我国现行立法和司法解释未作明文规定,司法实践中也缺乏统一的裁判规则。《经济犯罪嫌疑规定》第10条虽然明确规定了刑民交叉情形下法律适用的一般原则,但因每个案件的性质、事实有所不同,在具体适用该司法解释时也存在不同的理解和适用。

---

[1] 参见《民法典》第146条。

恒通公司法定代表人陈某立因犯非法吸收公众存款罪，荣成市中级人民法院已经作出生效刑事判决，并判决对陈某立非法吸收的存款进行追赃退还给集资参与人，董某作为集资参与人获得了18万余元的退赔款，但涉案《投资管理合同》系泰和公司、恒通公司与董某签订的，泰和公司、恒通公司系涉案《投资管理合同》的订约当事人。在陈某立涉嫌刑事犯罪被追究刑事责任的情况下，泰和公司、恒通公司是否还应依约承担涉案投资款返还的民事责任。

2016年第2期《最高人民法院公报》发布的案例裁判摘要中明确："行为人以所在单位名义与他人签订经济合同，给他人造成经济损失构成犯罪的，除依法追究行为人的刑事责任外，其所在单位也应对他人造成的经济损失依法承担相应的民事责任。"最高人民法院（2017）最高法民申1914号民事裁定的意见也认为，因同一法律事实分别产生刑事法律关系和民事法律关系的，构成刑事责任和民事责任的聚合，刑事责任的承担并不能否定民事责任的承担。刑事案件没有执行终结不影响民事案件的受理和审理。为避免民事权利人或者刑事被害人双倍受偿，可在执行中对刑事追赃与民事责任，依据实体责任的认定进行综合处理。

在法律和司法解释对类案情形没有明确法律依据的情况下，从最高人民法院的上述案例的裁判意见可以看出，基于同一事实分别发生民事法律关系和刑事法律关系，进而构成民事责任和刑事责任聚合的情况下，因行为主体和责任主体不一致，即使行为主体被追究刑事责任，也不影响其他责任主体承担相应的民事责任。刑民交叉情形下，只有刑事诉讼和民事诉讼所涉事实为同一自然事实，才能单独依照刑事诉讼法的规定处理，如企业法人法定代表人、负责人及其他工作人员等对外以法人名义实施的职务行为，如果法定代表人、负责人以及其他工作人员的行为构成刑事犯罪，但法人本身不构成犯罪的，此时犯罪行为的主体与民事法律行为的主体属于不同的主体，则不属于同一自然事实，刑事案件的处理不影响民事案件的受理和审理；若法人本身涉嫌犯罪的，则只能按照刑事案件处理。涉案《投资管理合同》系董某与泰和公司、恒通公司三方签订的，且合同签订后董某通过恒通公司法定代表人陈某立将涉案款项转入泰和公司总经理胡某名下，表明泰和公司实际收到董某的出资款项。在恒通公司法定代表人陈某立因涉嫌刑事犯罪被追究刑事责任并判决追赃退赔董某部分损失，而恒通公司没有被追究刑事责任的情形下,不能当然认定涉案三方所签订的《投资管理合同》无效,亦不能当然免除泰和公司、恒通公司应承担的涉案《投资管理合同》所产生的民事责任。一审判决依据三方所签订的《投资管理合同》的约定,在生效刑事判决执行追赃不足,以及泰和公司已实际收到涉案款项的情形下,认定泰和公司为涉案款项的实际借款人,并判令泰和公司承担董某未退赔的出资款项,恒通公司依约承担连带保证责任具有事实和法律依据。

泰和公司主张若判决其返还出资款也应按照涉案非法吸收存款犯罪行为中受害人的人数和比例返还,不应全部返还给董某。对此法院认为,恒通公司法定代表人陈某立非法吸收的出资人存款可以出借给不同的使用人,而本案所涉董某出资的款项已实际由泰和公司收取,即泰和公司系涉案款项的实际使用人,泰和公司并未因陈某立的非法吸收存款犯罪行为而被追究刑事责任,即泰和公司不是另案非法吸收公众存款罪的犯罪主体,其应承担的民事责任只能针对具有合同关系的出资人,因而泰和公司的上述诉讼主张没有法律依据。至于生效刑事判决执行的款项如何分配对本案泰和公司民事责任的承担没有影响。

关于在生效刑事判决追赃的情形下,本案民事诉讼是否应予受理的问题。对该问题目前法律和司法解释均未明确规定。《刑事诉讼法解释》(2012 年)第 139 条[1]虽然明确规定涉财犯罪判决追赃的情形下,被害人不得提起附带民事诉讼,但并未明确禁止当事人提起单独的民事诉讼,故泰和公司以"一事不再理"为由主张本案民事诉讼不应受理,不符合规定,泰和公司的抗辩主张没有法律依据,二审裁定驳回申请人的起诉不当。至于泰和公司和恒通公司之间的争议问题,双方可以另行处理。

三、法律实务评析

上述两个案例的区别在于:案例 1 是在公司主要负责人被追究非法集资诈骗刑事责任的情况下,向未被认定需要承担刑事责任的员工追究民事责任;案例 2 是在存在担保人的民间借贷关系中,有多个涉案法律关系主体,其中一方主体被认定需承担非法集资刑事责任时,能否向另一方主体要求承担民事责任。

---

[1] 参见 2021 年修正的《刑事诉讼法解释》第 176 条。

案例1中,法院的审判逻辑默认了员工对外代表公司做出的法律行为,最终的法律责任也只能归属于公司。在这种逻辑下,案例1中承担刑事责任和民事责任的法律主体相同,因而法院认定其属于同一法律事实,进而驳回当事人的民事诉求。然而,按照案例2中再审法院的观点,案例1的受害人或许可以向公司提起民事诉讼进行追偿。

案例2中,再审法院认为,刑民交叉情形下,只有刑事诉讼和民事诉讼所涉事实为同一自然事实,才能单独依照刑事诉讼法的规定处理,如企业法定代表人、负责人及其他工作人员等对外以法人名义实施的职务行为,如果法定代表人、负责人以及其他工作人员的行为构成刑事犯罪,但法人本身不构成犯罪的,犯罪行为的主体与民事法律行为的主体属于不同的主体,则不属于同一自然事实,刑事案件的处理不影响民事案件的受理和审理;若法人本身涉嫌犯罪的,则只能按照刑事案件处理。

若公司法人构成单位犯罪,一般会追究公司负责人的刑事责任,在此情形下,对公司负责人单独追究民事责任,实际上基于同一法律事实。若公司负责人构成犯罪,而公司未被认定为单位犯罪,则可以依据法律关系主体的不同,向公司另行提起民事诉讼。

综上所述,案例1中刑事判决书并未认定涉案公司构成单位犯罪,也即法人并未犯罪,此时若以合同相对方系公司为由提起民事诉讼,则民事诉讼主体是公司法人,而非公司主要负责人,或许有可能得到法院的支持。案例2的再审法院判决书中关于刑民交叉的论证说理逻辑清晰、有理有据,本书深感认同。

第四节 侵犯知识产权案的刑民交叉案例分析

知识产权刑民交叉案件主要指侵犯知识产权的行为既违反民法规范,又可能触犯刑法构成犯罪的情形。知识产权的私权属性致使这类刑民交叉案件大量涌现。关于侵犯知识产权相关刑事案件中,能否提起附带民事诉讼,存在不同的观点。《刑事诉讼法》第101条对刑事附带民事诉讼的受案范围作出了规定,该条第1款规定,"被害人由于被告人的犯罪行为而遭受物质损失的,在刑事诉讼过程中,有权提起附带民事诉讼"。然而,《刑事诉讼法解释》第175条第1款则进一步缩小受案范围，即“被害人因人身权利受到犯罪侵犯或者财物被犯罪分子毁坏而遭受物质损失的，有权在刑事诉讼过程中提起附带民事诉讼”。由于知识产权的特殊性，知识产权的权利人受到的损害通常为人身权利和直接财物以外的损害，因此知识产权类案件很容易被排除在刑事附带民事诉讼的受案范围之外。但是，对于侵犯知识产权的犯罪行为，能否在知识产权刑事案件中提起附带民事诉讼，目前法律及司法解释并不存在明确规定，司法实践中尚存争议。

一、【案例1】潘某勇销售假冒注册商标的商品罪刑事附带民事诉讼案[1]

（一）案情简介

江苏省盐城市中级人民法院在审理江苏省盐城市人民检察院指控被告人潘某勇等人犯销售假冒注册商标的商品罪案过程中，刑事附带民事诉讼原告人刘某权对被告人潘某勇提起刑事附带民事诉讼，刑事附带民事诉讼原告人刘某权一审诉讼请求：追究潘某勇生产、销售伪劣商品罪的刑事责任并予以从重处罚；判令潘某勇立即返还其货款63万元，并赔偿损失189万元（以货款的3倍计算），合计252万元。

江苏省盐城市中级人民法院审理后，于2020年5月26日作出（2020）苏09刑初2－1号刑事附带民事裁定。宣判后，刑事附带民事诉讼原告人刘某权不服，提出上诉。

（二）法院观点

一审法院认为，根据《刑事诉讼法解释》第175条第1款的规定，被害人因人身权利受到犯罪侵犯或者财物被犯罪分子毁坏而遭受物质损失的，有权在刑事诉讼过程中提起附带民事诉讼。刘某权主张潘某勇立即返还货款63万元，并以货款的3倍数额赔偿其损失189万元，合计252万元。公诉机关指控被告人潘某勇销售给刘某权的假冒注册商标的商品数额为230,400元，该款已由潘某勇退出，并扣押于建湖县公安局。刘某权主张追究潘某勇

[1] 参见江苏省高级人民法院刑事附带民事裁定书，（2020）苏刑终115号。

刑事责任并返还货款、赔偿损失，不属于刑事附带民事诉讼的范围，故裁定驳回刑事附带民事诉讼原告人刘某权的起诉。

二审法院认为，江苏省盐城市中级人民法院（2020）苏 09 刑初 2 号刑事判决认定被上诉人潘某勇向上诉人刘某权销售假冒注册商标的商品，合计 230,400 元，并判决由扣押机关将扣押的潘某勇所退违法所得 230,400 元发还刘某权。该案不存在上诉人刘某权财物因被上诉人潘某勇毁坏而遭受物质损失的情形，且一审法院已作出刑事判决，将所扣押的被上诉人潘某勇所退违法所得 230,400 元发还上诉人刘某权，故上诉人刘某权提起刑事附带民事诉讼不符合相关法律规定，一审法院驳回其起诉，并无不当。

二、【案例 2】熊某传、熊某梦假冒注册商标罪上诉案[1]

（一）案情简介

熊某传原系宜昌市某粘合剂开发有限公司员工，该公司是“×××”注册商标的商标权人。熊某传在被宜昌市某粘合剂开发有限公司除名后，未经该公司许可，自 2007 年伙同其子熊某梦生产、销售假冒宜昌市某粘合剂开发有限公司享有注册商标专用权的“×××”粘合剂产品。经过公安机关侦查和检察机关审查，宜昌市人民检察院指控熊某传犯假冒注册商标罪，宜昌市某粘合剂开发有限公司亦向一审法院提起附带民事诉讼，请求判令熊某传、熊某梦赔偿宜昌市某粘合剂开发有限公司经济损失。一审法院判决熊某传犯假冒注册商标罪并处罚金，熊某传、熊某梦连带赔偿宜昌市某粘合剂开发有限公司经济损失。熊某传、熊某梦不服一审判决，向湖北省高级人民法院提起上诉。

（二）法院观点

湖北省高级人民法院经审理认为，公安机关在熊某传制假窝点查获价值 49,140 元的假冒产品的事实清楚，熊某传、熊某梦向河北石家庄销售价值 65,448 元假冒产品的证据确实、充分，熊某传、熊某梦向河南洛阳、山东济南等地销售了假冒“×××”注册商标的粘合剂产品，但所售产品的数量因证据不足而无法确定，故对此不予认定。湖北省高级人民法院于 2012 年 1 月 4 日

〔1〕 参见湖北省高级人民法院刑事附带民事判决书，（2011）鄂知刑终字第 1 号。

作出生效判决，判决维持一审判决中对熊某传的定罪部分及附带民事部分，撤销该判决中对熊某传的量刑部分，改判熊某传有期徒刑 2 年，缓刑 3 年，并处罚金 10 万元。

三、法律实务评析

关于能否在知识产权刑事案件中提起附带民事诉讼，案例 1 持否定观点。案例 1 认为，该刑事案件中不存在物质损失，不属于刑事附带民事诉讼受案范围。法院严格按照《刑事诉讼法解释》理解“物质损失”的含义。盐城市中级人民法院认为返还货款、赔偿损失不属于刑事附带民事诉讼的范围，故裁定驳回刑事附带民事诉讼原告人的起诉。二审中，江苏省高级人民法院亦认为该案中不存在财物被毁坏而遭受物质损失，故最终维持了原裁定。有观点认为，物质损失应具有物理性破坏，知识产权涉及的对象是无形物，损失一般是可期待利益，不可能消失或形成物理性破坏。[1] 此外，结合相关案例，对是否支持刑事附带民事诉讼，持反对意见的法院主要理由是：知识产权属于精神产品，而精神产品并非物质财富，故侵犯知识产权犯罪中不存在物质损失，也就不符合《刑事诉讼法解释》规定的属于人身权利受到犯罪侵犯或财产被犯罪分子毁坏而遭受物质损失的情形，故不能在刑事诉讼中提起附带民事诉讼，但被害人有权另行提起民事诉讼。

案例 2 系假冒注册商标罪案，该案系最高人民法院公报典型案例。该案法院认为，知识产权作为一种无形财产权，客体属于财产法意义上的“物”或“财产”、民法中的“无体物”，因侵权遭受的财产损失理应被认定为“物质损失”，符合刑事附带民事诉讼的受案范围。事实上，在寻找相关案例的过程中，支持在知识产权犯罪中适用刑事附带民事诉讼程序的判决并不少见，在最高人民法院的公报案例[2]和最高人民检察院的典型案例[3]中均有收录。

案例 1 和案例 2 的判决结果存在分歧，原因在于审判机关对侵犯知识产

〔1〕 参见陈健淋：《刑事附带民事诉讼中的物质损失应该如何理解——上海知识产权刑事附带民事诉讼研讨会会议综述》，载中国法院网 2020 年 9 月 24 日，https://www.chinacourt.org/article/detail/2020/09/id/5470932.shtml。

〔2〕 参见西安市人民检察院诉裴某良侵犯商业秘密案，载《最高人民法院公报》2006 年第 12 期。

〔3〕 参见山东福某达环保工程有限公司、马某强、郭某侵犯商业秘密案，系 2022 年最高人民检察院发布的检察机关知识产权综合性司法保护典型案例之一。

权造成损失的性质理解不同。基于该不同理解，审判机关对侵犯知识产权所造成的损失是否属于物质损失产生分歧，进而导致刑事附带民事诉讼程序适用上的不同。

本书认为，对知识产权的损害属于“物质损失”。在知识产权中，除著作权兼具人身权和财产权外，其他知识产权在本质上仍归属于财产权的范畴；况且，在现代社会中，无论是《民法典》中的肖像权、姓名权等人身权利，还是《著作权法》中的署名权等著作人身权，都具有一定的经济属性，能在一定程度上为权利人带来经济利益。因而，侵犯知识产权犯罪实质上会影响到知识产权权利人的经济利益，鉴于“经济损失”“物质损失”“财产损失”含义相同，可以明确知识产权损害属于“物质损失”。知识产权作为智力成果，其无形财产的价值属性在市场交易和竞争中得以凸显。在当前国家、社会和个人对知识产权保护都予以重视的情况下，至少不应当将知识产权地位置于一般有形财产之后，进而将其排除在刑事附带民事诉讼程序之外。在知识产权刑民交叉案件中，知识产权刑事犯罪与民事侵权在违法性认定上具有一致性和重合性。因侵权而犯罪的犯罪构成特征表明，两种行为由同一法律事实引发，知识产权民事案件与刑事犯罪存在逻辑递进性，二者天然就具有同时审理、一并处理的优势，这是由两类违法行为本质所决定的。合并审理在程序上尊重其本质规律，也充分发挥了审判的积极性。

允许受害人提起附带民事诉讼，能实现刑事打击与民事赔偿双重司法保护功能。在审理知识产权刑事案件过程中一并解决民事赔偿问题，应根据罪刑相适应原则和民事侵权损害赔偿规则，分别确定被告人的刑事责任和民事责任。从目前司法实践来看，首先，知识产权刑事案件提起附带民事诉讼的比例较低，获得判决支持的案件数量更是有限。其次，刑事附带民事公益诉讼、民事公益诉讼支持起诉制度等存在规定不足的问题，检察机关在公益诉讼等探索过程中也遭遇不少困难。由于法律规定不够明确，不同法院对“不特定的人”“损害社会公共利益”的理解存在差异，加之缺少专门账户管理赔偿款项，推行困难。但是，在知识产权刑事案件中允许提起附带民事诉讼，既可以提升诉讼效率，避免产生相互矛盾的裁判，又能保护知识产权权利人的权益，维护司法权威。目前，部分地区已开始认可和积极探索知识产权刑事附带民事诉讼。可以预见，在知识产权刑事案件中提起附带民事诉讼未来会获得更多肯定与支持。

第五节　民间借贷中的刑民交叉案例分析

在涉及刑民交叉案件中，当两个法律关系主体和事实并非完全相同时，如何确定另行提起民事诉讼的被告将决定法院是否对案件进行受理。

一、【案例 1】产投融资公司、新伊科公司借款合同纠纷案〔1〕

（一）案情简介

2017 年 9 月 12 日，产投融资公司与新伊科公司签订了两份《借款合同》，约定新伊科公司向产投融资公司借款 2000 万元，用于归还银行贷款，借款期限均自 2017 年 9 月 14 日至 2017 年 10 月 13 日，还就利率、权利义务、违约责任、催收、管辖等作了详细约定。

中远公司、合驰公司、珠海驰纬公司、刘某、年某、张某军、胡某杰、殷某忠，自愿与产投融资公司分别签订了《保证合同》，就保证相关事宜，作出详细约定。

2017 年 9 月 14 日，产投融资公司通过银行转账给付 2000 万元。现借款早已到期，被告新伊科公司等未按期还本付息，其他保证人未履行保证责任。

另查，2018 年 7 月 20 日合肥市公安局经济犯罪侦查支队立案告知书显示，刘某、胡某杰等人涉嫌骗取贷款，已立案侦查；2018 年 5 月 22 日合肥市公安局受案回执显示，产投融资公司于 2018 年 5 月 22 日报称的珠海驰纬公司涉嫌合同诈骗案已受理。

（二）法院观点

一审法院认为，产投融资公司陈述，本案被告刘某因涉及金融诈骗犯罪，已被合肥市公安局包河分局立案侦查，产投融资公司就诉请的 2000 万元借款也向公安机关报案，产投融资公司向公安机关报案的时间早于向该院

---

〔1〕 参见安徽省高级人民法院民事裁定书，（2020）皖民终 80 号；最高人民法院民事裁定书，（2020）最高法民申 5603 号。

提起民事诉讼的时间。同时,产投融资公司向法院提交立案告知书、受案回执复印件各一份,2018 年 7 月 20 日合肥市公安局经济犯罪侦查支队立案告知书显示,刘某、胡某杰等人涉嫌骗取贷款,已立案侦查;2018 年 5 月 22 日合肥市公安局受案回执显示,产投融资公司于 2018 年 5 月 22 日报称的珠海驰纬公司涉嫌合同诈骗案已受理。一审法院认为,产投融资公司就本案借款合同涉嫌诈骗向公安机关报案,公安机关受理并立案侦查,本案涉嫌犯罪,依法应予驳回。

二审法院认为,本案起诉前,产投融资公司就涉案 2000 万元借款以珠海驰纬公司涉嫌合同诈骗向公安机关报案,公安机关以刘某、胡某杰等人涉嫌骗取贷款进行立案侦查。后产投融资公司又以借款人及各位保证人为被告提起本案诉讼,而非仅仅起诉涉嫌刑事犯罪的刘某、胡某杰之外的借款人或保证人,故本案与刑事案件所涉及事实属于同一事实,原审法院依照《经济犯罪嫌疑规定》第 11 条规定,裁定驳回产投融资公司的起诉,并无不当。

再审法院认为,本案的诉讼标的既包括产投融资公司与新伊科公司之间的借款法律关系,也包含在该主法律关系上派生出的担保法律关系,其中担保法律关系相对于借款法律关系具有从属性。根据安徽省合肥市公安局 2018 年 5 月 22 日《受案回执》以及一审法院 2019 年 12 月 17 日对产投融资公司所作谈话笔录载明的内容来看,新伊科公司涉嫌合同诈骗的事实正是产投融资公司诉请的借款法律关系的要件事实,该事实亦对涉案担保法律关系的认定、处理产生影响,一审、二审法院依据《经济犯罪嫌疑规定》第 11 条之规定裁定驳回产投融资公司的起诉并不缺乏依据。产投融资公司可以视刑事程序进展情况另行依法提起民事诉讼。

二、【案例 2】李某、花园春公司民间借贷纠纷案[1]

(一)案情简介

李某与花园春公司、王某红签订《借款合同》,后河南省郑州市中级人民法院(2019)豫 01 刑初 76 号刑事判决认定王某红就涉案款项犯合同诈骗罪。李某未完全追回借款,遂起诉花园春公司。

---

[1] 参见最高人民法院民事裁定书,(2021)最高法民申 2759 号。

（二）法院观点

最高人民法院经审查认为，李某申请再审的理由成立。李某系依据其与花园春公司、王某红签订的《借款合同》，起诉要求花园春公司承担民事责任。河南省郑州市中级人民法院（2019）豫01刑初76号刑事判决认定王某红就涉案款项犯合同诈骗罪，该刑事程序处理的是王某红是否构成犯罪以及如果构成犯罪如何处罚问题，但不涉及涉案《借款合同》是否有效、花园春公司是否应承担还款责任等民事问题。《借款合同》是否有效、花园春公司是否应承担还款责任等民事问题应由民事程序另行审理。本案符合《九民会议纪要》第128条规定的情形，民事案件和刑事案件应当分别审理。一审、二审法院裁定驳回李某起诉适用法律不当，应予纠正。

三、法律实务评析

通过案例可以发现，当存在纠纷的法律关系主体并非完全涉嫌刑事犯罪时，如何确定另行提起的民事诉讼的被告将决定法院是否对案件进行受理。在普通的存在担保的民间借贷纠纷中，尽可能增加被告人数，将债务人和担保方全都纳入民事诉讼，在一定程度上有利于原告债权的实现。然而，当民间借贷纠纷的债务人一方就借贷纠纷本身涉嫌或者部分涉嫌刑事犯罪时，如何确定被告将决定另行提起的民事诉讼能否得到法院受理。此时，原告方的诉讼策略与一般民间借贷纠纷的诉讼策略就存在差异。

作为代理律师，处理民间借贷纠纷的刑民交叉案件时，首先需要判断被告方涉嫌刑事犯罪是否基于同一事实关系，其次需要明确所有债务人和担保人是否都涉嫌刑事犯罪。在明确这些问题后，针对未就同一事实关系涉嫌刑事犯罪的债务人或者担保人，可以提起民事诉讼。按照《九民会议纪要》的观点，法院也应当依法予以受理。

司法实践中，刑民交叉案件的处理需要进行综合协调，借助民事、刑事等多部门法进行判断。对于竞合型刑民交叉案件，若同一事实涉及刑事与民事两种法律关系，且二者在行为主体、相对人以及行为本身等方面完全一致，则民事诉讼的提起可能会受到刑事案件处理的影响。然而，若民事诉讼的被告与刑事案件中的被告并非同一主体，或者虽然为同一主体但民事法律关系与刑事法律关系相互独立，那么民事诉讼的提起和受理不应受到刑事案件的过多限制。

此外,对于牵连型刑民交叉案件,由于引起刑事、民事法律关系的事实并非源自同一事实,而仅是在某个或者某些构成要素上出现了交叉,因此民事诉讼的受理更不应因刑事案件的存在而被轻易驳回。在此类案件中,只要民事诉讼的被告明确,且民事法律关系清晰独立,法院就应当对案件进行受理。

第六节　合同诈骗案中的刑民交叉案例分析

在签订合同的各方主体中,一方实施犯罪行为或涉嫌犯罪行为,并不必然导致合同无效的法律后果。在合同约定内容本身不属于无效事由的情况下,合同一方当事人实施犯罪或涉嫌犯罪的行为不影响合同有效性。在涉合同诈骗刑民交叉案件中,判定合同效力时,不能仅因一方当事人实施了涉嫌犯罪行为,而当然认定合同无效。合同是否有效,应按照《民法典》第1编第6章第3节有关民事法律行为的效力规则去审查判断。即使一方当事人构成犯罪,只要合同本身没有违反法律、行政法规的强制性规定,且不违背公序良俗,合同仍然可以认定有效。

一、【案例1】远大公司与轻工业公司进出口代理合同纠纷案[1]

(一)案情简介

远大公司2010年12月向北京市第二中级人民法院起诉称:2008年7月,远大公司、轻工业公司签订《委托代理进口协议》,轻工业公司委托远大公司代理进口棕榈油。在协议履行过程中,轻工业公司向远大公司支付1376万元人民币。远大公司开立不可撤销信用证,实际承付金额为3,432,909.03美元,代理轻工业公司进口2749.825吨棕榈油,远大公司缴纳了进口关税及增值税5,479,338.03元人民币。远大公司共计为履行该协议支付货款28,918,211元人民币,扣除轻工业公司已支付的货款,尚欠货款

〔1〕 参见最高人民法院民事裁定书,(2015)民提字第128号。

22,193,204.22元人民币。为此诉至法院请求依法判令:(1)轻工业公司给付拖欠货款22,193,204.22元人民币;(2)代理费164,072.11元人民币;(3)支付逾期付款违约金至实际支付日止,以上合计金额为31,020,720.91元人民币;(4)承担本案全部诉讼费用。

(二)法院观点

一审法院认为,远大公司现依据进出口代理合同起诉轻工业公司,从合同订立到货物被提走的整个过程的行为性质已被刑事案件认定为赵某征的犯罪行为,故远大公司主张轻工业公司承担合同责任的起诉无法支持,应予驳回。远大公司主张轻工业公司对损害后果存在过错,应承担赔偿责任,可在其损失明确且依据正确的法律关系的情况下另行主张。遂裁定驳回远大公司的起诉。

二审法院认为,依据已经生效的北京市第一中级人民法院(2010)一中刑初字第1278号刑事判决书,已经认定远大公司为赵某征合同诈骗案的被害单位,判决将冻结、扣押在案的款、物按比例发还远大公司,并继续追缴犯罪所得按比例发还远大公司,故可以认定远大公司的损失已在刑事案件中得到处理。现远大公司向轻工业公司主张民事权利,因冻结、扣押在案的款、物以及继续追缴犯罪所得均需按比例发还给远大公司、轻工业公司以及其他案外公司,且发还的比例和数额尚未确定,故一审法院裁定驳回其起诉并无不当。对于远大公司主张的赔偿责任,一审法院亦认定其可在损失明确并依据正确的法律关系的情况下再行主张。综上,远大公司的上诉理由不能成立,该院不予支持。一审法院裁定正确,应予维持。并于2011年12月19日作出(2011)高民终字第4278号民事裁定:驳回上诉,维持原裁定。

最高人民法院再审审理认为,从本案合同订立来看,远大公司在合同签订前,对轻工业公司经营地进行资信考察,轻工业公司也向远大公司提供加盖公章的营业执照、组织机构代码证及进出口企业资格证书复印件;在办理涉案棕榈油进出口许可证时,远大公司申报过程中使用的是轻工业公司电子密钥向国家商务部提交文件,并与销售商签订《销售合同》。在整个合同履行过程中,轻工业公司在《委托代理进口协议》《销售合同》《油脂接卸储存三方协议》三份合同上加盖该公司的6号合同章,并在《销售合同》及附件上加盖骑缝章;远大公司通过中国银行开立信用证进行承兑,东莞市华南油脂工业有限公司向远大公司出具证明，证实棕榈油已全部进入该公司储油罐。因此，该外贸代理合同已全部履行完毕，远大公司以《委托代理进口协议》并依据《经济犯罪嫌疑规定》第3条规定提起本案诉讼，符合法律规定，应作为民事案件进行审理。轻工业公司职员赵某征的合同诈骗行为，虽然已被生效的刑事判决予以确认，但该个人的犯罪行为与本案《委托代理进口协议》的履行没有关联，也不能因此免除轻工业公司在本案中的民事责任。原审驳回远大公司的起诉不当，应予纠正。作出撤销北京市第二中级人民法院（2011）二中民初字第00723号及北京市高级人民法院（2011）高民终字第4278号民事裁定，由北京市第二中级人民法院继续审理本案。

二、【案例2】甘某与刘某等保证合同纠纷案[1]

（一）案情简介

2018年8月31日，原告甘某与被告李某林、刘某签订《保证（担保）书》。该《保证（担保）书》载明："保证人李某林、刘某，自愿为被保证人甘某，购买位于北京市朝阳区某房产的过户，承担连带无限责任担保。上述保证人如无法将上述房产过户到甘某名下，自愿对交易金额（预付款）共计人民币600万元整的房款承担连带担保的还款责任。以上系三方的真实意思表示。担保人对以上的内容确认无误，对担保事项和数额承担无限连带责任。此担保单方不可撤销！"

甘某向李某林于2018年7月31日转账600万元，于2019年3月25日向李某林转账300万元。2022年7月19日，北京市大兴区人民法院判决沈某犯诈骗罪，载明具体犯罪事实如下："2018年7月底，被告人沈某通过李某林、刘某介绍，将从张某霞处租赁的房屋出售给被害人甘某，并通过李某林收取甘某房款人民币500万元。案发前，被告人沈某已退还甘某人民币300万元（其中通过李某林向甘某退还人民币240万元）。"庭审中，甘某表示本案中主张的400万元系刑事判决书未处理的400万元。

庭审中，甘某和李某林均认可甘某于2018年7月31日向李某林转账600万元，李某林于2018年7月31日向沈某转账300万元，李某林于2018

---

〔1〕 参见北京市丰台区人民法院民事判决书，(2022)京0106民初18585号。

年 8 月 1 日向刘某转账 90 万元，李某林、刘某于 2018 年 8 月 31 日向甘某出具《保证（担保）书》，李某林于 2018 年 9 月 12 日向沈某转账 200 万元，甘某于 2019 年 3 月 25 日向李某林转账 300 万元；沈某收到的是预付款 600 万元中的 500 万元，李某林未将甘某的剩余尾款 300 万元支付给沈某；甘某在本案中起诉要求返还的 400 万元是刑事判决书中未处理的 400 万元。

北京市丰台区人民法院于 2023 年 3 月 14 日作出（2022）京 0106 民初 18585 号民事判决：（1）被告李某林、刘某于本判决生效之日起 15 日内向原告甘某返还 100 万元；（2）被告李某林于本判决生效之日起 15 日内向原告甘某返还 300 万元；（3）驳回原告甘某的其他诉讼请求。宣判后，双方当事人未提出上诉，判决已发生法律效力。

（二）法院观点

依据生效法律文书认定，2018 年 7 月底，沈某通过李某林、刘某介绍，将租赁的涉案房屋出售给甘某。沈某构成诈骗罪，该犯罪行为在民法上同时构成民事欺诈。在合同一方主体构成诈骗犯罪的情况下，受欺诈一方不行使撤销权的，如无其他法定合同无效情形，法院应依法认定该合同有效。在此基础上，现有证据不足以证明甘某知道或者应当知道李某林或者刘某是否被沈某诈骗，据此甘某与李某林、刘某之间签订《保证（担保）书》，其内容不违反我国法律、行政法规的强制性规定，现有证据亦不足以证明存在其他法定合同无效的情形，应为有效。当事人在保证合同中约定保证人和债务人对债务承担连带责任的，为连带责任保证。连带责任保证的债务人不履行到期债务或者发生当事人约定的情形时，债权人请求保证人在其保证范围内承担保证责任。甘某于 2020 年 12 月知晓被沈某诈骗，真实房主另有其人，沈某无法将房屋过户至其名下。甘某于 2021 年 6 月向公安机关报案，2022 年 7 月 19 日刑事判决书作出后，甘某于 2022 年 8 月 9 日提起诉讼要求刘某、李某林承担保证责任，并未超过保证期间。关于剩余款项返还一节，法院认为：第一，依据甘某与李某林、刘某之间签订的《保证（担保）书》的约定，保证人如无法将房屋过户到甘某名下，自愿对交易金额（预付款）600 万元的房款承担连带担保的还款责任。本案中，沈某收到的是预付款 600 万元中的 500 万元，李某林未将甘某的剩余尾款 300 万元支付给沈某。甘某要求返还的 400 万元，系刑事判决书未处理的 400 万元，即刑事判决书认定的甘某支付给李某林,李某林未支付给沈某的400万元。据此,《保证(担保)书》约定的李某林、刘某对预付款600万元承担连带担保责任,其中500万元系沈某收到的500万元,不在本案处理范围内。现房屋无法过户到甘某名下,李某林、刘某应对剩余100万元承担连带担保责任。第二,依据刑事判决书认定,甘某向李某林支付900万元,李某林向沈某转账500万元。沈某已向甘某退还300万元,其中包括通过李某林向甘某退还的240万元。剩余200万元责令沈某退赔违法所得,返还被害人甘某200万元。因生效的刑事判决书已就相关事实予以认定,民事案件的事实认定或者民事责任承担,需要以所涉刑事案件处理结果为依据,故对于李某林所称其向沈某转账540万元,刑事判决书载明的240万元是其退还给甘某的,并不是沈某退还给甘某的答辩意见,法院未予采纳。就李某林与沈某之间的纠纷,李某林可通过其他途径予以救济。据此,就剩余尾款300万元,应由李某林返还给甘某。甘某要求刘某就该笔300万元承担连带责任,缺乏依据,法院不予支持。关于甘某主张的利息,法院认为,因甘某在房屋交易过程中未尽到审慎审查的义务,现有证据不足以证明李某林、刘某具有诈害甘某的故意,故对于甘某要求支付利息的诉讼请求,法院不予支持。李某林、刘某承担责任后,就李某林、刘某与沈某之间的纠纷可另行解决。

三、法律实务评析

案例1中,轻工业公司职员赵某征个人的犯罪行为给远大公司造成经济损失,其个人偿债能力极弱,通过刑事追赃、追缴犯罪所得等方式历时漫长,且极有可能难以挽回损失。此时,若通过民事程序要求轻工业公司承担赔偿责任,考虑到轻工业公司具备较强的经济实力,远大公司的经济损失基本可以得到赔偿。签订合同的各方主体中,一方实施犯罪行为或涉嫌犯罪行为,并不必然导致合同无效的法律后果。在认定合同效力时,仍应适用签订合同时有效的《民法典》等法律规定进行认定。这与最高人民法院在闽路润公司与钢翼公司买卖合同纠纷案[1]中"在合同约定内容本身不属于无效事由的情况下,合同中一方当事人实施犯罪或涉嫌犯罪的行为不影响合同有效性。判定合同效力时,不能仅因一方当事人实施了涉嫌犯罪行为,而当然

[1] 参见最高人民法院民事裁定书,(2015)民申字第956号。

认定合同无效”的观点相符合。本案中，涉案合同为各方当事人的真实意思表示，合法真实有效，不存在合同无效事由，故合同一方当事人涉嫌刑事犯罪并不影响涉案合同的效力，且合同相对方已按照合同约定履行合同义务，故涉案合同合法有效，各方应遵照执行。现合同相对方已履行合同义务，其有权要求违约方承担相应的违约责任，尤其是在刑事案件中，追缴和退赔往往无法充分保护受害人合法权益，依据《经济犯罪嫌疑规定》，合同相对方可以提起诉讼，要求单位承担责任。故再审法院裁定撤销一审、二审判决，并裁定由一审法院继续审理本案，于法有据，有利于维护民事主体的合法权益，维护公平合理的社会经济秩序。

案例 2 中，合同一方当事人刑事上构成诈骗罪，使另一方意思表示不真实，民事上构成欺诈，形成意思表示不真实的可撤销合同，享有撤销权的一方可撤销合同，但这并不必然导致相关联民事合同无效。被害人不行使撤销权，且不存在其他合同无效情形的，相关联民事合同有效，其请求保证人承担保证责任的，法院应予支持。此外，在司法实务中，刑事审判与民事审判部门应当加强沟通和建立协调机制，借助网络信息科技有效解决执行过程中的重复受偿问题，即被害人通过刑事判决责令退赔所获得的款项，在民事判决执行中应予以扣除，借此妥善解决刑事判决和民事判决的执行衔接问题。

第七节　破产案件中的刑民交叉案例分析

在破产程序中，当债务企业涉嫌刑事犯罪时，刑事程序和民事程序可能会相互交织，形成刑民交叉的情况。在涉破产刑民交叉案件中，应将受害人的损失视为一种个别的民事债权，而不是具有公共性的其他权利，受害人的损失可以通过相关的民商事程序，特别是破产程序来解决受害人债权受偿问题。但是，实践中还要具体看是破产程序在先，还是刑事侦查程序在先，或者是刑事程序进行到什么阶段，可能决定了法院是否受理其相应的破产程序申请。

一、【案例 1】河南设计院与旭诚公司申请破产重整案[1]

(一)案情简介

旭诚公司于 2010 年 8 月 4 日在海南省三亚市原工商行政管理局登记成立,注册资本 1000 万元,公司类型为有限责任公司(自然人投资或控股)。旭诚公司因资金和债务问题陷入困境,该公司开发的"××半岛"项目已于 2014 年年底被迫停工。2017 年 5 月 8 日,三亚市城郊人民法院作出(2017)琼 0271 民初 3857 号民事调解书,河南设计院与旭诚公司自愿达成调解协议,确认至 2017 年 4 月 2 日,旭诚公司拖欠河南设计院设计费、晒图费共计 2,804,190 元。因旭诚公司无法履行付款义务,河南设计院遂向法院提出对旭诚公司进行重整申请。

旭诚公司因资金和债务问题陷入困境,该公司开发的"××半岛"项目已于 2014 年年底被迫停工。2015 年 8 月 28 日,旭诚公司股东吕某涉嫌非法集资吸收公众存款罪被洛阳市公安局长春路分局立案侦查,旭诚公司开发的"××半岛"项目所需资金来源涉嫌非法集资。2015 年 8 月 31 日,洛阳市公安局长春路分局作出公(长春路)封通字〔2015〕08079 号、08061 号查封决定,对旭诚公司的财产采取保全措施。

(二)法院观点

因吕某及旭诚公司涉嫌非法集资,涉及本重整案相关刑事案件正在公安机关侦查过程中,而非法集资案件属于特殊种类犯罪,《非法集资意见》第 7 条规定:"对于公安机关、人民检察院、人民法院正在侦查、起诉、审理的非法集资刑事案件,有关单位或者个人就同一事实向人民法院提起民事诉讼或者申请执行涉案财物的,人民法院应当不予受理,并将有关材料移送公安机关或者检察机关。人民法院在审理民事案件或者执行过程中,发现有非法集资犯罪嫌疑的,应当裁定驳回起诉或者中止执行,并及时将有关材料移送公安机关或者检察机关",本重整案在宣告破产前因相关刑事案件正在公安机关侦查过程中,且与公安机关协调后仍无法解除对旭诚公司财产的刑

[1] 参见海南省三亚市中级人民法院民事裁定书,(2017)琼 02 破 2 号之二。

事查封的情况下，本重整案不应再进行审理。故河南设计院对旭诚公司的重整申请，法院予以驳回。

二、【案例2】大庆高新公司与华阳公司破产清算纠纷案[1]

（一）案情简介

华阳公司成立于2019年9月，企业类型为有限责任公司，注册资本7000万元，经营范围：炭素、炭素制品、耐火材料生产销售等。

2021年4月1日，黑龙江省大庆高新技术产业开发区人民法院作出（2021）黑0691民初715号民事调解书，内容为济南某经贸有限公司、华阳公司支付大庆高新公司货款630,017.32元。该法院出具的（2021）黑0691执1530号之四号执行裁定书载明：执行过程中轮候查封了华阳公司的房产28处及车辆等财产，经申请人书面同意，终结（2021）黑0691民初715号民事调解书的本次执行程序。一审法院于2023年7月31日召开听证会，华阳公司表示目前因公司涉及刑事案件，银行账户被冻结，公司财产被查封，相关会计账簿被扣押，暂时无法清偿债务，不同意进入破产清算程序。另查明，2022年7月15日，平阴县公安局决定对华阳公司涉嫌非法吸收公众存款案立案侦查。侦查程序现在正在进行中。

（二）法院观点

一审法院认为，华阳公司不能清偿所欠大庆高新公司的到期债务，且该债务经法院执行后仍未能偿还。但因华阳公司涉嫌非法吸收公众存款犯罪被立案侦查，刑事程序已经先行启动，在此情形下法院不宜受理大庆高新公司提出的破产清算申请。依照《企业破产法》第2条第1款、第7条第2款、第12条第1款的规定，裁定：对大庆高新公司的申请不予受理。

二审法院认为，华阳公司因涉嫌非法吸收公众存款罪被公安机关立案侦查，华阳公司的财产已被公安机关查封、冻结，公司资产与犯罪所得如何区分尚无法确定，故无法判断华阳公司资产状况。同时，由于被上诉人涉嫌非法吸收公众存款罪，涉案财产可能被追回，被上诉人涉嫌刑事犯罪案件的

---

[1] 参见山东省济南市中级人民法院民事裁定书，（2023）鲁01破终2号。

结果对破产案件的受理已构成实质性影响,该案暂不具备受理条件。一审法院认为因华阳公司涉嫌非法吸收公众存款犯罪被立案侦查,刑事程序已经先行启动,在此情形下法院不宜受理申请人提出的破产清算申请并无不当,二审予以维持。

三、法律实务评析

通过案例 1 的分析可知,刑事手段的主要功能是惩罚犯罪,而不是重点解决财产纠纷。但处理非法集资问题的关键不仅仅是如何惩罚犯罪嫌疑人,解决受害人的民事赔偿同样重要。因此,仅依靠刑事手段,通过追赃、退赔和附带民事诉讼无法公平有效地解决问题。在实践中,为追缴赃款、最大限度减少受害人的损失,许多公安机关不得不将已经关押的非法集资人释放,并协助其进行资产归集和业务恢复。这使相关刑事法律制度的严肃性大打折扣。可以说,用刑事手段化解因非法集资而产生的社会矛盾的努力已经失败。必须转变思路,将主要通过刑事手段解决"涉众型经济犯罪案件"的方法转变为主要通过民商事手段,同时辅以刑事手段,特别是注意发挥破产法律制度在这方面的特殊作用。应将受害人的损失视为一种个别的民事债权,而不是具有公共性的其他权利。此外,主要通过相关民商事程序,特别是破产程序来解决受害人债权受偿问题。破产程序最大的特点之一,就是公平和概括偿债。在这一程序中,通过债权申报、审查和确认开展破产财产归集、变价和分配工作,能够最大限度地对所有债权人的债权进行公平清偿。

司法实践中,部分通过刑事程序处理的非法集资案件,由于无法准确、完整地核实受害人的损失和迅速实现公平清偿,或者无法兼顾民事程序,案件长时间搁置,使纠纷和矛盾得不到及时解决。另外,破产审判在处理"涉众型经济犯罪案件"中还有突出的特点,就是可以有选择地通过破产重整程序的适用,挽救有重整价值的企业,以实现企业财产价值和受害人损失补偿的最大化目标。这样的方式不仅能有效解决纠纷、缓解社会矛盾,还能维护法律制度的严肃性和公信力。因此,在处理此类案件时,应当充分运用民商事中破产制度的规定,辅以刑事制度,以实现更加公平、高效的问题解决方案。

案例 2 中的案情和处理结果与案例 1 有所不同,法院认为该案暂时不具备破产清算申请，待相关条件成就时，当事人可再提出申请。因为在实际操作中，刑民交叉案件极具复杂性，法院在处理此类案件时可能会面临诸多挑战，虽然我国现行立法并未明确禁止法院在此情形下受理破产清算申请，但这仍会给司法实践带来难题。然而，需要注意的是，由于刑事程序的先行启动，法院在受理破产清算申请时可能会更加审慎，以确保债权人的合法权益得到最大限度的保障，并避免可能出现的法律冲突和程序混乱。因此，申请人在提出破产清算申请时，应充分准备相关证据和材料，以证明公司确实符合破产清算的法定条件，并积极配合法院和相关部门进行调查和审查工作。司法实践中，破产程序的处理会根据具体情况采用不同的处理模式，如"刑民并行"或"先刑后民"，而这些处理模式的采用并不直接决定破产申请能否被受理。因此，在没有明确的法律禁止性规定的情况下，破产申请仍有可能被法院受理，具体情况还需结合案件实际情况，依据相关法律法规进行综合判断和妥善处理。

第八节　私刻公章案件中的刑民交叉案例分析

在私刻公章构成合同诈骗罪的场景中，刑事判决并不当然排除真实公章权利人的民事责任，是否构成表见代理是问题的关键。如果行为人的身份足以使人相信其对外以公司名义在合同上签字盖章的行为是职务行为，即便其私刻了公章并因此构成犯罪，其在民事上签订的合同仍可能被认定有效，真实公章权利人也可能因此承担相应的民事责任。这是因为在商事活动中，相对人往往更关注交易对方的身份和代理权，而非公章的真伪。

一、【案例1】四川某星投资公司诉成都某发置业公司房屋买卖合同纠纷案[1]

(一)案情简介

2000年12月27日，成都某发置业公司董事会任命白某为公司董事长、

〔1〕参见最高人民法院民事判决书，(2023)最高法民再50号。

法定代表人，分管××大楼销售，但公司印章、财务专用章均由他人另行保管，售楼方案应当由董事会通过。2001 年 7 月 31 日，四川某星投资公司法定代表人、董事长薛某璋出具《授权书》，载明"兹授权孙某代表本人在成都某发置业公司与我公司签订的《商品房（预售）合同》及《补充协议》上签字。"该《授权书》落款处加盖了四川某星投资公司公章并有薛某璋签名。

2001 年 7 月，白某以成都某发置业公司名义、四川某星投资公司总经理孙某以四川某星投资公司名义签订了涉案购房合同，主要约定：四川某星投资公司购买成都某发置业公司××大楼第 5、6 层，总价为 4042.668 万元。该合同加盖了两公司公章，并有白某和孙某签字。

2001 年 7 月 31 日，四川某星投资公司将首款 4000 万元以转账支票形式支付给了白某以成都某发置业公司名义设立的账户，白某以成都某发置业公司名义出具了收款收据。该款项进入白某私设的成都某发置业公司账户后，当天即被全部转走，其中 2200 万元转到了孙某为法定代表人的某设备有限公司账户，用于偿还白某欠孙某个人的债务。

2001 年 11 月，成都某发置业公司报案。经公安机关侦查，涉案购房合同及白某以成都某发置业公司名义开设银行账户相关材料上的成都某发置业公司公章及财务专用章均为白某私刻的假章。2002 年 4 月 18 日，四川省成都市人民检察院以白某涉嫌合同诈骗犯罪为由将白某批准逮捕，但白某潜逃。2005 年 8 月 22 日，四川省成都市公安局以孙某和白某涉嫌共同犯罪为由，决定对孙某涉嫌合同诈骗案立案侦查。

2020 年 12 月 11 日，四川省成都市中级人民法院作出（2018）川 01 刑初 91 号刑事判决（该刑事判决已生效，以下简称生效刑事判决），认定：白某利用担任成都某发置业公司法定代表人的职务便利，私刻单位印章与其他单位签订商品房买卖合同，擅自处分单位资产，并利用私设的单位账户收取款项，非法占有单位资金 6250 万元，数额巨大，其行为已构成职务侵占罪，判决：（1）白某犯职务侵占罪，判处有期徒刑 12 年，并处没收个人财产 50 万元；（2）对白某违法所得 6250 万元依法予以追缴，返还被害单位成都某发置业公司。成都市公安局于 2023 年 7 月 7 日出具《复函》载明："根据现有证据，白某、刘某辉、孙某均认可涉案的 2200 万元是白某用于偿还白某、刘某辉、孙某的三角债务，并有相关借款凭证相互印证，且白某至今未对孙某、刘某辉是否参与共谋犯罪有过相关指认，也无相关证据证明孙某在案发期间参与或明知白某私刻成都某发置业公司印章、私设成都某发置业公司账户一事。目前,认定孙某、刘某辉与白某共谋实施犯罪的证据不足。2023 年 5 月 18 日,孙某涉嫌合同诈骗案已由我局依法撤销案件。”成都市公安局于 2023 年 5 月 18 日作出《撤销案件决定书》,载明:“我局办理的孙某涉嫌合同诈骗案,因在侦查过程中,发现不应对犯罪嫌疑人追究刑事责任,根据《刑事诉讼法》第 163 条之规定,决定撤销此案。”

四川省成都市中级人民法院于 2004 年 7 月 20 日作出(2003)成民初字第 957 号民事判决:(1)被告成都某发置业公司应在判决生效之日起 10 日内返还原告四川某星投资公司 4000 万元及资金利息损失;(2)驳回原告四川某星投资公司其他诉讼请求。

宣判后,四川某星投资公司、成都某发置业公司均不服,提起上诉。四川省高级人民法院于 2005 年 6 月 14 日作出(2004)川民终字第 369 号民事判决:(1)撤销四川省成都市中级人民法院(2003)成民初字第 957 号民事判决;(2)成都某发置业公司在判决生效后 30 日内将涉案房屋交付四川某星投资公司,同时四川某星投资公司向成都某发置业公司支付购房余款 426, 680 元,成都某发置业公司应在房屋交付后 100 日内协助四川某星投资公司到房屋产权监理机关办理权属登记手续;(3)驳回四川某星投资公司的其他诉讼请求。

成都某发置业公司不服,向检察机关申请监督。最高人民检察院向最高人民法院提出抗诉。最高人民法院于 2006 年 4 月 12 日以(2006)民一抗字第 17 号函要求四川省高级人民法院依法再审。

四川省高级人民法院于 2006 年 6 月 12 日作出(2006)川民抗字第 83 号民事裁定再审本案,并于 2007 年 6 月 29 日作出(2006)川民再终字第 69 号民事判决:维持四川省高级人民法院(2004)川民终字第 369 号民事判决。成都某发置业公司仍不服,向检察机关申请监督。最高人民检察院再次向最高人民法院提出抗诉。最高人民法院于 2008 年 7 月 1 日作出(2008)民抗字第 30 号民事裁定提审本案,并于 2009 年 10 月 21 日裁定中止审理。中止事由消失后,最高人民法院于 2024 年 11 月 22 日作出(2023)最高法民再 50 号民事判决:维持四川省高级人民法院(2006)川民再终字第 69 号民事判决。

（二）法院观点

第一，关于白某犯罪行为对涉案购房合同效力的影响。法院认为，白某被生效刑事判决认定犯职务侵占罪，不影响其依法代表成都某发置业公司签订的涉案购房合同的效力，由此产生的民事责任应当由成都某发置业公司承担。

第二，关于涉案购房合同是否合法有效。法院认为，作为成都某发置业公司法定代表人的白某，与取得了四川某星投资公司法定代表人授权的孙某，分别以成都某发置业公司、四川某星投资公司名义签订涉案购房合同，双方在职权范围内实施的行为系履行职务行为，故涉案购房合同应属合法有效。即便白某与孙某主观上存在将购房款用于偿还个人借款等谋取个人利益，或者相互勾结侵害一方或各自公司利益的意思，但涉案房屋买卖是成都某发置业公司与四川某星投资公司之间的行为，而用购房款还债是白某与孙某个人之间的行为，二者具有独立性，故并不影响其在职权范围内代表各自公司签订的合同的效力。白某在签订涉案购房合同过程中违反成都某发置业公司董事会决议，私刻单位印章、私设单位账户等，均属成都某发置业公司单位内部管理问题，其侵害成都某发置业公司利益的，应当向成都某发置业公司承担责任。但成都某发置业公司仍然应当履行涉案购房合同，承担相应的民事责任，由此产生的损失应由成都某发置业公司自行承担，对白某的刑事处罚不能替代成都某发置业公司的民事责任。

二、【案例2】那某某、苏某某与民生证券某营业部侵权责任纠纷案[1]

（一）案情简介

从2014年9月开始，许某任民生证券某营业部总经理期间虚构民生证券投资理财、新三板投资理财、炒股等投资项目，使用私刻的公司印章和客户签订虚假合同，骗取那某某、张某某等20人共计3.096亿元。

梁某与许某二人是夫妻关系，其间，许某指使梁某私刻民生证券公章用于合同诈骗，梁某帮助许某私刻二枚民生证券公章。

---

〔1〕 参见山西省高级人民法院民事判决书，(2018)晋民初26号。

常某某在民生证券某营业部任总经理助理期间，明知许某通过私刻民生证券公章、财务专用章，伪造投资理财合同，虚构投资项目的手段欺骗客户，仍然和被告人许某一起骗取张某某、那某某二人1.03亿元。

那某某与苏某某系夫妻关系。2014年10月，经人介绍认识许某。许某告知二人，民生证券现有一款新三板基金理财产品，如认购该理财产品，其可作为基金代持人，民生证券对该理财产品保证本息。常某某也多次向其推荐该理财产品。后二人决定购买。每次签订协议并将投资款项打入许某指定的银行账户后，许某提供盖有民生证券总部印章的《基金委托理财协议》《承诺函》，以及盖有相关财务人员个人印章和民生证券财务章的《新三板基金缴款确认单》。2015年8月底，因到期的投资理财款无法退出，二人到民生证券某营业部了解情况时，得知许某因涉嫌合同诈骗罪被立案侦查，《基金委托理财协议》上的公章系许某私刻，遂向山西省高级人民法院提起诉讼，请求赔偿二人本金损失11,800万元及利息损失。

（二）法院观点

关于二被告应否对第三人许某诈骗二原告款项的本金及利息承担赔偿责任的问题。第三人许某作为被告民生证券某营业部负责人，从2014年9月开始虚构民生证券投资理财、新三板投资理财等投资项目，使用私刻的公司印章和客户签订假合同，且与营业部总经理助理常某某共同骗取二原告款项。其上述一系列行为是在其担任被告民生证券某营业部总经理期间实施的，造成二原告有合理理由相信许某是在履行职务行为，也正是许某具备履行职务的条件，使其在实施犯罪过程中，能够轻易地获得原告的信任。而被告民生证券某营业部在许某长达几年的犯罪过程中，并未引起警觉，直至第三人许某被太原市公安机关抓获逮捕。上述情形之所以能发生，与二被告规章制度不健全、用人失察、对公司高级管理人员监管不力密不可分。

同时，中国证券监督管理委员会对民生证券行政监管措施决定书〔2015〕84号《关于对民生证券采取暂停新开证券账户六个月等措施的决定》载明：民生证券股份有限公司存在营业部负责人把关不严、监管机制失效等问题，反映公司内部控制不完善、经营管理混乱。中国证券监督管理委员会山西监管局行政监管措施决定书〔2015〕23号《关于对民生证券股份有限公司某证券营业部采取责令改正并暂停新开证券账户一年措施的决定》

载明:民生证券某营业部因公章、财务用章和业务用章未建立相应印章管理制度,部分合同附件未经营业部经办人、复核人或事后审核人签字并加盖营业部印章,以及营业部原负责人许某涉嫌合同诈骗犯罪,反映出营业部岗位制度失衡。这说明二被告内部管理存在疏漏,缺乏预防、制止单位负责人许某犯罪行为发生的内部监督、防范机制,具有管理上的明显过错,二被告管理上的过错使许某、常某某有机可乘,以被告民生证券某营业部名义进行合同诈骗,造成二原告巨额损失。根据《经济犯罪嫌疑规定》第5条第2款"行为人私刻单位公章或者擅自使用单位公章、业务介绍信、盖有公章的空白合同书以签订经济合同的方法进行的犯罪行为,单位有明显过错,且该过错行为与被害人的经济损失之间具有因果关系的,单位对该犯罪行为所造成的经济损失,依法应当承担赔偿责任"的规定,二被告的过错与二原告的损失具有直接的因果关系,故二被告应对二原告97,927,500元的损失承担85%即83,238,375元的赔偿责任,二被告赔偿后可向许某等相关犯罪人追偿。二原告在保本高息的诱惑下,放松警惕,将投资款汇入许某指定的个人账户而非公司账户,有违日常生活经验法则,二原告未尽到充分的审慎注意义务,对其财产损失亦存有过错,应对97,927,500元的损失承担15%即14,689,125元的责任,至于二原告主张的利息,因双方均有过错,法院不予支持。

三、法律实务评析

在合同相对方私刻公章构成合同诈骗罪的场景中,能否向真实公章的权利人要求行使基于合同产生的侵权责任,取决于真实公章的权利人对于公章使用以及公司管理是否存在过错。

案例1中,白某私刻公章构成合同诈骗,其主观上存在牟取个人利益的意图不影响其在职权范围内代表公司签订的合同的效力。个人作为公司的代表,在职权范围内签订合同是履行职务的行为,公司应当履行合同,承担相应的民事责任,个人侵害公司利益的,应当向公司承担责任。故对白某的刑事处罚不能替代公司的民事责任。案例2中,山西省高级人民法院的审判说理实际上是认定民生证券对内并未做好公司公章管理以及落实员工管理制度,进而认定许某对外构成表见代理,从而要求民生证券某营业部承担相应的过错责任。

在私刻公章的刑民交叉案件中，私刻公章的犯罪人被追究刑事责任，并不当然免除真实公章权利人的民事责任，即使他们也可能是受害者。关键问题在于公司是否尽到对公章以及公司对外进行商事交往的管理、审查义务，如果尽到该义务，则认定为无权代理，进而排除构成表见代理的可能。

无权代理，是指代理人没有代理权、超越代理权或代理权已终止，但仍以被代理人的名义实施法律行为的情况。《民法典》第171条第1款规定："行为人没有代理权、超越代理权或者代理权终止后，仍然实施代理行为，未经被代理人追认的，对被代理人不发生效力。"无权代理的法律后果是，因无权代理而订立的合同效力未定，被代理人享有追认权，相对人享有催告权。善意相对人则享有撤销权，应在被代理人追认前行使，可以通过诉讼或通知方式行使。

表见代理，是指在行为人没有代理权、超越代理权或代理权已终止的情况下，相对人有理由相信行为人有代理权，并基于此实施的代理行为是有效的。《民法典》第172条规定了表见代理制度："行为人没有代理权、超越代理权或者代理权终止后，仍然实施代理行为，相对人有理由相信行为人有代理权的，代理行为有效。"表见代理的构成要件包括：代理人以被代理人名义订立合同时不享有代理权、存在使相对人相信代理人享有代理权的事实和理由、相对人善意且没有过失、权利外观可归责于被代理人。如果行为人伪造他人的公章、合同书或授权委托书等，或者被代理人的公章、合同书或授权委托书等遗失、被盗，以及与行为人特定的职务关系已终止并已以合理方式进行了公告或通知，表见代理不成立。

表见代理成立后，相对人有权主张表见代理发生有权代理的后果，并可以向无权代理人追偿。同时，相对人还享有选择权，既可以主张有权代理的效果，也可以在被代理人的追认生效前，行使撤销权，撤销与被代理人之间的合同。

民法意义上的表见代理，其目的在于减少商事交往中的交易成本。当交易中的善意相对人凭借商事交往的一般习惯，足以相信对方具有授权时，该代理行为就有效。因降低了善意相对人的实质审查义务，该制度实际上对公司的公章管理制度和授权代理制度提出了更高的要求。

第九节 司法执行过程中的刑民交叉案例分析

刑事案件涉案财产的执行是刑民交叉领域的典型和终极性问题。在执行标的与相关民事法律关系所涉标的完全或部分重合时,执行方式、分配原则以及执行异议等方面必然会涉及刑民交叉问题。这些问题的处理不仅关系到通过财产惩罚手段有效打击和预防刑事犯罪,更事关对公民财产权利的尊重和保护。

一、【案例1】罗某玲、王某光申请执行人执行异议案[1]

(一)案情简介

南丹旅游公司成立于2002年12月14日,2011年1月7日更名为丹江旅游公司,公司法定代表人由王某某变更为赵某云。在王某光申请执行丹江旅游公司、万裕房地产开发公司、赵某云借款纠纷案中,安阳市中级人民法院作出执行裁定,查封丹江旅游公司名下财产,其中包括涉案淅川县房权证香花镇字第××号房产。案外人谭某桂于2017年8月22日对该房产执行提出书面异议,法院裁定驳回谭某桂的异议请求。谭某桂不服,向该院提起案外人执行异议之诉,安阳市中级人民法院判决驳回谭某桂的诉讼请求。谭某桂不服,向河南省高级人民法院提起上诉,河南省高级人民法院于2018年12月26日作出(2018)豫民终1412号民事裁定:撤销一审判决,发回重审,安阳市中级人民法院再次作出民事裁定:驳回谭某桂的起诉。谭某桂不服,向河南省高级人民法院提起上诉,河南省高级人民法院于2020年1月10日作出(2019)豫民终1693号民事裁定:驳回上诉,维持原裁定。

罗某玲对执行丹江旅游公司名下淅川县房权证香花镇字第××号证内的丹江假日公寓××单元××楼东户房产提出书面异议,安阳市中级人民法院于2020年5月25日作出裁定:中止该院对丹江旅游公司名下淅川县房权证香花镇字第××号证内的丹江假日公寓××单元××楼东户房屋的执

[1] 参见河南省高级人民法院民事判决书,(2021)豫民终175号。

行。王某光不服,提起本案诉讼。

2013 年 12 月 30 日,谭某桂作为甲方(出卖人),与乙方(买受人)罗某玲签订《商品房买卖合同》,主要内容为:"第一条甲方所提供的房产为甲方与南丹旅游公司所在地,编号:淅国土出合(98)第 001 号地块上合作开发的小型假日公寓楼,合同约定中售让的房产产权隶属于淅川县房权证香花镇字第××号。第二条所购房屋的基本情况:1. 项目名称:丹江迎宾馆—假日公寓……"该合同甲方处有谭某桂签字并加盖南丹旅游开发有限公司丹江假日公寓售房合同专用章。王某光从执行卷宗中复印涉案房屋的商品房买卖合同及支付房款收据只有谭某桂签字,未加盖南丹旅游公司丹江假日公寓售房合同专用章,谭某桂丈夫顾某宾称合同一式两份,买方合同及收据加盖印章,自己留存存根未加盖印章。

罗某玲诉称 2013 年 12 月 30 日以现金方式支付房款 11 万元,提交支付房款收据一份,载明收款人为谭某桂,并加盖南丹旅游公司丹江假日公寓售房合同专用章。罗某玲诉称其在支付完房款后已入住涉案房屋,提交交房一览表一份,载明"业主领钥匙入住,签字之日视为交房(以业主签字为准)",罗某玲在上面签字"今收到××单元××楼东户钥匙一套",王某光认为交房表应由丹江旅游公司持有,对其真实性有异议,也无法达到罗某玲认为的交房一览表就是丹江旅游公司向业主交付房屋的直接证据。

2005 年 7 月 20 日,谭某桂作为中咨公司项目负责人与南丹旅游公司签订合作开发协议,合作开发淅川县香花镇宋岗码头"假日公寓"项目。2007 年 12 月 29 日,南丹旅游公司取得该项目××号住宅楼的房屋所有权,房屋所有权证书号为淅川县房权证香花镇字第××号,该房权证下包含本案争议房屋在内共有 90 套房屋,其中 22 套已经由买房人购买并办理了房屋产权证书,7 套已经由购买人缴纳了契税和办证费用,安阳市中级人民法院已于 2019 年 6 月 13 日作出执行裁定书,解除丹江旅游公司名下该 29 套房产的查封。在查封涉案房产之后,谭某桂于 2016 年以所有权确权纠纷为由起诉丹江旅游公司,要求确认涉案房产归其所有。河南省淅川县人民法院于 2017 年 7 月 24 日作出民事调解书,确认双方关于登记于南丹旅游公司名下的淅川县房权证香花镇字第××号房产属于谭某桂所有。

2020 年 5 月 10 日丹江旅游公司出具情况说明:"……上述九份买卖合同所指房屋均坐落于丹江迎宾馆—假日公寓××#楼。上述《商品房买卖合同》或《房屋买卖合同》出卖人(或甲方)一栏分别加盖了南丹旅游公司丹江宾馆假日公寓售房合同专用章,对上述《商品房买卖合同》或《房屋买卖合同》及南丹旅游公司丹江宾馆假日公寓售房合同专用章认可。该合同专用章专用于丹江迎宾馆—假日公寓××#楼的房屋销售。"

丹江旅游公司原法定代表人王某某于2020年5月10日出具证明一份,并在该案中出庭作证,其证明"原南丹旅游公司与谭某桂(谭某桂以中咨公司名义)合作开发的位于淅川县××镇××公寓××号楼共90套,其中22套已为购房户办理了房权证,其中7套已办妥完税手续,但没有办妥房屋所有权证,下余61套(含本次提出执行异议申请的9户52套)的购房户,在签订房屋买卖合同后即向谭某桂及丹江旅游公司请求办理过户登记手续,当时因丹江旅游公司涉大量民间借贷案件,况且公司主要负责人赵某云涉嫌非法集资案件,一直没有为购买户办理过户登记,后来安阳市中级人民法院对该案房产进行了查封,因此没有办理过户登记非购房户原因造成"。

丹江旅游公司、万裕房地产开发公司法定代表人赵某云因涉嫌非法吸收公众存款罪于2014年10月25日被河南省南阳市公安局梅溪分局刑事拘留,2017年5月24日南阳市卧龙区人民法院作出(2016)豫1303刑初515号刑事判决书,判决赵某云对南阳市万裕房地产开发集团有限公司非法吸收公众存款总额1,264,573,061元承担刑事责任,判处有期徒刑10年。

(二)法院观点

一审法院认为,该案为申请执行人执行异议之诉,根据《民事诉讼法解释》(2020年)第311条[1]的规定,案外人或者申请执行人提起执行异议之诉的,案外人应当就其对执行标的享有足以排除强制执行的民事权益承担举证证明责任。罗某玲应当提供证据证明其对涉案房屋享有足以排除法院强制执行的民事权益。

首先,涉案房产属于丹江旅游公司所有。根据《物权法》(已失效)相关规定,不动产物权的设立、变更、转让和消灭,经依法登记,发生效力;未经登记,不发生效力,但法律另有规定的除外。涉案房屋至诉讼发生时仍登记在被告丹江旅游公司名下,2017年经河南省淅川县人民法院调解,包含本案争

---

〔1〕 参见2022年修正的《民事诉讼法解释》第309条。

议房屋在内的淅川县房权证香花镇字第××号房屋归谭某桂所有,但该调解书系该院查封之后出具,不能认定谭某桂对涉案房屋享有所有权。

其次,罗某玲对涉案房屋不享有足以排除强制执行的民事权益。最高人民法院《关于人民法院办理执行异议和复议案件若干问题的规定》(以下简称《执行异议复议规定》)第28条规定:"金钱债权执行中,买受人对登记在被执行人名下的不动产提出异议,符合下列情形且其权利能够排除执行的,人民法院应予支持:(一)在人民法院查封之前已签订合法有效的书面买卖合同;(二)在人民法院查封之前已合法占有该不动产;(三)已支付全部价款,或者已按照合同约定支付部分价款且将剩余价款按照人民法院的要求交付执行;(四)非因买受人自身原因未办理过户登记。"第29条规定:"金钱债权执行中,买受人对登记在被执行的房地产开发企业名下的商品房提出异议,符合下列情形且其权利能够排除执行的,人民法院应予支持:(一)在人民法院查封之前已签订合法有效的书面买卖合同;(二)所购商品房系用于居住且买受人名下无其他用于居住的房屋;(三)已支付的价款超过合同约定总价款的百分之五十。"上述两个条文均要求具备在人民法院查封之前签订合法有效的书面买卖合同及支付全部或部分价款的条件。该案中,涉案房屋所有权人为丹江旅游公司,而涉案《商品房买卖合同》上载明出卖人及收据上载明收款人均为谭某桂,该合同及收据虽加盖了南丹旅游公司丹江假日公寓售房合同专用章,而谭某桂在之前诉讼中向法院提交的《商品房买卖合同》及支付房款收据上只有谭某桂签字,未加盖南丹旅游公司丹江假日公寓售房合同专用章,罗某玲辩称该份合同及收据因由丹江旅游公司保管不用盖章,不合常理,故应当认定罗某玲实际从谭某桂手中购买涉案房屋,丹江旅游公司与中咨公司合作开发假日公寓项目,谭某桂虽受中咨公司委派负责项目相关工作,但无相关证据证明谭某桂具有销售假日公寓××号楼的资格,罗某玲购买涉案房屋未尽到基本注意义务,涉案《商品房买卖合同》并非合法有效的书面买卖合同。关于房款支付情况,《商品房买卖合同》于2013年12月30日签订,罗某玲于2013年12月30日向谭某桂支付现金11万元,并非支付给丹江旅游公司,该款项不足以认定为购房款。该案不符合《执行异议复议规定》规定的排除执行情形,罗某玲对涉案房屋不享有足以排除法院强制执行的民事权益。

综上所述,王某光诉请准许执行淅川县房权证香花镇字第××号证内的丹江假日公寓××单元××楼东户房屋,一审法院予以支持。

二审法院评判如下:

第一,根据《非法集资意见》的规定,对于公安机关、检察院、法院正在侦查、起诉、审理的非法集资刑事案件,有关单位或者个人就同一事实向法院提起民事诉讼或者申请执行涉案财物的,法院应当不予受理,并将有关材料移送公安机关或者检察机关。法院在审理民事案件或者执行案件过程中,发现有非法集资犯罪嫌疑的,应当裁定驳回起诉或者中止执行,并及时将有关材料移送公安机关或者检察机关。公安机关、检察院、法院在侦查、起诉、审理非法集资刑事案件中,发现与法院正在审理的民事案件属同一事实,或者被申请执行的财物属于涉案财物的,应当及时通报相关法院。法院经审查认为确属涉嫌犯罪的,依照前款规定处理。本案中,南阳市中级人民法院作出(2017)豫13刑终777号刑事裁定和南阳市卧龙区人民法院作出(2016)豫1303刑初515号刑事判决,认定万裕房地产开发公司、赵某云等犯非法吸收公众存款罪,承担退赔责任。一审和二审刑事裁判未认定丹江旅游公司承担责任,也未认定非法集资款项投入丹江旅游公司名下的楼盘,侦查机关在侦查过程中亦未查封民事执行的涉案房屋。刑事判决生效后,侦查机关的查封通知仅是查封丹江旅游公司的登记在南丹旅游公司的房权证号××剩余房产,查明对象不明确。且安阳市中级人民法院查封的涉案房屋系丹江旅游公司2007年12月29日已取得产权证的房屋,而刑事裁判认定赵某云、万裕房地产开发公司的犯罪期间是2013年5月至2014年9月,因此安阳市中级人民法院执行的涉案房屋与刑事裁判认定的犯罪事实不是同一事实,故罗某玲上诉称"本案应当驳回起诉,将有关材料移送公安机关处理"的理由不能成立。

第二,本案中,罗某玲提交的《商品房买卖合同》的出卖人及收据的收款人均为谭某桂,该合同及收据加盖了南丹旅游开发有限公司丹江假日公寓售房合同专用章,与谭某桂在之前诉讼中向法院提交的《商品房买卖合同》及支付房款收据签字、盖章不符。盖章的南丹旅游公司于2011年1月7日更名为丹江旅游公司,合同落款时间是2013年12月30日,此时南丹旅游公司已无市场主体资格,盖章缺乏合法有效性,不能认定罗某玲与丹江旅游公司在查封前签订了合法有效的商品房买卖合同。罗某玲仅提交交房表,未提交占有使用的水电费缴费凭证等证据,不足以证实其实际占有了涉案房屋。根据查明的事实,丹江旅游公司2007年12月29日取得产权证,查封后又解封的22套购房户均办理了房权证,罗某玲辩称因赵某云非法吸收公众存款而没有办理过户的理由不能成立。罗某玲对没有办理过户登记存在过错。罗某玲提交的现有证据不足以证实其符合《执行异议复议规定》第28条规定的四个条件,其不享有足以排除强制执行的民事权益。

二、【案例2】李某会与某投资公司、某担保公司、轩某婷执行复议案[1]

(一)案情简介

2017年7月至11月,李某会与某投资公司签订六份《借款合同》,六份合同约定的借款本金总额为130万元,借款期限均为6个月,某投资公司按照月利率4%向李某会支付利息及分红;某担保公司出具《承诺担保函》对某投资公司在上述六份合同中应支付的款项承担连带担保责任。2017年12月27日,李某会依据上述六份合同中的四份合同向北京仲裁委员会申请仲裁,请求某投资公司、某担保公司返还借款本金85万元并支付利息、分红及违约金。2018年4月27日,北京仲裁委员会作出仲裁裁决:某投资公司、某担保公司向李某会归还借款本金85万元,支付利息3.15万元。2018年5月,李某会依据仲裁裁决向北京市第三中级人民法院申请执行。2018年11月,北京市第三中级人民法院依据李某会的申请,以被执行人某投资公司为一人有限责任公司、轩某婷系该公司股东且不能证明公司财产独立于自己的财产为由,裁定追加轩某婷为被执行人,并查封轩某婷名下房产一套。北京市第三中级人民法院经调查未发现某投资公司、某担保公司名下有可供执行财产。2019年5月,北京市第三中级人民法院以轩某婷涉嫌非法吸收公众存款罪被公诉为由,裁定中止仲裁裁决的执行。2019年12月,北京市第三中级人民法院以李某会已作为轩某婷涉嫌非法吸收公众存款刑事案件的被害人参加诉讼、向该院撤销执行申请为由,裁定终结仲裁裁决的执行。

李某会在申请仲裁前曾于2017年12月4日向公安机关报案,认为某投资公司涉嫌非法集资犯罪,要求公安机关查处。2019年5月,检察机关提起公诉,指控柳某、王某凌、从某、轩某婷犯非法吸收公众存款罪;2019年8月,

---

[1] 参见北京市高级人民法院执行裁定书,(2022)京执复104号。

检察机关提起公诉,指控李某龙、赵某博、禹某犯集资诈骗罪、非法吸收公众存款罪。北京市朝阳区人民法院于2020年11月至12月作出三份刑事判决,认定上述人员以某投资公司名义与集资参与人签订《借款合同》,并以某担保公司名义承诺担保的方式进行非法集资;判处轩某婷、从某、李某龙、赵某博、柳某、王某凌、禹某有期徒刑及罚金,责令李某龙退赔集资参与人的经济损失,继续追缴赵某博、禹某、柳某、王某凌的违法所得发还集资参与人;刑事判决未责令轩某婷、从某承担退赔责任,且认定某投资公司不构成单位犯罪。三份刑事判决确定包括李某会在内集资参与人共计234名,总损失金额为59,370,061.02元;李某会报案时主张的投资金额为130万元、已返还金额为9.4万元;刑事案件审理过程中,经鉴定认定李某会的投资金额为130万元、已返还金额为52.8万元、损失金额为77.2万元。三份刑事判决移送执行后,仅执行到位60余万元,且未向李某会发还款项。

2021年3月24日,李某会向北京市第三中级人民法院申请恢复对仲裁裁决的执行。

北京市第三中级人民法院认为,北京市朝阳区人民法院于2020年11月20日作出刑事判决,认定轩某婷犯非法吸收公众存款罪。该刑事案件已在北京市朝阳区人民法院进入执行程序。李某会作为被害人已进入该刑事案件执行程序中参与分配。仲裁裁决和刑事判决涉及的是同一事实,即包括轩某婷在内的刑事案件被告人以某投资公司名义,以签订借款合同并由某担保公司提供担保的形式,向社会不特定人员吸收资金,其中包括本案申请人李某会。鉴于仲裁裁决确定的借款事实与刑事判决确定的非法吸收公众存款事实系同一事实,应以刑事判决作为执行依据,受害人的民事权利保护应当通过刑事追赃、退赔的方式解决。现李某会已作为被害人参与到刑事案件的执行程序中,其民事权利保护存在救济途径。故李某会恢复执行申请应予驳回。2022年3月18日,该院作出(2019)京03执恢74号之三执行裁定,驳回李某会对仲裁裁决的恢复执行申请。

李某会不服,向北京市高级人民法院申请复议。北京市高级人民法院于2022年7月11日作出(2022)京执复104号执行裁定:撤销北京市第三中级人民法院(2019)京03执恢74号之三执行裁定,北京市第三中级人民法院根据李某会的申请依法恢复对仲裁裁决的执行。

(二)法院观点

本案的争议焦点为李某会向北京市第三中级人民法院提出的恢复对仲裁裁决执行的申请应否予以支持。终审法院北京市高级人民法院认为应当支持李某会提出的恢复执行申请,理由如下。

第一,本案中,刑事案件与仲裁案件的当事人不同,法律关系不同;相关刑事判决系认定李某龙、赵某博、禹某、柳某、王某凌、从某、轩某婷以某投资公司名义订立《借款合同》、非法募集资金的行为构成犯罪,判令李某龙退赔集资参与人的经济损失,继续追缴赵某博、禹某、柳某、王某凌的违法所得发还集资参与人;而在仲裁案件中,李某会是请求某投资公司和某担保公司,依据《借款合同》和《承诺担保函》分别承担合同责任及担保责任,仲裁裁决确定的是某投资公司和某担保公司向李某会返还借款并支付利息。参照《九民会议纪要》第128条、第129条的规定精神,刑事裁判认定行为人以法人、非法人组织或者他人名义订立合同的行为构成犯罪,如果合同相对方作为受害人以行为人为被告提起民事诉讼的,法院应当裁定不予受理或驳回起诉,合同相对方对行为人主张权利应当通过刑事追赃、退赔的方式解决;如果合同相对方以法人、非法人组织或者他人为被告提起民事诉讼,请求该法人、非法人组织或者他人依据合同承担民事责任的,法院应当依法审理。刑事裁判认定行为人以法人、非法人组织或者他人名义订立合同的行为构成犯罪,并不能当然排除该法人、非法人组织或者他人依据合同应承担的民事责任。既然民商事案件与刑事案件应当分别审理,相关裁判结果也应分别执行。故李某会有权依据仲裁裁决向法院申请执行,要求某投资公司和某担保公司承担相应的民事责任。

第二,作为本案执行依据的仲裁裁决仍然具有法律效力,李某会在撤销执行申请后提出的恢复执行申请符合司法解释规定的条件,北京市第三中级人民法院应当依法受理其恢复执行申请。根据《民间借贷规定》第12条的规定,借款人或者出借人的借贷行为涉嫌犯罪,或者已经生效的裁判认定构成犯罪,当事人提起民事诉讼的,民间借贷合同并不当然无效。本案中,仲裁裁决所依据的《借款合同》和《承诺担保函》不存在无效事由,该仲裁裁决也未经任何法定程序被撤销或裁定不予执行,仍然具有法律效力。根据《民事诉讼法解释》第518条的规定,因撤销申请而终结执行后,当事人在

2021年《民事诉讼法》第246条[1]规定的申请执行时效期间内再次申请执行的,法院应当受理。北京市第三中级人民法院因李某会撤销执行申请于2019年12月4日裁定终结执行,李某会于2021年3月24日申请恢复执行,李某甲的恢复执行申请未超过2021年《民事诉讼法》第246条规定的申请执行时效期间,应当依法受理。

第三,刑事案件与仲裁案件确定的责任范围不同,虽然刑事案件包含了李某会申请仲裁的四份《借款合同》,但刑事案件在认定李某会的损失金额时依据的仅是四份《借款合同》约定的借款本金,而仲裁裁决确定返还李某会的款项不仅包括本金,还包括利息,仲裁裁决确定的内容无法全部并入刑事案件执行。

第四,从法理上讲,各债务人基于不同的发生原因而对于同一债权人负有以同一给付为标的的数个债务,构成不真正连带责任。在此情形下,每一债务人均负有全部履行的义务,并因任一债务人的履行而使全体债务人的债务归于消灭。本案中,就借款本金而言,李某龙、赵某博、禹某、柳某、王某凌基于犯罪行为而对李某会负有退赔返还义务,某投资公司、某担保公司则基于合同关系对李某会负有给付义务,各债务人构成不真正连带关系。如果李某会从刑事案件获得清偿,则应在仲裁裁决执行案件中作相应的扣减,以免其重复受偿;如果李某会从仲裁裁决执行案件中获得清偿,则其对李某龙等人享有的权利在同等金额范围内转归向其清偿的某投资公司或某担保公司。从目前查明的情况看,李某会并未从刑事案件中受偿(最终的受偿比例也会很低),其有权依据仲裁裁决向某投资公司、某担保公司主张权利。

第五,从实际效果来看,如果认定李某会只能向相关刑事判决确定的退赔责任人主张权利,在相关刑事判决没有判令某投资公司、某担保公司承担退赔责任的情况下,为犯罪分子提供便利的某投资公司、某担保公司名下即使有财产可供执行,也因刑事判决的存在而被免除了对李某会负有的合同义务,这明显违背基本的公平原则。虽然对某投资公司、某担保公司恢复执行也可能无法实际执行到位,但这并不是拒绝恢复执行的正当理由。

综上所述,李某会的复议理由成立,对其复议请求应当予以支持。北京市第三中级人民法院(2019)京03执恢74号之三执行裁定认定事实错误,

---

[1] 参见2023年修正的《民事诉讼法》第250条。

结果应予纠正。

三、法律实务评析

案例1中，根据《执行异议复议规定》第28条的规定，金钱债权执行中，买受人对登记在被执行人名下的不动产提出异议，符合下列情形且其权利能够排除执行的，法院应予支持：(1)在法院查封之前已签订合法有效的书面买卖合同；(2)在法院查封之前已合法占有该不动产；(3)已支付全部价款，或者已按照合同约定支付部分价款且将剩余价款按照法院的要求交付执行；(4)非因买受人自身原因未办理过户登记。根据《民事诉讼法解释》第309条的规定，案外人或者申请执行人提起执行异议之诉的，案外人应当就其对执行标的享有足以排除强制执行的民事权益承担举证证明责任。因此，罗某玲应当对其同时符合《执行异议复议规定》第28条规定的四个条件，对涉案房屋享有足以排除强制执行的民事权益承担举证证明责任。通过该案件可以明确，在执行异议之诉涉及刑民交叉案件时，非法集资犯罪人员名下的资产在未被认定属于赃款、赃物的情况下，可以作为其他民事执行案件的执行标的。在执行异议程序中，法院会综合考量案发的时间节点以及涉案财产情况。当事人在执行阶段提出执行异议需要就其对执行标的享有足以排除强制执行的民事权益承担举证证明责任，以明确具体执行标的的界限划分。

案例2中，民事案件确定合同债务人依据合同对债权人承担民事责任，之后相关刑事案件又认定合同债务人之外的主体以合同债务人名义订立合同的行为构成犯罪，在刑事案件未认定合同债务人构成犯罪并判令承担退赔责任的情况下，并不能当然排除债权人依据生效民事法律文书要求合同债务人承担民事责任。在执行程序中，民事案件与刑事案件应当分别执行，但应避免债权人重复受偿。首先，当民事案件已经确定合同债务人依据合同对债权人承担民事责任时，该民事责任是基于合同关系而产生的。随后，如果相关刑事案件又认定合同债务人之外的主体以合同债务人名义订立合同的行为构成犯罪，这虽然揭示了合同订立过程中的欺诈或非法行为，但并不当然排除债权人依据已经生效的民事法律文书要求合同债务人承担民事责任。因为民事责任的判定是基于合同的有效性和当事人的约定，而刑事责任的判定则是基于行为的违法性和对社会的危害性，二者在法律依据和判定标准上存在差异。其次，在执行程序中，民事案件与刑事案件应当分别执行。这意味着即使刑事案件已经对以合同债务人名义订立合同的主体进行了刑事处罚，或者追缴了违法所得，也并不影响民事案件中债权人依据生效法律文书对合同债务人主张权利和执行程序的进行。同时，为了避免债权人重复受偿，执行法院需要在执行过程中进行协调和沟通，确保债权人不会因同一笔债务而获得双重赔偿。这可能需要执行法院在执行前对案件进行全面的审查和评估，以确定是否存在重复受偿的风险，并采取相应的措施来避免这种情况的发生。该案中，北京市高级人民法院的判决说理透彻，阐述理由充分，该案判决对于确保司法公正、增强司法公信力具有重要意义。

第十节　市场交易中的刑民交叉案例分析

刑民交叉在市场交易中屡见不鲜，尤其是在金融、民间借贷等复杂商事活动所涉案件中，刑民交叉问题更为突出。这些案件往往涉及同一法律事实或不同事实引起的法律关系变动。处理这类案件，需要综合运用民事、刑事等多部门法进行判断，还需要从程序、实体层面正确处理多部门法之间的关系。本节通过两则市场交易中典型刑民交叉案例，阐明不同情况下审理适用“先刑后民”或“刑民并行”原则的具体做法。

一、【案例1】吉林集安农商行、龙里国丰村镇行票据追索权纠纷案[1]

（一）案情简介

2017年6月7日至2017年6月28日，出票人中核工公司向合肥华峻公司开具8张商业承兑汇票，金额合计为4亿元，向阜阳俊业公司开具4张商业承兑汇票，金额合计为2亿元。上述票据经背书转让，先转让给龙里国丰村镇行，后再转让给吉林集安农商行。博湖农商行（甲方）与吉林集安农商行（乙方）签订了5份《电子商业汇票买断式转贴现合同》，向吉林集安农商行买入上述12张电子商业汇票，随后陆续向吉林集安农商行支付贴现款合

〔1〕 参见最高人民法院民事判决书，(2020)最高法民终888号。

计567,416,666.66元。汇票到期后,博湖农商行数次向中核工公司逾期提示付款,均因承兑人账户余额不足而拒绝付款。由于上述汇票未承兑,2018年10月11日,博湖农商行分别向中核工公司、合肥华峻公司、阜阳俊业公司、龙里国丰村镇行发出追索请求,中核工公司共计向博湖农商行支付票据205,000,000元,余355,000,000元未付,博湖农商行遂向法院提起民事诉讼,要求支付上述汇票金额及利息。因涉案票据涉嫌票据诈骗刑事犯罪,吉林集安农商行提出上诉主张应中止审理或者移送刑事侦查部门处理。一审法院以涉嫌票据诈骗刑事犯罪法律关系与本案不属于同一法律关系为由,对其辩解理由不予采信。

(二)法院观点

最高人民法院经审理认为,本案系票据追索权纠纷,本案审理的是博湖农商行与吉林集安农商行、龙里国丰村镇行之间的票据追索权纠纷,涉嫌票据诈骗刑事犯罪法律关系与本案均不相同,不属于同一法律关系。依据《民事诉讼法》(2017年)第150条[1]第1款第5项"有下列情形之一的,中止诉讼:……(五)本案必须以另一案的审理结果为依据,而另一案尚未审结的"、《经济犯罪嫌疑规定》(1998年)第1条[2]"同一公民、法人或其他经济组织因不同的法律事实,分别涉及经济纠纷和经济犯罪嫌疑的,经济纠纷案件和经济犯罪嫌疑案件应当分开审理"以及第10条[3]"人民法院在审理经济纠纷案件中,发现与本案有牵连,但与本案不是同一法律关系的经济犯罪嫌疑线索、材料,应将犯罪嫌疑线索、材料移送有关公安机关或检察机关查处,经济纠纷案件继续审理"之规定,由于本案的审理并非必须以涉嫌刑事犯罪案的审理结果为依据,故本案不应中止审理。综上所述,吉林集安农商行关于"本案是票据诈骗案件应中止审理或者移送刑事侦查部门处理"的上诉主张,无事实和法律依据,法院不予采信。最高人民法院最终作出:驳回上诉,维持原判。

---

〔1〕 参见2023年修正的《民事诉讼法》第153条。
〔2〕 参见2020年修正的《经济犯罪嫌疑规定》第1条。
〔3〕 参见2020年修正的《经济犯罪嫌疑规定》第10条。

二、【案例2】安邦公司、中江公司建设工程施工合同纠纷案[1]

（一）案情简介

四平市中级人民法院审理的（2019）吉03初字15号被告单位吉林省交通投资集团有限公司、被告人邱某受贿罪、单位受贿罪，国有公司人员滥用职权罪、国有公司人员失职罪刑事一案，在该案判决书"国有人员失职罪事实"中查明，"天旗公司支付安邦公司债务过程中，石某川为套取资金，指使刘某元（另外处理）、申某保（另案处理）等人对外签订三份虚假工程合同，邱某等人……未核实安邦公司对外债务真实性的情况下，于2015年1月至2016年12月，天旗公司向安邦公司多支付无实际发生工程款92,820,500元，使国家利益遭受特别重大损失"。吉林省高级人民法院（2020）吉刑终52号刑事裁定书确认一审认定的上述事实。

四平市中级人民法院审理的（2019）吉03刑初68号被告单位石代投资公司、安邦公司、城祥公司，被告人石某川、刘某元、申某保等合同诈骗罪案，该案于2021年8月30日作出一审判决认定，"2014年10月29日，石代投资公司入股天旗公司后，石某川提出由天旗公司收购安邦公司，邱某违规同意以承债方式收购安邦公司。出于诈骗财物的目的，石某川指使朱某某（另案处理）私刻中江公司的公章，制作虚假中江公司与安邦公司签订的金额为92,820,500元的三份工程合同……依据三份虚假的工程合同，安邦公司骗取中江公司同意通过该单位账户转款，由安邦公司工作人员制作虚假的请款单，报天旗公司审批，天旗公司向中江公司支付工程款92,820,500元，天旗公司共计向安邦公司支付各项款项2.04亿元，其中被骗92,820,500元"。该刑事判决认为："被告单位安邦公司、城祥公司以非法占有为目的，在签订股权转让合同过程中，骗取被害单位天旗公司的财物，数额特别巨大，其行为已构成合同诈骗罪，应依法惩处。鉴于石某川已将5000万元非法所得上缴，对安邦公司可从轻处罚。""安邦公司采取欺骗手段骗取天旗公司支付工程款后，款项支付给中江公司，并最终流向民华公司。安邦公司骗取财物后，属于已获得非法利益，虽最终未占有该骗得财物，但不影响认定其诈骗

---

[1] 参见最高人民法院民事裁定书，（2021）最高法民申6818号。

犯罪。安邦公司的身份具有特殊性，其在被天旗公司收购前，属于石某川实际控制的公司，在被收购后，属于天旗公司的全资子公司，诈骗行为跨越被收购的前后两个时段。安邦公司具有独立法人资格，其刑事责任的认定不能因身份的转变而改变。”该案判决被告单位安邦公司犯合同诈骗罪，判处罚金200万元。

（二）法院观点

本案所涉及法律事实与四平市中级人民法院审理的安邦公司、石某川等合同诈骗罪、单位行贿罪刑事案件的法律事实相同，本案所涉案工程款92,820,500元的相关事实也与被告单位吉林省交通投资集团有限公司、被告人邱某受贿罪、单位受贿罪、国有公司人员滥用职权罪，国有公司人员失职罪刑事一案中查明的法律事实一致。其一，本案系安邦公司认为其与中江公司签订的三份《建设工程施工合同》而引发的建设工程施工合同纠纷。经查，涉案《建设工程施工合同》在（2019）吉03初字15号刑事判决书、（2020）吉刑终52号民事裁定书以及（2019）吉03刑初68号刑事判决书确认的刑事犯罪事实中均被认定为虚假合同。其二，本案安邦公司系（2019）吉03刑初68号案件中构成合同诈骗犯罪的被告单位。根据该刑事判决认定，尽管安邦公司在被天旗公司收购前，属于刑事被告人石某川实际控制的公司，在被收购后，属于天旗公司的全资子公司，但是，该诈骗行为跨越被收购的前后两个时段。安邦公司具有独立法人资格，其刑事责任的认定不能因身份的转变而改变。因此，本民事案件的诉讼主体与刑事案件的主体相同。再审申请人安邦公司称其是刑事案件的受害人与客观事实不符。其三，本案起诉事实建立在三份虚假合同事实基础上，诉讼请求是请求被告中江公司返还转让工程款项92,820,500元。该笔款项正是（2019）吉03刑初68号刑事案件中，作为被告单位安邦公司所诈骗的性质相同的同一笔款项。而刑事判决对上述款项的资金流向予以查实，并作出相应的处罚和判决，即判决认定“安邦公司采取欺骗手段骗取天旗公司支付工程款后，款项支付给中江公司，并最终流向民华公司。安邦公司骗取财物后，属于已获得非法利益”，判决其扣除被告人石某川上缴的5000万元后，由安邦公司退赔受害人天旗公司。

综上所述，本案不符合最高人民法院《经济犯罪嫌疑规定》第1条关于

“同一自然人、法人或非法人组织因不同的法律事实,分别涉及经济纠纷和经济犯罪嫌疑的,经济纠纷案件和经济犯罪嫌疑案件应当分开审理”的情形。原审法院裁定驳回安邦公司的起诉并无不当,最高人民法院作出了驳回安邦公司的再审申请。

三、法律实务评析

案例 1 中,若刑民交叉案件中关联的刑事犯罪和民事纠纷非基于同一法律事实,且民事案件审理非必须以刑事案件的审理结果作为依据,则民事案件无须也不应中止审理,因此法院适用“刑民并行”审理原则。这一原则的确立旨在避免不必要的程序拖延,确保民事纠纷得到及时、有效的解决。若刑事案件与民事案件所涉及的事实并非同一事实,即民事案件的基本事实与刑事案件的定罪量刑事实不存在竞合或基本竞合的情况,民事案件的审理便不会受到刑事案件审理结果的直接影响。在此情况下,如果民事案件的审理被不当地中止,不仅会损害当事人的合法权益,还可能造成司法资源的浪费。根据“刑民并行”的审理原则,法院可以分别对刑事案件和民事案件进行审理,无须等待刑事案件审理结束后再恢复民事案件的审理。这一原则的应用既体现了司法效率的要求,也符合司法公正的精神。

案例 2 中,若刑民交叉案件中关联的刑事犯罪和民事纠纷是基于同一法律事实,民事案件关键事实属于刑事案件事实组成部分,则应秉承“先刑后民”基本原则,可依据《经济犯罪嫌疑规定》第 11 条的规定裁定驳回相应起诉,将有关材料移送公安机关或检察机关。在刑民交叉案件中,若民事纠纷和刑事犯罪系由同一法律事实引起,且民事案件的关键事实构成刑事案件事实的一部分,为了节约司法资源、避免民刑判决发生冲突,以及更有效地维护当事人利益,通常采取“先刑后民”的处理原则。这意味着在此类情况下,民事案件应当暂停审理,等待刑事案件的审理结果。如果刑事案件已经对相关事实进行了认定和处理,则民事案件可以依据刑事案件的审理结果进行后续处理。

第十一节　第三人撤销之诉刑民交叉案例分析

在刑民交叉案件中，当第三人的民事权益因不能归责于本人的事由未能参加诉讼，但因生效裁判文书内容错误而受到损害时，该第三人可以提起第三人撤销之诉来维护自己的合法权益。这种诉讼类型特别适用于那些因虚假诉讼或其他不当手段而导致第三人权益受损的情况，尤其是在涉及刑事控告与民事诉讼交叉的案件中。

一、【案例1】陶某路与天翼公司、建行南京岔路口支行第三人撤销之诉案[1]

（一）案情简介

2016年3月2日，陶某路在建行岔路口分理处（已更名为建行南京岔路口支行）开设一张借记卡，设置了取款密码并汇入150万元，该存款为活期存款。当日，该150万元以每笔5万元，分30次被扣划至天翼公司银行划扣资金过渡户，银行交易摘要为代收。陶某路于2016年6月28日向江苏省南京市江宁区人民法院起诉请求建行南京岔路口分理处赔偿损失150万元及利息，法院一审判决建行南京岔路口分理处于判决发生法律效力之日起10日内返还陶某路存款145万元并支付利息，建行南京岔路口分理处按照上述生效判决履行义务后，依据建行广州越秀支行与天翼公司签订的《银企直联代收代付业务协议》，与建行广州越秀支行共同向广州市越秀区人民法院起诉，要求天翼公司承担上述生效判决确定的金钱赔偿责任。天翼公司据此认为该案判决损害了其权益，向本案一审法院提起第三人撤销之诉。

2015年10月1日，天翼公司与建行广州越秀支行签订了《银企直联代收代付业务协议》，约定天翼公司运用建行广州越秀支行的银企直联代收代付渠道为其用户提供代收代付及资金清算服务。2015年11月18日，天翼公司与好得公司签订了《资金归集企业账户服务标准协议（外部）——湖北

[1] 参见江苏省高级人民法院民事判决书，(2020)苏民终31号。

好得伟业实业有限公司》,对好得公司使用天翼公司的资金归集业务合作事宜作了约定,好得公司的实际控制人系曾某士。

好得公司的实际控制人曾某士因涉嫌诈骗罪于2017年1月13日被逮捕,该案当时正在审理中。根据曾某士供述及陈某星、陈某的证言,曾某士以存款付高额利息为诱饵,通过陈某星等中间人为其发展客户。曾某士按照陈某星等人提供的包括陶某路在内的存款人姓名、身份证号码、开户行信息、银行卡账号、存款金额等五项信息,以虚构交易并收取货款的方式按每笔5万元的标准划走陶某路等存款人的银行存款,不需要存款人授权或者密码。曾某士会在陶某路存款当天将高额利息通过中间人转给陶某路指定的其他银行账户。上述五项关键信息系陶某路主动向中间人提供并由中间人告知曾某士,且陶某路明知其银行卡上的钱款会被他人扣划使用,借此可获取高额利息。

陶某路于2018年4月16日收到建行南京岔路口分理处赔偿款1,477,105.06元,双方已按照一审、二审生效判决履行完毕。2018年7月11日,建行广州越秀支行和建行南京岔路口分理处共同向广东省广州市越秀区人民法院提起诉讼,要求天翼公司承担全部责任。

天翼公司向一审法院起诉请求撤销江苏省南京市中级人民法院(2018)苏01民终400号民事判决和南京市江宁区人民法院(2017)苏0115民初6359号民事判决。

(二)法院观点

一审法院认为,陶某路在建行南京岔路口分理处开设银行账户,并在该账户内存入款项,即与建行南京岔路口分理处建立了储蓄合同关系,建行南京岔路口分理处应当依照《商业银行法》的规定,保障存款人的存款安全。建行南京岔路口分理处未经存款人授权,直接依据与第三方支付平台签订的代收代付协议,按照第三方支付平台的扣划指令,将存款人的存款通过第三方支付平台划出,造成存款人的存款损失,违反了《商业银行法》的规定,其行为具有过错,应当承担民事责任;陶某路作为存款人,应当知道对自己的存款信息负有保密义务,且建行南京岔路口分理处提供的"客户须知"中也提示了泄露本人资料的后果,但其为了获取高额存款利息,明知存款可能会被他人扣划使用,仍然将个人存款信息资料提供给他人,造成个人存款损失,陶某路对损失的发生具有过错,应自行承担相应的损失;天翼公司作为第三方支付平台,为了获取商业利益,未经存款所有人明确授权,将存款人的存款通过自己的平台扣划进入诈骗人控制的账户,最终造成存款人存款损失,天翼公司未经授权扣划存款人银行存款的行为具有过错,对由此造成存款人的损失,亦应承担相应责任。

本案存款人陶某路的存款被非法扣划造成存款损失的后果,系由建行南京岔路口分理处、陶某路、天翼公司共同的过错造成,该损失应由建行南京岔路口分理处、陶某路、天翼公司三方根据各自过错责任承担。因曾某士涉嫌犯诈骗罪案件已进入刑事审判程序,陶某路为该刑事案件受害人,其被诈骗损失数额需经刑事判决认定后,先行通过刑事追赃解决,刑事追赃未能追回部分,作为其实际损失,可通过民事诉讼程序,按照三方过错责任承担。现刑事审判及刑事追赃程序尚未结束,尚不能确定陶某路是否存在实际损失及实际损失的数额,根据“先刑后民”原则,在刑事审判及刑事追赃程序结束前,陶某路不具备提起民事诉讼的条件,原一审、二审对陶某路的起诉作出实体处理不当,应予撤销。原一审、二审判决撤销后,陶某路可在刑事审判及刑事追赃程序结束并最终确定实际损失后,另行主张民事权利。经一审法院审判委员会讨论决定后,该院判决:撤销该院(2018)苏 01 民终 400 号民事判决和南京市江宁区人民法院(2017)苏 0115 民初 6359 号民事判决。

二审法院认为,陶某路起诉其在建行岔路口分理处存款损失所涉案件事实与曾某士涉嫌诈骗罪一案所涉案件事实系同一事实。在曾某士涉嫌诈骗罪的刑事案件中,天翼公司是被害单位、陶某路是被害人。故陶某路起诉的案件与天翼公司有法律上的利害关系。而在陶某路起诉建行岔路口分理处案中,江苏省南京市江宁区人民法院并未通知天翼公司作为第三人参加该案诉讼。且陶某路作为前述刑事案件被害人,其实际损失金额需经刑事判决认定、刑事追赃程序结束后才能确定。据此,原审判决撤销原一审、二审判决,合法有据。待刑事审判及刑事追赃程序结束,陶某路的实际损失确定后,陶某路可依法另行起诉。

二、【案例 2】张某云与朱某民、田某芳第三人撤销之诉案[1]

（一）案情简介

2014 年 5 月 6 日，原告张某云提起诉讼，要求被告田某芳、仝某银归还借款本息 299,621 元。同年 7 月 7 日，被告朱某民亦提起诉讼，要求田某芳归还借款 20 万元及利息。立案后，朱某民又于 7 月 9 日提出财产保全申请，要求查封登记在田某芳名下的徐州市两处房产。法院于当日作出民事裁定书，裁定查封田某芳的房产。2014 年 7 月 23 日，张某云也向法院提出财产保全的申请，要求冻结田某芳、仝某银的银行存款 299,621 元或查封、扣押其相应价值的其他财产。法院亦于当日作出裁定冻结被告田某芳、仝某银的银行存款 299,621 元或查封、扣押价值相等的其他财产。朱某民与田某芳借贷纠纷一案，经法院主持调解，双方于 2014 年 7 月 17 日达成调解协议。协议内容为：田某芳自愿于 2014 年 9 月 30 日前一次性偿还朱某民借款 20 万元及利息；田某芳如到期不履行还款义务仍按照月息 2 分计算利息直至全部还清借款止。法院根据双方协议内容于当日作出了民事调解书，并送达双方。该案调解结案后，田某芳虽未能按照调解协议的约定履行全部还款义务，但陆续偿还了部分借款，故朱某民在短时期内未向法院申请强制执行。张某云与田某芳、仝某银借贷纠纷案，法院经审理后作出民事判决，判决田某芳、仝某银于判决生效之日起 5 日内给付张某云借款本息 295,525 元并承担诉讼和保全费用 4920 元。该判决生效后，田某芳和仝某银未履行还款义务，张某云遂于 2014 年 8 月 26 日申请法院强制执行。该案执行过程中，张某云得知朱某民已先行申请查封了田某芳的房产，而且在田某芳未向其履行还款义务的情况下，朱某民既不要求解除对房产的查封又不向法院申请强制执行，后面朱某民于 2015 年 11 月 9 日向一审法院申请执行，申请执行标的为 9.5 万元。在执行过程中，朱某民于 2016 年 5 月 6 日向一审法院表示，田某芳有还款意向，申请人暂不对被执行人名下房产进行拍卖，该案于 2016 年 5 月 6 日因穷尽执行措施仍不能结案，以(2015)云执字第 2314 号执行裁定终结本次执行程序。由此，张某云对朱某民和田某芳之间借贷关

[1] 参见江苏省徐州市中级人民法院民事判决书，(2016)苏 03 民终 4817 号。

系的真实性产生怀疑。另外,张某云结合自己了解的朱某民和田某芳的相关情况,遂认为朱某民和田某芳系相互串通,虚构债权债务并通过虚假诉讼的方式以达到逃避法院执行的目的。此后,张某云即向法院提出撤销之诉。

（二）法院观点

二审法院认为,朱某民在原案中进行虚假陈述,田某芳进行虚伪自认,应当认定田某芳在原案中诉讼为虚假诉讼。依照《民事诉讼法》第 13 条第 1 款的规定,民事诉讼应当遵循诚信原则。当事人诉讼具有诚信义务,这是要求当事人在民事诉讼中不得故意违背主观所认知的真实而虚伪陈述,而非要求当事人承担依客观真实陈述的义务。(1)被上诉人朱某民在原案中进行虚假陈述。朱某民作为债权人对借款如何归还、还款是否包含利息、利息如何给付、给付期间等问题作出前后不一的陈述,其在本案诉讼中,对其前后不一的陈述,多次辩称为“记不得”“记不清”“时间长忘记”等。而本案在原案调解后,张某云即对原案提出异议,并多年长时间不断向原审法院及对方当事人提出异议,朱某民仅以简单“记不得”“记不清”进行辩解,而未给出充实的理由,不能让常人信服。(2)田某芳在原案中进行虚伪自认。田某芳作为债务人在原案中缺乏抗辩。无论是还款是否发生、还款起止时间,还是还款的具体方式等与其自身利益密切相关的事项,田某芳在原案中均无表态,仅对债权人朱某民的主张无异议。而田某芳与朱某民之间不仅存在其在二审中自认的现金还款,而且存在通过银行账户的还款,还款期间还超出田某芳的主张。当事人故意对对方不实的主张自认,不产生拘束法院的效力。原案调解以田某芳自认为基础,有失妥当。(3)朱某民与田某芳之间存在串通行为。被上诉人不仅对如何归还借款、达成调解协议后如何履行该协议前后陈述不一,而且相互陈述之间矛盾。一方面,被上诉人在本案二审辩称仅存在现金还款事实;另一方面,共同不向法院提供其之间的银行账户的多笔还款,该行为不能以简单的遗忘进行辩解,应当认定为隐匿证据。在被上诉人之间的部分银行往来流水单、鉴定意见、原案调解协议出示后,同时变换先前陈述,形成一致的陈述,该变更陈述行为应当认定为串通。除此之外,被上诉人朱某民在达成调解协议后,对于如何归还 20 万元及还款范围,朱某民主张 2014 年 8 月田某芳分两次还款 20 万元,还款包括利息、诉讼费、保全费、部分本金。田某芳对还款具体项目没有认识，对还款事实先行模糊陈述，在朱某民明确还款时间后，再行确认。田某芳先主张通过案外人苗某银行卡在银行柜台转账还款两笔各 10 万元，在法院要求提供其填写银行单据时，改称为通过自动柜员机转账还款，但又无法向法院提供其已经得到银行授权可以在自动柜员机转账 5 万元上限进行转账的证据。故对该 20 万元已经还款的事实无法予以确认。

三、法律实务评析

案例 1 中，根据《民事诉讼法》第 153 条第 1 款第 5 项关于“本案必须以另一案的审理结果为依据，而另一案尚未审结的”中止诉讼的规定，在刑民交叉案件中，需根据刑事、民事诉讼发生的时间顺序，以及二者之间是否存在依存关系，来确定刑事诉讼和民事诉讼的受理和审理流程。陶某路作为刑事案件被害人，其实际损失金额需经刑事判决认定、刑事追赃程序结束后才能确定，当刑民交叉案件引发的民事诉讼和刑事诉讼可能发生冲突，民事诉讼的进行需要以刑事诉讼的结果为前提时，应当适用“先刑后民”。

案例 2 中，债权人提起第三人撤销之诉，主张债务人与案外人通过另行提起的虚假诉讼获取调解书，并对债务人的财产采取保全措施且不实际执行，损害债权人的合法利益。经法院审理，认为债务人与案外人另行提起的民事诉讼属于虚假诉讼的，对于债权人的诉讼请求应当予以支持。根据《经济犯罪嫌疑规定》第 10 条的规定，法院在审理经济纠纷案件中，发现与本案有牵连，但与本案不是同一法律关系的经济犯罪嫌疑线索、材料，应将犯罪嫌疑线索、材料移送有关公安机关或检察机关查处，经济纠纷案件继续审理。根据最高人民法院《关于防范和制裁虚假诉讼的指导意见》第 12 条的规定，对虚假诉讼参与人，要适度加大罚款、拘留等妨碍民事诉讼强制措施的法律适用力度；虚假诉讼侵害他人民事权益的，虚假诉讼参与人应当承担赔偿责任；虚假诉讼违法行为涉嫌虚假诉讼罪、诈骗罪、合同诈骗罪等刑事犯罪的，民事审判部门应当依法将相关线索和有关案件材料移送侦查机关。

附录

刑民交叉案件处理实务问答

01 刑事附带民事诉讼支持间接损失、利息损失吗？

依照《刑事诉讼法》及《刑事诉讼法解释》相关规定，被害人因人身权利受到犯罪侵犯或者财物被犯罪分子毁坏而遭受物质损失的，有权在刑事诉讼过程中提起附带民事诉讼。

也就是说，刑事附带民事赔偿的仅是物质损失，已排除了精神损失，被害人只能对被告人的犯罪行为所造成的物质损失的赔偿问题提起附带民事诉讼。没有物质损失，不能成立刑事附带民事诉讼，而仅成立刑事诉讼。那么，对于因犯罪侵犯而遭受的物质损失，有直接损失和间接损失，刑事附带民事诉讼会支持间接损失吗？

直接损失是指被害人的财产、人身等权利因犯罪行为的侵害而造成被害人已经存在的财产和利益蒙受的损失。例如，医疗费、护理费、交通费等为治疗和康复支付的合理费用，以及赔偿残疾生活辅助器具费、丧葬费等费用。间接损失是指预期能够得到的利益因受到不法行为的侵害而未得到，包括人身损害造成的间接损失和财物损害造成的间接损失。例如，运营车辆被犯罪行为损毁后被害人减少的运营收入，就是间接损失。

在我国司法实务中，刑事附带民事诉讼普遍更倾向于仅支持直接损失赔偿请求。这是因为间接损失很难计算和衡量，即使计算出了间接损失，也往往无法执行到位，进而影响司法权威。因此，司法实践中基本不支持对间接损失的赔偿诉求。但是从司法实践的现状来看，不少被害人遭受的间接损失远超直接损失，如果赔偿范围不包括间接损失，对被害人而言有失公平。因此，2021 年施行的《刑事诉讼法解释》第 192 条将“因误工减少的收入”（典型的间接损失）也列入了刑事附带民事支持赔偿的范围。但对于其他类型的间接损失，目前我国法律尚未将其纳入赔偿范围，司法实务中也不予支持。相信随着时间推移，相关法律会逐步得到完善。

在刑事附带民事诉讼中，不支持赔偿利息，因为没有明确的赔偿期限，更没有明确的赔偿数额，与犯罪行为没有必然的因果联系。但经判决，被告人没有及时赔偿刑事附带民事诉讼被害人损失的，应当额外支付延迟履行期利息。

例外情形为，法院审理的刑事附带民事案件，可以根据自愿、合法的原则进行调解，调解的赔偿范围不受以上限制。经调解达成协议的，法院制作调解书，调解书经双方当事人签收后即具有法律效力，或达成调解协议且及时履行完毕，在笔录上经双方当事人、审判人员、书记员签名后即发生法律效力。

02 对于利用经济合同等方式实施的侵财犯罪，能否将违约金等合同项下的可期待利益纳入民事诉讼范围？

这里涉及三个问题：(1)对于经济合同方式实施的侵财犯罪，能否提起刑事附带民事诉讼？(2)如果刑事追赃、退赔不能弥补被害人全部损失，被害人能否另行提起民事诉讼？(3)如果可以提起民事诉讼，能否将违约金等合同项下的可期待利益纳入民事诉讼范围？下文分别详细说明。

1. 对于经济合同方式实施的侵财犯罪，能否提起刑事附带民事诉讼？

答案是不能。依据《刑事诉讼法解释》相关规定，被告人非法占有、处置被害人财产的，应当依法予以追缴或者责令退赔。被害人提起附带民事诉讼的，法院不予受理。

也就是说，对于抢劫、盗窃、诈骗、侵占、贪污、挪用、合同诈骗等侵财案件，我国法律已明确规定了解决方式，即由司法机关追缴或者责令退赔后，直接返还给被害人，这已是对被害人财产权最有效的保护，无须提起附带民事诉讼。即便被告人无法退赃退赔，也只能作为从重处罚情节予以酌定考虑量刑，不能再通过刑事附带民事诉讼的途径解决。

2. 如果刑事追赃、退赔不能弥补被害人全部损失，被害人能否另行提起民事诉讼？

答案是不能。关于刑事追赃、退赔后，被害人能否另行提起民事诉讼主张弥补损失的问题，最高人民法院的相关司法解释、批复经历了一个变化过程。

2000 年 12 月 4 日最高人民法院审判委员会通过的最高人民法院《关于刑事附带民事诉讼范围问题的规定》（已失效）第 5 条规定，经过追缴或者退赔仍不能弥补损失，被害人向法院民事审判庭另行提起民事诉讼的，法院可以受理。2013 年 10 月 21 日发布的最高人民法院《关于适用刑法第六十四条有关问题的批复》明确，被害人提起附带民事诉讼，或者另行提起民事诉讼请求返还被非法占有、处置的财产的，法院不予受理。这改变了之前可另行提起民事诉讼的规定。2021 年发布的《刑事诉讼法解释》又明确规定，被告人非法占有、处置被害人财产的，应当依法予以追缴或者责令退赔。被害人提起附带民事诉讼的，法院不予受理。因此，最高司法机关刑事部门认为，在这种情况下，被害人另行提起民事诉讼，法院将不予受理。

3. 如果可以提起民事诉讼，能否将违约金等合同项下的可期待利益纳入民事诉讼范围？

答案是不能。根据上述分析，在利用经济合同等方式实施的侵财犯罪中，被害人的财产损失仅能通过刑事诉讼中的追赃、退赔程序进行处理，无法提起附带民事诉讼或者另行提起民事诉讼。另外，即便可以提起民事诉讼，可期待利益属于间接损失，涉及刑事犯罪的民事诉讼暂时无法律明确规定对可期待利益予以支持。

03 对于犯罪行为人将赃款赃物用于还债、转让的，能否继续予以追缴？

现实中，往往存在犯罪行为人将赃款赃物进行流转，用于还债、转让或抵押、质押等设置其他权利负担的情形。对于这种情况，能否对赃款赃物进行追缴呢？这对平衡受害人与第三人利益意义重大。

早在 2011 年,最高人民法院、最高人民检察院《关于办理诈骗刑事案件具体应用法律若干问题的解释》对将诈骗财物用于清偿债务或者转让给他人后如何追缴作出了相关规定。2014 年发布的最高人民法院《涉案财产执行规定》针对生效判决认定的所有赃款赃物的追缴,作了更加全面的规定。其第 11 条规定,被执行人(犯罪行为人)将刑事裁判认定为赃款赃物的涉案财物用于清偿债务、转让或者设置其他权利负担,具有下列情形之一的,法院应予追缴:(1)第三人明知是涉案财物而接受的;(2)第三人无偿或者以明显低于市场的价格取得涉案财物的;(3)第三人通过非法债务清偿或者违法犯罪活动取得涉案财物的;(4)第三人通过其他恶意方式取得涉案财物的。

我国赃款赃物的追缴制度适用善意取得制度,只有当赃款赃物的受让第三人在"善意取得"的情形下,无法继续予以追缴,但在有证据显示第三人不具有"善意取得"特点之时,应当继续对赃款赃物予以追缴。关于"第三人善意取得涉案财物"的构成,实践中按照《民法典》第 311 条善意取得的要件进行审查。但需要注意的是,若使用赃款偿还非法债务,或者通过非法手段获得赃款,皆非善意取得,故应予继续追缴。

04 民事判决已经判处被告人赔偿损失,但尚未执行或存在执行不能的情况,刑事案件中是否仍需判处被告人退赔?

在刑民交叉案件中,由于救济的法益不同、责任形式不同,刑事与民事责任主体并不完全一致,可能存在已有民事判决判决责任人承担民事责任,又有责任人被追究了刑事责任的情况,此时需要在刑事审判中明确是否进行追赃和退赔。

依据《刑法》第 64 条的规定,犯罪分子违法所得的一切财物,应当予以追缴或者责令退赔;对被害人的合法财产,应当及时返还;违禁品和供犯罪所用的本人财物,应当予以没收。没收的财物和罚金,一律上缴国库,不得挪用和自行处理。因此,已有民事判决在前的情况下,即便尚未执行或存在执行不能的情况,刑事审判必然要在刑事判决中对犯罪物品进行处理,判决追缴或退赔。

那么，在刑事判决明确进行追赃退赔，民事判决也判决责任人承担民事责任的情形下，可能造成民事权利人（刑事被害人）得到两份赔偿的结果，如何在执行中进行协调？

对此，可以通过最高人民法院的典型案例来分析。最高人民法院对该问题有明确的意见：

在远大公司与中国中轻国际控股公司进出口代理合同纠纷申请再审案[1]中，法院认为："在刑事判决明确进行追赃，民事判决判决责任人承担民事责任的情形下，应对追赃与民事责任的认定和执行进行协调……在执行过程中，执行法院应结合民事责任、刑事责任的认定，确定民事责任人应承担的民事责任范围和赃款的退还对象，避免民事权利人（刑事被害人）双重赔偿。在民事案件已经执行完毕、刑事被害人的民事权益得到全部救济的情形下，因罪犯是民事责任的最终责任人，民事案件的责任人承担完民事责任后有权向罪犯追偿，因此，这种情况下，赃款应退还给民事责任人。本案中，中国中轻国际控股公司已全部履行本案项下全部给付义务，故涉案追赃款应给付中国中轻国际控股公司。"

而在大兴安岭集团国开行等金融借款合同纠纷案[2]中，法院认为："生效刑事判决责令柏杉林公司将骗取的贷款款项退赔给国开行甘肃分行的事实，并不影响国开行基于民事合同关系主张本案。""需要注意的是，由于刑事案件和民事案件审理的法律关系和救济的法益不同，在刑事判决判令追赃、民事判决判令责任人承担民事责任的情形下，应对追赃与民事责任的认定和执行进行协调。本案执行程序中，如果相关刑事案件执行过程中发还国开行款项，则应冲抵柏杉林公司依本判决应支付的金额，执行法院应结合民事责任、刑事责任的认定，确定民事责任人应承担的民事责任范围和赃款退还的对象，避免民事权利人（刑事被害人）双重受偿。"

可见，刑事追赃和民事追责可以区分处理。刑事责任的承担不妨碍民事责任的认定，且责任的认定与实际执行应予以区分。《刑法》第 64 条是关于对犯罪所得财物如何执行处理的规定，而并非对刑事责任或者民事责任的认定，因此刑事判决退赔被害人损失，不妨碍民事判决对于赔偿范围的认

---

〔1〕 参见最高人民法院民事裁定书，(2017)最高法民申 1914 号。

〔2〕 参见最高人民法院民事判决书，(2019)最高法民终 114 号。

定。如果犯罪所得已在刑事案件中返还了被害人，可以在实际执行中（民事）予以扣减。[1] 无论是刑事诉讼还是民事诉讼，其核心问题是当事人的合法权益如何得到更好的维护，刑事案件主要解决犯罪行为的情形、定罪及量刑问题，而在追赃退赔难以挽回当事人全部损失的情况下，当事人的损失赔偿等问题仍须通过民商事案件来处理。

综合上述意见，司法实践中，在民事判决已判决责任人承担民事责任的情形下，刑事判决中再判被告人进行追赃退赔，可能会造成受害人双重受偿。为了解决这一问题，需要在执行程序中协调刑事追赃退赔与民事判决确定的责任，确保受害人不会双重受偿。具体来说，民事案件的裁判无须等待刑事裁判结果，这可能导致民事诉讼、执行与刑事追赃、退赔之间的财产责任竞存。为了避免受害人双重受偿或过度救济，法院在民事纠纷案件中依法应予认定的财产损失，不应包括刑事追赃、责令退赔的部分，而应限定在通过追赃、退赔不能实现部分的财产损失范围内。在执行程序中，执行法院应结合刑事责任、民事责任的认定，确定责任人应承担的民事责任范围和赃款退还的对象，确保受害人不会双重受偿。

05 刑事附带民事诉讼的原告人、被告人主体范围有哪些？

1. 原告人主体范围

原告人是附带民事诉讼程序的启动者，《刑事诉讼法》第 101 条第 1 款规定："被害人由于被告人的犯罪行为而遭受物质损失的，在刑事诉讼过程中，有权提起附带民事诉讼。被害人死亡或者丧失行为能力的，被害人的法定代理人、近亲属有权提起附带民事诉讼。"因此，原告人包括由于被告人的犯罪行为而遭受物质损失的被害人，有权提起附带民事诉讼。但是被害人死亡或者丧失行为能力的，被害人的法定代理人、近亲属也有权提起附带民事诉讼。根据《刑事诉讼法》第 101 条第 2 款的规定，如果是国家财产、集体财产遭受损失的，检察院在提起公诉的时候，可以提起附带民事诉讼。

因此，被害人及其法定代理人、被害人的近亲属以及检察院均可作为附

---

〔1〕 参见《刑民交叉新解系列之三——融资性贸易中的刑民交叉法律问题解析》，载浩天律师事务所网 2023 年 3 月 1 日，https://www.hylandslaw.com/content/details18_6736.html。

带民事诉讼的原告人。但是在实践中还需要注意以下问题：

第一，受害人范围在特定情形下可能扩大，比如在相关刑事案件中，因对受害人实施救助而产生的医疗费等。垫付该费用者能否以原告人身份提起附带民事诉讼？这种情况符合《民法典》第 121 条、第 979 条关于无因管理之债的规定，无扶助义务人为了救助被害人支付费用，从而取得了该部分费用的请求权。如果无扶助义务人因此还遭受了财产损失，也有权提起赔偿请求。《民法典》第 1181 条也规定了"被侵权人死亡的，支付被侵权人医疗费、丧葬费等合理费用的人有权请求侵权人赔偿费用"。

第二，死亡时受害人身份不明的情况。在受害人死亡但其身份不明的情况下，不得由检察机关代替其或其近亲属提起附带民事诉讼。这是因为自然人死亡后其诉讼权利能力和诉讼行为能力均归于消灭，因其身份不明，其近亲属无法确认，这种损害的救济权就无法行使（参见《刑事审判参考》第 26 号指导案例：于某森故意伤害案）。

在交通肇事致不明身份人死亡的案件中，道路交通事故社会救助基金管理机构或肇事地公安机关交通管理部门可否作为原告人代为提起诉讼，也曾引发争论。当然，若上述单位为被害人提供过救治或支付过丧葬费，则另当别论。

第三，检察机关在特定情形下可以作为原告人起诉。关于检察院作为原告人起诉的依据，《刑事诉讼法》第 101 条第 2 款已作了规定，同时《刑事诉讼法解释》第 193 条也规定："人民检察院提起附带民事诉讼的，人民法院经审理，认为附带民事诉讼被告人依法应当承担赔偿责任的，应当判令附带民事诉讼被告人直接向遭受损失的单位作出赔偿；遭受损失的单位已经终止，有权利义务继受人的，应当判令其向继受人作出赔偿；没有权利义务继受人的，应当判令其向人民检察院交付赔偿款，由人民检察院上缴国库。"只有在受损失的单位没有提起附带民事诉讼时，检察院才可以提起附带民事诉讼。一般情况下，检察机关可就以下情形提起诉讼：其一，危害公共利益的犯罪，如破坏生态环境和资源保护的环境污染犯罪，以及故意侵害英雄烈士名誉、荣誉的犯罪；其二，被害人分布广、人数众多、取证困难的犯罪，如危害食品、药品安全犯罪；其三，利用网络信息系统实施的侵害公共利益的犯罪，须基于维护公益而主动提起附带民事诉讼（公益诉讼）。上述第一、二种情形，正是最高人民法院、最高人民检察院《关于检察公益诉讼案件适用法律若干问题的解释》第20条规定的由来。在此意义上,《刑事诉讼法》第101条第2款规定的内容应仅限于国有财产、集体财产管理人因怠于行使其诉权并将致使国有财产、集体财产遭受损失不可逆的场合。此外,对于发生在缅北地区的电信诈骗案件,不得适用附带民事公益诉讼。因为该类案件本身不应适用附带民事诉讼程序,且不涉及公共利益。

需要指出的是,现实情况往往错综复杂,也可能存在因犯罪行为而遭受物质损失,但又并不属于上述几类情形的自然、法人或非法人组织。司法实践中,对原告人范围的界定,不应完全受限于刑事法律及司法解释,还可以参考民事相关法律规定,从最大限度保护受害人合法权益的角度出发,进行调整处理。

2. 附带民事诉讼被告人范围

依照最高人民法院《关于适用〈中华人民共和国刑事诉讼法〉的解释》第180条的规定,依法负有赔偿责任的人包括下列人员:

(1)刑事被告人以及未被追究刑事责任的其他共同侵害人。其中未被追究刑事责任的其他共同侵害人是指参加共同危险行为,或相关交通肇事负次要责任,以及由于不具备刑事责任能力而不被追究刑事责任的人。共同侵害人属于共同诉讼中的必要诉讼参加人,应被追加为附带民事诉讼的被告人。但是,在逃的共同犯罪人除外。

(2)刑事被告人的监护人。如果被告人是无行为能力人或限制行为能力人,由于无行为能力人不具备刑事责任能力,不会受到刑事追诉,但仍构成民事侵权,这种情况下由其监护人替代承担赔偿责任。在监护人承担赔偿责任的场合,既可以起诉监护人,法院也能依职权追加监护人参加附带民事诉讼(参见《刑事审判参考》第348号指导案例:耿某红故意伤害案)。

(3)已被执行死刑的罪犯的遗产继承人或案件审结前已死亡的被告人的遗产继承人。这种情况需判断被告人生前是否有财产。如果其生前没有财产,那么其继承人无须承担赔偿责任。

(4)对被害人的物质损失依法应当承担赔偿责任的其他单位和个人。这种情况主要涉及单位侵权及雇主责任问题。此外,部分单位和个人虽然未参与犯罪,也不与犯罪人员有意思联络,但是基于法律规定,因其受益或负有安全保障义务,需承担赔偿责任,这与民法的填补赔偿责任相契合。

06 刑事案件中案外人、被害人的执行异议如何救济?

在刑事案件涉及财产部分的执行过程中,刑事被害人若认为执行行为违反法律规定,或者案外人对执行标的主张足以阻止执行的实体权利时,可以提出执行异议。

异议事由基本包括:认为查封、扣押、冻结、拍卖变卖、以物抵债、暂缓执行、中止执行、终结执行等执行措施涉嫌违法;认为执行的期间、顺序等法定程序违法;认为执行法院作出了其他损害合法权益的行为。案外人对执行标的物享有的所有权持有异议,或其对执行标的物享有土地承包经营权、建设用地使用权等用益物权,或其对标的物占有、使用的权利因强制执行而受到妨害,或基于其他足以阻止标的物交付或让与的权利,可向法院提出执行异议。

那么,具体的救济途径是如何规定的呢?《涉案财产执行规定》第 14 条明确规定了执行救济程序和听证程序。

1. 执行救济程序

(1)执行行为异议程序

上述司法解释明确规定了在刑事财产执行中,若执行人员存在违反法律规定,实施违法或不当执行等行为,相关主体应当通过执行行为异议程序寻求救济,具体依照《民事诉讼法》第 236 条的规定处理:当事人、利害关系人认为执行行为违反法律规定的,可以向负责执行的法院提出书面异议。当事人、利害关系人提出书面异议的,法院应当自收到书面异议之日起 15 日内审查,理由成立的,裁定撤销或者改正;理由不成立的,裁定驳回。当事人、利害关系人对裁定不服的,可以自裁定送达之日起 10 日内向上一级法院申请复议。

此处的当事人不限于执行依据所列明的当事人,还包括被害人、被害人的权利继受人、被执行人的义务承受人等。此处的利害关系人指除执行当事人之外,因强制执行而导致权利、利益受到侵害的所有自然人、法人或非法人组织。

(2)案外人异议的程序

案外人的执行异议应当依照《民事诉讼法》第 238 条的规定处理:在执

行过程中,案外人对执行标的提出书面异议的,法院应当自收到书面异议之日起15日内审查,理由成立的,裁定中止对该标的的执行;理由不成立的,裁定驳回。案外人、当事人对裁定不服,认为原判决、裁定错误的,依照审判监督程序办理;与原判决、裁定无关的,可以自裁定送达之日起15日内向法院提起诉讼。

2. 听证程序

一般来讲,法院对执行异议和复议案件实行书面审查,但因案外人异议主要解决案外人对执行标的的实体权利能否排除执行的问题,为保证审查程序的公正性,《涉案财产执行规定》第14条明确规定,对财产刑执行中的案外人异议、复议审查,应当通过听证程序,听证程序可以依照《民事诉讼法》关于开庭审理的部分规定进行。

需要特别注意的是,在执行过程中,案外人或被害人如果认为刑事裁判中对涉案财物是否属于赃款赃物认定错误或者应予认定而未认定的,依据《涉案财产执行规定》第15条的规定,应当向执行法院提出书面异议,可以通过裁定补正的,执行机构应将异议材料移送刑事审判部门进行处理;无法通过裁定补正的,被害人或案外人应当通过审判监督程序申诉处理。

07 同一责任主体需承担不同类型责任时,如何确定财产执行顺位?

被执行人刑事责任和民事责任交叉时如何解决优先顺位问题,司法实践中长期存在争议。2014年发布的《涉案财产执行规定》重点解决了该问题,其第13条规定,被执行人在执行中同时承担刑事责任、民事责任,其财产不足以支付的,按照下列顺序执行:(1)人身损害赔偿中的医疗费用;(2)退赔被害人的损失;(3)其他民事债务;(4)罚金;(5)没收财产。债权人对执行标的依法享有优先受偿权,其主张优先受偿的,法院应当在前款第1项规定的医疗费用受偿后,予以支持。

需要注意的是:第一,人身损害赔偿中的医疗费用处于第一顺位。之所以将人身损害赔偿中的医疗费用单独提出,并赋予其第一清偿顺位,是因为医疗费用用于被害人抢救、治疗,属于"救命钱""保命钱",而且该费用在被害人生命健康已受到现实威胁时已经支出,为体现对生命权、健康权等基本人权的尊重和保护,该司法解释将人身损害赔偿中的医疗费用列为第一位。第二,其他民事债务包括刑事附带民事赔偿。第三顺位的其他民事债务是指普通民事债务,也包括刑事附带民事赔偿。该司法解释确立了民事债务优先于财产刑执行的原则,在清偿了民事债务后,如果还有剩余财产,再执行罚金、没收财产的财产刑。另外,民事债务的权利人应取得执行依据,才能参与财产分配程序。

若债权人依法享有优先受偿权,受偿顺序优先于退赔被害人的损失。该司法解释所称优先受偿权,既包括抵押权、质权、留置权等依据《民法典》成立的担保物权,也包括建设工程价款优先受偿权,以及根据《海商法》成立的船舶优先权等具有优先受偿性质的权利。该司法解释确立优先受偿权优先于退赔被害人损失的原则,也是出于保护优先受偿权制度所维护的交易安全、债权人的信赖利益等。而且该优先受偿权的成立不以被生效法律文书确定为前提,法院在执行中可以直接予以保护。其他权利人若有异议,可以向执行法院提出书面异议,提起分配方案异议之诉救济。

08 民事判决生效后,之后作出的刑事判决与民事判决发生冲突,且民事判决出现明显错误时,应如何处理?

在司法实务中,往往会遇到刑民判决对牵连法律事实作出不同认定的情况。从理论上来看,刑事判决和民事判决认定的事实应当是一致的,处理结果也应当是协调的。然而,在司法实践中,刑事案件和民事案件可能由不同地区、不同机构分别审理,这种情况下,很可能出现事实认定不一致,甚至相互矛盾的结果。如何处理这种冲突呢?

首先,刑事证据在证明标准、证明对象、举证责任分配方面远远高于民事证据,刑事判决的效力应高于民事判决。因此,一般情况下,在认定事实方面,对于刑民认定不一致的部分,应当以刑事判决为准。

其次,尽管刑事判决作出时间在后,但其证据效力要远高于民事证据。而且从部分案件被害人角度看,就同一事实行为,不能既获得民事赔偿,又获得刑事退赃退赔。因此,应当通过审判监督程序,对民事案件进行纠正,使刑事判决与民事判决的结果相协调。通过再审,其结果可能包括裁定驳回起诉、依法改判或撤销原判决。如果案件已经进入民事执行程序,则应终止执行;如果执行工作已经完毕,则需进行执行回转。

最后,还可以通过执行协调来解决。尽管案件涉及刑事犯罪,但如果民事判决已经生效,也可以通过执行协调来妥善解决刑事判决和民事判决之间的冲突。执行协调有利于实现社会公共利益和当事人合法权益的统一,避免不必要的司法资源浪费。

09 民事判决生效后,能否执行被刑事查封、扣押、冻结的财物?

依据《刑事诉讼法》《刑事诉讼法解释》的相关规定,公安机关、检察机关、法院在办理刑事案件过程中,应当扣押、查封、冻结财物的范围如下:可用以证明犯罪嫌疑人有罪或者无罪的各种财物、文件;应当追缴的违法所得及其他涉案财产;违禁品和供犯罪所用的本人财物;法院在必要时候,或根据刑事附带民事原告及检察院的申请,对被告人的财物采取保全措施,此处的被告人财物可以包括其合法财物。

在刑民交叉案件中,民事执行应当让位于刑事诉讼程序,及时作出中止执行、终结本次执行的处理。刑事查封、扣押、冻结机关应当及时向民事执行法院进行通报,要求中止民事执行。若民事执行法院未收到通报,且刑事查封、扣押、冻结处于轮候状态,民事执行法院可以继续执行,除财产属于涉案财物外。如果民事执行法院属于轮候查封、扣押、冻结的机关,应当中止民事执行,不能执行刑事查封、扣押、冻结的财产。

依据《非法集资意见》第 7 条的规定,对于民事裁判已经发生法律效力并进入执行程序的案件,公安机关、检察院、法院在侦查、起诉、审理中认为正在审理的民事案件属于同一事实或涉案财物的,应当及时通报执行法院,执行法院经审查应对民事裁判中止执行。换言之,在民事执行中,如果执行法院没有接到公安机关、检察院、法院认为被执行财物属于涉案财物应中止执行的通报,且公安机关、检察院、法院也没有在执行法院已采取控制措施之前进行刑事查封、冻结的,执行法院不应裁定中止执行。依据《公安机关办理刑事案件适用查封、冻结措施有关规定》第 43 条、《涉案财产执行规定》第 5 条的规定,刑事案件中的查封、冻结措施和民事案件的查封、冻结措施一样,仅仅是控制财产的手段,在取得处分权的问题上并不具有优先地位。在刑事查封、扣押、冻结措施与民事查封、扣押、冻结措施发生竞合的情况下,应当以措施的先后作为判断标准。在民事执行法院未裁定中止民事执行的情形下,如果刑事查封、扣押、冻结属于轮候,执行法院可以继续执行进行财产处置,但被查封、扣押、冻结的财物属于犯罪证据的除外。如果执行法院属于轮候查封、扣押、冻结的,执行法院应当裁定中止执行(当除刑事查封、扣押、冻结的财产之外,被执行人无其他财产可供执行时,可以裁定终结本次执行程序)。

另外,如果被刑事查封、扣押、冻结的财物已进入刑事执行程序,应当根据《涉案财产执行规定》第 13 条第 1 款确定的执行顺序进行执行。普通民事债权人或对执行标的依法享有优先受偿权的债权人应当向有关刑事执行法院提交参与分配申请,并附有执行依据或优先受偿权证明,要求参与分配。在执行法院作出并送达分配方案后,当事人如有异议,可依法对分配方案提出异议。

10　犯罪嫌疑人、被告人在刑事诉讼过程中逃匿或死亡的,查封、扣押或冻结的财产如何处理?

一般情况下,如果犯罪嫌疑人、被告人逃匿,诉讼程序就无法进行下去。如果犯罪嫌疑人、被告人死亡,依照《刑事诉讼法》第 16 条的规定,就应当撤销案件,或者不起诉,或者终止审理,或者宣告无罪。如果查封、扣押或冻结的财物属于违法所得,在满足一定条件下,若犯罪嫌疑人、被告人不能到案,可以对其违法所得及其他涉案财产进行审理并作出裁定。根据相关法律规定,对一些特别案件,犯罪嫌疑人、被告人逃匿,通缉一年后不能到案的,或者犯罪嫌疑人、被告人死亡的,经认定,查封、扣押、冻结的财产属违法所得,可予以没收。

需要注意的是,该程序只能适用于犯罪嫌疑人、被告人逃匿,通缉一年后不能到案的,或者犯罪嫌疑人、被告人死亡的案件。犯罪嫌疑人、被告人能够到案接受处理的,应当依照刑事诉讼法有关侦查、起诉和审判的程序进行处理,不能单独对其财产进行审理,也不能在其不到庭的情况下对其财产进行审理。这里所说的“逃匿”是指犯罪嫌疑人、被告人在犯罪后，为逃避法律制裁而逃跑、隐匿或躲藏。“通缉”是指公安机关或检察院通令缉拿应当逮捕而在逃的犯罪嫌疑人归案的一种侦查行为。实践中应当注意两点：一是适用这一标准的案件，应是贪污贿赂犯罪和恐怖活动犯罪中重大的案件，而不是情节较轻的这类案件；二是对于犯罪嫌疑人、被告人逃匿的，司法机关应当尽力通缉、抓捕，以使之尽快到案并依照法定程序追诉，只有对确实在通缉一年后仍无法抓捕到案的，才可以适用这一特别程序。

根据《刑事诉讼法》第298条的规定，犯罪嫌疑人、被告人死亡，依照《刑法》的规定应当追缴其违法所得及其他涉案财产的，检察院可以向法院提出没收违法所得的申请。根据《刑法》第64条的规定，犯罪分子违法所得的一切财物，应当予以追缴。该没收程序适用于符合刑法规定的犯罪嫌疑人、被告人违法所得及其他涉案财产。其中，“追缴”是指将违法所得的财产强制收归国有。“违法所得”是指因实施犯罪活动而取得的全部财物，包括金钱或者物品，如贪污贿赂得到的金钱或者物品等。“其他涉案财产”，一般是指除违法所得以外的与犯罪有关的款物、作案工具和非法持有的违禁品等。

根据相关规定，公安机关认为符合特定情形的，应当写出没收违法所得意见书并移送检察院；法院在必要时，可以查封、扣押、冻结申请没收的财产。在侦查阶段，侦查机关根据侦查犯罪的需要，有权查封、扣押与犯罪有关的财物，有权冻结犯罪嫌疑人的存款、汇款、债券、股票、基金份额等财产。如果侦查机关没有对犯罪嫌疑人的财产采取查封、扣押、冻结措施，法院在审理没收违法所得申请案件时，也有权根据案件实际情况和审判需要，对犯罪嫌疑人、被告人的财产采取查封、扣押和冻结措施。

因此，针对犯罪嫌疑人或被告人死亡的情形，需根据诉讼进程，确定具体财产性质，进而作出判定，不同情形下会有不同的处理结论。

11 法院一审判决前，公安机关、检察机关是否有权将扣押、冻结的财产先行发还给受害人？

司法实践中，需要根据实际案情进行分析判断。一般来说，案件事实清楚，证据确实、充分的，可以在公安机关侦查阶段将扣押的财物返还受害人，如有证据证明扣押的财物系受害人合法财物，公安机关、检察机关予以返还在程序上并不违法。但如果财物不是受害人财物，而是与案件无关的财物或者用涉案钱款购买的物品，在法院对扣押财物作出判决处理前，公安机关、检察机关将财物直接交给受害人，属于程序错误。

公安机关是否可以将扣押的财物发还给被害人，取决于犯罪事实是否已经查证属实。根据《公安机关办理刑事案件程序规定》第 234 条的规定，有关犯罪事实查证属实后，对于有证据证明权属明确且无争议的被害人合法财产及其孳息，在不损害其他被害人或者利害关系人的利益、不影响案件正常办理的情况下，可以发还。

犯罪事实查证属实的标准是：(1)有证据证明发生了犯罪事实；(2)有证据证明该犯罪事实是犯罪嫌疑人实施的；(3)证明犯罪嫌疑人实施犯罪行为的证据已经查证属实，即在案证据证明的确切性没有怀疑的余地。

结合相关规定，实务中的具体处理情形是：第一，权属明确且不影响案件办理的财产可先行返还。公安机关在侦查阶段，对权属明确、无争议的被害人合法财产，经县级以上公安机关负责人批准，可先行返还。但须进行登记、拍照或录音录像，并制作发还清单备查。检察机关在审查起诉阶段，对追缴的被害人合法财产，经核实权属后可直接返还。返还时须由被害人在发还清单上签名确认，并将相关材料附卷。第二，须作为证据使用的财产暂缓返还。若扣押财物须在庭审中作为证据出示，则案件审结前不得返还。如涉案赃物具有证明犯罪数额、手段等关键作用的，须随案移送至审判阶段。违禁品、犯罪工具等依法不得返还的财物，无论权属是否明确均须没收。第三，重大案件违法所得须司法审查。对于贪污贿赂、恐怖活动等重大犯罪案件，若犯罪嫌疑人逃匿或死亡，须通过违法所得没收特别程序处理。此时财产返还必须由法院裁定，公安、检察机关无权直接处置。

总体来说，在不能完全清楚确定犯罪事实的情况下，犯罪事实并未查证属实，有待法院进行审理，公检机关不应擅自发还扣押财物，必须等到诉讼程序终结后才能返还给受害人。此外，各阶段返还均须排除涉案财物与案件的关联性争议，且不得影响证据完整性。

12 刑事涉财产部分执行能否以“追赃”为由，否定民事抵押权之财产优先受偿？

司法实践中，对刑事案件被告人的违法所得予以追缴是退赔被害人或依法没收的前提，当被告人的涉案房产上有抵押权时，刑事案件的追赃与民事案件抵押权的优先受偿谁先谁后呢？

首先，确认涉案房产的抵押权是否合法有效，合法有效的抵押权是优先受偿的基础。对此，需要考虑以下两点：第一，购买房产的资金来源是否合法，是否来源于刑事案件的违法所得。如果购买房产的资金系被告人合法取得且与刑事案件无关，则房产上的抵押权应当予以保护，不受刑事案件的影响。第二，如果购买房产的资金系刑事案件的违法所得，则考虑抵押权人是否善意取得。如果是善意取得，则抵押权应予以保护；否则，应当予以变价，所得价款退赔被害人损失或依法没收。

其次，如何审查抵押权是否为善意取得。对此，应当考量以下几点：第一，抵押权人是否明知涉案房产是涉案财物而接受；第二，抵押权人是否发放了抵押的贷款，是否为取得抵押权支付了合理的对价；第三，如果支付了对价，是否明显低于市场价值；第四，抵押权人是否通过非法债务清偿或违法犯罪活动取得涉案房产。

最后，如果是善意取得的抵押权，那么善意的抵押权人当然对房产执行款享有优先受偿权，该优先受偿权的顺位优先于刑事被害人获得退赔的权利。在该情形下，刑事涉财产部分执行不能以“追赃”为由，否定民事抵押权之财产优先受偿。

13 银行卡被公安机关冻结，如何解除？

这是常见的一种情况，多见于当事人在收到客户支付的货款后，或在收到某一特定来源的资金后，收款的银行卡被公安机关冻结，甚至名下其他房贷卡、生活用卡都被牵连其中，当事人还被公安机关要求配合调查，让人不知所措。

公安机关冻结银行卡可能存在以下三个方面原因：

第一,银行卡及卡内资金与犯罪行为人有关。公安机关在办理刑事案件时,如果涉及赃款赃物,倾向于将犯罪嫌疑人名下或者其他可能涉案的赃款赃物全部查封、扣押、冻结,方便查明案件事实,也方便后续财产刑的执行,避免犯罪嫌疑人及其相关人员转移财产。因此,当银行卡被公安机关冻结时,首先思考自己或者关联人员是否涉嫌刑事犯罪。

第二,银行卡及卡内资金与犯罪行为有关。公安机关在办理刑事案件时,如涉嫌诈骗犯罪,如果发现银行卡被用于收取或转移诈骗犯罪资金,公安机关就会将银行卡内资金予以冻结,一方面固定犯罪事实,另一方面防止被转移。因此,需要思考银行卡的资金是否可能涉及刑事案件。

第三,公安机关误判,以为银行卡和犯罪有关。还有一种可能是个人及银行卡内资金来源合法,使用过程也严守合规要求,那么很可能是公安机关误判,错将银行卡和违法犯罪行为关联,进而对银行卡采取冻结措施。

银行卡被公安机关冻结后,可以通过以下步骤进行解冻:

(1)需要了解银行卡被冻结的具体原因。公安机关冻结银行卡通常与某些案件有关联,如涉及诈骗、洗钱等违法犯罪活动。因此,在解封之前,必须清楚了解冻结的原因。

(2)配合公安机关调查。如果银行卡被公安机关冻结,应主动配合公安机关调查,提供必要证据和信息,证明自身无违法关联。

根据《公安机关办理刑事案件程序规定》第 247 条的规定,对冻结的财产,经查明确实与案件无关的,应当在 3 日以内通知金融机构等单位解除冻结,并通知被冻结财产的所有人。

(3)等待冻结期限届满或申请解封。公安机关冻结银行卡的期限最长不能超过 6 个月。如果冻结期限届满且未续冻,银行卡将自动解封。若冻结期限内案件已解决且无继续冻结的必要,可以向公安机关申请提前解封。

(4)提供证明材料申请解封。在申请解封时,可能需要提供一些证明材料,如身份证明、银行卡原件或复印件、解封申请信等。如果银行卡被封是因为涉嫌欺诈、盗刷等,还需要提供相关证明材料,如报警证明、银行流水等。

(5)联系银行。在银行卡解封过程中,也可以主动联系银行,了解解封进度和需要提供的材料。银行会按照相关规定进行审核,如审核通过,则可着手办理银行卡解封手续。

（6）提供担保解封。在某些情况下，公安机关可能要求提供担保以解除冻结。这时，需要按照公安机关的要求提供相应的担保，如提供保证金、保证人或者其他形式的担保。提供担保后，公安机关会审核担保的合法性和有效性，如果审核通过，则会解除冻结。

（7）申诉。当公安机关办理冻结业务出现超期止付、冻结或冻结资金超出涉案资金的情形时，当事人可以向相关法律监督部门、公安机关的上级机关提出申诉。

需要注意的是，具体解封方式和流程可能因地区差异和实际情况而有所不同。因此，在实际操作中，建议咨询当地公安机关或法律专业人士以获取准确的信息和指导。同时，解冻过程中应遵守相关法律法规，不得采取非法手段进行解冻。

14 不法原因给付的财物能否起诉返还？

违法请托办事的情况在实践中很常见。例如，在不符合落户条件的情况下，请人帮自己办理北京户口；在分数不够的情况下，请人帮子女进入高校等。更有甚者，请别人帮助自己做严重违法甚至犯罪的事情，请托人为此向受托人支付好处费。这种基于不法原因产生的给付，在法律上被称为“不法原因给付”。

如果请托办事不成，能否要求返还所给付的财物？对此，司法实践中存在较大争议，主要有三种意见：第一种意见认为，此类案件因涉及犯罪，不认为是民事案件的受理范围，故应裁定驳回起诉；第二种意见认为，其行为违反公序良俗原则，应驳回诉讼请求；第三种意见认为，受托人成立不当得利，或者合同无效，应判决返还财产。

在该类案件中，如果达到成立犯罪的场合，由于案件涉及对刑事、民事法律相关规定及法理的交错适用，核心问题在于法院对此如何处理。

不同案件存在不同案情，相关案例判决背后均有其内在道理，并且有些案件在特定情况下，对不法原因给付物仍然可以起诉返还。

例如，若不法原因仅存在于受领人一方，给付人仍有权请求返还。而当“不法原因给付”涉及刑事，如“活动费”实际属于行贿款，中间人即受领人受委托而居间斡旋受贿、介绍受贿等时，可能裁定驳回起诉，当然还需要根据中间人与受贿人的社会关系、阵营、立场，判定其法律性质。在实务中，若帮人正常办事的中间人并无实际活动能力与关系，却虚构事实、隐瞒真相，受领人可能成立诈骗罪，此种情况属于受领人制造了不法原因，委托人返还请求可能被法院支持；若不法原因存在于委托人和受托人双方，而非仅受领人一方，委托人则无返还财产请求权。

在不支持返还的案例中，较为精彩的裁判观点认为，在给付者违背法律与社会伦理、将自己置于法秩序之外时，民事法律会例外地否定其返还请求权，借此彰显法秩序对其给付行为的否定性价值评价，并由此强化社会大众对公共秩序的关注和善良风俗观念，增强公民法律意识与道德意识。同时，通过否定请求返还的可能性，法秩序也刻意增加了不法给付者的经济风险，以达到阻止潜在的不法给付行为的效果。

由于不法原因给付的法律效果尚存争议，因此目前《民法典》未对不法原因给付给出规定。不法原因给付的法律效果有两种：支持返还和不支持返还。这两种效果都存在问题。

如果支持返还，无疑会鼓励不法给付行为。这会给委托人造成一种错误心理预期，即请托他人办理不法事项，事成皆大欢喜，事不成还可以要求返还，进退自如、不存在任何风险。极端情况下，即便事情办成了，委托人仍可以继续主张返还。

如果大量不法原因给付诉讼进入法院，必然会增加法院的审判负担，过度消耗司法资源。目前，多数案例倾向于不支持返还，通过提升不法给付者的经济风险，从源头上抑制不法行为发生。

但是，从另一角度看，不支持返还存在严重问题。最典型的就是会造成“不法即合法”的法律后果。如果委托合同是合法的，在受托人没有达成约定目的或者存在其他违约行为时，委托人还可以主张违约责任等。然而，不支持返还意味着非法受托人比合法受托人获得了更高的权利，这显然有失公正。

现实中，请托办事往往是一次性的，而不少非法受托人却是专职人员，甚至将此作为谋生手段。若想通过司法裁判示范应打击不法行为，支持返还，让这些非法受托人无利可图，或许能取得更好效果。

广州市中级人民法院对明德融公司与明昕公司买卖合同纠纷案[1]进行评析时就分析过上述两种不同的观点。该院认为,支持返还的观点更为可取。这主要基于两个方面的原因:首先,合同无效后行为人对所取得的财产已没有合法占有的根据,双方的财产状况应当恢复至民事法律行为实施前的状态。基于此,《民法典》规定了合同无效的法律后果为返还财产,第二种处理方式具有法律依据。其次,如果给付人属于可谴责性较低的一方,那么其不当合同行为在一定程度上被"净化"。这种情况下的返还请求没有与拒绝返还的惩戒功能相悖,此时的震慑效果施加于可谴责性更高的受领人。

综上所述,不法原因给付能否起诉返还,需要根据具体情况和法律规定来判断。

15 中间人将代为他人行贿的财物据为己有是否构成侵占罪?

中间人侵占行贿款的行为,根据具体情况,可能构成不同的犯罪。

第一种情况:如果中间人是以非法占有为目的,将代为转交的行贿款据为己有,数额较大的,可能构成诈骗罪。因为这种行为实质上是通过欺骗的手段,使行贿人产生了错误的认识,从而处分了自己的财产。

第二种情况:中间人受委托行贿办事,因客观原因未成且拒不返还行贿财物,不应认定构成侵占罪。一旦认定中间人构成侵占罪,就会导致民法上给付人没有返还请求权,刑法上却又认为其有返还请求权的矛盾局面,破坏法秩序的统一性。民法和刑法应坚持同一性的判断。如果民法认为该委托关系是非法、无效的,那么给付人就不能基于该委托关系要求中间人返还行贿物,相应地,刑法也就不能基于该委托关系要求中间人返还财物,更不能将不返还财物的行为认定为侵占罪。

第三种情况:如果中间人本身就是行贿罪的共犯,即与行贿人共同谋划、实施行贿行为,那么中间人侵占行贿款的行为就可能构成行贿罪的共同犯罪。在这种情况下,中间人不仅要对行贿行为负责,还要对侵占行贿款的行为负责。

---

〔1〕 参见广东省广州市中级人民法院民事判决书,(2021)粤01民终22072号。

第四种情况：如果中间人在介绍贿赂的过程中，私自截留了行贿款，那么可能构成介绍贿赂罪与侵占罪的想象竞合犯。根据《刑法》第 392 条的规定，向国家工作人员介绍贿赂，情节严重的，构成介绍贿赂罪。同时，中间人侵占行贿款的行为也符合侵占罪的构成要件。在这种情况下，应当从一重罪论处。

16 从行政或司法机关处盗窃自己被合法扣押的财产，是否构成盗窃罪？

从行政或司法机关处盗窃自己被合法扣押的财产，是否构成盗窃罪，需结合案件实际情况予以判定。例如，李某驾驶三轮车拉煤炭，由于超载行驶被交通局路政管理所执法人员依法将三轮车扣押。李某趁交通局路政管理所值班人员熟睡之机将该三轮车开走，后李某被抓获。

对于上述情况下李某行为的定性有三种意见：

第一种意见认为，李某私自开走被交通局路政管理所依法扣押的三轮车，妨碍了正常交通路政执法管理活动，构成非法处置扣押的财产罪。

第二种意见认为，李某盗取所有权属于自己的车辆，并没有侵犯他人的财产所有权，不构成犯罪。

第三种意见认为，被交通局路政管理所依法扣押的三轮车，以公共财产论，李某的行为构成盗窃罪。

本书赞成第二种意见，李某的行为不构成犯罪，其行为属于行政处罚的范畴，可对其处以行政拘留，并在法定幅度内罚款。

《刑法》第 91 条第 2 款规定："在国家机关、国有公司、企业、集体企业和人民团体管理、使用或运输中的私人财产，以公共财产论。"这一规定将私人财产在一定条件下视为公共财产，属于法律上的拟制规定，强调的是占有主体对财物的保管责任，并没有改变财物的权属，财物所有权仍然属于物的原主。换言之，刑法不仅保护所有权，还保护占有权。盗窃罪是以非法占有为目的的财产型犯罪，窃取他人保管的本人财物是否构成盗窃罪，还要看行为人主观上是否存在非法占有的目的。如果行为人仅是窃取在他人控制下的本人财物，并不向他人索赔，则他人财产不可能受到损失，这表明行为人主观上没有非法占有的目的，不构成盗窃罪；如果行为人在窃取他人控制下的本人财物后又向办案机关索赔的，则侵犯了他人的财物所有权，构成盗窃罪。

非法处置扣押的财产罪是指隐藏、转移、变卖、故意毁损已被司法机关扣押的财产，情节严重的行为。该罪侵犯的客体是司法机关的正常活动，司法机关扣押财产的目的是保障诉讼活动的正常进行，因此该罪是与诉讼活动相关联的。判断某一行为是否构成非法处置扣押的财产罪，不仅在于扣押的机关是司法机关，更在于是否属于在诉讼活动中基于保障诉讼进行的目的扣押。本案中，交通局路政管理所不是司法机关，李某超载行驶违反的是交通运输管理规定，属于行政处罚的范畴。

综上所述，从行政或司法机关处盗窃自己被合法扣押的财产是否构成盗窃罪，取决于行为人的主观目的。如果行为人主观上没有非法占有的目的，而是为了逃避处罚，则不构成盗窃罪，但在一定情况下也可能构成非法处置查封、扣押、冻结的财产罪。

17 不动产能否成为盗窃、诈骗、抢劫的犯罪对象？

在民法上，物依其不同特性，可以分为动产和不动产，二者被施以不同的保护。在刑法上，动产可以成为绝大多数财产罪的侵害对象，已是不争之论。至于不动产可以成为哪些财产罪的侵害对象，学说上尚无定论。一般来说，某些犯罪的对象受其财产形态所限，可能很难以不动产作为犯罪对象。但是动产和不动产都是刑法保护的范畴，不应在不同犯罪中赋予财物不同外延，实践中是否构成犯罪也要根据具体情况进行分析。

1. 不动产能否成为盗窃罪的犯罪对象

如果立法明确规定盗窃罪的对象包括不动产，不动产就能成为盗窃犯罪对象；如果立法明确规定盗窃对象仅为动产，或者专门设立了窃占不动产罪，则不动产不能成为盗窃犯罪对象；在法律既未排除不动产作为盗窃对象，又未专门设立窃占不动产罪时，通过秘密手段窃占他人不动产的，可能构成盗窃罪。

2. 不动产能否成为诈骗罪的犯罪对象

不动产可以成为诈骗对象。诈骗公私财物是诈骗罪的核心行为，而“公私财物”这一概念包含了动产和不动产。在《刑法》第 266 条中，并未明确区分动产和不动产，而是泛指公私财物。因此，从法律条文的角度来看，不动产确实可以成为诈骗犯罪对象。

在司法实践中，也确实存在不动产诈骗的案例。例如，通过虚假的房产交易、伪造不动产权证等手段骗取他人财物，这些都涉及不动产的诈骗。因此，不动产既可以成为诈骗犯罪对象，在实际场景中，也需要特别注意防范不动产诈骗风险。

3. 不动产能否成为抢劫罪的犯罪对象

根据《刑法》的规定，抢劫罪是指以非法占有为目的，以暴力、胁迫或者其他方法，强行劫取公私财物的行为。该罪确定了公私财物为抢劫罪对象，在实践中一般指有形的动产，涉及不动产的往往根据民法有关规定进行处理，这种做法在一定程度上是规避法律的行为，抢劫对象不能排除不动产。不动产因自身特性不易被直接抢走，但如果在抢劫过程中，犯罪分子使用暴力或胁迫手段，迫使受害人交出与不动产相关的权益（如房产证、地契等），或者强迫受害人办理不动产过户等手续，进而非法占有不动产，那么这种行为也可能构成抢劫罪。

18 刑法中的正当防卫与民法中的正当防卫有何区别?

刑法中的正当防卫与民法中的正当防卫存在显著区别，这些区别主要体现在调整范围、法律任务以及违法责任等方面，下文对各个概念逐一说明。

（1）刑法中的正当防卫：刑法的调整对象主要是犯罪行为。《刑法》第 20 条明确规定了正当防卫的相关内容，即为了制止正在进行的不法侵害行为而采取的防卫行为，对不法侵害人造成损害的，属于正当防卫，不负刑事责任。这表明刑法中的正当防卫是针对犯罪行为的一种合法防卫手段。

（2）民法中的正当防卫：民法也规定正当防卫属于违法性阻却事由。由于民法规定比较简约，因而对正当防卫的界定，往往需结合刑法的规定对之作出判定，民法针对一般违法行为，而刑法针对犯罪行为，二者社会危害程度不同，民法对必要性和紧迫性的判定一般遵循不得已标准，刑法对必要性和紧迫性的判定一般遵循必要标准。

(3)刑法任务:刑法的任务在于通过刑罚手段来打击犯罪行为,保护国家安全、人民民主专政的政权和社会主义制度,以及公民的人身权利、民主权利和其他权利等。因此,刑法中的正当防卫作为一种阻却犯罪的事由,其目的在于鼓励公民在面对不法侵害时勇敢地进行自我保护,同时确保防卫行为的合法性。

(4)民法任务:民法则旨在调整民事关系,保护民事主体的合法权益,维护社会和经济秩序。

(5)刑法责任:在刑法中,如果防卫行为明显超过必要限度造成重大损害,应当负刑事责任,但应当减轻或者免除处罚。此外,对于正在进行行凶、杀人、抢劫、强奸、绑架以及其他严重危及人身安全的暴力犯罪,采取防卫行为,造成不法侵害人伤亡的,则不属于防卫过当,不负刑事责任。这些规定体现了刑法在保护公民合法权益的同时,也严格限制了防卫行为的过度使用。

(6)民法责任:在民法中,当一方因另一方的不法行为而遭受损害时,可以要求对方承担相应的民事责任。这些责任主要包括赔偿损失、赔礼道歉等形式。虽然民法不直接规定正当防卫的刑事责任问题,但防卫行为在民事纠纷中的处理仍需遵循公平、公正原则,以确保双方当事人的权益得到妥善平衡。

综上所述,刑法中的正当防卫与民法中的相关概念在调整范围、法律任务以及违法责任等方面存在显著差异。这些差异反映了不同法律部门在维护社会秩序和保障公民权益方面的不同侧重点和方式。

19 公安机关对刑事控告不受理或认为应当立案而不立案,该如何救济?

刑事控告是指机关、团体、企事业单位和个人向侦查机关或其他司法机关提出针对控告对象可能涉嫌刑事犯罪,要求对其进行刑事立案,追究其刑事责任的行为过程。根据《刑事诉讼法》第110条的规定,“任何单位和个人发现有犯罪事实或者犯罪嫌疑人,有权利也有义务向公安机关、人民检察院或者人民法院报案或者举报。被害人对侵犯其人身、财产权利的犯罪事实或者犯罪嫌疑人，有权向公安机关、人民检察院或者人民法院报案或者控告”。如果控告人在现实中遇到公安机关工作人员应当接受案件而不接受，也不出具任何有关书面材料，导致报案人、控告人、举报人切身利益受损，可以通过以下途径进行救济。

1. 接受报案、控告、举报是公安机关的法定义务，可依法据理力争

《刑事诉讼法》第110条第3款规定：“公安机关、人民检察院或者人民法院对于报案、控告、举报，都应当接受。对于不属于自己管辖的，应当移送主管机关处理，并且通知报案人、控告人、举报人；对于不属于自己管辖而又必须采取紧急措施的，应当先采取紧急措施，然后移送主管机关。”据此，公安机关接受刑事控告是“应当”接受，公安机关是必须受理的。此外，《公安机关办理刑事案件程序规定》第169条规定：“公安机关对于公民扭送、报案、控告、举报或者犯罪嫌疑人自动投案的，都应当立即接受，问明情况，并制作笔录，经核对无误后，由扭送人、报案人、控告人、举报人、投案人签名、捺指印。必要时，应当对接受过程录音录像。”第171条规定：“公安机关接受案件时，应当制作受案登记表和受案回执，并将受案回执交扭送人、报案人、控告人、举报人。扭送人、报案人、控告人、举报人无法取得联系或者拒绝接受回执的，应当在回执中注明。”公安部《关于改革完善受案立案制度的意见》（以下简称《受案立案制度意见》）在“规范工作流程”中规定：“群众上门报案的，应当当场进行接报案登记，当场接受证据材料，当场出具接报案回执并告知查询案件进展情况的方式和途径。对明显不属于公安机关职责范围的报案事项，应当立即告知报案人向其他有关主管机关报案。对重复报案、案件正在办理或者已经办结的，应当向报案人作出解释，不再重复接报案登记。”

2. 向公安内部寻求救济

（1）可以提起复议。根据《公安机关办理刑事案件程序规定》第179条的规定，控告人对不予立案决定不服的，可以在收到不予立案通知书后7日以内向作出决定的公安机关申请复议；公安机关应当在收到复议申请后30日以内作出决定，并将决定书送达控告人。控告人对不予立案的复议决定不服的，可以在收到复议决定书后7日以内向上一级公安机关申请复核；上一级公安机关应当在收到复核申请后30日以内作出决定。对上级公安机关

撤销不予立案决定的，下级公安机关应当执行。

（2）可以向公安机关的法制部门投诉。《受案立案制度意见》在“强化监督管理”中规定：“各级公安法制部门是公安机关受案立案工作监督管理的主管部门，主要履行以下职责：通过受案立案信息系统掌握、监督和管理本级公安机关各办案警种、部门受案立案情况，及时发现、预警和纠正受案立案环节的执法问题；对经济犯罪案件以及其他易出问题、有争议的案件是否受案立案进行审核监督。”从该意见来看，各级公安部门应对同级或下级执法办案单位进行发现、预警、纠正、监督，同时各级法制部门负责考核同级和下级执法办案单位的执法质量，遇有拒绝受理刑事案件的情况，控告人可向办案单位的同级或上级法制部门反映问题。

（3）可以向督察部门投诉。根据《公安机关督察条例》第 4 条的规定，督察机构对公安机关及其人民警察依法履行职责、行使职权和遵守纪律的下列事项，进行现场督察：刑事案件、治安案件的受理、立案、侦查、调查、处罚和强制措施的实施情况等。《受案立案制度意见》在“强化监督管理”中规定：“督察部门要通过执法检查、网上督察等方式加强对接报案、受案立案工作的现场督察，运用督察手段及时处理群众对接报案、受案立案工作的投诉。”如果公安机关不受理报案，可向该机关的同级督察部门或上一级督察部门就相关问题进行投诉。

（4）可以向纪检监察部门投诉。《受案立案制度意见》在“强化监督管理”中规定：“纪检监察部门要及时查处受案立案工作中存在的违纪违法问题”；“对于报案不接、接报案后不登记不受案不立案、受案立案后不查处，越权管辖、违法受案立案、插手经济纠纷，以及虚报接报案和受案立案统计数据等违法违纪行为，依照有关规定追究相关领导和直接责任人员的责任”。公安机关不受理案件，可以向纪检监察机关举报反映问题，司法实践中，可以拨打公安部统一的线索举报电话“12389”。

3. 寻求相关外部机制救济途径

（1）可以提请检察机关立案监督。检察机关是国家法律监督机关，《刑事诉讼法》第 8 条规定：“人民检察院依法对刑事诉讼实行法律监督。”因此，针对公安机关不予立案决定，可以向检察机关提请立案监督程序。《人民检察院刑事诉讼规则》第 2 条规定：“人民检察院在刑事诉讼中的任务，是立案侦查直接受理的案件、审查逮捕、审查起诉和提起公诉、对刑事诉讼实行法律监督,保证准确、及时查明犯罪事实,正确应用法律,惩罚犯罪分子,保障无罪的人不受刑事追究,保障刑事法律的统一正确实施,维护社会主义法制,尊重和保障人权,保护公民的人身权利、财产权利、民主权利和其他权利,保障社会主义建设事业的顺利进行。"第 557 条规定:"被害人及其法定代理人、近亲属或者行政执法机关,认为公安机关对其控告或者移送的案件应当立案侦查而不立案侦查,或者当事人认为公安机关不应当立案而立案,向人民检察院提出的,人民检察院应当受理并进行审查。人民检察院发现公安机关可能存在应当立案侦查而不立案侦查情形的,应当依法进行审查。人民检察院接到控告、举报或者发现行政执法机关不移送涉嫌犯罪案件的,经检察长批准,应当向行政执法机关提出检察意见,要求其按照管辖规定向公安机关移送涉嫌犯罪案件。"第 558 条规定:"人民检察院负责控告申诉检察的部门受理对公安机关应当立案而不立案或者不应当立案而立案的控告、申诉,应当根据事实、法律进行审查。认为需要公安机关说明不立案或者立案理由的,应当及时将案件移送负责捕诉的部门办理;认为公安机关立案或者不立案决定正确的,应当制作相关法律文书,答复控告人、申诉人。"

(2)可以向监察委控告。监察体制改革,也为刑事案件被害人救济开辟了一条新路。《监察法》第 3 条规定:"各级监察委员会是行使国家监察职能的专责机关,依照本法对所有行使公权力的公职人员(以下简称公职人员)进行监察,调查职务违法和职务犯罪,开展廉政建设和反腐败工作,维护宪法和法律的尊严。"公安机关民警系行使公权力的公职人员,因此民警也是监察对象。《监察法》第 11 条规定:"监察委员会依照本法和有关法律规定履行监督、调查、处置职责:(一)对公职人员开展廉政教育,对其依法履职、秉公用权、廉洁从政从业以及道德操守情况进行监督检查;(二)对涉嫌贪污贿赂、滥用职权、玩忽职守、权力寻租、利益输送、徇私舞弊以及浪费国家资财等职务违法和职务犯罪进行调查;(三)对违法的公职人员依法作出政务处分决定;对履行职责不力、失职失责的领导人员进行问责;对涉嫌职务犯罪的,将调查结果移送人民检察院依法审查、提起公诉;向监察对象所在单位提出监察建议。"

(3)可以依法提起行政诉讼。根据《公安机关办理行政案件程序规定》第 65 条的规定,对发现或者受理的案件暂时无法确定为刑事案件或者行政案件的,可以按照行政案件的程序办理。如果公安机关没有根据相关规定及时受理案件,属于行政不作为的情形,可以依据《行政诉讼法》的相关规定对公安机关提起行政诉讼。

4. 公安机关不接收材料或接收材料后不给回执的救济

在刑事控告实践中,一个常见且棘手的问题是,公安机关不接收材料,或者接收材料后,既不给登记也不给回执,导致控告人缺乏材料和证据,难以证明公安机关不予立案。相应地,控告人无法对不予立案的行为进行复议和复核,也无法向检察院启动立案监督程序。根据公安部《关于刑事案件如实立案的通知》第 8 条"110 报警服务台对群众反映公安机关刑警队、派出所等单位不立案的投诉,应认真登记并及时转交相关单位处理"的规定,办案人员不遵守程序规定,不给控告人登记填写受案登记表,剥夺程序权利的,控告人可以向"110"报警服务台投诉。

20 如何应对不公正的刑事指控?

刑事指控是针对个人或团体进行犯罪指控的法律程序,有时会出现不公正的情形。一旦遭遇不公正的刑事指控,当事人的声誉、自由和未来都会受到严重影响。在这种情况下,正确的应对策略非常关键。面对不公正的刑事指控,为维护自己的合法权益,可采取以下策略:

第一,在面对不公正的刑事指控时,寻找并保护证据至关重要。回忆并记录与指控相关的细节,收集与自己有关的证据,如通信记录、目击证词、照片、物证等。这些证据可以帮助澄清事实,证明自己的清白。

第二,向相关部门申诉举报。如果认为办案人员在刑事案件办理过程中存在不公行为,可以向其上级部门、检察院或行政监察机关进行举报投诉。被告人及其辩护律师也可以向检察院提出申诉,请求其对与事实不符的指控进行审查和监督。如果检察院认为确实存在错误,可以依法提出抗诉或检察建议,要求公安机关予以纠正。

第三,积极准备辩护材料。需要充分了解相关法律规定和程序要求,确保自己的权益得到有效维护。同时,收集并整理所有与指控相关的证据和资料,并编写针对指控的有效辩护陈述,确保辩护材料的逻辑清晰、证据确凿,并主动与公安机关或检察院或法院进行交涉。

第四，遵循法律程序。在应对不公正的刑事指控时，遵循法律程序至关重要。遵守所有法院和审判程序的规定，不要试图规避或干扰调查，确保行为符合法律规定，并按照法定程序进行申辩和辩护。

第五，坚决借助法律维护自己的合法权益。如果认为确实是被非法指控、诬告陷害等，或者在指控中发现公安机关存在违法、渎职，借助刑事手段插手经济纠纷等情况，可以向检察院投诉举报。近年，中央政法委、公安部多次发文要求禁止地方公安机关插手经济纠纷，最高人民检察院强调“对侦查机关插手经济纠纷案件核实一起纠正一起”。[1]

〔1〕 于潇：《最高检：对侦查机关插手经济纠纷案件核实一起纠正一起》，载最高人民检察院官网，https://www.spp.gov.cn/zdgz/201701/t20170109_177927.shtml。